内蒙古自治区"十四五"职业教育规划教材
国家职业教育电力系统自动化技术专业教学资源库配套教材
新形态一体化教材

高电压技术

主 编 刘建英 贺 敬
副主编 赵双双 张 彬 张桂荣

北京理工大学出版社
BEIJING INSTITUTE OF TECHNOLOGY PRESS

内容简介

全书共分九章,包括气体电介质的击穿特性分析,液体、固体电介质的击穿特性分析,绝缘的预防性试验,电力系统主要电气设备电气试验,输电线路和绕组中的波过程分析,雷电放电及防雷保护装置,电力系统防雷保护设计,内部过电压分析,电力系统绝缘配合等内容。同时配有习题、视频教程。本课程是全国职业教育电力系统自动化技术专业教学资源库标准化课程之一,配套相应颗粒化资源,以指导读者进行深入学习。

本书可作为高职高专电力系统自动化技术、供用电技术等专业的教材。

版权专有　侵权必究

图书在版编目(CIP)数据

高电压技术 / 刘建英,贺敬主编. —北京:北京理工大学出版社,2020.6(2024.7重印)

ISBN 978-7-5682-8611-4

Ⅰ.①高… Ⅱ.①刘… ②贺… Ⅲ.①高电压-高等职业教育-教材 Ⅳ.①TM8

中国版本图书馆 CIP 数据核字(2020)第 110086 号

责任编辑: 陈莉华　　**文案编辑:** 陈莉华
责任校对: 周瑞红　　**责任印制:** 施胜娟

出版发行 / 北京理工大学出版社有限责任公司
社　　址 / 北京市丰台区四合庄路 6 号
邮　　编 / 100070
电　　话 / (010) 68914026 (教材售后服务热线)
　　　　　　 (010) 68944437 (课件资源服务热线)
网　　址 / http://www.bitpress.com.cn
版 印 次 / 2024 年 7 月第 1 版第 4 次印刷
印　　刷 / 涿州市新华印刷有限公司
开　　本 / 787 mm × 1092 mm　1/16
印　　张 / 19.5
字　　数 / 452 千字
定　　价 / 52.00 元

图书出现印装质量问题,请拨打售后服务热线,负责调换

本书数字资源获取说明

方法一

用微信等手机软件"扫一扫"功能,扫描本书中二维码,直接观看相关知识点视频。

方法二

Step1: 扫描下方二维码,下载安装"微知库"APP。

Step2: 打开"微知库"APP,点击页面中的"电力系统自动化技术"专业。

Step3: 点击"课程中心"选择相应课程。

Step4: 点击"报名"图标,随后图标会变成"学习",点击"学习"即可使用"微知库"APP进行学习。

安卓客户端

IOS 客户端

前　言

高电压技术这一术语来源于"高电压工程"（High Voltage Engineering），它是在1915年由美国工程师皮克（F. W. Peek）首次提出，时隔多年，大型系列国际会议——国际高电压工程学术会议（International Symposium on High Voltage Engineering）首次于1972年在德国慕尼黑召开，当时规模并不大，如今该会每两年召开一次，议题的广泛和参加会议的人数之多已远非第一、第二届会议可比。所以说，高电压技术是在20世纪初为实现高压输电而形成的一个电力工程分支学科，具有显著的工程应用特点。

高电压技术是电工学科的一个重要分支，它涉及数学、物理、化学、材料等基础学科，主要研究高电压（强电场）下的各种电气物理问题。20世纪60年代以来，高电压技术一直不断吸收其他学科尤其是新科技领域的成果，促进自身发展；也促进了电力传输、大功率脉冲技术、激光技术、核物理等科技领域的发展，显示出强大的活力。

本课程作为国家职业教育专业教学资源库电力系统自动化技术的专业核心课程，配合资源库丰富数字资源，在教学方法、教学内容和教学资源等方面体现了自己的特色。

教学方法

本书精心设计"学习目标—案例导入—任务描述—知识链接"4段教学法，激发学生的学习兴趣，细致而巧妙地讲解理论知识，对高电压环境中经典案例进行分析，训练学员的分析问题能力，通过知识链接帮助学生强化巩固所学的知识和技能，提高实际应用能力。

学习目标： 以项目列举方式归纳出章节重点和主要的知识点，以帮助学生重点学习这些知识点，并了解其必要性和重要性。

案例导入： 精选出相关典型案例，学生可以深入、综合地了解一些实际生产中的应用知识。

任务描述： 紧密结合课堂讲解的内容给出操作要求，并提供适当的操作思路以及专业背景知识供学生参考，要求学生独立完成操作，以充分训练学生的动手能力，并提高其独立完成任务的能力。

知识链接： 深入浅出地讲解理论知识，着重实际训练，理论内容的设计以"必需、够用"为度，强调"应用"，配合经典实例介绍如何在实际工作当中灵活应用这些知识点。

教学内容

本书的内容主要包括电气设备的绝缘和电力系统的过电压，通过九章内容进行阐述，具体内容如下：

第一章：气体电介质的击穿特性分析，主要讲解在电场作用下，气体电介质的电气物理特性和击穿的理论及规律。

第二章：液体、固体电介质的击穿特性分析，主要讲解在电场作用下，液体、固体电介质的电气物理特性和击穿的理论及规律。

第三章至第四章：电气设备电气试验，主要讲解判断和监视电气设备绝缘质量的主要试验方法。

第五章至第九章：电力系统过电压与绝缘配合，主要讲解电力系统过电压的成因与限制措施。

教学资源

提供立体化教学资源，使教师更加方便地获得各种教学资料，丰富教学手段，本书的教学资源包括微课、视频、动画、虚拟仿真等，可以通过扫描章节附带二维码进行学习。

本书由刘建英编写第 1 章，贺敬编写第 3、4 章，张桂荣编写第 5、6、7 章，赵双双编写第 8、9 章，张彬编写第 2 章。全书由贺敬整理并定稿。

在本书编写过程中，麻桃花也参与了教材的部分编写工作，同时北京理工大学出版社的编辑为本书的编写提供了建设性的意见，在此谨向他们致以感谢。

由于时间和水平所限，书中错漏之处在所难免，恳请读者批评指正。

目 录

绪论 ··· 1
第一章 气体电介质的击穿特性分析 ·· 4
    第一节 气体中带电质点的产生与消失 ··· 5
    第二节 均匀电场小气隙的放电特性分析 ·· 9
    第三节 均匀电场大气隙的放电特性分析 ··· 12
    第四节 不均匀电场气隙的击穿特性分析 ··· 15
    第五节 冲击电压下空气的击穿特性分析 ··· 20
    第六节 大气条件对空气间隙击穿电压的影响及其校正 ·· 26
    第七节 提高气体介质电气强度的方法 ·· 27
    第八节 六氟化硫气体和绝缘电气设备 ·· 30
    第九节 沿面放电和污闪事故 ·· 36
第二章 液体、固体电介质的击穿特性分析 ·· 41
    第一节 电介质的极化 ··· 42
    第二节 电介质的电导 ··· 47
    第三节 电介质的损耗 ··· 50
    第四节 液体电介质击穿特性分析 ·· 54
    第五节 固体电介质的击穿特性分析 ··· 60
    第六节 固体电介质的老化 ·· 64
第三章 绝缘的预防性试验 ··· 68
    第一节 绝缘电阻及吸收比的测量 ·· 69
    第二节 泄漏电流的测量 ··· 75
    第三节 介质损耗角正切值的测量 ·· 79
    第四节 局部放电测量 ··· 84
    第五节 工频交流耐压试验 ·· 92
    第六节 直流耐压试验 ··· 96
    第七节 冲击耐压试验 ·· 102
    第八节 绝缘油中溶解气体的色谱分析（DGA） ·· 110
第四章 电力系统主要电气设备电气试验 ·· 118
    第一节 电力变压器试验 ··· 119
    第二节 互感器试验 ·· 138
    第三节 高压断路器试验 ··· 152
    第四节 电力电缆试验 ·· 161
    第五节 电力电容器试验 ··· 169

第六节　避雷器试验 ·· 175
　　第七节　发电机试验 ·· 183
　　第八节　高压套管电气试验 ··· 205
　　第九节　接地装置电气试验 ··· 212
第五章　输电线路和绕组中的波过程分析 ·· 220
　　第一节　均匀无损单导线中的波过程分析 ·· 221
　　第二节　行波的折射和反射分析 ··· 226
第六章　雷电放电及防雷保护装置 ·· 231
　　第一节　雷电放电和雷电过电压 ··· 232
　　第二节　防雷保护装置 ··· 239
第七章　电力系统防雷保护设计 ··· 253
　　第一节　架空输电线路防雷保护设计 ··· 253
　　第二节　变电所的防雷保护设计 ··· 258
　　第三节　旋转电机的防雷保护设计 ·· 264
第八章　内部过电压分析 ·· 268
　　第一节　内部过电压概述 ·· 269
　　第二节　空载线路分闸过电压 ·· 270
　　第三节　空载线路合闸过电压 ·· 274
　　第四节　切除空载变压器过电压 ··· 278
　　第五节　断续电弧接地过电压 ·· 280
　　第六节　工频电压升高 ··· 285
　　第七节　谐振过电压 ·· 286
第九章　电力系统绝缘配合 ··· 291
　　第一节　中性点接地方式对绝缘水平的影响 ··· 292
　　第二节　绝缘配合的原则 ·· 293
　　第三节　绝缘配合惯用法 ·· 295
　　第四节　架空输电线路的绝缘配合 ·· 297
　　第五节　绝缘配合统计法 ·· 301
参考文献 ··· 304

绪 论

一、高电压技术的研究对象

高电压技术研究的对象主要是电力系统中的绝缘和过电压问题。

所谓绝缘,就是将不同电位的导体分隔开,从而使其保持各自的电位。具有绝缘作用的材料称为电介质或绝缘材料。按物质形态划分,电介质可分为气体、液体和固体三类。与导体不同,电介质在正常情况下的导电能力极其微弱,电阻率很大,一般在 $10^6 \ \Omega \cdot m$ 以上。

在现代电力网中,由于电压等级高、装机容量大、输电距离远等原因,高电压条件下绝缘问题越来越突出。

电力网的组成:如图 0-1 所示。

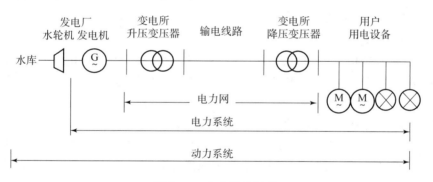

图 0-1 电力网的组成

电力网:电力系统中各种电压的变电所及输配电线路组成的统一体。其主要作用是变换电压、传送电能。

电力系统:由发电厂中的电气部分、各类变电所及输电、配电线路及各种类型的用电设备组成的统一体。电力系统的具体组成如图 0-2 所示。

发电厂:生产电能。

配电系统:将系统的电能传输给电力用户。

电力用户:高压用户额定电压在 1 kV 以上,低压用户额定电压在 1 kV 以下。

用电设备:消耗电能。

动力系统:在电力系统的基础上,把发电厂的动力部分(例如火力发电厂的锅炉、汽轮机和水力发电厂的水库、水轮机以及核动力发电厂的反应堆等)包含在内的系统。

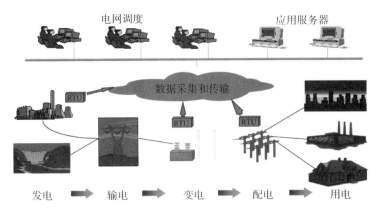

图 0-2 电力系统的具体组成

通常，将发电厂电能送到负荷中心的线路叫输电线路。负荷中心至各用户的线路叫配电线路。负荷中心一般设有变电站。

电力系统中的绝缘包括输电线路的绝缘和变电站电气设备的绝缘两大部分。电气设备的绝缘又分内绝缘和外绝缘两部分。电气设备外壳内的绝缘称为内绝缘，内绝缘通常由固体和液体介质的组合或固体和气体介质的组合构成，其电气强度基本上不受大气条件的影响，但其电气性能在运行过程中会逐渐劣化，表现出明显的老化现象。电气设备外壳外的绝缘称为外绝缘，外绝缘主要由空气间隙和绝缘子表面构成，其电气强度不仅与大气条件有关，还会受到恶劣天气情况的影响，如户外绝缘子的电气强度在表面污秽和雨、雾等的共同作用下会显著降低。

输电线路的绝缘和电气设备的外绝缘均属自恢复绝缘，即空气间隙击穿或绝缘子闪络后，经切断电源短时间内可恢复绝缘性能。电气设备的内绝缘大多属于非自恢复绝缘，即一旦发生击穿，即使去除外加电压，绝缘性能也无法恢复。

绝缘在运行过程中要承受各种电压的作用，在电压相对较低时，绝缘（主要是内绝缘）中会发生极化、电导和损耗现象，它们对绝缘的电气性能会产生重要的影响。当作用到绝缘上的电压超过临界值时，绝缘会失去绝缘能力而转变为导体，即发生击穿或闪络现象。因此，需要研究各种电介质在电压作用下的电气物理性能，特别是其在高电压作用下的击穿特性，以选择合适的电介质和设计合理的绝缘结构。

对空气间隙或绝缘子来说，由于空气是自恢复绝缘，故其电气强度可用击穿电压或闪络电压来衡量；对电气设备来说，由于其内绝缘为非自恢复绝缘，故其电气强度只能用耐受电压来表示。研究绝缘的击穿或耐受电压特性需要进行各种高压试验，运行过程中绝缘中出现的缺陷也需要通过高压试验才能检出，因此高电压试验设备、试验方法以及测量技术在高电压技术中占有格外重要的地位，也是高电压技术所研究的基本内容之一。

电气设备的绝缘在设备运行过程中不仅要受到工作电压的持续作用，还会受到各种过电压的作用。所谓过电压是指超过设备最大运行电压的那些电压。电力系统中的过电压来自两个方面，其一是由雷电放电引起的，称为雷电过电压或大气过电压。雷电过电压又可分为直击雷过电压和感应雷过电压两种，前者由雷击输电线路或发电厂、变电站的配电装置所引起，后者则由雷击这些设备附近的地面或其他物体所引起。

二、电压等级的划分

以一千为界，1 kV 以下的为低压，1 kV 以上的为高压。高压部分分普通高压、超高压和特高压。普通高压和超高压划分的依据是电晕，超高压和特高压划分的依据是电能污染。高压范围为 10～220 kV，超高压范围为 330～750 kV，特高压是指 1 000 kV 交流、±800 kV 直流以上的电压。

三、采用高电压首先要解决的技术问题

采用高电压是大功率远距离输电的要求，要实现大功率远距离输电唯一可行的措施就是采用高电压。作为二次能源，输送电能要较输送一次能源经济、快捷、安全、方便、清洁。

高电压下的绝缘问题。因为在电力系统三大技术材料中绝缘的影响力最大，绝缘限制了设备的温升，也就限制了设备的容量、体积和重量；绝缘限制了设备的寿命；绝缘限制了电力系统的投资。例如，用青壳纸和电缆纸作绝缘的 10.5 kV、10 MW 的发电机，改用粉云母纸作绝缘，其他条件不变时，发电机容量就提高到 12.5 MW，可见绝缘限制了设备的容量。

如何解决绝缘问题是高电压等级输电面临的难题，现在有效的解决方案是：①寻找和研制新型绝缘材料；②限制作用在绝缘上的过电压。这也是本课程的两大内容。例如，由于瓷吹避雷器使作用在被保护设备上的残压降低，使原设计额定电压为 400 kV 的输变电系统升压为 500 kV 的系统。

四、高电压技术课程的特点

高电压技术是电工学科的一个重要分支，它涉及数学、物理、化学、材料等基础学科，主要研究高电压（强电场）下的各种电气物理问题。20 世纪 60 年代以来，高电压技术一直不断吸收其他学科尤其是新科技领域的成果，促进自身发展；也促进了电力传输、大功率脉冲技术、激光技术、核物理等科技领域的发展，显示出强大的活力。其特点是：

（1）历史短，研究不充分，理论很不完整，工程上高电压问题不能用理论来分析，所以只能从试验入手。

（2）研究起来很困难，其所研究的问题与其他学科完全不同。其他学科研究的是电的导通，而高压研究的是绝缘，它所研究的是空间的问题，场的问题，所受的影响因素（温度、湿度、气压、极距）很多。

（3）研究手段难以具备，场地难以满足，问题的重复性小，一次击穿后很难找到完全相同的对象，是暂态问题。

第一章

气体电介质的击穿特性分析

学习目标

知识目标：通过本章内容的学习，使学生掌握气体中带电质点的产生与消失的原理，气体放电过程，气体放电形式；掌握汤逊理论、巴申定律、流注理论；掌握大气压力下不均匀电场气隙击穿的发展过程。

能力目标：通过本章内容的学习，使学生能够分析气体中带电质点的产生与消失的机理，能够判断均匀电场中气体间隙的击穿，能够搭建气体间隙在不同电压下发生击穿的模型。

素质目标：通过本章节的学习，培养学生辩证唯物主义的思维方式，掌握事物的发展规律，培养学生分析问题，解决问题的能力。

厉害了，我的国

新疆准东—安徽皖南 ±1 100 千伏特高压直流输电工程是世界上最长的直流电运输路线。这个路线是全球范围最长特高压运输路线，总长度达到 3 324 公里，横跨新疆、甘肃、宁夏、陕西、河南、安徽六省。这条路线，创造了四个世界纪录：输电距离第一、输送量世界第一、技术水平世界第一、电压级别世界第一。

截止到 2021 年，我国制定特高压输电国际标准 14 项、国家标准 50 项、行业标准 73 项目。特高压领域，中国制定的标准就是世界的标准。

案例导入

气体常作为电力系统和电气设备中的绝缘介质，工程上使用最多的是空气和 SF_6 气体。例如，架空线路中相与相之间、相与地之间就是利用空气来绝缘的；在 SF_6 断路器和 SF_6 全封闭组合电器中，则以 SF_6 气体来绝缘。正常情况下气体的电导率很小，气体为优良的绝缘体。但当气体间隙中的电场强度达到一定值后，气体间隙会击穿，气体由绝缘状态转变为导电状态。

第一节　气体中带电质点的产生与消失

任务描述

在不同电压作用下，为了了解带电质点产生和消失的原因，通过平行板电容器构建空气间隙模型，分析气隙中带电粒子产生和消失的原因。

知识链接

（一）气体中带电质点的产生

气体原子在外界因素（电场、高温等）的作用下，吸收外界能量使其内部能量增加，这时原子核外的电子从离原子核较近的轨道跳到离原子核较远的轨道上去，此过程称为原子的激发，也称激励。被激发的原子称为激发原子，激发原子内部能量比正常原子大。

中性原子从外界获得足够的能量，使原子中的一个或几个电子完全脱离原子核的束缚而成为自由电子和正离子（即带电质点）的过程称为原子的电离。电离是激发的极限状态，气体分子或原子电离所需要的能量称为电离能。

分子或原子的电离可以一次完成，也可以分级完成，即先经过激发阶段，然后再发生电离，这种电离称为分级电离。分级电离时，一次需要获得的能量较小，但几次获得的总能量应大于或等于其电离能。电离过程如图 1-1 所示。

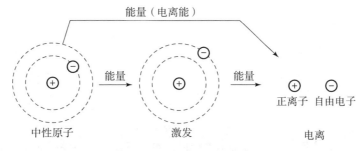

图 1-1　电离过程示意图

气体间隙发生击穿时的最低临界电压称为击穿电压。均匀电场中击穿电压与间隙距离之比称为击穿场强；不均匀电场中平均击穿电压与间隙距离之比称为平均击穿场强。击穿电压或（平均）击穿场强是表征气体间隙绝缘性能的重要参数。

> **❈ 特别提示**
>
> 按照能量来源的不同，电离可分为以下几种形式。气体分子电离因素如图 1-2 所示。

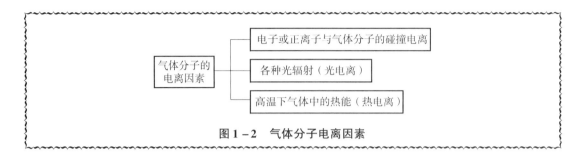

图1-2 气体分子电离因素

1. 碰撞电离

在电场作用下,电子被加速获得动能,如果其动能大于气体质点的电离能,在和气体质点发生碰撞,当电子的动能满足式(1-1)条件时,就可能使气体质点产生电离,分裂成正离子和自由电子,这种电离称为碰撞电离。

$$E_q \lambda = \frac{1}{2}mv^2 \geqslant W_i \tag{1-1}$$

式中 W_i——电离能;

m——电子的质量;

v——电子的速度;

λ——电子的自由行程;

E_q——单位距离的平均动能。

碰撞电离是气体中带电质点数目增加的重要原因,因为电子的质量小,在电场作用下容易获得较大的速度,累积起足够的动能;碰撞电离的形成与电场强度和平均自由行程的大小有关。粒子从这次碰撞到下次碰撞之间所走过的距离称为自由行程长度。

质点的自由行程如图1-3(a)所示,电场作用下电子在气体介质中的运动轨迹如图1-3(b)所示。

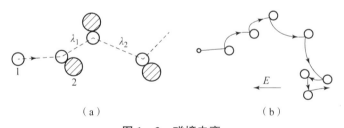

图1-3 碰撞电离

(a) 质点的自由行程;(b) 电场作用下电子在气体介质中的运动轨迹
1—碰撞质点;2—被碰撞质点

自由行程长度是随机值,具有分散性,所以我们引入平均值的概念。定义单位行程中的碰撞次数 Z 的倒数 λ 即为该粒子的平均自由行程长度。

2. 光电离

由光辐射引起气体原子或分子产生的电离,称为光电离。光辐射的能量以不连续的光子的形式发出。当光子的能量等于或大于气体原子或分子的电离能时,就可能引起光电离。通常普通的可见光是不能直接产生光电离的,导致气体光电离的光子可以是宇宙射线、γ射线、X射线等短波长的高能射线,也可以是气体中的反激发过程或异号带电质点复合成中性质点过程中释放出的光子。

当气体分子受到光辐射作用时，如光子能量满足下面条件，将引起光电离，分解成电子和正离子：

$$h\nu \geqslant W_i \qquad (1-2)$$

式中　h——普朗克常数；

　　　ν——光的频率。

3. 热电离

因气体分子热状态引起的电离，称为热电离。其实质仍是碰撞电离和光电离，只是直接的能量来源不同而已。

在常温下，气体质点热运动所具有的平均动能远低于气体的电离能，不足以引起碰撞电离。而在高温下，如电弧放电时，气体温度可达数千摄氏度，此时气体质点的动能足以引起碰撞电离。此外，高温气体的热辐射光子也能导致气体质点的光电离。

> ❋ **特别提示**
> 除了发生在气体中的空间电离外，气体放电中还存在着金属电极发射电子的过程，称为金属电极表面电离。

4. 表面电离

放在气体中的金属电极表面电离出自由电子的现象称为表面电离。使金属释放出电子也需要能量，使电子克服金属表面束缚作用的能量通常称为逸出功。金属表面电离所需能量可以从图1-4所示途径获得。

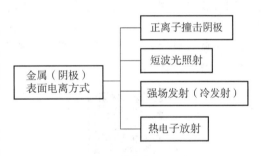

图1-4　表面电离的形式

（1）正离子撞击阴极。正离子在电场中向阴极运动，碰撞阴极时将动能传递给阴极中的电子，可使其从金属中逸出。在逸出的电子中，一部分可能和撞击阴极的正离子结合成为分子，其余的则成为自由电子。只要正离子能从阴极撞击出至少一个自由电子，就可认为发生了阴极表面电离。

（2）短波光照射。阴极表面受到短波光的照射，也能产生表面电离。

（3）强场发射。在电极附近加上很强的外电场时，将电子从阴极表面拉出来，称为强场发射或冷发射。由于强场发射所需电场极强，一般气体间隙的击穿达不到如此高的场强，所以不会产生强场发射。而对高真空间隙的击穿，强场发射具有重要意义。

（4）热电子放射。当阴极被加热到很高温度时，其中的电子获得巨大动能，逸出金属表面。

（二）气体中带电质点的消失

气体发生放电时，除了不断形成带电质点的电离过程外，还存在相反的过程，即带电质点的消失过程。在电场作用下，气体中的放电是不断发展以致击穿，还是尚能保持其绝缘作用，取决于上述两种过程的发展情况。

数字资源1.1-1
气体中带电质点的产生（动画）

1. 带电质点受电场力的作用流入电极

在外电场的作用下，气体间隙中的正、负电荷分别向两电极做定向移动，到达两电极后发生电荷的中和。

2. 带电质点的扩散

带电质点的扩散是指带电质点从浓度较大的区域转移到浓度较小的区域，从而使带电质点在空间各处的浓度趋于均匀的过程。带电质点的扩散同气体分子的扩散一样，都是由热运动造成的。带电质点的扩散使放电通道中的带电质点数减少，可导致放电过程减弱或停止。

3. 带电质点的复合

带正、负电荷的质点相遇，发生电荷的传递、中和而还原成中性质点的过程称为复合。正、负离子的复合远比正离子与自由电子的复合容易得多，参加复合的电子大多数是先形成负离子后再与正离子复合。在复合过程中，质点原先在电离时所吸取的能量以光子的形式释放出来。异号质点的浓度越大，复合越强烈。因此，强烈的电离区通常也是强烈的复合区，同时伴随着强烈的光辐射，这个区的光亮度也就越大。

数字资源 1.1-3
扩散（动画）

4. 附着效应

附着是指自由电子与气体分子碰撞时，发生电子与中性分子相结合而形成负离子的过程。其特点是形成负离子时可释放出能量。有些气体容易形成负离子，称为电负性气体（如氧、氟、氯等）。SF_6（绝缘性是空气的 3 倍，灭弧性是空气的 100 倍）负离子的形成起着阻碍放电的作用。

数字资源 1.1-2 附着
效应（动画）

数字资源 1.1-3 气体间隙中带电粒子
的产生和消失（视频教程）

【案例】

气体吹弧是高压断路器熄弧的基本措施之一，吹弧为什么能使电弧尽快熄灭？

电弧温度很高，电弧中的热电离是维持电弧燃烧的主要因素，用气体介质进行吹弧，既能带走电弧中的部分带电质点，又可对电弧进行强烈的冷却，加强电弧中的复合过程，从而使电弧中的带电质点减少，故吹弧有利于电弧熄灭。

 小结

气体可作为绝缘介质并起到绝缘作用，但当电场强度达到一定数值后，气体中带电质点的浓度增加，当带电质点的浓度增加到一定值时，气体绝缘能力丧失而造成击穿。

气体电介质绝缘性能的变化，体现了矛盾在一定条件下可以相互转化的哲学思维。

第二节 均匀电场小气隙的放电特性分析

任务描述

通过构建均匀电场模型，分析小气隙的电放特性，验证汤逊理论和巴申定律，总结其使用范围。

本节重点介绍关于均匀电场中小气隙的放电特性分析以及汤逊理论和巴申定律及其适用范围。

【案例】

如图 1-5 所示为测定气体中电流的回路示意图，在外部光源（天然辐射或人工紫外线）的照射下，对两平行平板电极间施加电压后，回路中出现了电流。

如图 1-6 所示为均匀电场中气体的伏安特性曲线在 $0<U<U_1$ 时，由于电压升高时，单位时间内进入电极的带电质点数增加，电流随电压升高而增大。当 $U_1<U<U_2$ 时，电流趋于稳定，此时由外界电离因素产生的带电质点全部落入电极，外界电离因素产生的带电质点数很少，因此电流极小，此时气体间隙仍处于良好的绝缘状态。当 $U_2<U<U_b$ 时，电流又随电压升高而增大，这说明出现了新的电离因素，这就是电子的碰撞电离。$U=U_b$ 时间隙击穿，U_b 是该平板间隙的击穿电压。在均匀电场中空气间隙的击穿场强约为 30 kV/cm（幅值）。

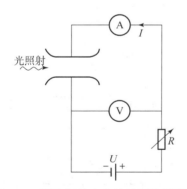
图 1-5 测定气体中电流的回路示意图

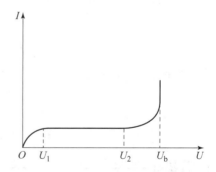
图 1-6 均匀气场中气体的伏安特性

知识链接

1. 汤逊理论

20 世纪初，英国物理学家汤逊在均匀电场、低气压、短间隙的条件下进行了放电试验，并根据试验结果提出了解释气体放电过程的理论，称为汤逊理论（也称电子崩理论）。

当间隙上所加电压 $U>U_2$ 时，假设在外界电离因素作用下，先使阴极附近出现了一个自由电子。此电子在电场的作用下加速，造成碰撞电离，于是出现一个正离子，两个自由电子。两个自由电子在电场中运动又造成新的碰撞电离。电子数目将以 2^0、2^1、2^2、$\cdots$、2^n 的规律如雪崩状增加,这一现象称为电子崩。电子崩形成示意图如图 1-7 所示。

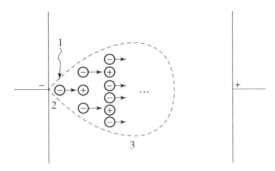

图 1-7　电子崩形成示意图

当外施电压 $U < U_b$ 时,若取消外界电离因素,电子崩会消失,电流也将消失,这类放电称为非自持放电,如图 1-8 所示。

图 1-8　非自持放电过程框图

当外施电压 $U \geqslant U_b$ 时,由于场强足够大,正离子撞击阴极会发生表面电离,释放出的电子又会引起电子崩,这时气体中的电离过程可只靠电场的作用自行维持,而不再需要外界电离因素,这就是自持放电,如图 1-9 所示。

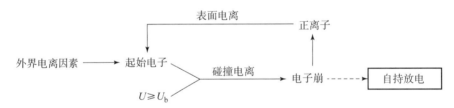

图 1-9　自持放电过程框图

> **❖ 特别提示**
>
> 汤逊放电理论的适用范围：汤逊理论是在间隙的 pd 值（气压 p 与间隙距离 d 的乘积）较小的条件下提出的,当 pd 值较大时,气压高或距离大,这时气体击穿的很多试验现象无法用汤逊理论来解释,例如：
>
> （1）放电外形：高气压时,放电外形为有分支的细通道,而按照汤逊放电理论,放电应在整个电极空间连续进行。
>
> （2）放电时间：根据出现电子崩经几个循环后完成击穿的过程,可以计算出放电时间。在低气压下的计算结果与试验结果比较一致,而在高气压下的实测放电时间则比计算值小得多。

(3) 击穿电压：pd 较小时，击穿电压计算值与试验值一致；pd 较大时，两者不一致。

(4) 阴极材料：低气压下，间隙击穿电压与电极材料有关；高气压下，间隙击穿电压与电极材料无关。

因此，通常认为 $pd > 26$ kPa·cm 时，击穿过程将发生变化，汤逊理论不再适用，但其碰撞电离的基本原理仍是普遍有效的。

2. 巴申定律

早在汤逊理论提出之前，巴申就从试验中总结出了当气体和电极材料一定时，气隙的击穿电压 U_b 是气压 p 和间隙距离 d 乘积的函数，即

$$U_b = f(pd) \quad (1-3)$$

数字资源 汤逊理论（视频教程）

图 1-10 给出了均匀电场中空气间隙的击穿电压 U_b 与 pd 的关系曲线。从图中可见，首先，U_b 并不仅仅由 d 决定，而是 pd 的函数；其次，U_b 不是 pd 的单调函数，而是 U 形曲线，有极小值。U_b 的极小值约为 325 V。此极小值出现在 $pd \approx 76$ Pa·cm 时，即 U 的极小值不是出现在空气常压下，而是出现在低气压下。

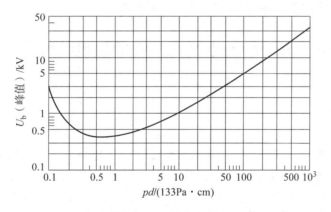

图 1-10 巴申曲线

在 U 形曲线的右半支，击穿电压随 pd 的上升而增加。若间隙距离 d 增加时电压不变，则间隙中场强 E 下降，电离过程减弱，击穿电压增加。另外，若空气压力 p 增加，则电子自由行程缩短，电子不易积累能量，从而电离减弱，气隙也需要更高的电压才能击穿。

在 U 形曲线的左半支，击穿电压随 pd 的下降反而上升。pd 的下降主要指气压下降，而不是间隙距离 d 的缩短。若空气压力 p 下降，则电子平均自由行程加长，电子在两次碰撞之间积累了足够高的能量。虽然电子动能很大，但由于空气密度太低，分子数量少，碰撞次数太少，电离过程减弱，则气隙的击穿电压升高。

可见，高气压或高真空都可提高气体的击穿电压，工程上已广泛使用。

❖ 特别提示

当真空度高到一定程度，所有电子都不引起碰撞电离而直接进入阳极，击穿电压会不会无限提高？实际上这是不可能的。因为电压上升到一定程度后，阴极表面的场强就会足够高，高得足以产生强场发射，而且高能电子撞击阳极也可引起阳极表面材料的气化，因此高真空下的击穿电压上升到一定程度后就很难再提高了。

数字资源 巴申定律（视频教程）

数字资源 1.2 巴申定律 高压真空断路器

 小结

汤逊在均匀电场、低气压、短间隙的条件下进行了放电试验，并根据试验结果提出了解释气体放电过程的理论，称为汤逊理论（也称电子崩理论）。巴申从试验中总结出当气体和电极材料一定时，气隙的击穿电压 U_b 是气压 p 和间隙距离 d 乘积的函数，即巴申定律。

巴申定律充分体现了个体和系统之间的辩证关系。

第三节 均匀电场大气隙的放电特性分析

 任务描述

通过前面内容的学习我们知道，汤逊理论是用电子碰撞电离和阴极表面电离来解释当 pd 较小时的放电现象。当 pd 较大时，放电过程及现象出现了新的变化；在大量试验研究的基础上，提出了流注（放电）理论。流注理论认为电子的碰撞电离和空间光电离是形成自持放电的主要因素，空间电荷对电场的畸变作用是产生光电离的重要原因。

 知识链接

1. 空间电荷对电场的畸变作用

在电场作用下电子在奔向阳极的过程中不断引起碰撞电离，电子崩不断发展。由于电子的运动速度快，故电子总是位于电子崩的头部，正离子的运动速度比电子慢得多，在电子崩向前发展的过程中，正离子可看作静止不动。

由于电子崩中空间电荷的出现，原本均匀的电场被畸变得不均匀了，如图1-11所示。崩头前方附近的场强得到了加强，而崩头内部正、负电荷交界处的场强则被削弱了。崩尾部分的场强虽然也加强了，但加强的程度要比崩头前方附近小得多。

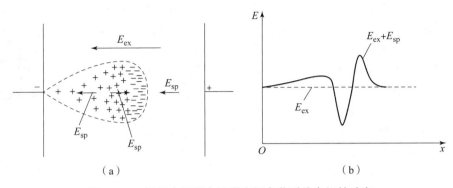

图 1-11 平板电极间电子崩空间电荷对外电场的畸变
(a) 电子崩空间电荷示意图；(b) 电场畸变波形

2. 流注的形成和发展

图 1-12 表示了外施电压等于击穿电压时电子崩转入流注，实现击穿的过程。由外界电离因素作用产生的起始电子从阴极附近向阳极运动，形成电子崩，如图 1-12（a）所示。

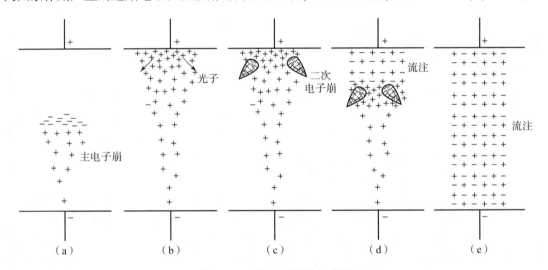

图 1-12 流注的形成和发展
(a) 形成电子崩；(b) 畸变了原电场并向周围放射出大量光子；
(c) 形成二次电子崩；(d) 形成流注；(e) 形成热电离

随着电子崩向前发展，其头部的电离过程越来越强烈。当电子崩发展到整个间隙后，头部空间电荷密度已非常大，以致大大畸变了原电场并向周围放射出大量光子，如图 1-12（b）所示。

这些光子引起了空间光电离，新形成的光电子被主电子崩头部的正空间电荷所吸引，在受到畸变而加强了的电场中，又激烈地产生了新的电子崩，称为二次电子崩，如图 1-12（c）所示。

二次电子崩与主电子崩汇合，其头部的电子进入主电子崩头部的正空间电荷区（主电子崩的电子这时已大部分进入阳极），由于这里电场强度较小，所以电子大多形成负离子。大量的正、负带电质点形成的混合通道，就是流注，如图 1-12（d）所示。

流注通道导电性良好，其头部又是由二次电子崩留下的正空间电荷，因此流注头部前方出现了很强的电场。在这个强场区内，由于很多二次电子汇集的结果，流注头部电离过程蓬勃发展，向周围放射出大量光子，继续引起空间光电离，于是在流注前方出现了新的二次电子崩，它们被吸引向流注头部，从而延长了流注通道，使流注向前发展。当流注一旦达到阴极，将间隙接通，强大的电子流通过流注，迅速向阳极运动，由于互相摩擦，产生了几千摄氏度的高温，形成了热电离，放电即转为火花放电或电弧放电，间隙被击穿，如图1-12（e）所示。流注的形成及发展过程如图1-13所示。

数字资源 流注理论（动画）

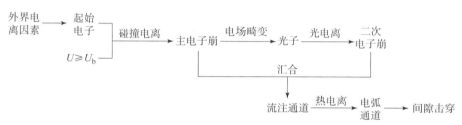

图1-13 流注形成及发展过程

> **❖ 特别提示**
>
> 为什么说流注理论对放电现象的解释比较切合实际？
>
> （1）放电外形。pd很大时，放电具有通道形式，这从流注理论中可以得到说明，流注中的电荷密度很大，电导很大，故其中电场强度很小，流注出现后，将减弱其周围空间的电场（但加强了其前方电场），并且这一作用伴随着流注的发展而更为强大。因此，电子崩形成流注后，当某个流注由于偶然原因发展更快时，它就会抑制其他流注的形成和发展，并且随着流注的向前推进，这种作用将越来越强烈。
>
> 由于电子崩电荷密度较小，故电子崩中电场强度仍很大，电子崩不会影响到邻近空间的电场，从而不会影响其他电子崩的发展，这就可以说明，汤逊放电呈连续一片，而pd很大时放电具有细通道的形式。由于二次电子崩在空间的形成和发展带有统计性，所以火花通道通常是曲折的，并带有分支。
>
> （2）放电时间。光子以光速传播，所以流注发展速度极快，这可以说明pd很大时放电时间特别短的现象。
>
> （3）阴极材料。根据流注理论，维持放电自持的是空间光电离，而不是阴极板表面的电离过程，这就说明了为什么当pd较大时，击穿电压和阴极材料基本无关；而当pd较小，或压力小，或距离小时，电子崩发出的光子容易到达阴极，而不易被气体分子吸收，从而引起阴极表面电离，由此说明击穿电压和阴极材料有关。

 小结

流注理论与汤逊理论互相补充，较好地说明了pd在较大范围内的气体放电过程。科学理论的完善充满了探索的艰辛，我们在解决问题时要有坚持不懈的精神。

第四节 不均匀电场气隙的击穿特性分析

任务描述

电气设备中很少有均匀电场的情况，大多数是不均匀的。对高压电器绝缘结构中的不均匀电场还要区分两种不同的情况，即稍不均匀电场和极不均匀电场，因为这两种不均匀电场中的放电特点是不同的。高压试验室中测量电压用的球间隙是典型的稍不均匀电场的例子，高压输电线之间的空气绝缘就是典型的极不均匀电场的例子。通过球间隙模型来构建不同的电场对电场气隙的击穿特性进行分析。

知识链接

1. 稍不均匀电场和极不均匀电场中气体放电的特征

稍不均匀电场中气体放电的特点与均匀电场中相似，在间隙击穿前看不到有什么放电的迹象。极不均匀电场中气体放电则不同，间隙击穿前在高场强区（曲率半径较小的电极表面附近）会出现蓝紫色的光，并发出"咝咝"的响声，称为电晕放电。刚出现电晕时的电压称为电晕起始电压（简称起晕电压）。随着外施电压的升高，电晕层逐渐扩大，此时间隙中放电电流也会从微安级增大到毫安级，但从工程观点看间隙仍保持其绝缘性能。

必须注意，任何形状的电极随着极间距离的增大，其电场都会从稍不均匀电场变为极不均匀电场，图1-14给出了半径为r的球间隙的放电电压与极间距离d的关系。由图可见，当$d \leqslant 4r$时，放电具有均匀电场间隙的特点，即击穿电压与电晕起始电压是相等的；当$d \geqslant 8r$时，放电具有极不均匀电场间隙的特点，此时电晕起始电压明显低于击穿电压。$4r < d < 8r$范围内放电过程不稳定，击穿电压的分散性很大，这一范围属于由稍不均匀电场变为极不均匀电场的过渡区。

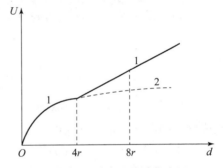

图1-14 球间隙的放电电压
与极间距离的关系

1—击穿电压曲线；2—电晕起始电压曲线

2. 极不均匀电场中的电晕放电

在极不均匀电场中，间隙中的最大场强与平均场强相差很大。距曲率半径小的电极越近，场强越大。当间隙上的电压升高时，在间隙中的平均场强远未达到平均击穿场强的情况下，曲率半径小的电极附近空间的局部场强将首先达到足以引起强烈电离的数值。在这一局部区域内形成自持放电，产生薄薄的蓝紫色的电晕层。电晕层发光是由伴随着电离而存在的复合以及由激发态回到正常态的反激发辐射光子造成的。

电晕放电会造成许多不利影响。气体放电过程中的光、声、热的效应以及化学反应等都要引起能量损耗；同时，放电的脉冲现象会产生高频电磁波，对无线电通信造成干扰；

电晕放电还使空气发生化学反应，生成臭氧、氮氧化物等强氧化剂和腐蚀剂，对气体中的固体介质及金属电极造成损伤或腐蚀。所以，在高压输电线路上应力求避免或限制电晕，特别是在超高压系统中，限制电晕引起的能量损耗和电磁波对无线电的干扰已成为必须加以解决的重要问题。

限制电晕最有效的方法是改进电极的形状，增大电极的曲率半径，例如采用扩径导线在某些载流量不大的场合，可采用空心薄壳的、扩大尺寸的球面或旋转椭圆面等形式的电极。对于输电线路，通常采用分裂导线法来防止电晕的产生，就是将每相输电导线分裂为由几根导线组成，但总的截面积不变。分裂组合后的导线，相当于增大了输电导线的半径，这样可以使导线表面的电场强度减小，从而限制电晕的形成，如图 1-15 所示。

图 1-15　线路中的防晕措施

(a) 220 kV 管型母线；(b) 500 kV 线路的丝分裂导线

在某些特殊的场合，电晕放电也有可利用的一面。例如，电晕可降低输电线路上的雷电或操作冲击波的幅值和陡度，也可利用电晕原理来制造臭氧发生器、电除尘器等。

3. 极不均匀电场中的极性效应

对于电极形状不对称的极不均匀电场间隙，如棒-板间隙，棒的极性不同时，间隙的起晕电压和击穿电压各不相同，这种现象称为极性效应。极性效应是不对称的极不均匀电场所具有的特性之一。

极性效应是由于棒的极性不同时，间隙中的空间电荷对外电场的畸变作用不同引起的。给棒-板间隙上加直流电压，无论棒的极性如何，间隙中的场强分布都是很不均匀的，棒极附近的场强很高。当外加电压

数字资源　电晕放电（视频教程）

达到一定值后，强场区内的气体将首先发生电离。当棒极为正时，间隙中出现的电子向棒极运动，进入强场区后引起碰撞电离，形成电子崩，如图 1-16 (a) 所示。电子崩发展到棒极时，其电子进入棒极发生中和。留在棒极附近的为正空间电荷，它们以相对缓慢的速度向阴极运动，如图 1-16 (b) 所示。这些正空间电荷使紧贴棒极附近的电场减弱，棒极附近难以形成流注，从而使自持放电难以实现，故其起晕电压较高。而正空间电荷在间隙深处产生的场强与外加电压产生的场强方向一致，加强了朝向板极的电场，场强变化曲线如图 1-16 (c) 所示，有利于流注向间隙深处发展，故其击穿电压较低。

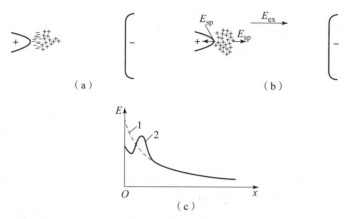

图 1-16　正棒-负板间隙中空间电荷对外电场的畸变作用
(a) 形成电子崩；(b) 正空间电荷向阴极运动；(c) 场强变化曲线
1—外电场 E_{ex} 曲线；2—考虑空间电荷电场 E_{sp} 后的电场分布

当棒极为负时，电子崩的发展方向与棒极为正时的相反。阴极附近的电子通过强场区形成电子崩，如图 1-17 (a) 所示。电子崩发展到强场区之外后，其电子不再引起碰撞电离，而是以越来越慢的速度向阳极运动，并大多形成负离子。这样在棒极附近出现了比较集中的正空间电荷，间隙深处则是非常分散的负空间电荷，如图 1-17 (b) 所示。负空间电荷由于浓度小，对电场的影响不大，而正空间电荷却使外加电压产生的电场发生畸变，如图 1-17 (c) 所示。棒极附近的场强得到了加强，容易形成自持放电，所以其起晕电压较低。间隙深处的电场被削弱，使流注不易向前发展，因而其击穿电压较高。

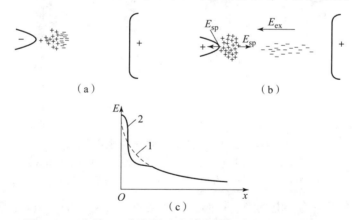

图 1-17　负棒-正板间隙中空间电荷对外电场的畸变作用
(a) 形成电子崩；(b) 形成正空间电荷和负空间电荷；(c) 场强变化曲线
1—外电场 E_{ex} 曲线；2—考虑空间电荷电场 E_{sp} 的电场分布曲线

数字资源1.4　极性效应（动画）

数字资源1.4　极性效应（视频教程）

> ❖ **特别提示**
> 极性效应使负棒-正板间隙的起晕电压低于正棒-负板间隙的起晕电压,击穿电压高于正棒-负极间隙的击穿电压。

4. 先导放电

间隙距离较短时,当外加电压达到了间隙的击穿电压,棒极附近强场区内形成的电子崩转化为流注,当流注发展到对面电极时,两极间由流注所贯通,流注迅速转化为电弧或火花放电,即被击穿。

当间隙距离较长时(如棒-板间隙距离大于 1 m 时),在流注不足以贯穿两极的电压下,仍可发展成击穿。此时将出现先导放电现象,如图 1-18 所示。当流注已发展到足够长时,有较多的电子沿流注通道流向电极,所有电子都将通过通道的根部进入电极,并由于强的摩擦产生高温,出现热电离过程。这个具有热电离过程、不断伸长的通道称为先导通道,先导具有高电导的特性,相当于电极伸出的导电棒。因而,先导加强了前方电场,引起新的流注,使先导通道向前逐渐伸长。当先导接近对面电极时,由于先导与对面电极间的场强很高,其间将出现激烈的电离过程,称为主放电过程。主放电通道以极快的速度向棒极发展,贯通两极后间隙即被击穿。由于先导的出现,使长间隙的平均击穿场强远小于短间隙的平均击穿场强。长间隙放电电压的饱和现象也可由先导放电现象做出解释。

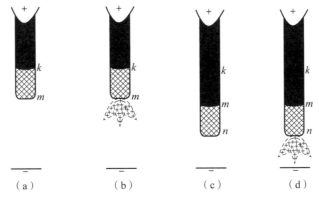

图 1-18 正棒-负板间隙中先导通道的发展
(a) 先导通道和其头部的流注 mk;(b) 流注头部电子崩的形成;
(c) mk 由流注转变为先导和形成流注 nm;(d) 流注头部电子崩的形成

综上所述,在极不均匀电场中,短间隙的放电可分为电子崩、流注和主放电阶段。长间隙的放电则可分为电子崩、流注、先导和主放电阶段。间隙越长,先导过程就发展得越充分。

5. 不均匀电场中空气间隙的击穿电压

1)稍不均匀电场中的击穿电压

在稍不均匀电场中,击穿电压与电场均匀程度关系极大,所以具体间隙的击穿电压需要通过试验才能准确确定。从试验中可以得出这样一个规律:电场越均匀,同样间隙距离下的击穿电压就越高,其极限就是均匀电场中的击穿电压。在两球间距离与球的半径比不大的情况下,一

数字资源 1.4-2
先导放电

对球径相同的球电极所组成的"球-球"间隙是典型的稍不均匀电场。

2) 极不均匀电场中的击穿电压

试验表明,在极不均匀电场中,当间隙距离很大时,不同形状电极的间隙击穿电压差别不大。因此,通常选取电场极不均匀的极端情况,如棒-板和棒-棒作为典型电极结构,用它们的击穿电压数据来估算工程中不对称布置和对称布置时所需的绝缘距离。

(1) 直流电压下的击穿电压。图1-19所示为棒-板和棒-棒间隙的直流击穿电压与间隙距离的关系曲线,由图可见,极不均匀电场中直流击穿电压的极性效应非常明显,同样间隙距离下,不同形状棒-板间隙的击穿电压相差一倍以上,而棒-棒间隙的击穿电压介于两种极性的棒-板间隙的击穿电压之间。这是因为棒-棒间隙有一个棒极为正极性,放电容易由该棒发展,所以其击穿电压比负棒-正板的低,又因为棒-棒间隙有两个强场区,同等间隙距离下,电场均匀程度较棒-板电极好,因此其击穿电压比正棒-负板的高。

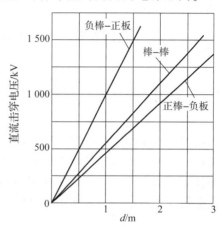

图1-19 棒-板和棒-棒间隙的直流击穿电压与间隙距离的关系

在图1-19所示距离范围内,击穿电压与间隙距离接近成正比。其平均击穿场强:正棒-负板间隙约为4.5 V/cm;负棒-正板间隙约为10 kV/cm;棒-棒间隙约为5.4 kV/cm。

(2) 工频电压下的击穿电压。图1-20所示为空气间隙的工频击穿电压与间隙距离的关系曲线,由于棒-板间隙的击穿总是发生在棒极为正时的半个周期峰值处,故其上击穿电压(峰值)和直流下正棒-负板时的击穿电压相近。在距离小于1 m的范围内,击穿电压与间隙距离的关系接近正比。棒-棒间隙的平均击穿场强峰值约为6 kV/cm;棒-板间隙的平均击穿场强峰值约为5 kV/cm,棒-板间隙的击穿电压比相应的棒-棒间隙的击穿电压略低。但是,当间隙距离超过2 m时,平均击穿电压与间隙距离的关系出现明显的饱和趋势,特别是棒-板间隙,其饱和趋势尤为突出。这就使得棒-板间隙与棒-棒间隙击穿电压的差距拉大了。在设计高压装置时,这一点是值得注意的,为了使结构紧凑,应尽量避免出现棒-板型间隙。

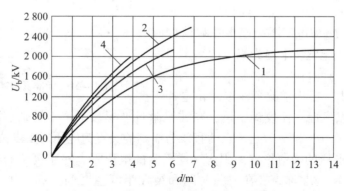

图1-20 空气间隙的工频击穿电压与间隙距离的关系
1—棒-板;2—棒-棒;3—导线-杆塔;4—导线-导线

小结

在极不均匀电场中，短间隙的放电可分为电子崩、流注和主放电阶段。

通过对放电过程的分析，同学们可以分组讨论，培养团队协作能力。

第五节 冲击电压下空气的击穿特性分析

任务描述

电力系统中，雷电冲击电压是由雷云放电引起的，其波形具有单次脉冲性质，持续时间极短，只有约几微秒到几十微秒，可与击穿所需的时间相比拟，故空气间隙在雷电冲击电压作用下的击穿与持续电压作用下的击穿有不同的特点。通过对不均匀电场气隙的击穿特性分析模拟雷电冲击作用下气隙的变化。

知识链接

一、雷电冲击电压

1. 标准雷电冲击电压波形

为了检验绝缘耐受雷电冲击电压的能力，在试验室中可以利用冲击电压发生器产生雷电冲击电压，来模拟雷电放电引起的过电压。为了使得到的结果可以互相比较，需规定标准波形。标准波形是根据电力系统中大量实测得到的雷电过电压波形制定的。国家标准规定的雷电冲击电压波形与国际电工委员会规定的相同，给出了雷电冲击电压的标准波形和确定其波前和波长时间的方法（波长指冲击波衰减至半峰值的时间）。

雷电冲击电压波形由波前时间 T_1 及半峰值时间 T_2 来确定。T_1 为电压零点至电压峰值的时间，T_2 为电压零点至电压下降为峰值的一半时的时间，如图 1 - 21 所示。

由于试验室中一般用示波器获取的雷电冲击

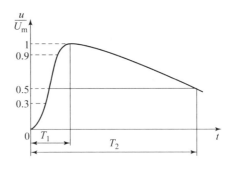

图 1 - 21 标准雷电冲击电压波形

电压波形图在原点附近往往模糊不清，在波峰附近波形较平，不易确定原点及峰值的位置，因此视经过 $0.3U_m$ 和 $0.9U_m$ 两点的直线与横轴的交点为电压的零点位置，与过 U_m 的水平线的交点为电压的峰值位置。因为这样确定的电压零点并非真正的零点，故称为视在零点，相应的 T_1、T_2 称为视在波前时间和视在半峰值时间。标准规定的雷电冲击电压标准波形的参数为 $T_1 = 1.2 \times (1 \pm 30\%)$ 毫秒，$T_2 = 50 \times (1 \pm 20\%)$ 毫秒。雷电冲击电压除了 T_1 和 T_2 外，还应指出其极性（不接地电极相对于地的极性）。正极性和负极性的标准波形简单表示为 +1.2/50 μs 或 -1.2/50 μs。

2. 击穿时间

每个气体间隙都有它的静态击穿电压，即长时间作用在间隙上能使间隙击穿的最低电压。所以，欲使间隙击穿，外加电压必须不小于静态击穿电压。但对冲击电压而言，这仅是必要条件，而不是充分条件。

当对静态击穿电压为 U_0 的间隙施加冲击电压时，经 h 时间，电压上升至 U_0，但间隙并不会立刻击穿，而需经过 A 时间后才能完成击穿，即间隙的击穿不仅需要足够的电压，还需要足够的时间，从开始加压的瞬时起到间隙完全击穿为止的时间，称为击穿时间。它由以下三部分组成：

（1）升压时间 t_0：电压从 0 升高到静态击穿电压 U_0 所需的时间（见图 1-22）。

（2）统计时延 t_s：从电压升到 U_0 时刻起到间隙中形成第一个有效电子的时间（见图 1-22）。

（3）放电形成时延 t_f：从形成第一个有效电子后，引起碰撞电离，形成电子崩，发展到流注和主放电，最后完成间隙的击穿，这个过程需要的时间称为放电形成时延 t_f（见图 1-22）。

这里说的第一个有效电子是指能发展一系列的电离过程并最后导致间隙完全击穿的那个电子。第一个有效电子何时出现是一个随机事件，与电压的大小、间隙中光的照射强度等因素有关，统计时延 t_s 具有分散性。

短间隙（1 cm 以下）中，特别是电场均匀时，放电形成时延 t_f 远小于统计时延 t_s，放电时延 t_1 实际上就等于统计时延。较长的间隙中，放电时延主要决定于放电形成时延。电场比较均匀时，放电发展速度快，放电形成时延较短；电场极不均匀时，放电发展到弱电场区后速度较慢，放电形成时延较长。

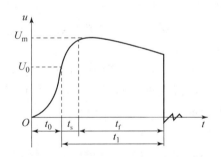

图 1-22 冲击电压下空气间隙击穿时间

数字资源 1.5 雷电压波形（动画）

> ❋ **特别提示**
> 总放电时间 $t_b = t_0 + t_s + t_f$，后面两个分量之和称为放电时延。

3. 50% 冲击击穿电压及冲击系数

1）50% 冲击击穿电压

图 1-22 所示的幅值为 U_m 的冲击电压加在静态击穿电压为 U_0 的间隙上时，若 $U_m > U_0$，但放电时延 t_1 比电压超过 U_0 所持续的时间 T 大时，间隙不击穿；若放电时延 t_1 比 T 小时，间隙击穿。由于放电时延具有分散性，在间隙上多次施加同一电压，有时击穿，有

时不击穿。冲击电压值越大，T 越大，击穿概率就越大，在工程实际中广泛采用击穿百分比为 50% 时的电压（$U_{50\%}$）来表征气隙的冲击击穿特性。实际中，施加 10 次电压中有 4~6 次击穿了，这一电压即可认为是 50% 冲击击穿电压，用 $U_{50\%}$ 表示。

2）冲击系数 β

冲击系数 β 表示 50% 冲击击穿电压 $U_{50\%}$ 与静态击穿电压 U_0 的比值，即对于均匀电场和稍不均匀电场，由于放电时延短，冲击系数为 1，即直流击穿电压、交流击穿电压峰值、50% 冲击击穿电压三者相等，击穿通常发生在波形的峰值附近。对极不均匀电场，由于存在放电时延长，冲击系数大于 1，因此击穿通常发生在波尾。

4. 伏秒特性

1）伏秒特性的概念

由于放电时延的影响，间隙的击穿，不仅需要足够高的电压，还需要一定的时间才能完成。对于不是持续作用的，而是脉冲性质的电压，间隙的击穿电压就与该电压作用的时间有很大关系。同一个间隙，在峰值较低但延续时间较长的冲击电压作用下，可能被击穿；而在峰值较高但延续时间较短的冲击电压作用下，可能反而不被击穿。由此可见，在冲击电压下仅用单一的击穿电压值描述间隙的绝缘特性是不全面的，一般用同一波形下间隙上出现的电压最大值和间隙击穿时间的关系，来表示间隙的冲击绝缘特性，此曲线称为间隙的伏秒特性。

2）伏秒特性曲线

伏秒特性曲线用试验方法求取。对同一间隙施加一系列标准波形的冲击电压，使间隙击穿，并用示波器来观察击穿过程。电压较低时，击穿发生在波尾。在击穿前的瞬时，电压虽已从峰值下降到一定数值，但该电压峰值仍然是间隙击穿过程中的主要因素，因此以该电压峰值为纵坐标，以击穿时刻为横坐标，得点 1、点 2（见图 1-23）。电压再升高时，击穿可能正好发生在波峰，则该点当然是伏秒特性曲线上的一点。电压进一步升高时，间隙很可能在电压尚未升到波形的峰值时就已经被击穿，如图 1-23 中的点 3。把这些相应的点连成一条曲线，就是该间隙的伏秒特性曲线。

由于击穿时间具有分散性，所以在每级电压下可得到一系列击穿时间。实际上伏秒特性曲线是以上、下包络线为界的一个带状区域，通常取 50% 伏秒特性或平均伏秒特性曲线来表征一个气隙的冲击击穿特性，如图 1-24 所示。

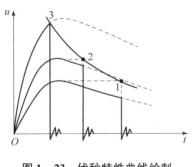

图 1-23 伏秒特性曲线绘制

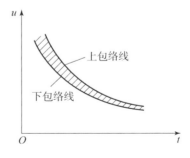

图 1-24 实际的伏秒特性曲线

3）伏秒特性的应用

间隙伏秒特性曲线主要用于比较不同设备绝缘的冲击击穿特性。间隙伏秒特性曲线的形状取决于电极间电场的分布。在极不均匀电场中平均击穿场强较低,放电时延较长,其伏秒特性曲线随击穿时间的减少而明显上翘,如图 1-25 中的 S_1 所示。在均匀和稍不均匀电场中,平均击穿场强较高,相对来说放电时间较短,所以其伏秒特性曲线比较平坦,如图 1-25 中 S_2 所示。

上述伏秒特性的概念也适用于沿面放电、液体介质、固体介质和组合绝缘等各种场合。

伏秒特性对于比较不同设备绝缘的冲击击穿特性有重要意义。如果一个电压同时作用在两个并联的绝缘结构上,其中一个绝缘结构先被击穿,则电压被截断短接,另一个绝缘结构就不会再被击穿,称前者保护了后者。

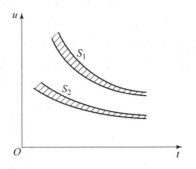

图 1-25 极不均匀电场(S_1)和均匀电场(S_2)的伏秒特性曲线

在图 1-25 中,间隙 S_1 的伏秒特性曲线全部位于间隙 S_2 的上方,则在同一电压下,S_2 将先于 S_1 击穿,S_2 就能可靠地保护 S_1 不被击穿。在图 1-26 中,间隙 S_1 和间隙 S_2 的伏秒特性曲线相交,则虽然在冲击电压峰值较低时,S_2 先于 S_1 击穿,能对 S_1 起保护作用,但在高峰值冲击电压作用下,S_1 先于 S_2 击穿,S_2 起不到保护作用。因此,在阀型避雷器等保护装置中,间隙应尽量采用均匀电场结构,以确保保护设备的伏秒特性全面低于被保护设备的伏秒特性。

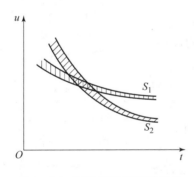

图 1-26 两个间隙的伏秒特性曲线相交的情况

数字资源 1.5-2
伏秒特性(微课)

二、操作冲击电压

电力系统在操作或发生事故时,因状态发生突然变化引起电感-电容回路的振荡而产生过电压,称为操作过电压(或操作冲击电压),目前的试验标准规定,对额定电压在 300 kV 以上的高压电气设备要进行操作冲击电压试验,这说明操作冲击电压下的击穿只对长间隙才有重要意义。操作过电压峰值有时可高达相电压的 3~3.5 倍,因此,为保证电力系统安全运行,对于超高压电气设备,需要考察其绝缘承受操作过电压的能力。

1. 标准操作冲击电压波形

操作冲击电压波形是随着电压等级、系统参数、设备性能、操作性质、操作时机等因素而有很大变化的。

IEC 推荐了 250/2 500 μs 的操作冲击电压标准波形，我国标准中也采用了这个标准波形，如图 1-27 所示。波形的特征参数为：波前时间 $T_1 = 250$ μs，允许误差为 ±20%；半峰值时间 $T_2 = 2 500$ μs，允许误差为 ±60%；峰值允许误差为 ±3%。当仅用标准操作冲击电压波形不能满足要求时，推荐采用 100/2 500 μs 和 500/2 500 μs 操作冲击电压波形。

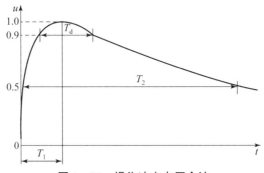

图 1-27 操作冲击电压全波

图中 0 点为实际零点，u 为电压值，图中 $u = 1.0$ 处为电压 u 峰值。

T_d——电压值持续处于 0.9 倍电压峰值以上的时间；

T_1——波前时间；

T_2——半峰值时间。

2. 操作冲击击穿电压的特点

操作冲击电压的作用时间介于工频电压与雷电冲击电压之间，因此在均匀或稍不均匀的空气间隙中，操作冲击 50% 放电电压与雷电冲击 50% 放电电压、直流放电电压、工频放电电压等幅值几乎相同，分散性也较小，击穿发生在峰值附近。在极不均匀电场的空气间隙中，操作冲击电压下的击穿电压有许多特点。

1) 操作冲击电压下击穿的 U 形曲线

操作冲击电压下，因波前时间较长，击穿通常发生在波前部分，故击穿电压与波前时间有关而与波尾部分无关。图 1-28 所示为棒-板空气间隙在正极性操作冲击电压下的 $U_{50\%}$ 与波前时间的关系。由图可见，曲线呈 U 形，即在某一临界波前时间的操作冲击电压下，$U_{50\%}$ 有极小值，该极小值可能比同一间隙在工频电压下的击穿电压还要低很多。随着间隙距离的增大，相当于极小值的临界波前时间也随之增大，对 7 m 以下间隙，在 50~300 μs 之间。

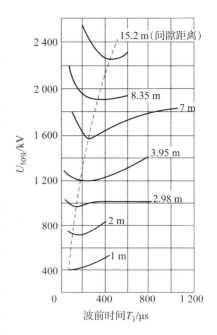

图 1-28 棒-板空气间隙的操作冲击击穿电压

正棒-负板空气间隙 U 形曲线中，50% 击穿电压极小值 $U_{50\%\min}$ 的经验计算公式为

$$U_{50\%\min} = \frac{380}{1 + \dfrac{8}{d}} \qquad (1-4)$$

式中 d——间隙距离，m。

输电线路和配电装置的各种形状的气体间隙，正极性操作冲击电压作用下都有类似于正棒－负板间隙的 U 形曲线，因此在设计这些间隙时应特别注意极小值的影响。

2) 操作冲击电压下的极性效应更加显著

在各种不同的电场结构中，正极性操作冲击的 50% 击穿电压都比负极性的低，所以是更危险的，如图 1-29 所示。在讨论操作冲击电压下的间隙击穿特性时，如无特别说明，一般均指正极性的情况。

还有一点值得注意的是，在同极性的雷电冲击标准电压波形作用下，棒－板间隙的击穿电压比棒－棒间隙的击穿电压略低，而在操作过电压作用下，前者则比后者低得多。这个情况启示我们，在设计高压电力装置时，应注意尽量避免出现棒－板型间隙。

3) 击穿电压具有明显的饱和现象

与工频击穿电压的规律相类似，长间隙在操作冲击电压作用下也呈现出显著的饱和现象，特别是棒－板型间隙，其饱和程度尤甚，典型的试验结果如图 1-29 所示。这是因为长间隙下先导形成之后，放电更易发展的缘故。而雷电冲击电压的作用时间太短，所以雷电击穿电压的饱和现象很不明显，放电电压与间隙距离一般呈线性关系。

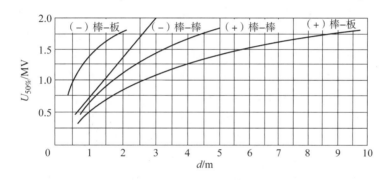

图 1-29　操作冲击电压 (500/5 000 μs) 作用下，棒－板及棒－棒空气间隙的击穿电压 $U_{50\%}$ 和间隙距离的关系

4) 击穿电压的分散性大

在操作冲击电压作用下，间隙的 50% 击穿电压的分散性比雷电冲击电压下大得多，集中电极（如棒极）比伸长电极（如导线）尤甚，击穿电压的分散性可用相对标准偏差 σ 来反映。

波前时间较长时（如大于 1 000 μs）击穿电压的分散性比波前时间较短时（如 100 ~ 300 μs）尤甚。对棒－板间隙，50% 击穿电压的相对标准偏差前者达 8% 左右，波前时间较短时约 5%。而在雷电冲击电压下，分散性小得多，相对标准偏差仅为 3%；工频下分散性更小，不超过 2%。

 小结

雷电冲击电压作用下，50% 冲击击穿电压比工频击穿电压的峰值要高一些，均匀电场和稍不均匀电场间隙的放电时延短，击穿的分散性小，冲击击穿通常发生在波峰附近，极不均匀电场间隙的放电时延长，冲击击穿常发生在波尾部分。

通过分析操作冲击电压的形成，培养学生分析问题的能力。

操作冲击电压作用下的击穿具有 U 形曲线，极性效应更加显著，有明显的饱和现象，击穿电压的分散性大。

第六节　大气条件对空气间隙击穿电压的影响及其校正

任务描述

由于大气的压力、温度、湿度等条件都会影响空气的密度、电子自由行程长度、碰撞电离及附着过程，从而影响气隙的击穿电压。综合分析大气条件对空气间隙击穿电压的影响。

知识链接

无论是空气间隙的击穿电压还是绝缘子的沿面闪络电压，都和大气条件，即气体的压力、温度和湿度有关，我国国家标准规定的标准大气条件为：温度 $t_0 = 20\ ℃$，压力 $P_0 = 101.3\ kPa$，绝对湿度 $h_0 = 11\ g/m^3$。当试验时的大气条件与标准大气条件不符时，应将实际大气条件下的击穿（闪络）电压换算至标准大气条件下，以便于比较。如果进行耐压试验，则应将规定的标准大气条件下的试验电压换算至实际的大气条件下。

试验表明，空气间隙的击穿电压和绝缘子的闪络电压都随气体密度的增大而增大，这是由于密度增大时电子的平均自由行程缩短，电离过程减弱之故，湿度对击穿（闪络）电压的影响比较复杂。一方面，由于水分子的电负性强，易吸附空气中的电子变为负离子，使电离过程减弱，从而使击穿（闪络）电压随湿度增加而增大；另一方面，湿度太大时空气中的水蒸气易在绝缘子表面凝结成水膜，使绝缘子的闪络电压降低，因此在湿度较低时，无论是空气间隙的击穿电压还是绝缘子的闪络电压，通常都随湿度的增加而增大，在湿度较大（相对湿度超过约 80%）时，绝缘子的闪络电压可能出现随湿度增加而降低的情况。按有关国家标准的规定，进行绝缘子干闪试验时空气的相对湿度不超过 85%，故绝缘子的干闪电压一般随湿度增加而增加。在均匀电场中，由于电子运动的速度快，水分子不易吸附电子，所以击穿（闪络）电压受湿度的影响很小，一般不予考虑。下面分别讨论各个校正因数的取值。

1. 大气校正因数

试验条件下的气隙击穿电压 U 与标准大气条件下的击穿电压 U_0 之间的关系为：

$$U = \frac{K_d}{K_h} U_0 \qquad (1-5)$$

式中　K_d——大气校正因数；

　　　K_h——湿度校正因数。

上式不仅适用于气隙的击穿电压，也适用于外绝缘的沿面闪络电压。

2. 对空气密度的校正

空气密度与压力和温度有关，空气密度校正因数取决于相对空气密度 δ，其表达式为：

$$K = \delta^m \qquad (1-6)$$

式中　　m——空气密度校正指数。

3. 湿度校正因数

大气中所含的水气分子能俘获自由电子而形成负离子，这对气体中的放电过程显然起着抑制作用，可见大气的湿度越大，气隙的击穿电压也会增高。

在均匀和稍不均匀电场中，放电开始时，整个气隙的电场强度都较大，电子的运动速度较快，不易被水气分子所俘获，因而湿度的影响就不太明显，可以忽略不计。例如用球隙测量高电压时，只需要按空气相对密度校正其击穿电压就可以了，而不必考虑湿度的影响。

在极不均匀电场中，湿度的影响就很明显了，这时可以用下面的湿度校正因数来加以修正，湿度校正因数 K_2 的表达式为：

$$K_2 = K^\omega \tag{1-7}$$

式中　　ω——湿度校正因数。

K 取决于试验电压种类，并为绝对湿度 h 与相对空气密度 δ 的比率 h/δ 的函数。而指数 ω 之值则取决于电极形状、气隙长度、电压类型及其极性。

4. 对海拔的校正

海拔高度对气隙的击穿电压和外绝缘的闪络电压的影响可利用一些经验公式求得。

我国国家标准规定：对于安装在海拔高于 1 000 m、但不超过 4 000 m 处的电力设施外绝缘，其试验电压 U 应为平原地区外绝缘的试验电压 U_p 乘以海拔校正因数 K_a，即：

$$U = K_a U_p \tag{1-8}$$

式中　　$K_a = \dfrac{1}{1.1 - H \times 10^{-4}}$，其中 H 为安装点的海拔高度，单位是 m。

小结

在不同大气条件和海拔高度下所得出的击穿电压实测数据都必须换算到某种标准条件下才能互相进行比较。对空气密度、湿度和海拔，分别有不同的校正方法。

外因在事物的发展过程中，不仅是不缺少的，有时甚至起非常重大的作用。

第七节　提高气体介质电气强度的方法

任务描述

在高压电气设备中，经常遇到气体绝缘间隙。为了减小设备尺寸，一般希望间隙的绝缘距离尽可能缩短，为此需要采取措施，以提高气体间隙的击穿电压，本节重点介绍提高气体介质击穿电压的方法。

知识链接

根据前述分析可以想到，提高气体击穿电压不外乎两个途径：一是改善电场分布，使之尽量均匀；二是利用其他方法来削弱气体中的电离过程。下面举例介绍一些提高气体间隙击穿电压的方法。但应注意，这些措施只是提供了解决问题的方向，在解决工程问题时，应根据具体情况灵活处理，才能得到比较合理的具体办法。

（一）改进电极形状

如前面所述，均匀电场和稍不均匀电场间隙的平均击穿场强比极不均匀电场间隙的要高得多，一般来说，电场分布越均匀，平均击穿场强也越高。因此，可以通过改进电极形状、增大电极曲率半径，来改善电场分布，提高间隙的击穿电压。同时，电极表面应尽量避免存在毛刺、棱角等，以消除电场局部增强的现象。变压器套管端部应加球形屏蔽罩，如图1-30所示。如不可避免出现极不均匀电场，则应尽可能采用对称电场（棒-棒类型）。

（二）极不均匀电场中屏障的采用

在电场极不均匀的空气间隙中，放入薄片固体绝缘材料（如纸或纸板），在一定条件下可以显著地提高间隙的击穿电压，如图1-31所示。由图可见，屏障的最佳位置约在靠近棒极1/5处。屏障的作用在于，屏障表面积聚的空间电荷使屏障与板电极之间形成比较均匀的电场，从而使整个间隙的击穿电压提高。因此，屏障应尽量靠近棒极，使比较均匀的电场区域扩大。但屏障离棒极过近时，屏障上空间电荷的分布将变得不均匀而使屏障效应减弱，因此屏障有一最佳位置。

图1-30 改进电极形状调整电场

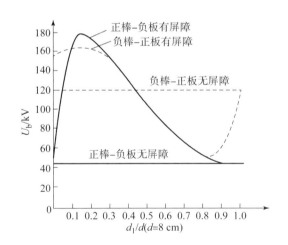

图1-31 直流电压下棒-板空气间隙的击穿电压和屏障位置的关系

图1-32给出了正棒-负板间隙中屏障使电场分布改善的示意图。负棒-正板间隙中屏障的作用与之是相似的，只是此时屏障上积聚的是负电荷。当有屏障时，正、负极性的击穿电压是相同的。屏障靠近棒极或板极时，屏障效应消失，此时击穿电压接近无屏障的情况，即正、负极性下又出现很大的差别。

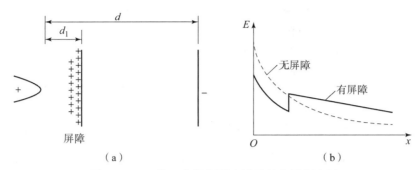

图 1-32　正棒-负板间隙中屏障的作用示意图
(a) 击穿前屏障上电荷的积累；(b) 屏障上电荷对间隙中电场分布的改善

> **❖ 特别提示**
> 　　工频电压下，在棒-板间隙中设置屏障可以显著地提高击穿电压，因为工频电压下击穿总是发生在棒极为正极性的半周内，所以屏障的作用与正棒-负板直流电压下的情况相近。雷电击穿电压下，屏障也可提高正棒-负板间隙的击穿电压，但棒为负极时，屏障对击穿电压的影响很小。

（三）高气压的采用

由巴申定律可知，在均匀电场中提高气体的压力，可以提高气体的击穿电压。因为气压增高后，分子的密度加大，电子的平均自由行程缩小，从而减弱了电离过程。在一定气压范围内，增大气体压力对提高间隙的击穿电压是极为有效的，当气压超过一定范围后，击穿电压随气压的增高将呈现饱和的趋势。

在极不均匀电场中，高气压空气间隙的击穿电压与气压的关系曲线有驼峰现象，因此在极不均匀电场间隙中采用高气压的优点不明显。采用高气压的电气设备时，应使电场尽可能均匀。

（四）高真空的采用

采用高真空的情况与提高气压的情况相似，也是削弱了间隙中气体的电离过程。因为这时虽然电子的自由行程变得很大，但间隙中已无气体分子可供碰撞，因此电离过程无从发展，从而可以显著提高间隙击穿电压。

在电气设备中，目前还很少采用高真空作为绝缘，因为电气设备的绝缘结构中总会使用固体绝缘材料，这些固体绝缘材料在高真空下会逐渐释放出气体，使高真空难以长期保持。目前真空间隙只在真空断路器中得到应用。真空不仅绝缘性能好，而且有很强的灭弧能力，所以真空断路器已广泛应用于配电网络中。

> **❖ 特别提示**
> 　　有一些含卤族元素的强电负性气体的电气强度特别高，因而可称之为高电气强度气体。采用这些气体来替换空气，可以大大提高气隙的击穿电压，甚至在空气中混入一部分这样的气体也能显著提高其电气强度。但仅仅满足高电气强度是不够的，还必须满足以下条件：

（1）液化温度要低，这样才能同时采用高气压。
（2）良好的化学稳定性，出现放电时不易分解、不燃烧或爆炸、不产生有毒物质。
（3）生产不太困难，价格不过于昂贵。

（五）高电气强度气体（SF_6）的采用

SF_6同时满足以上条件，而且还具备优异的灭弧能力，其他有关的技术也相当好，因此SF_6及其混合气体在电力系统中得到了广泛应用。

SF_6具有很强的电负性，容易吸附电子成为负离子，从而削弱了电离过程，同时也加强了复合过程；另外，这些气体具有较大的分子量和分子直径，电子在其中运动时平均自由行程较短，不易积聚能量，从而减小了其碰撞电离能力。

在标准大气压下，SF_6气体的击穿场强约为空气的2.5倍。因此用于电气设备时，其气压不必太高，这可使设备的制造和运行得以简化。目前得到工程应用的高电气强度气体只有SF_6，因为它具有无味、无毒、不可燃、不易分解等特点。此外，它还是一种优良的灭弧介质，其灭弧能力为空气的100倍。因此它不仅被用于制造断路器、电流互感器、电压互感器等单台电气设备，而且还应用于全封闭组合电器和气体绝缘变电站（GIS），既增加了设备运行的可靠性，也大大减小了设备的占地面积。

SF_6的价格较高，且用于断路器时（气压在0.7 MPa左右）其液化温度尚不能满足高寒地区的要求，因此在工程应用中有时采用SF_6混合气体，如$SF_6 - N_2$混合气体，通常其混合比约为1∶1。

❈ **特别提示**
这种混合气体的液化温度能满足高寒地区的要求，其电气强度约为纯SF_6的85%。

提高气体击穿电压的措施有电极形状的改进、极不均匀电场中屏障的采用、高气压的采用、高真空和高电气强度气体（SF_6）的采用。

通过掌握提高气体击穿电压的方法，理解内因是事物发展变化的主要因素。

第八节　六氟化硫气体和绝缘电气设备

气体电介质在达到一定电压后，会发生击穿现象，可是在10 kV高压设备中，会用到SF_6气体作为绝缘介质，本节将重点介绍SF_6气体的物理和电气性能，分析它与空气相比

具有什么特性，又有哪些局限性。

知识链接

SF$_6$ 气体电气强度高，灭弧性能优良。20 世纪 60 年代开始 SF$_6$ 作为绝缘媒质和灭弧媒质使用于某些电气设备（首先是断路器）中；至今 SF$_6$ 气体已是除空气外应用最广泛的气体介质，是目前除空气外应用最广泛的气体介质。SF$_6$ 气体不仅被应用于某些单一的电气设备中，如 SF$_6$ 断路器、高压充气电缆、气体绝缘变压器等，而且被广泛用于全封闭气体绝缘开关设备（简称 GIS）和充气管道输电线等装置中。GIS 将除变压器之外的全部电气设备封闭在各接地的金属外壳内，壳内充以 0.3 ~ 0.4 MPa 的 SF$_6$ 气体作为相间和相对地绝缘。变电站采用 GIS，可大大缩小占地面积，提高运行的可靠性。

纯净的 SF$_6$ 气体是无色、无味、无毒的惰性气体，温度不太高时化学性能稳定。但在电弧的高温及水分作用下，SF$_6$ 会发生一系列化学反应，产生有毒及有腐蚀性的化合物。此外 SF$_6$ 在制造过程中也会产生部分有毒物质，使 SF$_6$ 的纯度降低。

SF$_6$ 的电气强度约为空气的 2.5 倍，灭弧能力更高达空气的 100 倍以上，所以在超高压和特高压的范畴内，它已完全取代绝缘油和压缩空气而成为唯一的断路器灭弧媒质。

目前 SF$_6$ 不但应用于单一电力设备，如 SF$_6$ 断路器、气体绝缘变压器等，也被广泛采用于将多种变电设备集于一体并密闭充 SF$_6$ 气体的容器之内的封闭式气体绝缘组合电器（GIS）和充气管输电线等装置中。

SF$_6$ 具有较高的电气强度，主要是因为其具有很强的电负性，容易俘获自由电子而形成负离子（电子附着过程），电子变成负离子后，其引起碰撞电离的能力就变得很弱，因而削弱了放电发展过程。

一、SF$_6$ 的物理性质

纯净的 SF$_6$ 气体无色、无味、无毒、不燃烧，属于惰性气体，在 0.098 MPa 压力下，相对于空气的密度为 5.19（由 6.9/1.29 而得出），液化温度为 -62 ℃。它是由 1 个硫原子和 6 个氟原子组成。其分子结构为硫原子位于中心、6 个氟原子位于顶端的正八面体。如图 1 - 33 所示为 SF$_6$ 结构式，图 1 - 34 为 SF$_6$ 正八面体结构。

图 1 - 33　结构式

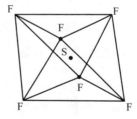

图 1 - 34　正八面体示意图

1. 热稳定性

SF$_6$ 在常温甚至较高温度下一般不会发生自分解反应，它的热分解温度在 500 ℃ 左右。热分解时形成的组分十分复杂。

2. 化学性质

SF_6 气体不溶于水和变压器油，在温度低于 800 ℃ 时仍然为惰性气体，不燃烧，在炽热温度下也不与氢气、氧气、铝、铜以及其他许多物质发生作用，水、酸、碱也不会使它分解。因此，它的化学性质比较稳定。

二、SF_6 的电气性能

1. 绝缘性能

如前所述，SF_6 分子结构是以 1 个硫原子为中心，6 个氟原子处于各顶端的正八面体，而氟原子又是一个在各元素中电负性名列前茅的元素，也就是说它的电子捕获截面极大，具有极强的吸附电子的能力。而且 1 个 SF_6 分子中有 6 个氟原子之多，可想而知，它的电负性是十分可观的（SF_6 的电子亲和力为 3.4 eV）。

正是出于上述理由，进行了大量的试验研究工作，证实了它的确是一种电绝缘性能超群的化合物。1937 年法国首先将其作为绝缘介质用于高压绝缘电气设备中。试验表明，在相同的压力和温度下，SF_6 的绝缘耐力（击穿强度）为空气的 2～3 倍，在 3 个标准大气压下可与常压下的绝缘油相匹敌。

2. 灭弧性能

SF_6 气体广泛应用于高压开关系统的重要原因之一就在于其优越的灭弧性能。灭弧时在电弧过零的瞬间，电极间的电子，借助于 SF_6 分子的强电负性而附着其上。由于 SF_6 分子质量为电子质量的几十万倍，故它移动得很慢，不能获得使电子再次冲击的速度，从而使电弧熄灭。SF_6 的灭弧能力约为空气的 100 倍，因此特别适用于高电压大电流的开断。

> **❖ 特别提示**
>
> SF_6 的优势：
>
> （1）即使在电弧作用下发生分解时它也不会像绝缘油那样产生能导电的碳原子，而是产生出极微量的电能性类似于 SF_6 的含硫低氟化物。
>
> （2）电弧时间常数是反映灭弧速度的一个重要指标。对圆柱体电弧而言，该值与电弧的半径的平方成比例。即使在静止状态下，SF_6 的电弧时间常数也是非常小的，要比空气等介质优越两个数量级以上。正是由于其极小的电弧时间常数，以及 SF_6 分子在电弧作用下分解迅速，恢复能力强，SF_6 断路器发挥了优越的绝缘恢复特性。

三、封闭式气体绝缘组合电器（GIS）

GIS 如图 1-35 所示，它由断路器、隔离开关、接地刀闸、互感器、避雷器、母线、连线和出线终端等部件组合而成，全部封闭在 SF_6 金属外壳中。与传统的敞开式配电装置相比，GIS 具有下列突出优点：

（1）大大节省占地面积和空间体积。额定电压越高，节省得越多。

（2）运行安全可靠。GIS 的金属外壳是接地的，既可防止运行人员触及带电导体，又可使设备运行不受污秽、雨雪、雾露等不利的环境条件影响。

（3）有利于环境保护，使运行人员不受电场和磁场的影响。

图 1-35　封闭式气体绝缘组合电器（GIS）

(4) 安装工作量小、检修周期长。

四、气体绝缘管道输电线（GIC）

气体绝缘管道输电线亦可称为气体绝缘电缆（GIC），如图 1-36 所示，它与充油电缆相比具有下列优点：

(1) 电容量小。GIC 的电容量只有充油电缆的 1/4 左右，因此其充电电流小、临界传输距离长。

(2) 损耗小。常规充油电缆常因电介质损耗较大而难以用于特高压，而 GIC 的绝缘主要是气体介质，其介质损耗可忽略不计，已研制成特高压等级的产品。

(3) 传输容量大。常规电缆由于制造工艺等方面的原因，其缆芯截面一般不超过

图 1-36　气体绝缘管道输电线（GIC）

2 000 mm^2，而 GIC 则无此限制，所以 GIC 的传输容量要比充油电缆大，而且电压等级越高，这一优点越明显。

(4) 能用于大落差场合。

五、SF_6 变压器

SF_6 变压器的结构包括铁芯、绕组、气泵等。

1. 铁芯

SF_6 变压器基本与油浸式变压器相同，由于 SF_6 气体的导热性能远不如绝缘油，所以铁芯的磁密略低于油浸式变压器，对冷却回路设计要求较高。由于 SF_6 气体的电气绝缘性能在常压下低于绝缘油，所以中小型变压器绕组的绝缘距离稍大，冷却气道要大些，铁芯尺寸要比油浸式变压器大些。大型变压器的铁芯要增加冷却气道。

2. 绕组

绕组形式有圆筒式、回旋式、纠结式和内屏蔽式。导线采用 E 级、F 级或 H 级绝缘，大型变压器采用曲折型导向冷却气道。绕组要求场强均匀，避免尖端效应。

3. 绝缘

在正常大气压下 SF_6 气体的电气绝缘强度为空气的 2～3 倍，随气压的增高，绝缘强

度亦成倍增加。为了降低成本,中小型气体变压器箱内的气压,在室温下,为标准大气压的 1.2 倍左右。高电压气体变压箱内的气压为大气压的 2~3 倍,这时气体的绝缘强度可以接近绝缘油的强度,绕组的绝缘距离可缩小,然而面箱壳需加固,以承受较高的气压。气体的冲击绝缘系数较低,为 1.2~1.4。

4. 气体压力及监视

气体变压器的正常充气压为 137.3 kPa,高压电缆箱及有载调压开关 SF_6 气体压强分别为 392.3 kPa 和 29.4 kPa,气体变压器的绝缘在 98.1 kPa 压强时也能耐受系统的最高电压。

气体变压器上装有温度补偿压力开关,可以根据用户要求设置高、低气压的报警及跳闸压力。虽然气体的压力随温度的变化而变化,但由于进行了温度补偿,温度补偿开关压力指示的气体压力为折算到 20 ℃ 时的压力。

5. 气泵

气泵是气体变压器的重要部件,一般当主变压器负荷率达到 50% 以上时,需将气泵投入运行,以增加散热效果。因此,气泵的质量好坏将会影响到气体变压器的可靠运行,在气体变压器中大多选用低噪声、高可靠性能及最低维护要求的气泵。

6. 有载调压开关

所有的气体变压器采用的都是真空开关型有载调压开关,它具有以下特点:

(1) 有载调压开关在气体变压器本体内有独立的气室,其额定 SF_6 气压为 29.4 kPa。

(2) 用真空开关作为切换开关,不会因切换产生电弧使气室内受污染。

(3) 用滚动触头代替滑动触头,可以减少机械磨损及降低驱动力。

(4) 使用寿命长,电寿命可达 20 万次,机械寿命可达 80 万次,能连续运行 30 年。

【注意】

气体绝缘变压器与普通油浸式变压器的主要不同之处在于绝缘冷却介质和冷却机理不同。

对目前生产量最大的自冷式气体绝缘变压器来说,绝缘冷却介质是 SF_6 气体,器身置于充有 SF_6 气体的箱体中,铁芯和绕组中因损耗散发出来的热量靠 SF_6 气体的自然对流和辐射作用通过冷却器和箱壁散发到周围介质中。要改善变压器内部的散热情况有两条途经,一是加大 SF_6 气体的热浮力,二是减少 SF_6 气体循环的总的流动阻力。由于 SF_6 气体中绕组表面的散热系数比变压器油中的散热系数小一个数量级,因此自冷式气体绝缘变压器的容量不可能很大,一般最大不超过 5 000 kVA。

对强气循环气体绝缘变压器,为促进 SF_6 气体在箱体内流动,采用轴流式或侧流式气体循环风机来增加气体流速,提高对流系数。为获得更好的散热效果,对容量超过 20 MVA 的强气循环变压器,可采用风冷却器强制空气冷却。

对蒸发冷却气体绝缘变压器,冷却机理和普通的气体绝缘变压器有很大区别。它采用了 $C_8F_{16}O$ 等液-气两相绝缘材料。这种材料的沸点接近变压器器身的运行温度,气化热大,常温下一般为液态,但当温度升高到变压器器身的运行温度时,该材料便气化,在气化过程中可以从器身吸收大量气化热,具有非常好的冷却变压器器身的效果。这种变压器可分为浸体式、隔离式和喷别式。后两种冷却能力很大,可用于超大容量领域,具有很大的发展前景。图 1-37 所示为加风扇的强迫空气冷却气体变压器。

隔离式变压器冷却系统的结构与传统产品有很大区别。绝缘介质仍采用 SF_6 气体,而冷却主要靠液-气两相材料。为加强冷却效果,在其器身内部设置了专门的冷却管道,构成独立的冷却系统与冷却器相通。两相冷却液首先在器身内的冷却管道中吸收器身释放出的热量而气化，气化后的蒸气从冷却管道经绝缘管进入冷却器，并将热量散发到大气中。美国提出的所谓新概念气体绝缘变压器正是采用了这一结构。图 1-38 所示为隔离式 GIT 的内部构造示意图。

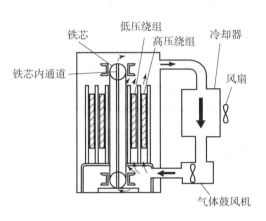 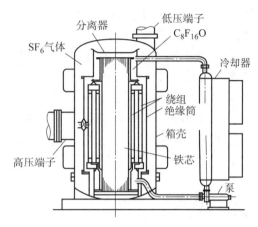

图 1-37 加风扇的强迫空气冷却气体变压器　　图 1-38 隔离式 GIT 内部构造

喷射式 GIT 的冷却系统比较复杂，一般由循环泵、储液器、喷射装置、鼓风机、冷却液管路和冷却器等部件组成，如图 1-39 所示。循环泵将变压器底部储液器中的两相冷却液抽到器身上方的喷射装置中，该装置将冷却液体经多条通道喷射到器身上，散布在器身上的冷却液吸收器身热量后迅速气化。此蒸气与充在箱体内的 SF_6 气体一起形成混合气体，由鼓风机强制地送入冷却器和外界进行热交换。冷却液的冷却蒸气在冷却器中凝聚液化，并流回储液器。

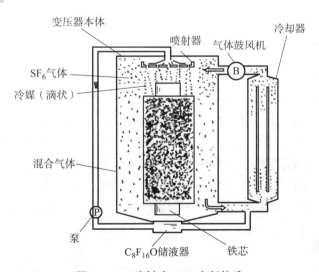

图 1-39 喷射式 GIT 内部构造

六、SF_6 气体的危害及解决措施

如前所述，SF_6 气体是一种无色、无味、防火、防灾的十分优越的气体。特别是它具有

优越的绝缘与灭弧性能,多年来已在断路器、GIT 等输变电设备领域得到了广泛的应用。

但是,SF_6 气体对温室效应有着巨大的潜在危险,主要原因有二:一是 SF_6 分子对温室效应潜在影响大,一个 SF_6 分子对温室效应的影响相当于 CO_2 分子的约 25 000 倍;二是 SF_6 气体排放在大气中后,它的寿命特长,约为 3 200 年。这两条原因说明 SF_6 气体具有很大的潜在危险。SF_6 气体每年世界产量为 5 000~8 000 t,其中一半以上用于电力工业,而电力工业中,有 80% 用于高中压开关及其成套设备。

为了减小 SF_6 气体对温室效应的影响,应从三方面着手。首先,在设计 SF_6 开关设备产品时,尽量减少 SF_6 气体的用量,同时要采取严格的密封措施,尽量减少因泄漏而向大气的排放量。其次,对于用户来说,在设备寿命终了时,不能随意将设备内的 SF_6 气体排入大气,应由 SF_6 气体制造商回收。最后,SF_6 气体制造商要从用户那里回收用过的 SF_6 气体,对它加以处理,重新使用。这样形成三者为一体的良性循环系统,有助于减少 SF_6 气体的排放量,也就减少了 SF_6 气体对温室效应的影响。

小结

SF_6 目前已完全取代了绝缘油和压缩空气而成为唯一的断路器灭弧媒介。目前 SF_6 不但应用于单一电力设备,如 SF_6 断路器、气体绝缘变压器等,也被广泛采用于将多种变电设备集于一体并密闭充 SF_6 气体的容器之内的封闭式气体绝缘组合电气(GIS)和充气管输电线等装置中。电负性气体的作用,类似于负重前行的逆行者,为最美逆行者点赞。

第九节 沿面放电和污闪事故

任务描述

沿面放电常见于绝缘子表面,我们所说的绝缘子是一种将处于不同电位的导体在机械上固定、在电气上隔绝的高压绝缘零部件,使用数量极大。其主要包括套管、支柱绝缘子、悬式绝缘子等。当带电体电位超过一定值时,常常在固体电介质和空气的交界面上出现放电现象,这种沿着固体介质表面的气体发生的放电,称为沿面放电。当其发展为贯穿性空气击穿时,称为沿面闪络,简称闪络。沿面闪络电压通常要比与闪络路径等长的空气间隙的击穿电压低,而且受绝缘子表面状况的影响很大。许多绝缘事故都是由于绝缘子的闪络引起的。本节重点介绍沿面放电和污闪事故。

知识链接

一、均匀电场中的沿面放电

使固体介质表面的气体发生闪络时的电压称为固体介质的沿面闪络电压。如图 1-40 所示,在两平行电极构成的均匀电场中插入一圆柱形固体介质,圆柱形固体介质的长度等于极间距离，侧面与电力线平行。虽然圆柱形固体介质的存在似乎并未影响极板间的电场分布，且用固体置换气体，整个间隙的击穿电压似乎至少不应比纯空气间隙低，似乎电极间任何地方的气体发生击穿的可能性是相同的，但实际上放电总是发生在固体介质表面，而且沿固体表面的闪络电压比纯空气间隙的击穿电压要低得多。造成这种现象的主要原因如下：

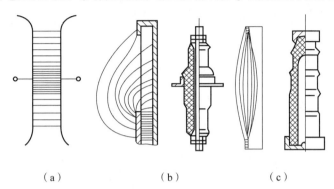

图 1-40 在平行电极构成的均匀电场中插入一圆柱形固体介质
(a) 固体电介质；(b) 套管；(c) 支柱绝缘子

（1）固体介质表面会吸附气体中的水分形成水膜。水膜中的离子在电场中沿介质表面移动，电极附近逐渐积累起电荷，使介质表面电压分布不均匀，从而使沿面闪络电压低于空气间隙的击穿电压。

（2）介质表面电阻不均匀和介质表面有伤痕裂纹，也会畸变电场的分布，使闪络电压降低。

（3）固体介质与电极表面接触不良时，在它们之间会存在气隙。气隙处场强大，极易发生电离，产生的带电质点到达介质表面，会畸变原电场的分布，使闪络电压降低。

越易吸湿的固体，例如玻璃、陶瓷等，沿面闪络电压越低。由于表面水分中离子沿电场移动需要时间，因此均匀电场中工频电压、直流电压作用下的沿面闪络电压比冲击电压下的沿面闪络电压还要低。均匀电场沿面放电的情况在工程实际中很难遇到，更多的是极不均匀电场情况。

二、极不均匀电场中的沿面放电

1. 套管的沿面放电（电场具有强垂直分量）

随着外施电压的增高，在法兰的边缘先出现浅蓝色的电晕放电，进一步升高电压，放电形成平行向前伸展的许多细光线，称为刷形放电。刷形放电的长度随着电压的升高而增加。当电压升到某临界值时，其中某些细线的长度迅速增长，并转变为较明亮的浅紫色的树枝状火花。这种放电很不稳定，放电路径迅速改变，并有爆裂声响，称为滑闪放电。滑闪放电的火花长度随外施电压的升高而迅速增长，因而出现滑闪后，电压只需要增加不多，放电火花就能延伸到另一电极，形成闪络。

套管滑闪放电现象可用如图 1-41 所示的套管的电场分布及等效电路来解释。图中 r 表示套管表面单位面积的表面电阻，R 表示单位面积的体积电阻，C 表示单位面积与导电杆间的电容。由于套管表面电场具有强垂直分量，即电场主要从法兰垂直介质表面进入固体介质到达导电杆，使流过体积电阻 R 和电容 C 的电流分量增大，流过表面电阻 r 的电流逐渐减小，在法兰附近沿介质表面的电流密度最大，在该处介质表面的电位梯度也最大，当此处电位梯度达到使气体电离的数值时，就出现了电晕放电。随着电压的升高，放电进一步发展。电场的强垂直分量使带电质点撞击介质表面，引起局部温度升高，高到足以引起热电离，从而使通道中带电质点数量剧增，电阻骤降，通道头部场强增加，导致通道迅速增长，这就是滑闪放电。出现热电离是滑闪放电的特征。出现滑闪放电后，放电发展很快，会很快贯通两电极，完成闪络。

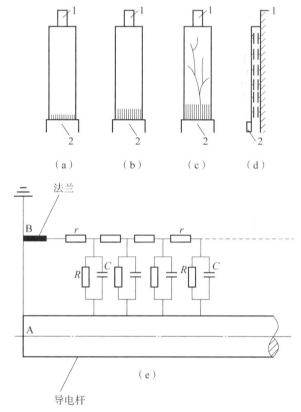

图1-41 套管滑闪放电

(a) 电晕放电；(b) 细丝状刷形放电；(c) 滑闪放电；(d) 套管表面电容等值图；(e) 套管的等效电路
1—导电杆；2—接地法兰

> **❖特别提示**
>
> 提高套管沿面闪络电压的方法有以下两种：
> (1) 减小 C 值。增大固体介质的厚度，或采用相对介电常数较小的固体介质。例如，加大法兰处套管外径，或采用瓷-油组合绝缘结构。
> (2) 减少法兰附近瓷表面的电阻率。在此处涂半导体漆或上半导体釉，以改善电位分布。

2. 支柱绝缘子的沿面放电（电场具有弱垂直分量）

支柱绝缘子介质表面的电场分布极不均匀，介质表面电荷的堆积已不会再造成电场更大的改变。另外，支柱绝缘子表面电场的垂直分量小，沿固体介质表面没有较大的电容电流流过，放电过程中不会出现热电离现象，故没有明显的滑闪放电，因而垂直于放电发展方向的介质厚度对放电电压实际上没有影响。在这种情况下沿面放电电压比同电极结构下纯空气间隙放电电压降低不多。

> **❈ 特别提示**
>
> 提高支柱绝缘子沿面闪络电压的方法有以下两种：
> （1）增高支柱绝缘子，即加大极间距离。但因支柱绝缘子表面电压分布不均匀，闪络电压并不与高度成正比增加。
> （2）装设均压环。补偿部分对地电容电流，改善电压分布，以提高闪络电压。

3. 悬式绝缘子串的沿面放电（电场具有弱垂直分量）

悬式绝缘子串的表面电场的垂直分量也很小（与支柱绝缘子一样），沿固体介质表面也没有较大的电容电流流过，放电过程中不会出现热电离现象，故没有明显的滑闪放电，因而垂直于放电发展方向的介质厚度对放电电压实际上没有影响。

我国 35 kV 及以上的高压线路都使用由悬式绝缘子组成的绝缘子串作为线路绝缘。绝缘子串的机械强度仍与单个绝缘子相同，而其沿面闪络电压则随绝缘子片数的增多而提高。绝缘子串中，绝缘子片的数目多少取决于线路所要求的绝缘水平。例如 35 kV 线路一般用 3 片，110 kV 线路用 7 片，220 kV 线路用 13 片，330 kV 线路用 19 片，500 kV 线路用 28 片。当用于耐张杆塔时，考虑到绝缘子老化较快，通常增加 1~2 片。在机械负荷很大的场合，可以将几串同样的绝缘子并联使用。

数字资源 1.9-1
绝缘子（微课）

长绝缘子串的电压分布很不均匀，绝缘子串两端承受的电压高，中间承受的电压低，这是由绝缘子的金属部分与接地的铁塔和高压导线间有杂散电容引起的。绝缘子串中绝缘子数越多，电压分布越不均匀，所以用增加绝缘子数来减小导线处绝缘子的电压降并不是很有效。通常 330 kV 及以上电压等级的线路可考虑使用均压环来改善绝缘子串的电压分布。

4. 污秽绝缘子的沿面放电

1）污秽绝缘子的沿面放电过程

户外绝缘子常会受到工业污秽或自然界盐碱、飞尘等的污染。干燥情况下，绝缘子表面污秽层的电阻很大，对绝缘子的闪络电压几乎没有什么影响；但在大气湿度较高或在毛毛雨、雾、露、雪等不利的大气条件下，这些污秽层被湿润时，含在污秽层中的电解质成分会溶于水中，形成导电水膜，使绝缘子表面的泄漏电流显著增大，闪络电压显著降低。

以悬式绝缘子为例，污秽绝缘子受潮后，在工作电压下的泄漏电流大增。因铁脚和铁帽附近的污层中电流密度较大，污层烘干较快，这里首先出现干区或干带。干区的电阻比其余湿污层的电阻大得多（甚至可大几个数量级），因此整个绝缘子上的电压几乎都集中到干区上，一般干区的宽度不大，所以电场强度很大。当电场强度足以引起表面空气的碰撞电离时，在铁脚和铁帽周围即开始电晕放电或辉光放电，出现蓝紫色细线。由于此时泄漏电流较大，电晕放电或辉光放电很容易直接转变为有明亮通道的电弧，不过这时的电弧只存在于绝缘子的局部表面，故称为局部电弧。随后电弧前方附近的湿污层很快被烘干，干区扩大，电弧被拉长，若此时电压尚不足以维持电弧的燃烧，电弧即熄灭。再加上交流电流每一周波都有两次过零，更促使电弧呈现"熄灭—重燃"的交替变化。当一条电弧因拉长而熄灭时，又会在另一条距离较短的旁路上出现电弧，所以就外观而言，好像电弧在绝缘子的表面上不断地旋转。若湿污层湿润度不断增大，泄漏电流逐渐变大，在一定电压下能维持的局部电弧长度也不断增加，一旦局部电弧达到某一临界长度时，弧道温度已很高，弧道的进一步伸长就不再需要更高的电压了，此时电弧将自动延伸直至贯通两极，导致沿面闪络。

干闪和湿闪在过电压下才能发生，而污闪一般在工作电压下就能发生，常造成长时间、大面积的停电，要待不利的气象条件消失后才能恢复供电，因此污闪事故对电力系统的危害特别大。

2）提高绝缘子污闪电压的方法

（1）增加爬电距离。

爬电距离是指两极间的沿面最短距离。增加爬电距离，可直接加大沿面电阻，抑制电流，提高闪络电压。因此对悬式绝缘子串常用增加片数或采用大爬电距离的绝缘子。

（2）加强清扫。

定期或不定期清扫，人工除去绝缘子表面污秽，可以提高闪络电压。就我国的气象情况而言，清扫最有效的季节是在积污严重而降雨尚未到来的冬季。带电水冲洗一般只适用于设备集中、交通方便的变电所。带电水冲洗必须注意冲洗方法，否则有引起闪络的危险。对输电线路则是停电人工清扫，人工上塔，用湿布擦。

（3）在绝缘子表面涂憎水性涂料。

在绝缘子表面涂上一层憎水性涂料，使受潮的污秽层无法形成连续导电膜，抑制了泄漏电流，从而可提高闪络电压。硅油和地蜡涂料的寿命短，RTV 涂料（室温硫化硅橡胶涂料）的寿命较长。

数字资源 1.8
亲水性和憎水性（动画）

（4）采用人工合成绝缘子。

用耐老化性能极好、憎水性很强的硅橡胶制造绝缘子，其污闪电压是瓷绝缘子的两倍以上。

> **特别提示**
>
> 传统瓷绝缘子及玻璃绝缘子之所以耐污性能差，主要原因在于其表面的亲水性。绝缘子表面的污秽层在雾、露、小雨等潮湿天气条件下，形成了沿绝缘子表面连续的导电层，因而沿面电气强度急剧下降。硅橡胶复合绝缘子作为电力系统新一代的绝缘子，其优异的防污性能首先得益于硅橡胶材料所特有的表面憎水性的迁移性能。另外，简单平滑的伞形与较细的杆径也是复合绝缘子优异耐污性能的重要因素。

 小结

闪络是沿着整个固体绝缘表面发生的放电。极不均匀电场中的沿面放电有套管的沿面放电、支柱绝缘子的沿面放电和悬式绝缘子串的沿面放电三种形式；增加爬电距离、加强清扫、在绝缘子表面涂憎水性涂料、采用人工合成绝缘子可以提高绝缘子污闪电压。

通过介绍我国自主研发的绝缘子，特别是特高压输电线路中的绝缘子，培养学生的民族自豪感。

第二章

液体、固体电介质的击穿特性分析

学习目标

知识目标：通过本章的学习，让学生掌握电介质的极化、电介质的电导、电介质的损耗的概念、掌握液体电介质、固体电介质的击穿理论，掌握电介质老化的概念。

能力目标：通过本章的学习，让学生能够分析液体电介质的击穿机理，能够分析固体电介质的击穿机理。

素质目标：通过对电介质击穿特性分析，培养学生团队协作和模型制作能力。

厉害了，我的国

2022 年我国电线电缆行业市场规模达 1.17 万亿元，预计 2023 年市场规模将达到 1.2 万亿元。在电缆材料领域，中低压材料基本实现国产化替代，但在高压电缆绝缘材料制造领域，却长期依赖进口，尤其是海缆绝缘料领域。

目前我国 35 kV 以上（220 kV、110 kV）海缆，多数使用国外海缆料 220 kV 及以上超高压绝缘料产品，约 90% 份额被北欧化学、陶氏化工垄断。高压电缆料被海外企业垄断，不仅让国内电缆厂商承受高昂的价格成本，更重要是面临供应链安全稳定问题，推进海缆料国产化势在必行。2022 年国内海缆料需求约 3－4 万吨，随着海上风电深远海战略推进，海缆高压绝缘材料需求预计 2025 或将接近陆缆高压材料类似需求体量。

自 2011 年起，国内科研院所、制造企业、试验检测等单位联合开展技术攻关，成立了国家电网公司高压电缆科技攻关团队，并与浙江万马等公司成立合资公司，掌握了 220 kV 及以下高压交流电缆绝缘材料核心技术，研制开发的国产高压电缆交联聚乙烯绝缘材料，填补了我国该领域的技术空白，2022 年万马股份 220 kV 超高压电缆绝缘料在南方电网公司的示范工程中投入运行并批量上市。

案例导入

绝缘材料，即电介质，是电工中应用最广泛的材料之一。液体、固体绝缘材料，通常用于绝缘、载流导体的支承、极间屏障，以提高气体或液体间的绝缘强度，在某些开关电器中可用液体绝缘材料作为灭弧材料。因此，对液体、固体电介质击穿特性的分析尤为重要。目前变压器的设计和生产中，油纸绝缘结构应用较为普遍，并且在实际的运行中由于电、热、机械等的应力作用使其击穿特性发生变化，性能不断下降，引发了安全隐患的出现。

一切电介质在电场的作用下都会出现极化、电导和损耗等电气物理现象，使得导电性能、介电性能和电气强度发生变化。通常气体电介质的上述现象都很微弱，一般可忽略不计。所以，真正需要注意的只有液体和固体介质在这些方面的特性。

第一节　电介质的极化

任务描述

本节重点介绍电介质极化的概念、种类以及电介质的相对介电常数和电介质极化在工程实际中的意义。

知识链接

（一）电介质极化的概念

电气设备的绝缘对保证设备及整个电力系统的安全运行起着至关重要的作用。绝缘的作用是将不同电位的导体分隔开，使导体间没有电气连接，从而可以保持不同的电位。具有绝缘作用的材料称为电介质。

电介质在电场作用下所发生束缚电荷的弹性位移和极性分子的转向现象，称为电介质的极化。即极化是在外电场作用下，电介质由中性转化为对外显现电性的现象。极化的结果使电介质沿电场方向的两端出现等量异号电荷，从而形成电矩，与正极板相对的一端出现负电荷，与负极板相对的一端出现正电荷。图 2-1 所示为电介质极化示意图。

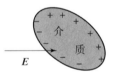

图 2-1　电介质极化

理想的绝缘介质内部没有自由电荷，实际的电介质内部总是存在少量自由电荷，它们是造成电介质漏电的原因。一般情形下，未经电场作用的电介质内部的正负束缚电荷平均来说处处抵消，宏观上并不显示电性。在外电场的作用下，束缚电荷的局部移动导致宏观上显示出电性，在电介质的表面和内部不均匀的地方出现电荷，这种现象称为极化，出现的电荷称为极化电荷。这些极化电荷改变原来的电场。充满电介质的电容器比真空电容器的电容大就是由于电介质的极化作用。极化的特点有：

（1）无论是何种极化，其宏观效果都是产生极化电荷，对外显电性。

（2）外电场场强越强，极化就越厉害，所产生的分子电矩的矢量和也越大。

（3）均匀介质极化时，只在介质表面出现极化电荷，而非均匀介质极化时，介质的表面和内部均可出现极化电荷。

（4）电介质极化会产生束缚电荷，从而形成附加电场。

> **❖ 特别提示**
> 把电介质看成大量微观带电粒子组成的电荷体系，从电磁学的基本公式出发，利用矢量分析和电动力学的有关公式，通过定量计算得出单个原子在空间某处产生的电势相当于一个电偶极子的电势，从理论层次说明分子或原子固有电矩的存在、电介质分子的分类、电介质在外电场中的极化模型及电介质极化的规律。

（二）电介质极化的种类

根据电介质的物质结构，极化有以下四种基本形式。

1. 电子式极化

在外电场的作用下，物质原子里的电子轨道相对于原子核发生位移，它们的等效中心不再重合而分开一定的距离 l，形成电偶极矩 $p_e = el$（l 由负电中心指向正电中心，e 是电荷量，见电偶极子），从而产生感应电矩的过程称为电子式极化。当电场不太强时，电偶极矩 p_e 同有效电场成正比，$p_e = \alpha_e E$，式中 α_e 称为电子极化率。

电子式极化存在于一切电介质中，其特点是极化过程所需的时间极短，为 $10^{-15} \sim 10^{-14}$ s，极化程度取决于电场强度，与电源频率无关，温度对电子式极化的影响不大。另外，电子式极化属于弹性极化，去掉外电场，正、负电荷间的吸引力使得正负电荷的作用中心重合，所以这种极化没有能量损耗。

图 2-2 所示为电子式极化示意图。

2. 离子式极化

离子式极化又称为原子极化，离子式结构的电介质在无外电场作用时，每个分子的正、负离子的作用是重合的。而在外电场的作用下，电场力使正、负离子发生相对位移，在正负离子组成的物质中异极性离子沿电场向相反方向位移形成电偶极矩 p_a，从而使整个分子呈现极性。p_a 与有效电场成正比，$p_a = \alpha_a E$，α_a 称为离子极化率，这种极化形式称为离子式极化。

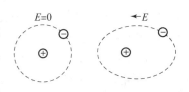

图 2-2 电子式极化

离子式极化存在于离子结构的电介质中，其特点是极化过程所需的时间极短，为 $10^{-13} \sim 10^{-12}$ s，因此极化程度也与电源频率无关。离子式极化也属弹性极化，没有能量损耗。随着温度的升高，离子间的结合力降低，离子式极化的程度略有增加。图 2-3 所示为离子式极化示意图。

3. 偶极子式极化

极性电介质是由偶极分子组成的。偶极子是一种特殊的分子，其正、负电荷的作用中心不重合，形成永久性的偶极矩 p，即单个偶极子呈现极性。在无外电场作用时，由于热运动，这些分子的取向完全是无规则的，处于杂乱无章的热运动状态，电介质在宏观上对外并不显示电性。在外电场的作用下，每个分子的电矩受到电场的力矩作用，原来混乱分布的偶极子转向电场方向定向排列，趋于同外场平行，即趋于有序化，呈现出极性。另外，热运动使电矩趋于无序化。在一定的温度和一定的外电场下，两者达到平衡，这种极化同温度的关系密切。这种极化方式称为偶极子式极化。

图 2-4 所示为偶极子式极化示意图。

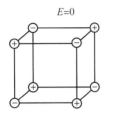 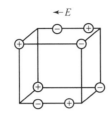 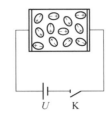 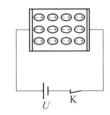

图 2-3　离子式极化　　　　　　　　图 2-4　偶极子式极化

偶极子式极化存在于极性电介质中，其特点是极化过程所需时间较长，为 $10^{-10} \sim 10^{-2}$ s，所以极化程度与电源频率有关，频率较高时偶极子来不及转动，因而极化率减小。由于偶极子在转向时需要克服分子间的作用力，即需要消耗电场能量，消耗的能量在复原时不能收回，所以偶极子式极化属非弹性极化。

温度对偶极子式极化的影响较大。当温度升高时，分子间的联系力减弱，极化程度加强；但当温度达到一定值时，由于分子的热运动加剧，妨碍偶极子沿电场方向转向，使极化程度减弱。所以，随着温度的升高极化程度先加强后减弱。

以上三种极化是由带电质点的弹性位移或转向形成的，均发生在单一电介质中，是电介质极化的基本形式。

4. 夹层式极化

实际电气设备的绝缘通常采用多层电介质的绝缘结构，因而在不同介质的交界面处会发生由带电质点的移动所形成的夹层式极化。

以最简单的双层电介质极化（见图 2-5）为例分析夹层式极化的物理过程。

如图 2-5 所示，C_1、C_2 为各层电介质的电容，G_1、G_2 为各层电介质的电导，U_1、U_2 为各层电介质上的电压。在开关 S 刚合闸的瞬间，电介质上的电压按电容分配，即当 $t=0$ 时，$U_1/U_2 = C_1/C_2$；当电路趋于稳态时，电介质上的电压按电导分配，即 $t \to \infty$ 时，$U_1/U_2 = G_1/G_2$。由于两层电介质的特性不同，一般情况下 $C_1/C_2 \neq G_1/G_2$，所以初始电压分布与稳态电压分布通常不相同，即合闸后两层电介质上的电荷需要重新分配。

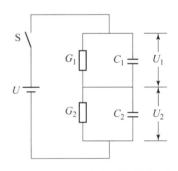

图 2-5　双层电介质极化模型

假设 $C_1 > C_2$，而 $G_1 < G_2$，则当 $t \to 0$ 时，$U_1 < U_2$；当 $t \to \infty$ 时，$U_1 > U_2$。因为 $U_1 + U_2 = U$，所以在过渡过程中 C_1 要通过 G_2 从电源再多充一部分电荷，称为吸收电荷，C_2 要通过 G_2 放掉一部分电荷，于是在分界面处将会积聚起一些电荷，这种使夹层电介质的交界面处积聚电荷的过程，称为夹层式极化。电荷积聚过程所形成的电流称为吸收电流。因为夹层式极化中存在吸收电荷，因此夹层式极化相当于增大了整个电介质的等值电容。

夹层式极化存在于不均匀夹层电介质中，这种极化由于涉及电荷的移动、积聚，所以必然伴随有能量损耗。由于电荷的积聚是通过电介质的电导进行的，而电介质的电导一般很小，所以极化过程较慢，一般为数秒到数分钟。所以这种极化只有在直流和低频交流电压下才能表现出来。

由于电介质组分的不均匀性以及其他不完整性，例如杂质、缺陷的存在等，电介质中少量自由电荷停留在俘获中心或介质不均匀的分界面上而不能相互中和，形成空间电荷层，从而改变空间的电场。从效果上相当于增强电介质的介电性能。

> **❖ 特别提示**
>
> 在外电场的作用下，电介质内部的偶极子会沿电场方向发生转向，并且在电介质表面出现电荷集聚的现象，称之为电介质的极化，电介质的极化是一个弛豫过程，从施加电场到达到极化平衡需要一定的时间，这个滞后的时间用弛豫时间 τ 来描述。极化弛豫现象造成电介质内部电位移 D 和场强 E 具有一定的位相差，是引起电介质损耗的一个原因，研究极化弛豫可获得关于物质结构的知识。电子极化和离子极化的时间非常短，这个时间通常可以忽略不计。

（三）电解质的相对介电常数

电介质的相对介电常数 ε_r 用来表征电介质在电场作用下极化现象的强弱，其物理意义表示为极板间放入电介质后电容量或者电荷量比极板间为真空时所增大的倍数。ε_r 的值由电介质的材料决定，并且会随着温度、频率而变化。相对介电常数（也可称相对电容率）是物质集中静电通量程度的衡量，是设计电容器必需的基本信息之一。一个溶剂的相对电容率是对其极性的一个相对性的度量。不同材料不同温度下的相对介电常数不同，利用这一特性可以制成不同性能规格的电容器或有关元器件。

表 2-1 列出了一些电介质的相对介电常数。

表 2-1 常用电介质的相对介电常数

材料类别		名称	相对介电常数 ε_r（工频，20 ℃）	电导率（20 ℃）/$(\Omega \cdot cm)^{-1}$
气体（标准大气条件）		空气	1.000 59	—
液体电介质	弱极性	变压器油	2.2	$10^{-12} \sim 10^{-13}$
		硅有机油	$2.2 \sim 2.8$	$10^{-14} \sim 10^{-13}$
	极性	蓖麻油	4.5	$10^{-10} \sim 10^{-12}$
	强极性	水	81	10^{-7}
固体电介质	中性或弱极性	石蜡	$1.9 \sim 2.2$	10^{-16}
		聚苯乙烯	$2.4 \sim 2.6$	$10^{-17} \sim 10^{-18}$
		聚四氟乙烯	2	$10^{-17} \sim 10^{-18}$
	极性	松香	$2.5 \sim 2.6$	$10^{-15} \sim 10^{-16}$
		沥青	$2.6 \sim 2.7$	$10^{-15} \sim 10^{-16}$
		聚氯乙烯	3.3	$10^{-15} \sim 10^{-16}$
		胶木	4.5	$10^{-13} \sim 10^{-14}$
		纤维素	6.5	10^{-14}
	离子性	云母	$5 \sim 7$	$10^{-15} \sim 10^{-16}$
		陶瓷	$5.5 \sim 6.5$	$10^{-15} \sim 10^{-16}$

对于气体而言，由于气体电介质的密度很小，所以气体电介质的相对介电常数一般都很小，在工程应用中一切气体电介质的相对介电常数都可以近似看作是1。

对于液体而言，中性液体电介质，例如变压器油、苯、硅有机油等，它们的相对介电常数 ε_r 在1.8~2.8之间。相对介电常数具有不大的负温度系数。

极性液体电介质的相对介电常数通常较大，其值一般在3~80之间，用作绝缘介质的值一般为3~6。若用作电容器的浸渍剂，可以使电容器的电容量增大。但是此类液体电介质在交变电场中的损耗较大，因此在高压绝缘中一般很少应用。

极性液体电介质的 ε_r 还与温度有关，在温度较低时先随着温度的升高而增大，随着温度的继续升高，当热运动较强烈时，ε_r 又随温度上升而减小。此外，极性液体电介质的 ε_r 还与电源频率有较大的关系。当频率较低时，偶极分子能够跟随交变电场充分转向，相对介电常数 ε_r 值较大，并且其值与频率大小无关，当频率很高时，偶极分子转向跟不上电场方向的改变，极化率减小，因而 ε_r 减小。

对于固体而言，中性和弱极性固体电介质，只有电子式极化和离子式极化两种，相对介电常数较小，一般为2.0~2.7。相对介电常数随温度的升高而略有下降，例如石蜡、石棉、聚乙烯、聚丙烯、无机玻璃等均属于此类电介质。

极性固体电介质的相对介电常数较大，一般为3~6。相对介电常数 ε_r 与温度、频率的关系和极性液体电介质相似。例如树脂、纤维、橡胶、有机玻璃、聚氯乙烯等均属于极性固体电介质。

对于离子性电介质，固体无机化合物多数属于离子式结构电介质，例如云母、陶瓷等，它们的相对介电常数 ε_r 一般具有正的温度系数，其值为5~8。

> **❉ 特别提示**
>
> 对于时变电磁场，物质的介电常数和频率相关，通常称为介电系数。介电常数又叫介电系数或电容率，它是表示绝缘能力特性的一个系数，以字母 ε 表示，单位为法/米。介电常数公式为：$C = \varepsilon S/(4\pi kd)$（平行电容计算公式）。

（四）电介质极化在工程实际中的意义

（1）有利于选择绝缘材料。对于电容器，应选择相对介电常数 ε_r 较大的电介质作为绝缘材料，这样可以减少电容器单位容量的体积和质量。对于其他电气设备，如电缆，则应选择相对介电常数 ε_r 较小的电介质，这样可以减少电缆工作时的电容电流。

（2）多层介质的合理配合。当几种电介质组合使用时，由于在交流电压和冲击电压作用下，各层电介质中的电场强度分布与相对介电常数 ε_r 成反比，所以要注意选择各电介质的相对介电常数值，使各层电介质中的电场分布相对比较均匀。

（3）介质损耗。介质损耗与电介质的极化类型有关，并且介质损耗对绝缘老化和热击穿有很大影响。

（4）判断绝缘受潮。在绝缘预防性试验中，可用夹层式极化来判断绝缘受潮的情况。

> **❋ 特别提示**
> 极化灾变，是指在某些临界条件下，极化变得很大，此时由极化引起的有效场比晶体中作用在离子上的弹性恢复力增加得更快，导致离子从平衡位置移动的不对称性，引起点阵的畸变，位移型铁电性的出现就与一定温度下点阵对称性的降低有关。极化灾变是引起铁电性的原因。

小结

电介质极化种类包括电子式极化、离子式极化、偶极子式极化、夹层式极化四种。通常使用电介质的相对介电常数 ε_r 来表征电介质在电场作用下极化现象的强弱。

数字资源 电介质的极化（微课）

数字资源 电介质的极化（视频）

通过制作极化模型，培养学生精益求精的工匠精神。

第二节 电介质的电导

任务描述

本节重点介绍电介质电导的基本概念，气体、液体和固体电介质的电导以及电介质电导在工程实际中的意义。

知识链接

（一）电介质电导的基本概念

电介质的内部总存在一些自由的带电质点，在外电场的作用下，带电质点会发生定向运动形成电流，即电介质具有一定的导电性。表征电介质电导大小的物理量用绝缘的电导率 γ 表示（或者用绝缘的电阻率 ρ 表示，$\rho = 1/\gamma$）。从微观结构来分析，电介质的内部虽存在大量的带电质点，但这些带电质点往往是束缚电荷（如电子被原子核紧密束缚，正、负离子也紧密结合在一起），它们不能在电介质内自由移动，因而不能形成电导电流。

电介质的电导与金属导体的电导有着本质的区别。电介质的电导主要是由离子移动造成的，电导很小，其电阻率 ρ 在 $10^9 \sim 10^{22}$ Ω·cm 范围内。随着温度的升高，电导增大，因此电介质的电导具有正的温度系数。在外施电压的作用下,由电介质的电导所引起的电流称为泄漏电流,温度越高,泄漏电流越大,所以在测量绝缘电阻或泄漏电流时应尽量在同温度下进行,方便对测量结果进行比较。电介质的电导值也与电压有关,通常在电介质接近击穿时,电导会急剧上升。

导体的电导主要是由电子的移动造成的,电导极大,其电阻率一般在 $10^{-6} \sim 10^{-2}$ Ω·cm 范围内。随着温度的升高,金属的电导减小。电介质一般都具有一定的电导,由于某种原因,电介质内常常含有部分自由的带电质点,在电场作用下它们会发生定向运动,使得电介质具有一定的导电性。电介质的电导与金属的电导不同,电介质导电靠的是电介质内部少量的自由离子,而金属导电靠的是金属内部大量的自由电子。因此电介质的电导是离子性电导,金属的电导是电子性电导。

> ❈ **特别提示**
>
> 电导率是表征电介质导电性能的主要物理量,其倒数为电阻率。按载流子的不同,电介质的电导又可分为离子电导和电子电导两种。
>
> 1. 电子电导
>
> 电子电导一般很微弱,因为电介质中自由电子数极少,如果电子电流较大,则电介质被击穿。
>
> 2. 离子电导
>
> 本征离子电导:极性电介质有较大的本征离子电导,其电阻率一般为 $10^{10} \sim 10^{14}$ Ω·cm。
>
> 杂质离子电导:在中性和弱极性电介质中,主要是杂质离子电导,其电阻率为 $10^{17} \sim 10^{19}$ Ω·cm。

(二) 气体、液体和固体电介质的电导

由于外界电离因素在气体中会产生少量带电离子,在外电场作用下,这些带电离子定向运动构成气体电介质的电导。气体电介质中电流与电压的关系如图 2-6 所示。

当电场强度很小时(图中 $U<U_a$ 段),电流随电压的升高而增加。当电场强度增大时(图中

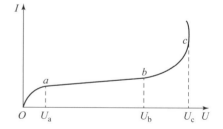

图 2-6 气体电介质中电流与电压的关系

$U_a<U<U_b$ 段),电流趋于饱和,这是因为外界电离因素产生的离子近似全部落入电板形成电流,电流的大小取决于外界电离因素的强弱。此时图中 ab 段内气体的电导很小,气体仍处于绝缘状态,随着电场强度的继续增大(图中 $U>U_b$ 段),气体电介质中将发生碰撞电离,使气体内的电导迅速增大,当电压达到 U_c 时,气隙被击穿。

液体电介质的电导主要由离子电导和电泳电导构成。离子电导是由液体本身和所含杂质的分子离解出的离子造成的。电泳电导是由液体中的胶体质点吸附电荷带电造成的。

中性液体电介质由于本身分子不易离解,其电导主要是杂质分子离解出的离子。而极性液体电介质的电导是由杂质分子和电介质本身分子离解出的离子共同形成的,所以当其他条件相同时,极性液体电介质的电导大于中性液体电介质的电导。对于强极性液体电介

质，如水、酒精等，其电导率已经很大，所以不能作为绝缘材料使用。

液体电介质的电导与分子的极性、电场强度、温度及液体的纯净度有关。离子电导随温度的升高而增大。电场强度较小时，电导接近于一个常数；电场强度较大时（超过某一定值），离解出来的离子数迅速增加，电导也就迅速增大。杂质对液体电介质的电导影响很大，尤其是中性液体电介质，当液体电介质中的杂质含量增大时，其电导明显增大。温度对液体电介质电导的影响表现在两方面：一是温度升高时液体电介质本身的分子和所含的杂质分子的离解度增大，从而使液体中自由离子的数量增加；二是温度升高时液体的黏度（即分子间的结合力）减小，离子在电场作用下移动时的阻力减小，从而使离子运动的速度加快。

固体电介质的电导分为体积电导和表面电导两种。

体积电导由固体电介质本身的离子和杂质离子形成，影响体积电导的因素主要有电场强度、温度和杂质。当电场强度较低时，固体介质的电导与电场强度关系很小；场强较高时，固体电介质的电导随场强增大而迅速增大。温度升高，固体电介质的电导增大。固体电介质中常含有杂质，杂质使电介质内部导电粒子的数目增加，其电导增大。由于固体介质发生碰撞电离的场强高，在发生电离前阴极就能发射电子，形成电子电导，因此流过固体电介质的电流不存在饱和区。

表面电导主要由电介质表面吸附的水分和污物引起。固体电介质表面干燥清洁时，其表面电导很小，当电介质表面吸附潮气或沉积污物时，其表面电导显著增大。表面电导的大小还与固体电介质本身的性质有关。

亲水性电介质，如玻璃、陶瓷等，容易吸收水分，水分可在其表面形成连续水膜。

憎水性电介质表面不易形成连续的水膜，表面电导比亲水性电介质的小。采取使介质表面洁净、烘干或涂以石蜡、有机硅、绝缘漆等措施，可以有效降低电介质的表面电导，所以憎水性电介质的表面电导通常要比亲水性电介质的小。

在测量固体电介质的泄漏电流（或绝缘电阻）时，应当采取措施消除电介质表面状况对测量值的影响。

气体电介质中通常存在微量离子和自由电子，电导很小，是良好的绝缘体。但在强电场作用下出现碰撞电离会使气体的电导急剧上升乃至击穿。液体电介质，如变压器油和硅油等，在弱电场下的电导主要由离子和带电的胶粒提供，这些离子和胶粒主要来源于杂质。固体电介质如碱卤晶体、石英、陶瓷、塑料等，在常态下多为离子导电。

> **❋ 特别提示**
>
> 利用白土、硅胶进行吸附杂质的处理能明显降低电导率。在强电场下，由于电极上的电子的场致发射和液体分子本身的电离，出现明显的电子导电。固体电介质的传导电子和空穴导电的机理与半导体相同。从能带结构来看，半导体的禁带较窄，容易受热激发产生传导电子和空穴。而电介质的禁带较宽，常温下几乎所有电子均处于满带，故电导率很小。但是在足够高的温度下，电介质可以成为半导体，也可能有明显的导电。

(三) 电介质电导在工程实际中的意义

(1) 电介质电导是绝缘预防性试验的理论依据。通过测量绝缘电阻、泄漏电流可以判断电气设备的绝缘状况。

(2) 多层电介质在直流电压作用下的稳态电压分布，与各层电介质的电导成反比，选择合适的电导率可使各层电介质之间的电压分布较合理。

(3) 注意环境条件对电介质电导的影响，如湿度对固体电介质表面电导的影响，因此对亲水性材料应进行防水处理；测量电气设备的绝缘电阻和泄漏电流时应注意湿度对测量值的影响。

(4) 电导产生的能量损耗使设备发热，为限制设备的温度升高，有时必须降低设备的工作电流。在一定条件下，电导损耗还可能导致电介质发生热击穿。

电介质电导的倒数即为电介质的绝缘电阻。通过测量绝缘电阻，可判断绝缘是否受潮或有其他劣化现象。

多层电介质串联时在直流电压下各层的稳态电压分布与各层电介质的电导成反比，故对直流设备应注意电导率的合理配合。

数字资源 电介质的电导（视频）

小结

电介质电导是离子性的，数值很小，具有正的温度系数，而金属的电导是电子性的，数值很大，具有负的温度系数。

通过对电介质电导的分析，培养学生分组协作，相互配合的团队意识。

第三节　电介质的损耗

任务描述

本节重点介绍带电介质损耗的概念、电介质的等值电路、电介质的损耗以及介质损耗在工程实际中的意义。

知识链接

(一) 介质损耗的基本概念

从电介质的极化和电导的概念可以看出，电介质在电压作用下有能量损耗，称为介质损耗，简称介损。介质损耗由下列三部分组成。

(1) 电导损耗。在电场作用下，介质中会有泄漏电流流过，引起电导损耗。气体的电导损耗很小，而液体、固体中的电导损耗则与它们的结构有关。非极性的液体电介质、无机晶体和非极性有机电介质的介质损耗主要是电导损耗。而在极性电介质及结构不紧密的离子固体电介质中，则主要由极化损耗和电导损耗组成。它们的介质损耗较大，并在一定温度和频率上出现峰值。

电导损耗，实质是相当于交流、直流电流流过电阻做功，故在这两种条件下都有电导损耗。绝缘好时，液、固体电介质在工作电压下的电导损耗是很小的，与电导一样，是随温度的增加而急剧增加的。

（2）极化损耗。只有缓慢极化过程才会引起能量损耗，如偶极子的极化损耗。它与温度有关，也与电场的频率有关。在某种温度或某种频率下，损耗都有最大值。用 $\tan\delta$ 来表征电介质在交流电场下的损耗特征。极化损耗只在交流电压作用下才存在。

（3）电离损耗。气体间隙中的电晕损耗和液、固绝缘体中局部放电引起的功率损耗称为电离损耗。电晕是在空气间隙中或固体绝缘体表面气体的局部放电现象。但这种放电现象不同于液、固体电介质内部发生的局部放电。即局部放电是指液、固体绝缘间隙中，导体间的绝缘材料局部形成"桥路"的一种电气放电，这种局部放电可能与导体接触或不接触。这种损耗称为电晕损耗。

当外加电压低于发生局部放电所需的电压时，在直流电压作用下，电介质中没有周期性的极化过程，只有电导损耗，而在交流电压作用下，介质损耗包括电导损耗以及周期性极化引起的能量损耗。

> ❀ **特别提示**
> 降低材料的介质损耗应从考虑降低材料的电导损耗和极化损耗入手。

介质损耗与频率、温度、湿度和外加电压的关系：

（1）频率。温度不变时，在低频范围内，总损耗几乎与频率无关；在高频区，介损值很大。所以在高频条件下应采用介损很小的介质。

（2）温度。温度对介损的影响较大，在低温区介损随温度升高而增大，在某温度处达到峰值，温度继续升高时介损反而会减小，但若温度继续升高，介损减小至一定值后会出现拐点急剧增大，易导致介质击穿。

（3）湿度。电介质吸湿后，漏电阻减小，泄漏电流增加，介损明显增大。

（4）外加电压。如果电介质内部有气泡或气隙，当外加电压升高到一定值时，气泡或气隙中会出现电离放电，介损显著升高。

（二）电介质的等值电路种类

如图2-7所示是电介质的等值电路，该等值电路适用于直流电压和交流电压。电路中 C_0 支路表示电介质无能量损耗的极化，支路中流过的电流 i_C 称为电容电流；i_g 支路表示电导引起的损耗，支路中流过的电流 i_g 称为电导电流或泄漏电流；$r_a - C_a$ 支路表示有能量损耗的极化，支路中流过的电流称为吸收电流。

并联等值电路如图2-8（a）所示，串联等值电路如图2-9（a）所示。

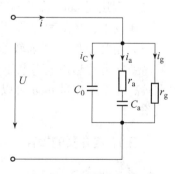

图2-7 电介质的等值电路

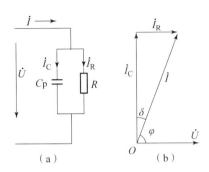
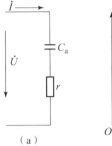
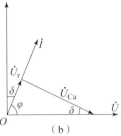

图 2-8　并联等值电路及相量图　　　　　图 2-9　串联等值电路及相量图
(a) 等值电路；(b) 相量图　　　　　　　(a) 等值电路；(b) 相量图

注意：等值电路只有计算上的意义，并不反映介质损耗的物理意义。

对于介质损耗角正切值 $\tan\delta$（又称介质损耗因数），这里以并联等值电路为例。当给电介质两端施加交流电压时，流过电介质的电流包含有功分量 I_R 和无功分量 I_C。把功率因数角 φ 的余角 δ 称为介质损耗角，则 $\tan\delta = I_R/I_C = 1/(\omega CR)$，介质上所加电压与流过介质电流的相量关系如图 2-8 (b) 所示，则介质损耗由下面公式计算得出：

$$P = UI_R = UI_C \tan\delta \tag{2-1}$$

从该式可知，介质损耗 P 的值与试验电压、试品电容量及电源频率有关，不同试品间难以比较。如果外施电压和电源频率不变，则介质损耗与介质损耗角正切值 $\tan\delta$ 成正比，所以通常用 $\tan\delta$ 来表示电介质在交流电压作用的损耗。$\tan\delta$ 仅与电介质本身的特性有关，与被试品的几何尺寸无关，当绝缘受潮或绝缘中有大量气泡、杂质的情况下，$\tan\delta$ 会增大，故对于同类型被试品绝缘的优劣可以通过介质损耗角正切值 $\tan\delta$ 的大小来判断。

需要说明的是，介质损耗角正切值 $\tan\delta$ 可反映介质的绝缘状况，同时介质损耗本身也是导致绝缘老化和损坏的一个原因，因为介质损耗将引起绝缘内部发热，温度升高，从而使泄漏电流增大和有损极化加剧，导致介质损耗更大。所以，对于运行中的电气设备，应该监测其介质损耗的变化趋势，这对判断设备绝缘的品质具有重要意义。

对于影响介质损耗角正切值 $\tan\delta$ 的因素主要有频率、温度和电压。

(1) 频率对 $\tan\delta$ 的影响很大。在进行试验时，如果电源频率变化很微小，则可认为频率对 $\tan\delta$ 没有影响。

(2) 温度对 $\tan\delta$ 的影响与介质结构有关。中性或弱极性电介质的损耗主要是电导损耗，损耗较小，当温度升高时，$\tan\delta$ 增大。

(3) 电压较低（场强较小）时，$\tan\delta$ 与电压无关。当电介质中含有气泡时，外施电压升高到气泡的起始电离电压后，将发生局部放电，$\tan\delta$ 值将随电压的升高明显增大。所以在较高电压下测量 $\tan\delta$ 可以检查介质中是否含有气隙，也可以发现介质老化分层、龟裂等缺陷。

（三）电介质的损耗

1. 气体电介质的损耗

当外施电压小于气体发生碰撞电离所需的电压时，气体中的损耗主要是电导损耗，因损耗极小，可忽略不计。所以常用气体作为标准电容器的介质。当外施电压超过起始电离电压 U_0 时，损耗随电压的升高会急剧增大，如图 2-10 所示。

2. 液体电介质的损耗

中性或弱极性液体电介质的损耗主要是电导损耗，损耗较小，tanδ 与温度及电场的关系和电导相似，温度升高，tanδ 增大；电场强度小于某定值时，tanδ 接近为常数，电场强度超过某一定值时，tanδ 随电场强度的增大而增大。极性液体电介质的 tanδ 与温度的关系如图 2-11 所示。

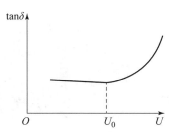

图 2-10　气体电介质中的损耗　　图 2-11　极性液体电介质的 tanδ 与温度的关系

3. 固体电介质的损耗

固体电介质通常分为分子式结构介质、离子式结构介质、不均匀结构介质。分子式结构中的中性电介质，如石蜡、聚乙烯等，以及离子式结构的电介质，如云母等，其损耗主要由电导引起，因其电导很小，所以介质损耗也很小。分子式结构中的极性电介质，如纤维、有机玻璃等，介质损耗较大，高频下更严重。其值与温度的关系同极性液体电介质。

不均匀结构介质，其损耗的大小取决于其中各成分的性能及数量间的比例。

（四）介质损耗在工程实际中的意义

（1）绝缘材料介质损耗角正切值 tanδ 过大时会引起介质严重发热，加速绝缘劣化。

（2）在电气设备绝缘预防性试验中，tanδ 值的测量是基本的试验项目，可根据该值的变化判断电气设备的绝缘品质。通过测量 tanδ 与 U 的关系曲线还可判断绝缘内部是否发生局部放电。

 小结

电介质损耗包括电导损耗、极化损耗和电离损耗三种形式。直流电压下电介质的损耗仅为电导损耗，交流电压下，电介质的损耗既有电导损耗又有极化损耗，当电压超过一定数值时，还会出现电离损耗。

通过小组讨论，提高学生分析问题的能力。

第四节 液体电介质击穿特性分析

任务描述

本节重点介绍液体电介质的击穿特性、影响液体电介质击穿电压的因素、提高液体电介质击穿电压的措施以及液体电介质的老化。

知识链接

绝缘材料（常称为电介质）是电工中应用最广泛的材料之一，如图 2－12 所示。除了气体外，还有液体材料、固体材料，除了做绝缘外，还可用作载流导体的支承，或作为极间屏障，以提高气体或液体间的绝缘强度，液体绝缘材料还常作为载流导体或磁导体的冷却剂，在某些开关

图 2－12　绝缘材料

电器中可用它做灭弧材料。因此，对液体、固体物质结构以及它们在电场作用下，所发生的物理现象的研究，能使我们了解并确定它们的电、热、机械、化学、物理等方面的性能。

（一）液体电介质的击穿特性

目前常用的液体电介质主要是由从石油中提取出来的碳氢化合物组成的矿物油，由于矿物油的介电系数低，会燃烧、易劣化，有爆炸危险等，所以国内外正在研究将油、十二烷基等绝缘介质用于高压电气设备。

纯液体电介质的击穿属于电击穿，在外电场足够大时，阴极表面会因强场发射向液体间隙中释放电子，这些电子在电场的作用下加速并与液体分子发生碰撞，致使其电离，从而使电子数倍增，形成电子崩，同时正离子在阴极附近形成空间电荷层，增强了阴极表面的电场，使阴极发射的电子数增多，导致液体电介质击穿。与纯净的液体电介质相比，工程用液体电介质的击穿电场强度较低，这主要是因为在电气设备制造过程中有杂质混入，可利用"小桥"击穿理论来解释工程用液体电介质的击穿过程，如：变压器油常因受潮而含有水分，此外还含有从固体材料中脱落的纤维，而水和纤维的介电系数非常大，极其容易极化，并沿电场方向定向排列，定向排列的纤维贯穿于电极形成连通的组织"小桥"。因为"小桥"电导较大，其电流增大，从而引起杂质小桥通道发热，促使水分汽化，气泡不断扩大和发展，出现气体小桥，使油间隙发生击穿，如果油间隙较长，难以形成贯通的小桥，但不连线的小桥也会显著畸变电场，将降低电极间的击穿电压，虽然杂质小桥的形成常有统计性，但工程液体电介质的击穿电压有较大的分散性。

小桥的形成还与电极形状和电压种类有关，当电场极不均匀时，由于棒电极附近会出现局部放电现象，造成油的扰动，妨碍小桥的形成，在冲击电压作用下，由于作用时间短，小桥不易形成。

总体来说，液体电介质的击穿理论还不是很成熟，虽然有些理论在一定程度上能解释

击穿的规律，但大多都是定性的，在工程实际中一般可以通过测量变压器油的电气强度、损耗角正切值和含水量来判断其品质。

对于液体电介质击穿，纯净液体电介质与含杂质的工程液体电介质的击穿机理不同。对前者主要有电击穿理论和气泡击穿理论，对后者则是气体小桥击穿理论。沿液体和固体电介质分界面的放电现象称为液体电介质中的沿面放电。这种放电不仅使液体变质，而且放电产生的热作用和剧烈的压力变化可能使固体电介质内产生气泡。经多次作用会使固体电介质出现分层、开裂现象，放电有可能在固体电介质内发展，绝缘结构的击穿电压因此下降。脉冲电压下液体电介质击穿时，常出现强力气体冲击波（即电水锤），可用于水下探矿、桥墩探伤及人体内脏结石的体外破碎。

> **❈ 特别提示**
> 1. 水桥击穿理论
> 现象：椭圆水球在电极间形成连续的水桥。
> 原因：水分子介电常数大，极化成椭球状，在电场作用下定向排列。
> 结论：由于水桥形成，在比较低的电压下发生击穿。
> 2. 小桥击穿理论
> 现象：杂质粒子在电极电场集中处聚集起来。
> 原因：杂质粒子在液体杂质中处于悬浮状态，杂质粒子介电常数比液体电介质的大，在电场力的作用下，发生定向排列。
> 结论：杂质粒子的存在，使液体电介质击穿电压降低。

（二）影响液体电介质击穿电压的因素

（1）水分。水分可使液体电介质击穿电压大大降低，因为小水珠的介电系数很大，水珠在电场力的作用下被拉长，并沿电场方向排列，当油中含有相当数量的水珠时，便可在两极间形成导电小桥，小桥连接两电极，就明显降低了击穿电压。事实上，只有一定数量的水分能以悬浮状态存在于油中，多余的部分将沉积底部，所以即使水分继续增多，液体电介质的电气强度进一步降低也是有限的。

数字资源 2.4 – 1
小桥理论（动画）

由于液体中含有水分，使其击穿电压随温度变化而变化。在不同的温度下，水分在油中的存在可呈悬浮状或溶解状。水呈溶解状时，由于它在油中呈高度分散，因此并不会使电气强度降低多少。相反地，水呈悬浮状时，击穿电压将显著降低，如图 2 – 13 所示。

温度由零开始上升，油中原来呈悬浮状的水渐渐随温度升高而变为溶解状，于是受潮变压器油的击穿电压明显增加，如图 2 – 14 中曲线 2 所示。在 60 ~ 80 ℃时，击穿电压最高，以后随温度持续升高，水分蒸发，在油中形成气泡，因而击穿电压又下降。在 0 ~ -5 ℃时，油中水分全部呈悬浮状，导电小桥最易形成，故击穿电压最低。温度继续下降时，水已结冰，其介电系数也下降，同时油本身稠黏度增大，这些都使小桥效应减弱，油的击穿电压又提高。

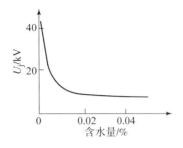
图2-13 标准油杯中变压器油的工频击穿电压 U_j 与含水量的关系

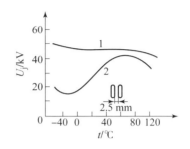
图2-14 标准油杯中变压器油的工频击穿电压 U_j 与温度 t 的关系
1—干燥的油；2—潮湿的油

（2）压力。油中含有气体时，无论电场是否均匀，其工频击穿电压随油的压力增大，气体在油中的溶解量增大，并且气泡的局部放电起始电压也增高，因此在冲击电压下，压力对油隙的击穿电压没有明显的影响。

（3）纤维和其他杂质。油中杂质除水分外，还有其他固体杂质，如纤维。吸收水分的纤维在电场力的作用下，沿电场方向排列，组成导电小桥，形成击穿。

（4）电场均匀程度。油的净度越高时，改善电场均匀程度就越能使工频、直流击穿电压提高，但在品质较差的油中，改善电场均匀程度的作用并不显著，这是因为杂质的影响能使电场改变。在冲击电压作用下，由于油中杂质的作用减小，改善电场能提高其击穿电压。

（5）电压作用时间。因为在油中杂质的聚集、介质发热需要较长时间，油间的击穿电压随电压作用的时间增大而下降，当油的净度及温度增高时，电压作用时间对击穿电压的影响将减小。长期工作后的油会老化，导致电气强度下降。在油不太脏的情况下，1 min后与长时间附压值相差不大，因此，在试验时通常只加压1 min。油质量的检查是在标准油杯中工频电压下进行的，我国试油用的标准油杯电极尺寸如图2-15所示。

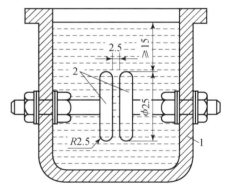
图2-15 标准油杯电极尺寸（mm）
1—绝缘外壳；2—黄铜电极

（三）提高液体中介质击穿电压的措施

对工程上使用的液体介质，可考虑以下方法提高其击穿电压。

（1）过滤与干燥。为除去油中水分、有机酸、纤维等杂质，常用过滤机过滤或加吸附剂（白土、硅胶）处理。为防止受潮，在大型变压器呼吸器内装干燥剂、充氮保护等使油面不与空气直接接触。

（2）祛气。为除去油中气泡的影响，可采用祛气的方法，但对密封不严、运行中的变压器作用不大。

（3）为消除导电小桥的危害，广泛采用油-固体组合绝缘，主要分以下几种情况。

①覆盖层。在稍不均匀电场中曲率半径较小的电极上，常覆盖电缆纸、黄蜡布、漆膜，如图 2-16 (a) 所示（对称电极时两个电极均应覆盖），覆盖虽然很薄（一般为零点几毫米以下），但它却限制了泄漏电流作用，阻止了杂质小桥的发展，因为杂质小桥须在电场比较均匀的场合下，且油中所含杂质较多，电压作用时间越长，击穿电压提高越显著。

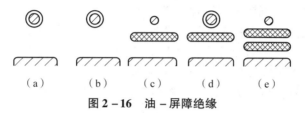

图 2-16　油-屏障绝缘

(a) 覆盖层；(b) 绝缘层；(c) 屏障；(d) 覆盖加屏障；(e) 多重屏障

②绝缘层。在不均匀电场曲率半径很小的电极上，覆盖较厚的电缆纸或黄蜡布的固体绝缘层，如图 2-16 (b) 所示，覆盖有一定厚度，故还可承受一定电压，改变油中电场分布。绝缘层可使绝缘表面油中最大电场强度降低，从而提高整个间隙的工频击穿电压，如变压器引线上盖的厚绝缘层及屏蔽线上的绝缘体等。

③屏障。在油隙中放置尺寸较大、厚度在 1~3 mm 的层压纸板或层压布板屏障，如图 2-16 (c) 所示。屏障既能阻止杂质小桥的形成，又能如气体介质中那样：当电压曲率小，处于发生电离时，离子积聚在屏障一侧，屏障与另一电极间电场变得均匀，从而使间隙的放电电压提高。屏障在极不均匀电场中效果最显著，如图 2-17 所示。BB' 为屏障，A、CC' 为电极，当 $d \leqslant 0.4$ cm 时，工频击穿电压可达无屏障时的两倍或更高。在均匀或稍不均匀电场中，屏障也有提高击穿电压的作用。这时屏障的主要作用是妨碍杂质在电极间移动形成通路，所以在充油套管、多油断路器、变压器等充油设备中都广泛采用油屏障绝缘。

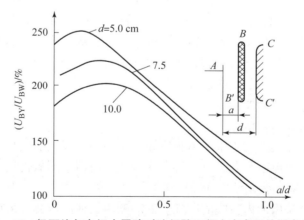

图 2-17　极不均匀电场中屏障对油间隙工频击穿电压的提高作用

U_{BY}—有屏障时的击穿电压；U_{BW}—无屏障时的击穿电压

④多重屏障。将原来的油间隙分成较小的间隙，如图 2-16 (e) 所示，当间隙越短时，击穿越不易形成和发展，而且短间隙的击穿场强较长间隙的高，这样就可提高整个间隙的击穿电压。我国生产的电力变压器已广泛采用这种薄纸筒、小油道的绝缘结构，可大

大缩小变压器的尺寸。

（四）液体电介质的老化

1. 绝缘油老化的过程

绝缘油老化的过程可分为以下 3 个阶段。

(1) A 期。油在与空气接触的过程中吸收氧气，并与油中的不饱和碳氢化合物起化学反应，形成饱和的化合物，主要表现为：颜色逐渐变深暗，从淡黄色变为棕褐色，从透明变为浑浊，黏度增大（妨碍对流传热），闪燃点增高，灰分和水分增多。

(2) B 期。油继续吸收氧气，生成稳定的油的氧化物和低分子量的有机酸，如蚁酸等，还有部分高分子有机酸，如醋酸等，使油的酸价增高。这种油对绕组绝缘和金属都有较强的腐蚀作用。

(3) C 期。油进一步氧化，当酸性物浓度达到一定程度时，便产生加聚和缩聚作用，生成中性的高分子树脂质及沥青质，同时析出水分，使油呈混浊的胶状态，最后成为固体的油泥沉淀，油泥沉淀在绕组上会妨碍绕组的散热，使绝缘性能变坏，主要表现为：电阻率降低，介质损耗增大，击穿电压降低。随着油继续氧化，油的质量日益老化，劣化到一定程度的油不能再继续使用了。上述过程可概括为：油温升高—氧化加速—油裂解—分解出多种能溶于油的微量气体—绝缘破坏。

2. 绝缘油老化的影响因素

(1) 温度。温度是影响变压器油老化的主要因素之一。试验指出：当温度低于 60 ~ 70 ℃时油的氧化作用很小，高于此温度时油的氧化作用显著。此后，温度每增高约 10 ℃，油的氧化速度就增大一倍。当温度超过 115 ~ 120 ℃时，不仅氧化进一步加速，还可能伴随有油本身的热裂解，这一温度一般称为油的临界温度。

油的临界温度与油的成分和精炼程度有关。为此，在油的运行中或油的处理过程中，一般规定油温不允许超过 115 ℃（这是指油的局部最高温度，如紧靠着绕组、铁芯、导线接头、触点，或其他加热面处的局部最高油温，而不是指平均温度或上层油温）。

(2) 油的接触物。当油接触到金属、纤维、水分、灰尘等时，油的吸氧量增加，加速了油的氧化。如果使油不与氧气接触，则即使有接触媒（铜）存在，且处在较高的温度（98 ℃）下，油仍能保持较好的质量。

(3) 光照和电场也都会加速油的老化。

3. 延缓绝缘油老化的方法

(1) 装置扩张器。其作用为供油热胀冷缩，使油与空气接触面减小。

(2) 在油呼吸器通道中装置吸收氧气和水分的过滤器。用氧化钙、硅胶、氧化铝等吸收水分，用粉末状的铜、氯化铵、纯净的铁屑等吸收氧气。

(3) 以氮气来排挤出油内吸收的空气。有的变压器或高压套管采用密闭并充氮的方法来防止油的氧化。

(4) 掺入抗氧化剂，以提高油的安定性。抗氧化剂只有在新油或再生油中有效，因为它只能延长上述 A 期的时间。它既不能阻止氧化过程的进行，更不能使已氧化的油还原。

❖ 特别提示

电气设备在制造、运输、安装和运行过程中难免会产生绝缘缺陷，同时在长期的运行过程中，由于电场、温度、机械力、湿度、周围环境等因素的长期作用，使电气设备产生绝缘性能不可逆性劣化，结构逐渐损坏的现象，称为电介质老化。

电介质老化的特征量：

电介质老化是时间和老化因子（如电、热、机械应力、环境因素等）的函数，其老化的程度需根据其性能的变化来确定。电介质老化的特征量是指表征绝缘材料劣化的程度。它包括表征绝缘剩余寿命的直接特征量（如耐电强度、机械强度等）和间接特征量（如绝缘电阻、介质损耗角正切值、漏电电流、局部放电量、油中气体含量、油中微水含量等）。随着研究的深入，也提出了一些新的特征量，如第二电流激增点、直流分量、超高频放电频谱、超声振动特性等。

【案例】

纯净液体电介质的电击穿理论和气泡击穿理论两者之间有差别吗？为什么？

答：两种理论有差别。纯净液体电介质的电击穿理论认为击穿是由液体分子的电离发展起来的。气泡击穿理论认为击穿是由于液体中气泡的电离发展起来的。

纯净液体电介质的电击穿理论认为，液体中因强场发射等原因产生的电子，在电场中被加速，与液体分子发生碰撞电离，在高场强区域发展起电子崩，然后进入流注发展阶段，流注分级地向另一电极发展，后一级在前一级通道的基础上发展，放电通道会出现分支，最后流注通道贯通整个间隙，击穿完成。

纯净液体电介质的气泡击穿理论认为，在电场作用下液体中产生气泡，气泡先行电离，且当电离的气泡在电场中堆积成气体通道后，击穿在气泡通道内完成。

小结

影响液体电介质击穿电压的因素是：液体本身的介质品质，电压作用时间，温度、压强、电场情况。

数字资源 液体电介质的击穿机理分析（视频）

数字资源 液体电介质的击穿原因分析（视频）

通过了解事物发展的决定因素，从而掌握事物发展的本质。

第五节 固体电介质的击穿特性分析

任务描述

本节主要介绍固体电介质的击穿特性、固体电介质的击穿过程、影响固体电介质击穿电压的主要因素和提高固体击穿电压的具体措施。

知识链接

（一）固体电介质的击穿特性

在高压电气设备中，应用比较多的固体电介质有陶瓷、云母、大理石、纸板、塑料、绝缘漆等。

固体电介质的击穿与气体、液体电介质相比，主要有以下不同。

（1）固体电介质击穿场强高，一般比气体和液体电介质高。例如，在均匀电场中，云母的工频击穿场强可达 2 000 ~ 3 000 kV/cm，而空气的约为 30 kV/cm，变压器油的约为 120 ~ 200 kV/cm。

（2）固体电介质绝缘具有不可恢复性。击穿以后在介质中留下不能恢复的痕迹，如贯穿两极间的熔洞、烧穿的孔道、裂缝等，即使去掉外施电压，也不像气体、液体电介质那样能自动恢复绝缘性能。

（3）固体电介质具有累积效应。在冲击电压作用下绝缘损伤会扩大甚至击穿，这种现象称为累积效应。大部分有机材料有明显的累积效应，而玻璃、云母等无机材料则没有明显的累积效应。

（4）固体电介质击穿具有体积效应。其击穿场强分散性很大，这与材料的不均匀性有关。加大试样的面积和体积，可使绝缘材料弱点出现的概率增大，从而使击穿场强降低，这就是击穿的体积效应。

如图 2-18 所示是聚乙烯试样的短时击穿强度与绝缘厚度的关系，可见，随着绝缘厚度的增加，击穿强度大大降低。因此在小试样上的试验结果并不适用于大尺寸的绝缘结构。

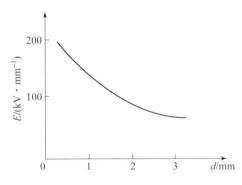

图 2-18 聚乙烯试样的短时击穿强度与绝缘厚度的关系

（二）固体电介质的击穿过程

固体电介质的击穿一般可分为电击穿、热击穿和电化学击穿三种形式。

（1）电击穿。电击穿过程是以固体电介质中发生碰撞电离为基础的。固体电介质中存在少量的自由电子，在足够高的外施电压作用下，与固体电介质晶格上的原子发生碰撞并使之电离，导致自由电子增多；这些电子在电场的作用下，再与原子发生碰撞电离，如此发展下去，就像气体中产生碰撞电离那样，电子迅速增多，形成电子崩，电流猛增，最后达到击穿。

电击穿的特点是：持续击穿电压与时间的关系很小；击穿电压高；电介质发热不显著；击穿电压与电场均匀程度的关系很大，与周围环境温度几乎无关。

(2) 热击穿。热击穿过程是当固体电介质加上电压时，介质中将发生损耗，引起发热，使电介质温度升高。而电介质的电阻具有负的温度系数，即温度上升时电阻将变小，这样在温度升高时又会使电流进一步增大，损耗发热也随之增大。如果电介质中产生的热量比发散的热量大，则电介质温度将不断上升，并使电介质发生局部分解、熔化、烧焦等，引起电介质的击穿。

热击穿的特点是：当外施电压作用时间长时，击穿电压下降；电介质的温度（特别是局部点的温度）升高；随着周围温度的升高，击穿电压降低；击穿电压与电场均匀程度关系不大。

(3) 电化学击穿。在固体电介质内部或边缘处，常常存在着气泡。在较强的外施电压作用下，由于气泡的介电系数比固体介质的小，因而在气泡上的电场强度较高，而气泡的击穿强度却低于固体介质，于是气泡首先发生电离和局部放电。气泡所形成的带电质点在电场作用下碰撞固体电介质，会引起损耗发热，并在局部放电过程中产生臭氧（O_3）和氧化氮（NO、NO_2）等具有腐蚀性的氧化物。在这样的电、热、化学等综合作用下，很容易引起固体电介质的损伤、劣化，最终导致击穿。

(三) 影响固体电介质击穿电压的主要因素

1. 电压作用时间

外施电压的作用时间对固体电介质击穿电压的影响很大。通常，对于多数固体电介质，其击穿电压随电压作用时间的延长而明显地下降。

如图 2－19 所示为常用油浸电工纸板的击穿电压与加压时间的关系，纵坐标是不同加压时间的击穿电压与 1 min 工频击穿电压（幅值）的比值。由图可见，冲击电压下油浸电工纸板的击穿电压为 1 min 工频击穿电压的 300% 以上。一般来说，电压作用时间很短的击穿，主要是电击穿（见图 2－19 中 A 区域），而热和化学的影响还来不及作用；电压作用时间较长的击穿，热击穿往往起决定性的作用（见图 2－19 中 B 区域）；电压作用时间更长的击穿，则大多伴随有电化学击穿（见图 2－19 中 C 区域）。所以电压作用时间越长，击穿电压越低。

2. 温度

在低温区域内，固体电介质的击穿电压随温度的升高几乎不变，而在较高温度下，则随温度的升高击穿电压明显下降。图 2－20 所示为工频下电瓷的击穿电压与温度的关系。在温度较低时，固体电介质的击穿属于电击穿，在温度较高时，则属于热击穿，温度越高，热击穿电压越低。

3. 电场均匀程度

在均匀电场中，固体电介质的击穿电压与厚度有直线关系；不均匀电场中，击穿电压大大降低，且随厚度的增加而缓慢增加，最后达到极限值，如图 2－21 所示。这是由于固体电

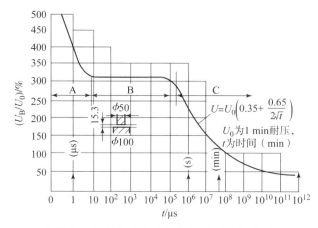

图 2-19 油浸电工纸板的击穿电压与加压时间的关系（$t=25\ ℃$）

A—电击穿区域；B—热击穿区域；C—电化学击穿区域

介质厚度的增加会增加材料散热的困难，也会加剧电场的不均匀程度，对于工程上所用较厚的固体电介质，还可能增加其内部夹带杂质、气泡等，这些因素都会促使击穿电压降低。

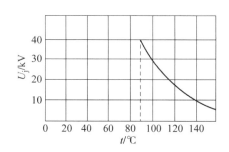

图 2-20 工频下电瓷的击穿电压与温度的关系

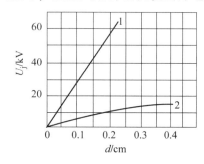

图 2-21 工频下玻璃的击穿电压与厚度的关系

1—均匀电场曲线；2—极不均匀电场曲线

4. 电压种类

对同一介质、同一电极布置时，其交流、直流、冲击下的击穿电压往往是不相同的。在直流电压下，介质损耗一般都比交流电压作用下的小，不容易发热，因而击穿电压比工频击穿电压（幅值）高。在冲击电压下，由于电压作用时间很短，一般热效应和电化学效应所造成的破坏还来不及形成，因此击穿电压一般都比工频和直流的击穿电压高。所以工频电压对电介质的耐电强度的考验是最严格的。随着电压频率的提高，击穿电压显著下降，这主要是由于频率增高，一方面增加了热效应，另一方面加速了局部放电的破坏过程。

5. 固体电介质受潮程度

固体电介质受潮以后，由于水分电导大，损耗大，所以击穿电压也要下降，下降的程度与固体电介质的性能有关。对于不易吸潮的介质，如聚乙烯、聚四氟乙烯等中性介质，吸潮后击穿电压可下降一半左右；对于容易吸潮的极性介质，如棉纱、纸等纤维材料，吸潮以后的击穿电压最低时可能仅为干燥时的百分之一。所以高电压绝缘结构不但在制造时要注意除去水分，在运行中还要注意防潮，并定期检查绝缘的受潮情况。

6. 累积效应

由于固体介质的绝缘损伤是不可恢复的，并具有累积效应，使固体电介质击穿电压下降。因此，对这些电气设备进行耐压试验，确定加电压的次数和试验电压值时应考虑这种累积效应，而在设计固体绝缘结构时，应保证一定的绝缘裕度。

7．机械负荷

机械应力可能造成绝缘材料开裂、松散，使击穿电压降低。在运行中，由于长期受高温作用，绝缘材料特别是纸（或布）纤维、塑料等有机材料，很容易劣化变脆，机械强度急剧下降。所以对电气设备要注意散热，避免过负荷运行。

（四）提高固体击穿电压的具体措施

（1）通过精选材料、改善工艺、真空干燥、加强浸渍，以清除固体电介质中残留的杂质、气泡、水分等。如电力电容器内部的浸渍剂的主要作用是填充固体绝缘介质的空隙，以提高介质的耐电强度，改善局部放电特性和增强散热冷却的能力。目前，采用表面粗化薄膜，并在高真空下浸渍而形成的全膜电容器已广泛应用。

纸绝缘电缆在运行过程中，由于黏性浸渍剂的热膨胀系数大，在负荷、温度有变动时体积改变明显，而铅铝护套受热后冷却难以恢复原有尺寸，绝缘内部容易形成气隙，故黏性浸渍电缆仅适用于 35 kV 以下的交流系统。更高电压的油纸电缆选用黏度较低的电油浸渍，并加以油压，以减小油中气隙，提高绝缘强度。

（2）采取合理的绝缘结构，使各部分绝缘的电强度与其承受的场强相匹配；改善电极形状及表面粗糙度，使电场分布均匀；改善电极与绝缘体的接触状态，消除接触处的气隙或使接触处的气隙不承受电位差，如用半导体漆、带绝缘（总包绝缘）的三相交流电线方式。

交流 11 kV 及以上的高压套管常用电容式套管，它是在导电杆上包以多层绝缘纸构成，在层间按设计要求位置加有铝箔，以起到均压作用。

油浸式变压器中常用的绝缘纸包括两种：

①电缆纸，主要用于导线绝缘、层间绝缘及引线绝缘等。

②更薄的电话纸和更柔软的皱纹纸有利于包紧出线头、引线等。绝缘纸板常用作绕组间的垫块、隔板等，或制成绝缘筒及对铁轭的角环等。在电场很不均匀的区域，如对铁轭或高压引线绝缘，也采用由纸浆制成合适形状的绝缘成型件，以改善电场分布，防止发生沿面滑闪放电。通常高压进线布置在绕组中部，若需将高压引线（或自耦变压器的中压引线）安置在绕组端部时，需要加静电板以改善绕组近端部分处的电场分布。

（3）在运行中，注意防止尘污、防潮和有害气体的侵蚀，加强散热冷却，如采用自然通风、强迫通风、氢冷、油冷、水内冷等措施。如油、纸绝缘的配合使用，可以弥补各自缺点，显著增强绝缘性能，但纸纤维为多孔性的极性介质，极易吸收水分，即使经过干燥油浸处理仍会吸潮。对于长期停运的变压器在重新投运前，需检查是否受潮，有时还可先预热干燥后再投入运行。

> ❖ **特别提示**
>
> 固体密度最大，耐电强度最高，固体电介质的击穿过程最复杂，且击穿后是唯一不可恢复的绝缘。
>
> 普遍规律：任何电介质的击穿总是从电气性能最薄弱的缺陷处发展起来的，这里的缺陷可指电场的集中，也可指电介质的不均匀性。

综上所述，提高固体击穿电压的具体措施是：改进绝缘设计如采取合理的绝缘结构，使各部分绝缘的耐电强度能与其所承担的场强有适当的配合；改善电极形状及表面粗糙度，尽可能使电场分布均匀，把边缘效应减到最小；改善电极与绝缘体的接触状态，消除接触处的气隙或使接触处的气隙不承受电位差。改善运行条件，注意防潮，加强散热冷却等。

 小结

固体电介质的击穿与电压作用时间有很大关系，随电压作用时间的不同，固体电介质的击穿有电击穿、热击穿和电化学击穿三种形式。

通过本章节的学习，可以明确认识到，事物发展的不同阶段具有不同的特点。

数字资源 固体电介质的　　数字资源 固体电介质的　　数字资源 提高固体电介质
击穿机理分析（视频）　　　击穿原因（视频）　　　击穿电压的方法（视频）

第六节　固体电介质的老化

 任务描述

本节重点介绍固体电介质的老化，即电老化、热老化和环境老化。

 知识链接

电气设备中的绝缘固体在长期运行过程中会发生一系列物理变化与化学变化，致使其电气机械及其他性能逐渐劣化，这种现象统称为绝缘老化。固体电介质的老化可分为电老化、热老化与环境老化三类。引起老化的因素很多，主要有热的作用、电的作用、机械力的作用及周围环境中氧气、水分等的作用。各种不同的因素除了本身能对绝缘产生老化作用以外，还常常互相促进，互相影响，从而加速绝缘的老化进程。

（一）电老化

电介质在电场的长期作用下，耐电强度逐渐下降。局部放电是指发生在电介质中的某些局部区域内的放电过程。高压电气设备的绝缘在制造与运行过程中难以避免会存在气泡或者气隙等绝缘缺陷，由于气泡或者气隙中的场强通常要比其外的固体或者液体电介质中的场强大得多，而气体的电场强度一般又比液体或者固体介质的低，所以在液体或者固体介质击穿之前，其中的气泡或者气隙内将会首先发生放电。但是局部放电并不马上形成贯穿性通道，在长期局部放电下会造成影响，如放电产生的热能，引起热裂解；局部放电区产生高能辐射线，引起材料分解；放电可产生臭氧与硝酸，会使材料发生腐蚀、氧化等化学破坏。随着老化程度的加剧，最终会使绝缘击穿。

各种材料耐受局部放电的性能是不同的，陶瓷、云母等无机材料有较强的耐局部放电的性能，塑料等有机材料耐局部放电的性能较差。

局部放电引起介质老化的原因主要有以下几个方面：

（1）放电产生的带电质点撞击气泡或者气隙壁使电介质的分子结构遭到破坏，造成裂解。

（2）带电质点撞击气泡或者气隙壁引起电介质局部的温度升高，造成热裂解或促进氧化裂解，还可能因气体体积膨胀而使固体绝缘开裂、分层。

（3）局部放电过程中会产生 O_3、NO、NO_2 等活性气体，有水分时还会产生硝酸、草酸等，它们对电介质的绝缘有氧化与腐蚀作用。

（4）局部放电会产生高能射线，引起高聚物裂解，还会使某些固体介质的分子间产生交联，导致电介质发脆。

电老化是绝缘材料所独具的老化形式。它是高电压或高电场强度长期作用所引起的老化。在电老化中又有电晕放电、电弧放电、火花放电、电树枝化、电化学树枝化、电化学腐蚀等因素引起的不同电老化形式。

（二）热老化

电介质在热的长期作用下发生化学反应，从而使其电气性能与其他性能逐渐变差，这一现象称为热老化。热老化的特征主要表现为：介质失去弹性、变硬、变脆、发生色裂；击穿电压降低；介质变软、发黏；介质的电气性能下降等。

固体电介质在热的作用下会发生热裂解和交联反应，有氧存在时还会发生热氧化裂解。其结果是导致介质的电导率与介质损耗增大，击穿电压降低，同时热裂解使材料变软、发黏、机械强度降低，交联使材料变脆、变硬、失去弹性，分子链的断裂还会使材料表面出现裂缝。

热老化的程度取决于温度及该材料处在热作用下所经历的时间。电气设备的使用寿命一般取决于其绝缘的寿命，后者又与老化过程密切相关。为了保证绝缘具有经济合理的使用寿命，电介质通常按其耐热性确定最高允许工作温度，并划分为 7 个耐热等级，以规定各级绝缘材料的最高持续工作温度。使用温度越高，绝缘材料寿命越短。对 A 级绝缘材料，每增加 8 ℃，寿命便缩短一半左右，这通常称为热老化的 8 ℃ 规则。对 B 级与 H 级绝缘材料而言，当温度分别超过 10 ℃ 与 12 ℃ 时，寿命也将缩短一半左右。

热老化是因为热长期作用所引起的老化，是最基本的老化形式。凡是在真空、氟化硫、氮气或氢气中工作的电工设备，且绝缘有相当厚度的场合，热老化很可能是主要的老化形式。

热氧化老化是热和空气中氧气联合长期作用所引起的一种老化形式。由于应用中的绝缘材料大部分都和空气接触，而空气中氧对老化机理有很大影响，因此热氧化老化是有机绝缘材料老化的最主要形式。热老化和热氧化老化都和老化因子"热"有关，在习惯上又都称为热老化。

电工绝缘材料的耐热等级如表 2-2 所示。

表 2-2 电工绝缘材料的耐热等级

级别	最高持续工作温度/℃	材料举例
Y	90	未浸渍过的木材、棉纱、天然丝和纸等材料或其组合物；聚乙烯、聚氯乙烯、天然橡胶
A	105	矿物油及浸入其中的 Y 级材料；油性漆、油性树脂漆及其漆包线
E	120	由酚醛树脂、橡醛树脂、三聚氰胺甲醛树脂制成的塑料、胶纸板、胶布板；聚酯薄膜及聚酯纤维；环氧树脂；聚胺酯及其漆包线；油改性三聚氯胺漆
B	130	以合适的树脂或沥青浸渍、黏合或修复过的或用有机补强材料加工过的云母、玻璃纤维、石棉等的制品；聚酯漆及其漆包线；使用无机填充料的塑料
F	155	用耐热有机树脂或漆所黏合或浸渍的无机物（云母、石棉、玻璃纤维及其制品）
H	180	经有机树脂、硅有机漆或用它们黏合或浸渍过的无机材料；硅有机橡胶
C	>180	不采用任何有机黏合或浸渍剂的无机物，如云母、石英、石板、陶瓷、玻璃或玻璃纤维、石棉水泥制品、玻璃云母模压品等；聚四氟乙烯塑料

（三）环境老化

绝缘从周围环境中吸收的水分、氧气等的作用及环境中各种射线的作用使介质的绝缘性能降低的现象称为环境老化。环境老化主要对暴露在户外大气条件下的有机绝缘物影响较大，如导线绝缘、有机合成绝缘子等，所以环氧浇注绝缘子通常可用于户内，却不能用于户外。紫外线对高分子聚合物固体电介质有加速老化的作用，绝缘受潮后，其电导与介质损耗将增大，这促使绝缘进一步发热，热老化速度加快，严重时会导致热击穿；水分的存在使化学反应进行得更活跃，反应中产生的气体形成气泡，引起局部放电；局部放电产生的氧化氮气体又在水分的作用下生成硝酸、亚硝酸等，腐蚀金属并使纤维及其他绝缘发脆；固体电介质在不均匀受潮的情况下还会因受潮部分介电常数的增大而使电场发生畸变，这也将造成电介质绝缘性能降低。

由以上分析可知，受潮对绝缘是危险的，它会加速电老化及热老化过程，从而缩短绝缘的使用寿命，严重时还会直接导致热击穿。所以在选择绝缘介质时要充分考虑这一点。

第二章 液体、固体电介质的击穿特性分析

> ❖ **特别提示**
>
> 环境老化具体有以下几种情况：
>
> (1) 光老化或者光氧化老化。如果绝缘材料在户外环境中使用，则材料在光与氧的长期作用下发生光氧化老化。这是户外绝缘材料老化的一种主要形式。例如户外安装的橡皮电线、塑料电线、户外电抗器的外层绝缘材料、有机合成绝缘子等都可能出现这种老化形式。
>
> (2) 臭氧老化。空气中有臭氧，特别是在污秽大气中，若绝缘材料中部分结构成分对臭氧特别敏感，则臭氧老化成为其主要老化形式。
>
> (3) 化学老化。即材料在水、溶剂、酸、碱等化学物质的长期作用下引起的老化，例如水解、环境应力开裂等。当然，臭氧老化也可以归入化学老化，但因臭氧的化学反应能力比较强，而且臭氧老化具有相当大的普遍性，因此自成系统。
>
> (4) 生物老化。电工产品（电机、电线电缆等）中的绝缘材料常被某些微生物所损坏，微生物在湿热环境中繁殖使材料分解。
>
> (5) 疲劳。即材料在外加机械力反复作用下逐渐被破坏。引起疲劳的根源是应力作用下引起的机械降解。电工产品中的绝缘在许多场合下所承受的交变应力是相当大的（例如大型发电机中的线圈绝缘），应予以足够重视。
>
> (6) 高能辐射老化。高能辐射包括 X 射线、γ 射线、α 与 β 粒子流、宇宙射线等，其能量达到 $10^2 \sim 10^1$ eV。原子能电站、航天飞行器等存在高能辐射老化问题。

 小结

固体和液体均可作为绝缘介质并起到绝缘作用，一旦作用于固体和液体电介质的电场强度增大到一定程度的时候，会使得液体和固体电介质在强电场（高电压）的作用下，出现由电介质转变为导体的击穿过程。

外部因素的转变，也可以改变事物的性质。

数字资源 电介质的老化（视频）

第三章

绝缘的预防性试验

学习目标

知识目标：掌握电气设备预防性试验的测试原理和分析判断方法；掌握电气设备耐压试验的原理和分析判断方法。

能力目标：能够进行电气设备和绝缘件的预防性试验；能够测量电气设备的电气特性、参数；能够判断电气设备、绝缘器件等试品的缺陷性质和缺陷部位。

素质目标：具有敬业专注、踏实肯干、矢志创新和精益求精的工匠精神；具有良好的心理素质和敬业精神，遵守职业道德；具有班组沟通协调能力、认真负责，做到"四不伤害"。

厉害了，我的国

2014年，习近平总书记提出"四个革命、一个合作"能源安全新战略。为支撑清洁低碳、安全高效的现代能源体系建设，我国首先提出了能源的信息物理社会系统（CPSSE）研究框架，提出电网主动支撑能源转型的整体解决方案。2020年9月，我国提出"双碳"目标。国内研究团队紧密围绕主动支撑"双碳"变革，完善大能源系统动态仿真系统，打造融合分析平台，致力于实现指定算例环境下电力主动支撑"双碳"目标的"自动化"及"交互式"分析，满足能源电力领域融合研究和工程应用需求。

全国首套智能电网调度控制系统（D5000）在华北网调投入生产运行。

随着电网不断向"高比例可再生能源""高比例电力电子设备"发展方向演变，系统的复杂程度大幅增加、可靠性要求更高，电网调度自动化系统的重要性更加突出。顾云汉介绍，2022年，由南瑞承建的首批新一代调度技术支持系统陆续正式上线。系统投运后，多级故障处置协商时间降低至分钟级，同等条件下仿真计算效率提升了125倍，新能源预测精度提升至96%以上，网省两级计划编制协同时间由小时级缩短到分钟级。

案例导入

电气设备的绝缘性能对于电力系统是否能安全可靠运行非常重要，在设备运行过程中，常常发现很多电力系统事故都是由电气设备的绝缘缺陷引起的。经过分析可知，这些缺陷产生的原因各有不同，有些可能是在制造时潜伏下来的，有些可能是运行中在外界作用的影响下发展起来的（如工作电压、过电压、大气影响、机械力、热和化学等作用）。

绝缘存在两大类缺陷：一类是如悬式绝缘子瓷质开裂，发电机绝缘局部磨损及挤压破裂，电缆在局部放电作用下绝缘损坏等类型的集中性缺陷；另一类是由电机、变压器、套管等绝缘中有机材料的受潮、劣化、变质引起的电气设备整体绝缘性能下降形成的分布性缺陷。在设备运行过程中，可以通过各种类型的试验判断电气设备的绝缘性能，从而掌握电气设备的运行情况并能做到及早发现其缺陷，以便尽快组织维护与检修。

数字资源 绝缘预防性试验（动画）

第一节 绝缘电阻及吸收比的测量

任务描述

本节清晰地描述了绝缘电阻的基本概念和吸收比的基本概念，通过绝缘电阻的测量进一步加深测量绝缘电阻及吸收比的接线方式和测量方法，完成设备绝缘状况分析。

通过本节内容的学习，需要掌握的内容如下：
（1）掌握测量绝缘电阻、吸收比和极化指数的原理及含义。
（2）掌握测量绝缘电阻及吸收比的接线方式和测量方法。
（3）分析设备绝缘状况。

知识链接

绝缘试验通常可以分为两类：一类是在较低电压下进行的，称其为检查性试验，这类试验通过测试绝缘的相关特性参数来判断绝缘的状况，一般不会对绝缘造成损伤，因此也称之为非破坏性试验；另一类是通过对绝缘施加各种较高的试验电压来考核其电气强度，称为耐压试验，由于这类试验所加电压一般都高于设备的实际工作电压，因此可能会对绝缘造成某种程度的损伤，甚至造成绝缘击穿，所以也将这类试验称为破坏性试验。绝缘的预防性试验，是保证设备安全运行的重要措施，它起着预防绝缘事故的作用。

作为最简单最常用的非破坏性试验，直流电压作用于介质时，通过它的电流可包含三部分：泄漏电流、电容电流和吸收电流。用兆欧表去测量绝缘电阻变化时，由于兆欧表内直流电压一定，故绝缘电阻与电流成反比。

当被试品有贯穿性缺陷时，反映泄漏电流的绝缘电阻明显下降。对于电容量大的设备，可利用吸收现象来测量它们的绝缘电阻随时间的变化，以判断绝缘状况。

绝缘电阻 R 是在绝缘结构的两个电极之间施加的直流电压 U 与流经该对电极的泄漏电流值 I 之比。绝缘电阻是反映绝缘性能的最基本的指标之一，通常都用兆欧表来测量绝缘电阻。用兆欧表来测量电气设备的绝缘电阻的方法被广泛地运用在常规绝缘试验中。

【注意】
测量绝缘电阻能有效地发现下列缺陷：总体绝缘质量欠佳、绝缘介质受潮、两极间有贯穿性的导电通道、绝缘介质表面情况不良。

测量绝缘电阻不能发现下列缺陷：绝缘介质中的局部缺陷，如非贯穿性的局部损伤、含有气泡、分层脱开等；绝缘介质的老化。

对于单一的绝缘体（如瓷质或玻璃绝缘子、塑料、酚醛绝缘板材料及棒材等），在直流电压作用下，介质内发生的电子式极化、离子式极化等持续时间很短，其电导电流瞬间即可达稳定值，所以测量这类绝缘体的绝缘电阻时，也很快就达到了稳定值。

对于很多电气设备来说，其绝缘都是多层结构的，例如电机绝缘中用的云母带是用胶将纸或绸布和云母片黏合而制成的，又如充油电缆和变压器绝缘中用的油和纸等。通常多层介质的特性可近似地用双层介质模型来分析，因此采用以下模型来描绘在测量多层介质绝缘电阻时遇到的吸收现象，如图 3-1 所示。

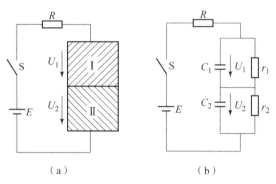

图 3-1 夹层式极化物理过程示意图
(a) 示意图；(b) 电路分析图

在双层介质上施加直流电压，当 S 刚合上瞬间，电压突变，这时层间电压分配取决于电容，即

$$\left.\frac{U_1}{U_2}\right|_{t=0^+} = \frac{C_2}{C_1} \quad (3-1)$$

而在稳态（$t \to \infty$）时，层间电压取决于电阻，即

$$\left.\frac{U_1}{U_2}\right|_{t \to \infty} = \frac{r_1}{r_2} \quad (3-2)$$

若被测介质均匀，$C_1 = C_2$，$r_1 = r_2$，则

$$\left.\frac{U_1}{U_2}\right|_{t=0^+} = \left.\frac{U_1}{U_2}\right|_{t \to \infty} \quad (3-3)$$

若被测介质不均匀，则 $C_1 \neq C_2$，$r_1 \neq r_2$，$\frac{C_2}{C_1} \neq \frac{r_1}{r_2}$，$\left.\frac{U_1}{U_2}\right|_{t=0^+} \neq \left.\frac{U_1}{U_2}\right|_{t \to \infty}$。这表明在 S 闭合后，两层介质上的电压要重新分配。若 $C_1 > C_2$，$r_1 > r_2$，则闭合瞬间，$U_2 > U_1$；稳态时，$U_1 > U_2$，即 U_2 逐渐下降，U_1 逐渐增大，C_2 已充上的一部分电荷要通过 r_2 放掉，而 C_1 则要经 R 和 r_2 从电源再吸收一部分电荷，这一过程称为吸收过程。吸收电流随时间增长而衰减，其衰减速度取决于介质的电容和电阻。

可以看出，对于夹层式极化，从开始到完成需要相当长时间，显然，如果要测量介质的绝缘电阻，一定要等极化结束后，极化现象对绝缘介质的绝缘电阻值没有影响时再测。所以《电力设备预防性试验规程》（简写为《规程》）上规定加压后 60 s 所测得的电阻值

为绝缘电阻值,即

$$R_\infty = R_{60s} \tag{3-4}$$

另外,越是好的绝缘介质,吸收现象就越明显,绝缘电阻曲线的弯曲度就越大,所以《规程》还规定加压后 60 s 和 15 s 时测得的绝缘介质的电阻值之比为吸收比,即

$$K = R_{60s}/R_{15s} \tag{3-5}$$

对于干燥绝缘,吸收过程明显,吸收电流衰减缓慢,吸收比 K 较大;而绝缘受潮后,吸收过程不明显,$K \to 1$。通常我们就是利用测量绝缘电阻及吸收比来检查绝缘是否整体受潮,有无贯通性的集中性缺陷。

  知识链接 1

在图 3-1 中,相串联的两层不同均匀程度的介质夹在平行板电极之间,合上开关 S,在介质上加上直流电压 E,流过介质的电流 i 与时间 t 的关系如图 3-2 所示。电流的这种变化规律是由加压后介质内所发生的物理过程引起的。加压后两极间真空和无损极化(电子式极化和离子式极化)要在外回路造成电流 i_c,由于无损极化是瞬时完成的,故 i_c 具有瞬时脉冲性质。除无损极化外,介质还会发生有损极化(偶极子转向极化和夹层式极化),此类极化会在外回路造成吸收电流 i_a。因有损极化(主要是夹层式极化)进行得非常缓慢,故 i_a 的衰减也比较慢。电介质还存在电导,它会在外回路造成恒定的电流 i_g,由绝缘介质的电导所引起的这一恒定电流 i_g 称为泄漏电流。上述 3 个电流分量叠加,即为外回路电流 i,如图 3-3 所示。图 3-2 所示的电流 i 为电介质的外回路电流。

由于 $R = u/i$,绝缘介质在直流电压作用下,在电流随时间的变化由大到小,最后恒定于泄漏电流值时,绝缘介质所呈现的电阻值就会从小到大变化,最后恒定于一个绝缘电阻值。对应于泄漏电流值的那个绝缘介质的电阻值称为介质的绝缘电阻,用 R_∞ 表示。显然极化现象越明显,回路电流曲线的弯曲度越大,与之相对应的电阻值曲线的弯曲度也会越大;而测出的绝缘介质的电阻值也会随时间的变化而发生变化,但介质的绝缘电阻 R_∞ 为恒定值。

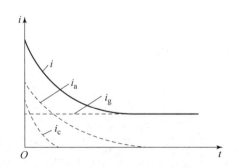

图 3-2 直流电压下流过介质的电流与时间的关系

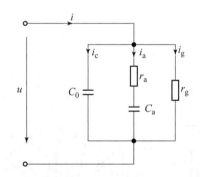

图 3-3 电介质的等值电路

 知识链接 2

兆欧表是利用流比计的原理构成的。兆欧表有手动和电动两种,手动形式的兆欧表又

称为绝缘摇表，是测量绝缘电阻的专用仪器。由于绝缘电阻数值较大，所以兆欧表的指示刻度都是以兆欧为单位的。

电压线圈 LV 和电流线圈 LA 相互垂直地固定在同一转轴上，并处在同一个永久磁场中，如图 3-4 所示。仪表的指针也固定在此转轴上。转轴上没有装弹簧游丝，所以当线圈中没有电流时，指针可停在任一偏转角的位置。

一般 $R_x \gg R_A \gg R_V$，当测量某一试品时，流过线圈 LV 和 LA 的电流使其产生两个相反方向的转动力矩，分别为 $M_V = I_V f_V(\alpha)$ 和 $M_A = I_A f_A(\alpha)$（α 为偏转角）；在两转矩差值的作用下，线圈带动指针旋转，直到两个转矩相互平衡时为止。此时，$M_V = M_A$，也即 $I_V f_V(\alpha) = I_A f_A(\alpha)$，于是有

$$\frac{I_A}{I_V} = \frac{f_V(\alpha)}{f_A(\alpha)} = f(\alpha) \tag{3-6}$$

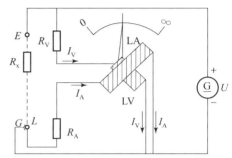

图 3-4 兆欧表原理接线图

 任务训练

一、绝缘电阻的测量

1. 试验接线

试验接线如图 3-5、图 3-6 所示，原理等效图如图 3-7 所示。

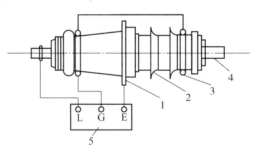

图 3-5 用兆欧表测套管绝缘的接线图

1—法兰；2—瓷体；3—屏蔽环；4—芯柱；5—兆欧表

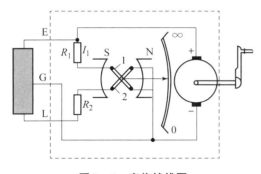

图 3-6 实物接线图

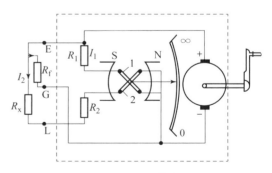

图 3-7 原理等效图

2. 选择兆欧表的原则

选择兆欧表的原则，一是其额定电压一定要与被测电气设备或线路的工作电压相适应，如表 3-1 所示；二是兆欧表的测量范围也应与被测绝缘电阻的范围相符合，以免引起较大的读数误差。

表 3-1　不同额定电压兆欧表的使用范围　　　　　　　　　　V

测量对象	被测设备的额定电压	兆欧表的额定电压
线圈绝缘电阻	<500 ≥500	500 1 000
电力变压器、电机线圈绝缘电阻	≥500	1 000~2 500
发电机线圈绝缘电阻	≤380	1 000
电气设备绝缘电阻	<500 ≥500	500~1 000 2 500
绝缘子	—	2 500~5 000

如果用 500 V 以下的兆欧表测量高压设备的绝缘电阻，则测量结果不能正确反映其工作电压下的绝缘电阻值。同样，也不能用电压太高的兆欧表去测量低压电气设备的绝缘电阻，以免损坏其绝缘。

二、测量绝缘电阻时的注意事项

（1）断开被试品的电源及一切外连线，将被试品对地充分放电，容量较大的被试品放电不得少于 2 min。

（2）用清洁干净的软布擦去被试品表面污垢。

（3）将摇表水平放置，检查其是否能正常工作，方法是：

①摇动手柄到额定转速（约 120 r/min），此时指针应指向 "∞"。

②用导线短接 L、E，慢慢摇动手柄，指针应指向零。

③将被试品的地线接于摇表 E 端子，同时将被试品的非测量部分短接接地，被试品的另一引线不连至 L 端子，将手柄空摇至额定转速，指针应指向 "∞"，这时表明摇表可以正常工作，停摇后将 L 引线接到被试品上。

（4）以 120 r/min 匀速转动摇表的手柄，不得低于额定转速的 80%，待指针稳定后读取绝缘电阻。

（5）测量吸收比时，应从绝缘加上额定电压后才开始计时，因此，可在摇表接地侧装一绝缘良好的刀闸，当摇表达到额定转速时合上刀闸，同时开始计时，记录 15 s 和 60 s 时的读数。

（6）测量完毕后，应立即断开 L 端子上的连线，然后再停止转动手柄。

（7）对被试品放电，时间不少于 2 min。

（8）记录测试时的温度和湿度，以便进行校正。

三、操作步骤及注意事项

（1）根据被试设备的电压等级和绝缘要求来选择兆欧表的额定电压等级和量程。

（2）检查兆欧表的"0"和"∞"位置指示的正确性，如不对则应修理或换表。

（3）在试验前应对被试设备断电和放电，大电容设备放电时间不小于 2 min。

（4）测量时线路和接地端分别接被试绝缘的两端，为避免表面泄漏电流对测量造成误差，还应加保护环，并接到屏蔽端，此时表面泄漏电流被短路。接线中要求连线尽量短，而且线路与接地端的连线间应相互绝缘良好。

（5）摇测绝缘电阻时，应保持兆欧表额定转速 120 r/min，通常以 60 s 的读数作为绝缘电阻值，当读数结束后应先断开兆欧表与设备间的连接线，然后停止摇转。

（6）测量结束后，被试设备对地应充分放电，并详细记录下设备的名称、编号、测试数值以及温度、湿度等参数。

（7）将测量结果换算后与该设备历次试验（含出厂试验）的相应值比较，不应有太大的变化，且不得超过允许值。如与上述不符，应进一步分析，查明原因，如处理后仍超标，可认定绝缘电阻不合格。

四、影响绝缘电阻的因素、测试效果和分析判断

（一）影响绝缘电阻的因素

1. 温度的影响

温度对绝缘电阻的影响较大，一般绝缘电阻随温度的上升而减少（与金属电阻相反），原因在于温度升高时，绝缘介质极化加剧、电导增加，致使绝缘电阻下降。因此，测量时必须记录温度，并换算到同一温度进行比较。

2. 湿度的影响

湿度对表面泄漏电流影响较大，绝缘表面吸附潮气，瓷套表面形成水膜，常使绝缘电阻显著降低。此外，某些绝缘材料有毛细管作用，当空气中相对湿度较大时，会吸收较多水分，增加了电导，也使绝缘电阻值降低。

3. 放电时间的影响

每测完一次绝缘电阻后，应将被试品对地充分放电，放电时间应大于充电时间，以利于将剩余电荷放尽。否则，在重复测量时，由于剩余电荷的影响，其充电电流和吸收电流将比第一次测量时小，因而造成吸收比减小、绝缘电阻值较大的虚假现象。通常，被试品在测试前应接地放电 1～2 min，对电容值较大的设备（如发电机、电缆、大中型变压器和电容器等）应充分放电 5 min。

（二）测试效果

测量绝缘电阻和吸收比（或极化指数）能发现绝缘中的贯穿性导电通道、整体受潮和表面污垢（比较接入 G 端和不接入 G 端两种情况）等缺陷，但不能发现绝缘中的局部损伤、裂缝、分层脱开、老化、内部含有气隙等局部缺陷。这是因为绝缘电阻的输出电压较低，在低电压下此类缺陷对测量结果影响很小。

（三） 分析判断

（1） 所测的绝缘电阻应等于或大于规程规定的一般容许的数值。

（2） 将所测得的绝缘电阻换算至同一温度，进行"三比较"，即与出厂、交接、历年大修前后和耐压试验前后的数值进行比较，与同型设备进行比较，与同一设备相间比较，比较结果均不应有明显的降低或较大的差异，否则应引起注意。对重要设备必须查明原因。

（3） 对电容量比较大的高压电气设备，比如电缆、变压器、发电机、电容等的绝缘状况主要以吸收比和极化指数的大小为判断依据。如果吸收比和极化指数有明显的下降，说明绝缘严重受潮或油质严重劣化。

小结

在一定规范时间内，对绝缘电阻阻值进行连续测量。这种测试方法的优势在于环境温度对于试验结果的影响不是很大，因此只要被测设备在试验的过程中，环境温度没有发生急剧的变化，其测得的结果就无须进行修正。

通过绝缘电阻测试，培养学生认真专注，一丝不苟的工匠精神。

数字资源 绝缘电阻的测量（微课）

数字资源 绝缘电阻的测量（视频）

第二节 泄漏电流的测量

任务描述

泄漏电流的测量原理和绝缘电阻的测量原理一致，本试验是将直流高压加到被试品上，测量流经被试绝缘的泄漏电流，实际上也就是测量绝缘电阻。

通过本节内容的学习，需要掌握的内容如下：

（1） 掌握测量泄漏电流的原理及含义。

（2） 掌握测量泄漏电流的方法及操作方法。

（3） 掌握泄漏电流测试结果的分析判断方法。

知识链接

图3-8所示为绝缘电阻泄漏电流与所加电压的关系，由图可知，当 $U < U_{TA}$ 时，泄漏电流与所加电压近似成正比；而当 $U > U_{TA}$ 时，泄漏电流增长较快，这就表示该绝缘不宜

长时间承受高于 U_{TA} 的电压，因而在较高的试验电压作用下，能发现被试品中一些尚未完全贯通的集中性缺陷，因此比采用绝缘电阻表进行测量更有效。对于较好的绝缘，其泄漏电流不应该随加压时间的延长而增大，在标准规定的试验电压作用下，一般要求读取泄漏电流值的时间为到达试验电压后 1 min。

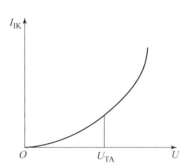

图 3-8 绝缘电阻泄漏电流与所加电压的关系

泄漏电流测量的特点如下：

（1）加在被试品上的直流高压比兆欧表的工作电压高得多，能发现兆欧表所不能发现的某些缺陷。

（2）由于施加在被试品上的直流高压是逐渐增大的，所以可以在升压过程从所测电流与电压关系的线性度，即可指示绝缘情况。

（3）兆欧表刻度的非线性度很强，尤其在接近高量程段，刻度甚密，难以精确分辨。微安表的刻度则基本上是线性的，能精确读取。

【注意】

测量泄漏电流所加的直流电压不高时，由泄漏电流换算得到的绝缘电阻值与绝缘电阻表所测值非常接近，测量泄漏电流并不比绝缘电阻表测绝缘电阻能获得更多的信息。然而，当用较高的电压来测量泄漏电流时，就有可能发现绝缘电阻表所不能发现的绝缘损坏或弱点。

 任务训练

一、试验电路

测量泄漏电流的试验电路如图 3-9、图 3-10 所示。

测量泄漏电流所需的直流高压是利用交流电压经整流器整流而获得的。用得较多、最简单的是半波整流电路。

图 3-9 中，R 为保护电阻，用来限制被试品击穿时的短路电流不超过高压硅堆和试验变压器的允许值，以保护试验变压器和硅堆。为保证保护电阻具有一定的热容量，且电阻表面不发生闪络，一般采用水电阻，表面长度按 1 kV/cm 设计。C 为滤波电容器，其作用是使整流电压平稳，C 越大，加在被试品上的电压越平稳，直流电压的数值也越接近工频交流高压的幅值。对于电缆、电力电容器等本身电容量就较大的被试品可以不加，但被试品电容量较小时要接入 0.1 μF 左右的电容器。C_x 为被试品。

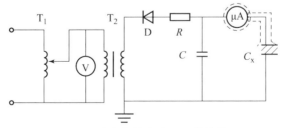

图 3-9 微安表接在高压侧的接线图

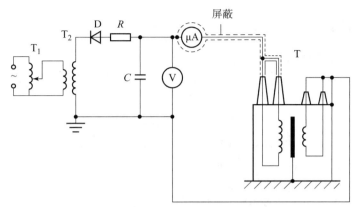

图 3-10 微安表接在高压侧的实物接线图

在现场中，多数被试品的接地已经做好，所以图 3-9 是常用的试验接线。此时微安表接在高压端，为了避免由微安表到被试品的连接导线上产生的电晕电流以及沿支柱绝缘子表面的泄漏电流流过微安表，需将微安表及其被试品的高压引线屏蔽起来，使其处于等电位屏蔽中，而屏蔽对地的泄漏电流不通过微安表，不会带来测量的误差。

二、试验接线注意事项

（1）按接线图接线。通电前查看接线和所有表计数值是否正确，调压器位置是否处在零位。

（2）试验中，将电压逐渐升高，并读取相应的泄漏电流值。

（3）试验中，如有击穿、闪络、微安表指针大幅度摆动或电流突变等异常现象时，应马上降压、切除电源，查明原因，经处理后再做。

（4）试验完后，降压，切断调压器电源，最后切断总电源。

（5）每次试验完毕，必须对被试品经电阻对地放电。放电时应使用绝缘棒。放电完毕后应在被试品上挂上接地棒，方可拆线或更改接线。

（6）再试验时，须检查接地线是否拆除。

在试验中，调节微安表量程时，必须采用绝缘棒。读数时注意安全。

三、微安表的保护

（1）串联电阻 R：当流过微安表的电流超过额定值时，它上面的压降使 A、B 两点之间（见图 3-11）的电压超过放电管 G 的击穿电压。

（2）并联电容 C：因为试验电压是经过整流后的直流电压，其中含有一部分交流分量，用电容来滤波，可减少微安表的摆动，同时还可以稳定放电管的放电电压。

（3）串联电感 L：当试验回路因突然短路而出现冲击电流时，放电管来不及动作，为此串入电感。

（4）开关 K：只在测量需读数时才打开。

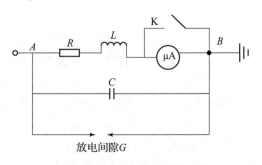

图 3-11 微安表保护电路

四、试验步骤及注意事项

（1）根据被试品绝缘的情况，按照试验规程确定试验电压值，然后正确选择试验设备。

（2）根据现场条件，选择接线方式，并合理布置试验设备及被试品，按接线图正确接线，接线完毕应由第二人认真检查，确认接线正确。

（3）可按试验将电压分为四至六级，进行逐级升压，每升至一级时，应停留一定时间后读数（通常为 1 min），直至规定试验电压。在试验电压全值时的持续时间不得超过规定值。整个升压过程应均匀缓慢，以免损坏试验设备。

（4）试验结束后，应迅速降压到零，再断电，而后充分放电。然后整理记录数据，绘制泄漏电流曲线，并对试验结果进行分析判断，判断方法类同于绝缘电阻试验。

如被试品容量较小，应接入滤波电容减小电压脉动。试验中如发现泄漏电流过大，应立即降压、断电、放电，待查明原因并处理后重新试验。

五、影响因素和试验结果判断

（一）影响因素

1. 高压连接导线对地泄漏电流的影响

当与被试品连接的导线不加屏蔽时，被试品加压端以及连接导线周围空气的电离，会产生对地的泄漏电流，影响测量结果的准确性。解决的办法是增加连接导线的直径、减少尖端或加防晕罩、缩短导线、增加对地距离、采用屏蔽导线等。

2. 空气湿度对表面泄漏电流的影响

当空气湿度大时，由于被试品表面脏污易于吸潮，使表面泄漏电流远大于体积泄漏电流。解决的办法是，擦净被试品表面，并应用屏蔽电极。

3. 温度的影响

温度对高压直流试验结构的影响极为显著，因此，对所测得的电流值均需换算至相同温度，才能进行分析比较。最好在温度为 30~80 ℃时做试验，因为在此温度范围内泄漏电流变化较明显，而低温时变化较小。

4. 残余电荷的影响

被试品绝缘中的残余电荷是否放尽，直接影响泄漏电流的数值，因此，试验前对被试品必须进行充分放电。

（二）结果判断

将测量的泄漏电流值换算到同一温度下与历次试验进行比较，以及进行同一设备的相间比较、同类设备的互相比较。

对于重要设备（如主变压器、发电机等），可作出电流随时间变化的关系曲线 $I = f(t)$ 和电流随电压变化的关系曲线 $I = f(U)$ 进行分析。

现行标准中对泄漏电流有规定的设备，应按是否符合规定值来判断。对标准中无明确规定的设备，可以进行同一设备相间比较、与历年试验结果比较、同型号的设备互相比较，视其变化来分析判断。

数字资源 泄漏电流的测量（视频）

小结

泄漏电流测量试验原理和作用与绝缘电阻试验相似,只是试验电压较高,用微安表监视,因而测量灵敏度较高。它能较灵敏有效地发现像变压器套管密封不严进水、高压套管有裂纹、绝缘纸杯沿面炭化、变压器油劣化,以及内部受潮等其他试验项目不易发现的缺陷。

在试验中,严格执行操作标准,通过标准作业,培养学生的安全意识。

第三节 介质损耗角正切值的测量

 任务描述

——完成介质损耗角正切值的测量及数据分析

介质损耗角正切值 $\tan\delta$ 是在交流电压作用下,电介质中电流的有功分量与无功分量的比值,是一个无量纲的数。在一定的电压和频率下,它反映电介质内单位体积中能量损耗的大小,它与介质的体积、尺寸大小无关。

介质损耗角正切值 $\tan\delta$ 的测量是判断绝缘状况的一种比较灵敏的方法,从而在电气设备制造、绝缘材料鉴定以及电气设备的绝缘试验等方面得到广泛的应用,特别对受潮、老化等分布性缺陷比较有效,对小体积设备比较灵敏,因而 $\tan\delta$ 的测量是绝缘试验中一个较为重要的项目。

如果绝缘内部的缺陷不是分布性而是集中性的,则用测 $\tan\delta$ 的反应就不很灵敏,被试绝缘的体积越大,越不灵敏。电机、电缆等设备,运行中的故障多为集中性缺陷发展造成的,用测 $\tan\delta$ 的方法不易发现绝缘的缺陷,故对运行中的电机、电缆等设备进行预防性试验时不测 $\tan\delta$。而对套管绝缘,因其体积小,故测 $\tan\delta$ 是一项必不可少且较为有效的试验。

通过本节内容的学习,需了解和掌握如下内容:
(1) 掌握介质损耗角正切值 $\tan\delta$ 的定义。
(2) 掌握介质损耗角正切值 $\tan\delta$ 的测量方法。
(3) 了解介质损耗角正切值 $\tan\delta$ 测量过程中的注意事项。

 知识链接

——西林电桥的基本原理

1. 西林电桥的基本回路(见图 3-12)

高压臂:被测试品的等值电容和电阻分别为 C_x 和 R_x,用 Z_1 表示;无损耗的标准电容 C_0,以阻抗 Z_2 表示。

低压臂:处在桥箱体内的可调无感电阻 R_3,以 Z_3 表示;无感电阻 R_4 和可调电容 C_4 的并联,以 Z_4 表示。

电桥平衡：用检流计 G 检零来实现。

在交流电压 u 的作用下，调节 R_3 和 C_4，使电桥达到平衡，即通过检流计 G 的电流为零，电桥的平衡条件为：

$$Z_1/Z_3 = Z_2/Z_4 \quad (3-7)$$

2. 注意事项

测量时应注意可能对测量结果造成影响的各种干扰因素。

杂散电容：高压引线与低压臂之间有电场的影响，可以看作其间有杂散电容 C_s。由于低压臂的电位很低，C_x 和 C_0 的电容量很小，如 C_0 一般只有 50～100 pF，杂散电容 C_s 的引入，会产生测量误

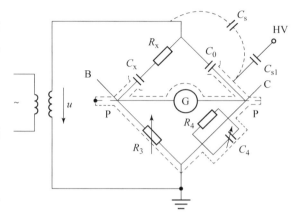

图 3-12 西林电桥的基本回路

差。若附近另有高压源，其间的杂散电容 C_{s1} 会引入干扰电流 i_s，也会造成测量误差，所以需要屏蔽，消除杂散电容的影响。

外界电磁场的干扰：该干扰有磁场干扰和电场干扰两种。磁场干扰指外界磁场对电桥的感应所造成的干扰；电场干扰指外界带电部分通过与电桥臂的电容耦合。

【说明】

通过西林电桥测量，可检测是否有以下现象：

（1）受潮。

（2）穿透性导电通道。

（3）绝缘内含气泡的电离，绝缘分层、脱壳。

（4）老化劣化，绕组上积附油泥。

（5）绝缘油脏污、劣化等。

通过西林电桥测量，不可检测到的问题现象有：

（1）非穿透性的局部损坏。

（2）很小部分绝缘的老化、劣化。

（3）个别的绝缘弱点。

 任务训练

一、试验接线

采用如图 3-13 所示的接线方式。

图 3-13（a）正接线用于两极对地绝缘的设备，用于试验室或绕组间测 tanδ。图 3-13（b）反接线用于现场被试设备为一极接地的设备，要求电桥有足够的绝缘。由于 R_3 和 C_4 处于高电位，为保证操作的安全，应采取一定的措施。一种办法是将电桥本体和操作者一起放在绝缘台上或放在一个叫法拉第笼的金属笼里对地绝缘起来，使操作者与 R_3、C_4 处于等电位。另一种办法是通过绝缘连杆去调节 R_3 和 C_4。现场试验通常采用反接线试验

方法。图 3-13（c）对角线接线用于被试设备为一极接地的设备且电桥没有足够的绝缘。

注意：在反接线的情况下，此时 R_3、C_4、检流计 G 和屏蔽网均处于高电位，故必须保证足够的绝缘水平和采取可靠的保护措施。

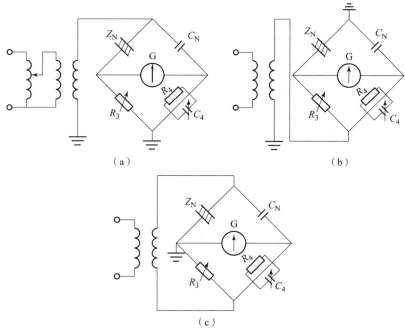

图 3-13　QS1 型西林电桥原理接线
（a）正接线；（b）反接线；（c）对角线接线
Z_N—被测绝缘阻抗；C_N—标准电容；R_3—可变电阻；C_4—可变电容；G—检流计

二、电桥测试中的注意事项

在电桥测试中，有些问题往往容易被忽视，使测量数据不能反映被试设备的真实情况。常被忽视的问题有：

（1）外界电场干扰的影响。在电压等级较低（例如 35 kV 电压等级）的电气设备的 $\tan\delta$ 测试中，容易忽视电场干扰的影响。

（2）高压标准电容器的影响。现场经常使用的 BR-16 型标准电容器，电容量为 50 pF，要求 $\tan\delta\% < 0.1\%$。由于标准电容器经过一段时间存放、应用和运输后，本身的质量在不断变化，会受潮、生锈，如忽视了这些质量问题，同样会影响测试的数据。

（3）被试品电容量变化的影响。在用 QS1 型西林电桥测量电气设备绝缘状况时，往往重视 $\tan\delta$ 值，而容易忽视被试品电容量的变化，由此而产生一些事故。

（4）表面泄漏电流的影响。当测量电气设备绝缘的 $\tan\delta$ 时，空气相对湿度对其测量结果影响很大，当绝缘表面脏污，且又处于湿度较大的环境中时，表面泄漏电流增加，对其测量结果影响更大。

消除表面泄漏，可采取一些有效的方法，如电热风法、瓷套表面瓷群涂擦法、化学去湿法等。

（5）测试电源的影响。在现场测试中，有时会遇到试验电压与干扰电源不同步，用移相等方法也难以使电桥平衡的情况。

（6）电桥引线的影响。

①引线长度的影响。分析研究表明，在一般情况下，C_x 引线长度为 5～10 m，其电容为 1 500～3 000 pF；而 C_N 引线为 1～1.5 m，其电容为 300～500 pF。当 $R_4 = 3\,184\,\Omega$ 和 R_3 较小时，对测量结果影响很小，但若进行小容量试品测试时，就会产生偏大的测量误差。

②高压引线与被试品夹角的影响。测量小容量试品时，高压引线与被试品的杂散电容对测量的影响不可忽视。

③引线电晕的影响。高压引线的直径较细时，当试验电压超过一定值时，就可能产生电晕。例如若用一般的导线做高压引线，当电压超过 50 kV 后，就会出现电晕现象。电晕损耗通过杂散电容将被计入被试品的 $\tan\delta$ 内，严重影响测量结果，并可能导致误判断。

④引线接触不良的影响。当 QS1 型西林电桥高压线或测量引出线与被试品接触不良时，相当于被试支路串联一个附加电阻。该电阻在交流电压作用下会产生有功损耗，并与被试品自身有功损耗叠加，使测量的介质损耗因数超过规定的限值，导致误判断。

（7）接线的影响。小电容（小于 500 pF）试品主要有电容型套管、3～110 kV 电容式电流互感器等。对这些被试品采用 QS1 型西林电桥的正、反接线进行测量时，其介质损耗因数的测量结果是不同的。

按正接线测量一次对二次或一次对二次及外壳（垫绝缘）的介质损耗因数时，测量结果是实际被试品一次对二次及外壳绝缘的介质损耗因数，而一次和顶部周围接地部分的电容和介质损耗因数均被屏蔽掉（电桥正接线测量时，接地点是电桥的屏蔽点）。

由于正接线具有良好的抗电场干扰、测量误差较小的特点，一般应以正接线测量结果作为分析判断绝缘状况的依据。

三、$\tan\delta$ 的测量

（一）角差测量法测量 $\tan\delta$

由于介质损耗角很小，如果直接测量其角差很困难，因此，传统的测量方法均采用平衡测量法。随着技术的进步及元器件的发展，可以通过直接测量电压和电流的角差来测量 $\tan\delta$，即采用角差法测量 $\tan\delta$。这种方法免去了平衡测量法中需要调节平衡的烦琐，大大减少了试验的工作量。角差法测量 $\tan\delta$ 的方法很多，如图 3-14 所示为角差法典型的测量原理接线图，其工作原理如下：

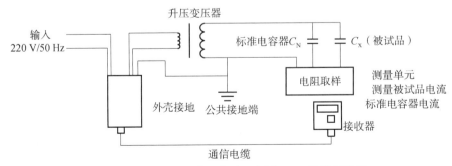

图 3-14 角差法（非平衡法）测量 $\tan\delta$ 接线示意图

由图 3-14 所示，测量 tanδ 实际上就是测量流过被试品的容性电流与全电流的相角差，在试验时同时测量流过标准电容器的电流（其相角与流过被试品的容性电流的相角一致）和流过被试品的电流（全电流），这样可测得二者之间的相角差，从而可以计算 tanδ 的数值。采样电阻是无感精密电阻。测量回路将电流信号变为数字信号，通过傅里叶变换能精确稳定地测量畸变波形的相位差。但测量精度完全由高速高精度器件和计算处理的精度决定。考虑到正、反接线及高低压隔离问题，数据传输可以通过光纤传输或将数据转换为红外光并发送到接收器来进行隔离。

（二） 数字化测量 tanδ

数字化测量 tanδ，不仅可以很容易地调节电桥平衡，而且可以防止外界干扰。

原理：利用传感器从被试品上取得所需的电压信号 U 和电流信号 I，经前置 A/D 转换电路数字化后，送至数据处理计算机或单片机，经数据处理后算出电流电压之间的相位差 δ，最后得到 tanδ 的测量值。数字化测量 tanδ 的原理图如图 3-15 所示。

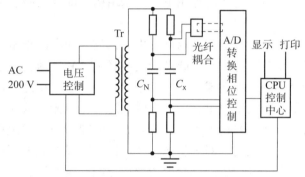

图 3-15 数字化测量 tanδ 原理图

四、测量结果的分析判断

测量 tanδ 能发现绝缘中存在的大面积分布性缺陷，如绝缘普遍受潮、绝缘油或固体有机绝缘材料老化、穿透性导电通道、绝缘分层等。对绝缘中的个别局部的非贯穿性缺陷则不易发现。

根据 tanδ 测量结果对绝缘状况进行分析判断时，除与试验规程规定值比较外，还应与以往的测试结果以及处于同样运行条件下的同类型设备相比较，观察其发展趋势。如果测试值低于规程规定值，但增长速度迅速，也应认真对待，否则运行中也可能发生绝缘事故。

 小结

通过测量 tanδ 值可以发现绝缘的分布性缺陷，若缺陷部分在整个绝缘中的体积较大，则测量 tanδ 容易发现绝缘的缺陷。如果绝缘缺陷是集中性的（非贯穿性的），或缺陷部分在整个绝缘中占很小的体积，则该方法不很有效。

将一丝不苟的工匠进行贯穿试验始终，同时将大国工匠情怀融入试验中。

数字资源 介质损耗角正切值的测量
介损测量试验

数字资源 损耗角正切值的
测量（视频）

第四节　局部放电测量

任务描述

局部放电是指电气设备在电压的作用下，绝缘结构内部的气隙、油膜或导体的边缘发生非贯穿性的放电现象。

许多电气设备的绝缘结构较复杂，内部发生局部放电的原因很多，如设计不当可能造成局部区域场强过高，工艺上存在某些缺点会使绝缘中含有气泡，在运行中油劣化可能分解出气泡，机械振动和热胀冷缩造成局部开裂也会出现气泡。在这些情况下都会导致电气设备在较低外施电压下发生局部放电，对闭合的油隙（如空隙）发生局部放电后，由于气体不易逸出，能量得到控制不易向外发展；对开放式油隙，一旦发生局部放电，放电就会持续发展，造成绝缘老化。因此，对大型电力变压器进行局部放电测量，能及时有效地发现变压器制造和安装工艺的缺陷，对确保电力变压器的安全运行有重要作用。

本节讲述了局部放电的定义，详细分析了局部放电产生的原因和局部放电的类型，清晰地描述了内部局部放电、表面局部放电、电晕放电和放电树几种情形下绝缘介质局部产生电荷量的机理及其放电形式。

知识链接

——完成局部放电的测量及数据分析

一、局部放电的定义

高压电气设备内常用的固体绝缘物不可能做得十分纯净致密，难免会不同程度地包含一些分散性的异物，如各种杂质、气泡、空隙、水分和污秽等，有些是原材料不纯所致，有些是运行中绝缘物的老化、分解等过程中产生的，而且在运行中这些缺陷还会逐渐发展。由于这些异物的电导和介电系数不同于绝缘物，故在外施电压作用下电气设备的电场强度往往是不相等的，当异物局部区域的电场强度达到该区域介质的击穿场强时，该区域就会出现放电，但这种放电并没有贯穿施加电压的两导体之间，即整个绝缘系统并没有击穿，仍然保持绝缘性能，这种现象称为局部放电。局部放电发生在绝缘体内的称为内部局部放电；发生在绝缘体表面的称为表面局部放电。发生在导体边缘而周围都是气体的，可称之为电晕。

二、产生局部放电的原因

造成电场不均匀的因素很多：①电气设备的电极系统不对称，如针对板、圆柱体等。在电机线棒离开铁芯的部位、变压器的高压出线端，电缆的末端等部位电场比较集中，不采取特殊的措施就容易在这些部位首先产生放电。②介质不均匀，如各种复合介质，气体－固体组合、不同固体组合等。在交变电场下，介质中的电场强度是反比于介电常数的，因此介电常数小的介质中电场强度就高于介电常数大的。③绝缘体中含有气泡或其他杂质。气体的相对介电常数接近于1，各种固体、液体介质的相对介电常数都要比它大1倍以上，而固体、液体介质的击穿场强一般要比气体介质的大几倍到几十倍，因此绝缘体中有气泡存在是产生局部放电的最普遍原因。绝缘体内的气泡可能是产品制造过程残留下来的，也可能是在产品运行中由于热胀冷缩在不同材料的界面上出现了裂缝，或者因绝缘材料老化而分解出气体。此外，在高场强中若有电位悬浮的金属存在，也会在其边缘感应出很高的场强。在电气设备的各连接处，如果接触不好，也会在距离很微小的两个接点间产生高场强，这些都可能造成局部放电。

局部放电会逐渐腐蚀、损坏绝缘材料，使放电区域不断扩大，最终导致整个绝缘体击穿。因此，必须把局部放电限制在一定水平之下。高电压电工设备都把局部放电的测量列为检查产品质量的重要指标，产品不但出厂时要做局部放电试验，而且在投入运行之后还要经常进行测量。

三、局部放电的类型

局部放电是种复杂的物理过程，有声、光、热等效应，还会产生各种生成物。从电学特性方面分析，产生放电时，在放电处有电荷交换、有电磁波辐射、有能量损耗。最引人注目的是反映到被试品施加电压的两端，有微弱的脉冲电压出现。这个脉冲信号可以通过一个简单的模型和等效电路来说明，如图3-16所示。图3-16（a）是模拟一个含有一个小气泡的绝缘体。从电路的观点来分析，可以用图3-16（b）所示等效电路来表示。图中C_c、R_c并联代表气泡c的阻抗；C_b、R_b并联代表b部分的阻抗；C_a、R_a并联代表a部分的阻抗。由于一次放电时间很短（$10^{-9} \sim 10^{-7}$ s），在分析放电过程中这种高频信号的传递时，可以把电阻都忽略，只考虑C_c、C_b、C_a组成的等效回路。

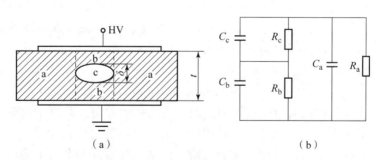

图3-16 局部放电的等效分析图

(a) 简单模型；(b) 等效电路

a—其他部分介质；b—与气泡串联的部分介质；c—绝缘体中的小气泡

1. 内部局部放电

如图 3-16（a）所示，当工频高压施加于这个绝缘体的两端时，如果气泡上承受的电压没有达到气泡的击穿电压，则气泡上的电压 u_c 就随外加电压的变化而变化。若外加电压足够高，则当 u_c 上升到气泡的击穿电压 u_{cB} 时，气泡发生放电，放电过程使大量中性气体分子电离，变成正离子和电子或负离子，形成了大量的空间电荷，这些空间电荷，在外加电场作用下迁移到气泡壁上，形成了与外加电场方向相反的电压 $-\Delta u_c$，如图 3-17 所示，这时气泡上的剩余电压 u_r 应是两者的叠加结果，即

$$u_r = u_{cB} - \Delta u_c < u_{cB} \tag{3-8}$$

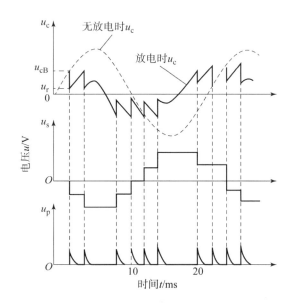

图 3-17 放电过程示意图

u_c—气泡上的电压；u_g—放电产生的反向电压；u_p—放电产生的脉冲信号

即气泡上的实际电压小于气泡的击穿电压，于是气泡的放电暂停。气泡上的电压又随外加电压的上升而上升，直到重新到达 u_{cB} 时，又出现第二次放电。第二次放电过程产生的空间电荷又建立反向电压 $-\Delta u_c$，假定第一次的放电累积的电荷都没有泄漏掉，这时气泡中反向电压为 $-2\Delta u_c$ 又使气泡实际的电压下降到 u_r，于是放电又暂停。之后气泡上的电压又随外加电压上升而上升，当它达到 u_{cB} 时又产生放电。这样在外加电压达到峰值前，若放电 n 次，则放电产生的空间电荷所建立的内部电压为 $-n\Delta u_c$，在外加电压过峰位后，u_c 开始下降，当气泡上的电压达到 $-u_{cB}$ 时，即

$$-n\Delta u_c + u_c = -u_{cB} \tag{3-9}$$

时，气泡又发生放电，但这时放电产生的空间电荷的移动方向，取决于内部空间电荷所建立的电场方向，于是中和掉一部分原来累积的电荷，使内部电压减少了一个 Δu_c。气隙上的电压降达到 $-u_r$ 时，放电又暂停。之后气泡上的电压又随外加电压下降向负值升高，直到重新达到 $-u_{cB}$ 时，放电又重新发生。假定每次放电产生的 Δu_c 都一样，并且 $u_{cB} = |-u_{cB}|$，则当外加电压（瞬时值）过零时放电产生的电荷都消失，于是在外加电压的下半周期，重新开始一个新的放电周期。

通常介质内部气泡的放电在正负两个半周内基本上是相同的，在示波屏上可以看到正负半周放电脉冲基本上是对称的图形，如图 3-18 所示。

从实际测得的放电图可以看出，放电没有出现在试验电压的过峰值段相位上，这与上述放电过程的解释是相符的。但每次放电的大小，即脉

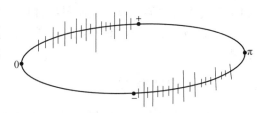

图 3-18　介质内部气泡的放电图形

冲的高度并不相等，而且放电多是出现在试验电压幅值绝对值上升部分的相位上，只有在放电很剧烈时，才会扩展到电压绝对值下降部分的相位上。这可能是实际被试品中往往存在多个气泡同时放电，或者是只有一个大气泡，但每次放电不是整个气泡表面上都放电，而只有其中的一部分，显然每次放电的电荷不一定相同，何况还可能在反向放电时，不一定会中和掉原来累积的电荷，而使正负电荷都累积在气泡壁的附近，由此产生沿气泡壁的表面放电。另外气泡壁的表面电阻也不是无限大，放电时气泡中又会产生窄小的导电通道，这就使得一部分放电产生的空间电荷泄漏掉，累积的反向电压要比 $n\Delta u_c$ 小得多，如果 $|-n\Delta u_c|<|-u_{cB}|$，则在电压下降部分的相位上就不会出现放电。这些实际情况就使得实际的放电图形与理论上分析的不完全一样。

2. 表面局部放电

绝缘体表面的局部放电过程与内部放电过程是基本相似的，只要把电极与介质表面之间发生放电的区域所构成的电容记为 C_c，与此放电区域串联部分介质的电容记为 C_b，其他部分介质的电容记为 C_a，则上述的等效电路及放电过程同样适用于表面局部放电。不同的是现在的气隙只有一边是介质，而另一边是导体，放电产生的电荷只能累积在介质的一边，因此累积的电荷少了，更不容易在外加电压绝对值的下降相位上出现放电。另外，如果电极系统是不对称的，放电只发生在其中的一个电极的边缘，则出现的放电图形是不对称的。当放电的电极接高压、不放电的电极接地时，在施加电压的负半周时放电量小，放电次数多；而正半周时放电量大，而次数少。这是因为导体在负极性时容易发射电子，同时正离子撞击阴极产生二次电子发射，使得电极周围气体的起始放电电压低，因而放电次数多而放电量小。如果将放电的电极接地，不放电的电极接高压，则放电的图形就反过来了，即正半周放电脉冲是小而多，负半周放电脉冲是大而少。若电极是对称的，即两个电极边缘场强是一样的，那么放电的图形也是对称的，即正负两半周的放电基本上相同。

 任务训练

──**测量局部放电的方法**

局部放电的产生，总是伴随着高频脉冲、电磁辐射、介质损耗、声、光、热和化学过程等现象。对绝缘内局部放电的探测，可根据这些不同的现象采用相应的方法来测量。局部放电的测量都是根据局部放电过程所产生的物理和化学效应，通过测量局部放电所产生的电荷交换、能量的损耗、放射的电磁波、发出的声和光以及生成一些新的生成物的信息，来表征局部放电的状态。这些信息中有电信息和非电信息两大类，由此可分为电气法

和非电气法两大类。电气法测量局部放电有脉冲电流法、介质损耗法、电磁辐射法。非电气法测量局部放电有超声波法、测光法、测热法、物理化学法。下面介绍两种常用的方法。

（一）脉冲电流法

脉冲电流法可以根据局部放电的等效电路来校定视在放电电荷，而且测量的灵敏度高，是目前应用最广，也是 IEC 和我国有关标准推荐的方法。

1. 测量原理

绝缘体的某一区域发生局部放电时，绝缘体的两端（即试品施加电压的两端）就会有瞬变（脉冲）电荷 q（视在放电电荷）出现，用一个耦合电容器 C_k 和检测阻抗 Z 与被试品连接成一个回路，如图 3-19 所示。回路连接的方式有两种，一种是直测法，如图 3-19 (a) 所示；另一种是平衡法（或称桥式法），如图 3-19 (b) 所示。后者把检测阻抗分为 Z_a、Z_b 两部分，并在其中点接地。

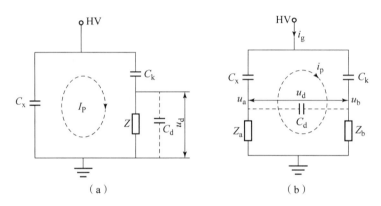

图 3-19 脉冲电流法测量原理图
(a) 直测法；(b) 平衡法

从图 3-19 可以看出，当被试品 C_x 两端出现瞬变电荷 q 时，在被试品两端会出现相应的脉冲电压

$$\Delta u_x = \frac{q}{C_x + \dfrac{C_k C_d}{C_k + C_d}} \tag{3-10}$$

Δu_x 所含的主要频率分量是很高的，所以在检测阻抗上分配到的脉冲电压可以简化为按 C_k 与 C_d 分压来计算

$$u_d = \Delta u_x \frac{C_k}{C_k + C_d} = \frac{q}{C_d + \left(1 + \dfrac{C_d}{C_x}\right) C_x} = \frac{q}{C_v} \tag{3-11}$$

式中，$C_v = C_d + \left(1 + \dfrac{C_d}{C_x}\right) C_x$，各符号含义见图 3-19。由此可见，当测试回路中 C_x、C_k、C_d 确定时，C_v 为常数，u_d 正比于 q。通过一定的校正方法，就可用测得的 u_d 分度为视在放电电荷 q。

不论是直测法还是平衡法，式（3-11）都是适用的。直测法比平衡法简单，而且灵敏度较高（较小），而平衡法有较高的抗干扰性能，从图3-19（b）可以看出：对于被试品放电产生的脉冲电流在检测阻抗Z_b、Z_a上分别产生u_b和u_a，输出的电压

$$u_d = u_b - (-u_a) = u_b + u_a \tag{3-12}$$

而对于从高压端进来的干扰电流i_g分别流过Z_a、Z_b，产生的电压分别为u_a、u_b，于是输出的干扰电压为

$$u_d = u_b - u_a \tag{3-13}$$

由此可见，对于高压端进来的干扰，采用平衡回路有一定的抑制作用。

2. 测试线路与装置

实际测试线路除了上述的放电脉冲电流回路之外，还要有检测仪器、高压电源，以及为去除干扰而采用的隔离变压器、滤波器等。一般采用的测试线路如图3-20所示。图中各装置的作用和要求分述如下。

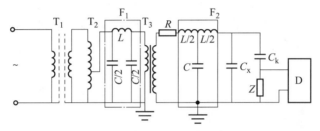

图3-20 脉冲电流法的测试线路

T_1—隔离变压器；T_2—调压器；T_3—高压试验变压器；F_1—低压滤波器；F_2—高压滤波器；C_x—被试品；C_k—耦合电容器；Z—检测阻抗；D—检测仪；R—保护电阻

（1）隔离变压器。这种变压器在一、二次两个绕组之间附加两层金属屏蔽层，靠近一次绕组的就和一次绕组的末端相连接，靠近二次绕组的就和二次绕组末端相连接。这样就把两个绕组隔离，使从电源进来的高频干扰不会通过原有的一、二次绕组间的电容直接传送到二次绕组，从电源地线来的干扰也不会传入测试回路。两个绕组的匝数比一般是1:1，有时为了同时起降压作用，既把进线高压（如6 kV、10 kV）变为测试系统用的低电压（如220 V、380 V），也可设计其他适当的变比。

（2）调压器。在局部放电测量中，对不同的被试品要施加不同的电压，同时在高压试验中，为了避免出现操作过电压，一般都要求从较低电压下开始逐步升高电压，因此需要调压器。

（3）试验变压器。局部放电测量都是在被试品承受高压下进行的，试验变压器就是能把低电压升为高电压的升压变压器，它与一般试验变压器不同的是本身不会发生局部放电，或放电量小于被试品允许放电量的一半，故也称为无局部放电试验变压器。

（4）滤波器。低压滤波器接在低压侧，高压滤波器接在高压侧。两者都是低通滤波器，通频带截止频率一般取5 kHz以下，因为测量局部放电信号的频率一般取10 kHz以上。前者是用来滤掉从电源进来的高频干扰及调压器产生的高次谐波，后者除了进一步阻塞电源进来的高频干扰之外，还可以阻塞试验变压器本身产生的局部放电信号，同时也能阻塞被试品的局部放电信号通向试验变压器的入口电容，以免被测信号旁路而降低测量的灵敏度。

这种滤波器最常用的是由电感 L 及电容 C 组成的滤波器,通频带截止频率的估算式为

$$f = \frac{1}{\pi\sqrt{LC}} \tag{3-14}$$

当然,滤波器本身不应出现局部放电。

(5) 保护电阻。保护电阻是用来限制变压器负载短路时的电流,以免因被试品击穿或耦合电容器、滤波器等短路而烧坏变压器,同时也可以改善负载短路时产生的过电压在变压器绕组上的电位分布,避免损坏变压器。

(6) 耦合电容器。耦合电容器的作用,一方面是把被试品的放电信号耦合到检测阻抗上来;另一方面是承受工频高压,使检测阻抗上的工频电压降到很小(一般是在 30 V 以下),以保证人身及仪器安全。由于放电脉冲信号频率很高,对于这种信号,耦合电容器的阻抗 Z_k 比检测阻抗 Z_d 小很多,因此绝大部分信号被检测阻抗拾取;而对于工频电压,$Z_k \gg Z_d$,所以绝大部分工频电压降落在 C_k 上。耦合电容器本身不应出现局部放电。

(7) 检测阻抗。检测阻抗共分为多个类型,在检测微弱放电信号时,应选择合适的检测阻抗,以保证足够的灵敏度。图 3-21 所示为基本检测阻抗面板示意图。图 3-22 所示为检测阻抗电路原理示意图。

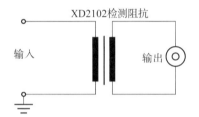

图 3-21 基本检测阻抗面板示意图

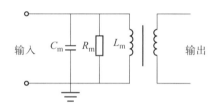

图 3-22 检测阻抗电路原理示意图

(8) 检测仪器。一种数字式测试系统,具有两个、四个或六个测试输入通道,每个通道相互独立,带有独立的放大电路、滤波系统和独立的 12 位高速 A/D 转换器,每个通道具有几兆缓存。每个输入通道都由计算机控制,可同时进行信号采集。

(二) 超声波法

当电气设备绝缘内部发生局部放电时,在放电处产生了超声波,向四周传播开来,一直到电气设备容器的表面。在设备的外壁(如套管、互感器的瓷套外表面)放上压电元件,在交变压力波的作用下,具有压电效应的试品体便产生交变的弹性变形,试品体沿受力方向的两个端面上便会出现交变的约束电荷,这些表面束缚电荷的变化便引起了端部金属电极上电荷的变化或在外电路中引起交变电流。这是压力波转化为电气量的过程,然后可对电气量进行测量。

(三) 局部放电试验一般步骤

局部放电试验是非破坏性试验项目,从试验顺序而言,应放在所有绝缘试验之后。通常是以工频耐压作为预励磁电压持续数秒,然后降到局部放电试验电压(一般为 $U_m/\sqrt{3}$ 的倍数,变压器为 1.5 倍,互感器为 1.1~1.2 倍),持续几分钟时间后,测量局部放电量。

预励磁电压是模拟运行中的过电压，预励磁电压激发的局部放电量不应由局部放电试验电压所延续，意思是系统上有过电压时所激发的局部放电量不会由长期工作电压所延续。这一方法使变压器或互感器在 $U_\mathrm{m}/\sqrt{3}$ 长期工作电压下无局部放电量，以保证变压器能安全运行，使局部放电起始电压与局部放电熄灭电压都能高于 $U_\mathrm{m}/\sqrt{3}$。

局部放电试验的具体步骤如下：

（1）选择试验线路，确定试验电源。对试验电源的要求如下：

①变压器。一般采用 50 Hz 的倍频或其他合适的频率。三相变压器可三相励磁，也可单相励磁。

②电流互感器。一般可选用频率为 50 Hz 的试验电源。

③电压互感器。为防止励磁电流过大，电压互感器试验的预加电压，推荐采用 150 Hz 或其他合适的频率作为试验电源。一般可采用电动机发电机组产生的中频电源，三相电源变压器开口三角接线产生的 150 Hz 电源，或其他形式产生的中频电源。

当采用磁饱和式三倍频发生器作电源时，因容易造成波形严重畸变，使峰值与其有效值电压之间的幅值关系不是 $\sqrt{2}$ 的倍数关系，可能造成次绕组实际电压峰值过高，造成被试品损坏，故必须在被试品的高压侧接峰值电压表监测电压。电压波形应接近正弦形；当波形畸变时，应以峰值除以 2 作为试验电压值。

（2）确定局部放电允许水平，选择标准脉冲进行校准。依据 DL/T 596—1996《电力设备预防性试验规程》和有关反事故技术措施之规定，结合 1997 年以来新颁布的相关国家标准和行业标准，确定被试品的局部放电允许水平（试验判据）。

确定试验判据以后，可选择标准脉冲进行试验回路的校准。如局部放电允许水平为 100 pC，也可选择 100 pC 标准脉冲进行校准。

（3）加压测量。

①变压器试验。试验电压应在不大于 1/3 规定测量电压下接通电源，再开始缓慢均匀上升至规定测量电压，保持 5 min；然后将试验电压升到预加电压，5 s 后降到规定测量电压，30 min 无上升趋势时即可降低电压到 1/3 测量电压以下，方能切除电源。如对所测量的局部放电不稳定的变压器，应延长测量时间，在不危及变压器安全的前提下，达到局部放电稳定时为止。

对局部放电量大的变压器，应测量局部放电的起始放电电压和熄灭电压，以便确定故障的性质。起始放电电压：电压从低值缓慢均匀上升，一直到放电量刚好超过局部放电规定值，此时所加电压即为起始放电电压。熄灭电压：当电压升过起始放电电压后（一般高 10%），将电压缓慢均匀下降，直到放到电量刚好小于局部放电规定值，此时所加电压即为熄灭电压。

②互感器试验。试验电压应在不大于 1/3 规定测量电压下接通电源，再开始缓慢均匀上升到预加电压并保持 10 s 后，降到规定测量电压，保持 1 min 以上，再读取放电量；最后降至 1/3 测量电压以下，方能切除电源。

（4）局部放电的观测。读取视在放电量值时应以重复出现的、稳定的最高脉冲信号计算视在放电量，偶尔出现的较高的脉冲可以忽略。

测量回路的背景噪声水平应低于允许放电水平的 50%。当被试品的允许放电水平为 10 pC 或以下时，背景噪声水平可达到允许放电水平的 100%。测量中明显的干扰可不予考虑。

小结

局部放电试验属非破坏性试验,不会造成绝缘损伤。

局部放电测试的目的是确定被试品是否存在放电及放电是否超标,确定局部放电起始和熄灭电压,发现其他绝缘试验不能检查出来的绝缘局部隐形缺陷及故障。

进行局部放电试验时,充分体现小组协作能力,培养学生的沟通能力。

第五节 工频交流耐压试验

 **任务描述**

在高于工作电压下进行的试验称为破坏性试验。试验时在设备绝缘上加上规定的试验电压,考验绝缘对此电压的耐受能力,因此也叫耐压试验。这类试验所加电压高,考验也比较直接和严格,当然也有可能在试验过程中给绝缘造成一定的损坏。耐压试验主要有交流耐压试验和直流耐压试验等几种。

本节详细介绍了交流耐压试验的试验接线;介绍了各种试验设备的种类、作用;介绍了试验步骤以及试验数据的分析判断。

通过本节内容的学习,需了解和掌握的内容如下:
(1)掌握交流耐压试验的试验接线;
(2)了解试验接线图中各种电气设备的作用;
(3)掌握试验步骤以及试验数据的分析判断方法。

 知识链接

绝缘结构在其整个运行过程中,必须能够长期连续地承受工频最高工作电压,通常称之为系统最高运行相电压。

工频耐压试验所采用的试验电压比运行电压高得多,所以它可准确地考验绝缘的裕度,能有效地发现较危险的集中性缺陷,但是交流耐压试验有一重要缺点,即对于固体有机绝缘,在较高的交流电压作用时,会使绝缘中一些弱点更加发展,这样试验本身就会引起绝缘内部的累积效应,加速绝缘缺陷的发展。所以应在耐压试验之前先进行前几章中介绍的几种试验。在进行了绝缘电阻测量、介损测试等试验之后,要先对各项试验结果进行综合分析,看看该设备是否受潮或含有缺陷。如若发现存在问题,则需预先进行处理,待缺陷消除后方可进行耐压试验。其次恰当地选择合适的耐压试验电压值是一个重要问题。一般考虑到运行中绝缘的变化,耐压试验的电压值应取得比出厂试验电压低些,而且不同情况的设备应不同对待,这主要由运行经验确定。例如在大修前发电机定子绕组的试验电压常取 1.5 倍额定电压,对于运行 20 年以上的发电机,由于绝缘较老,可取 1.3 倍额定电压来做耐压试验,但对于架空线路有直接连接的运行 20 年以上的发电机,考虑到运行中大气过电压侵袭的可能性较大，为了安全，仍要求用1.5倍额定电压来做耐压试验。

任务训练

一、交流耐压试验的试验接线

交流耐压试验的接线如图3-23所示。

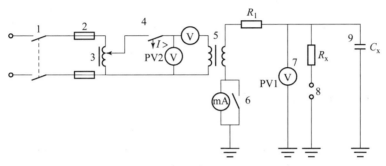

图3-23　交流耐压试验接线图

1—刀闸；2—熔丝；3—调压器；4—脱口开关；5—试验变压器；6—短路刀闸；
7—高压静电电压表；8—保护球隙；9—被试品；R_1—保护电阻

一般用高压试验变压器及调压器产生可调高压，试验电压的波形应接近正弦形，调压器应尽量采用自耦式，它不仅体积小，漏抗也小，因而试验变压器励磁电流中的谐波分量在调压器上产生的压降也小，故试验变压器一次电压波形变较小，二次电压波形也就接近正弦形。如自调压器的容量不够，则可以采用移圈式调压器，不过后者的漏抗较大，会使电压波形发生畸变，为改善波形，可在试验变压器一次侧并联一电感、电容串联组成的滤波器把谐波滤去，而选择试验变压器时应注意其高压侧的额定电压要高于被试品的试验电压，其额定输出电流也应大于被试品所需的电流，试验变压器的输出容量应大于被试品所需容量，即

$$S = 2\pi f C U^2 \times 10^{-3} \quad (\text{kVA}) \tag{3-15}$$

式中　U——被试品的试验电压，KV；

C——被试品的电容，μF；

f——电源的频率，Hz；

S——试验变压器的容量，kVA。

为了限制击穿或放电时的短路电流，防止耐压试验时在高压侧出现振荡，回路中串有保护电阻R_1。保护电阻R_1的值不应太大或太小。太小起不到保护作用，太大又会使正常工作时由于负载电流而产生较大压降与功率损耗。根据实际经验，一般取R_1为0.1 Ω/V，并应有足够的容量。通常可利用线绕电阻或水阻作为保护电阻，与高压试验变压器接地端串联的电流表起监视被试绝缘状况的作用。短路刀闸是用于保护电流表的，为得到较好波形，试验电源最好用线电压。

进行交流耐压试验时，被试品一般均属电容性的，试验变压器在电容性负载下，由于电容电流在线圈上会产生漏抗压降，使变压器高压侧电压发生升高现象，此即电容效应。

这时变压器高压侧电压高于按变比换算的电压，而且低压侧与高压侧之间的电压有相角差。如果被试品的容抗与试验变压器的漏抗发生串联电压谐振，则电压升高现象更为显著。从电机学中可知，变压器的简化等值电路如图 3-24 所示，电路中 R 是变压器电阻，X_L 是变压器漏抗，C_x 为被试品电容。这样，电路就成为一简单的 RLC 串联回路。显然，由于 C_x 上的电压和 X_L 上的电压相位差 180°，如图 3-25 所示，可以看出被试品上电压 U_{Cx} 会比电源电压 U_1 高。由于电容效应的存在，就要求直接在被试品两端测量电压。

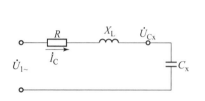 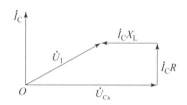

图 3-24　试验变压器在耐压试验时简化等值电路图　　图 3-25　电容效应引起的电压升高

那么，如何直接在被试品两端测电压呢？为使测量准确，通常用图 3-23 中所示的电压互感器或高压静电电压表进行测量。而在被测的电压较高，不能直接用指示仪表测量时，通常采用电容分压器测量，在测量时应对其变比予以校准。

将图 3-23 中球隙的放电电压调至耐压试验电压的 1.1 倍，这是为了防止被试品因误操作或谐振过电压时被试品上出现超过试验的电压而被损坏。此外还可用球隙测量工频高压，由于球隙装置简单，能直接测出被测的量，有足够的准确度（误差不超过 ±3%），所以在高压测量中应用得非常普遍。我国的国家标准把球隙作为测量工频高压的基本设备。

球隙测量高压的缺点是：通过放电才能进行测量，由于气体放电的分散性，一般需要几次放电才能获得较准确的数值；放电使高压回路突然短路，对设备和被试品都不利；再一点是影响气体放电的因素较多，掌握不好不易得到稳定的结果，而且为使测量结果比较准确，要求球隙周围较大的空间内无其他物体，导致试验场地面积很大。

利用球隙测量高压，需要注意的事项有两个：一是关于球隙的选择和布置，二是大气条件对放电的影响。

球隙所构成的电场为稍不均匀电场时，放电才比较稳定。我们就是利用这一特点来测量高压的。只有当球电极之间的距离与球的直径保持一定的比例时，才构成稍不均匀电场，使放电分散性较小。但是，同样的球电极在测量较高电压时，间隙距离将相应地增加，在测量更高电压时为保持球电极之间仍是稍不均匀电场，就应采用更大直径的球电极。当然，采用过大的球电极使设备费用和试验场地都大大增加也是不恰当的。所以根据被测电压的大小选择合适的球电极，或者对于一定大小的球电极有一合适的使用范围，这是相当重要的。通常以 S/D 不大于 0.75 为限，其中 S 为球电极间距离，D 为球电极直径。在 $S/D \leqslant 0.5$，且满足其他条件时，能使测量准确度在 3% 以内。当 $S/D > 0.75$ 以后不仅放电分散性增加，而且周围物体对球隙电场的分布也将有较显著的影响。球电极与被测电压上限的关系可参照高电压试验标准。

除了球电极使用范围之外，对周围物体如地面、墙壁、高压引线及其他物体的距离也有一定要求。通常这个距离与球电极直径大小有关。此外对球电极本身结构如球柄直径、表面状况等都有相应规定。

球隙是利用气体介质放电来进行测量的，所以应注意大气条件对测量结果的影响，标准的球隙放电条件是标准大气条件下，即大气压力为 760 mmHg（101.3 kPa），周围气温为 20 ℃。如果实际测量时大气条件与标准条件不同时，应予以校正。由于在均匀或稍不均匀电场中，湿度对放电电压的影响不大，因此一般不需校正。在使用中，通常由球隙放电时的球隙距离，在相应的放电电压表中查出标准大气条件下的放电电压值 U_0，同时由试验时的大气条件算出 δ 值，由此可得实际测量时，球隙的放电电压 $U = \delta U_0$，该电压即为被测高压值。

此外，球隙周围空气的污染情况也应注意。如放电前球电极表面沉积的尘埃，将会使放电数值不稳定，为此，除应注意试验场地环境清洁外，在利用球隙进行测量之前，应使球隙放几次电直到放电电压达到稳定值，然后开始正式记录数据。测量一个电压时，应在球隙上连续放电三次，每次间隔时间不得少于 1 min，以三次放电电压的算术平均值作为球隙放电电压，每个放电电压值与平均值之差不得大于 3% 等，这些措施都是为了保证测量结果接近于真正的被测电压值。

利用球隙测量高压时，还须在带电球极与高压引线间串入一个电阻，来限制和削弱球隙放电时由于振荡造成的过电压，并且防止球电极表面被烧坏。该电阻值可取 0.1 ~ 0.5 Ω。

球隙放电时，绝大部分高压将降落在保护电阻两端，因此它应有足够长度，以防止发生沿面闪络。电阻一般采用水阻，此保护电阻一般不宜拆除或测量时兼作他用。

二、交流耐压试验步骤

（1）应在试验现场设好围栏，挂好标志牌，并派专人监视。

（2）试验前应将被试设备的表面擦拭干净。

（3）调整保护球隙，使其放电电压为试验电压的 110% ~ 120%，连续试验三次，应无明显差别，检查过流保护装置动作的可靠性。

（4）按试验接线图接好线后，检查调压器是否在"零位"，调压器应从零升压，在 1/3 试验电压以下可以稍微快一点，以后则应徐徐均匀升压，一般应在 20 s 内升至试验电压值。试验过程中要注意电压表及其他表计的变化，一旦发现异常应立即降压。

（5）升压至试验电压后，加压 1 min。规定这个时间是为便于观察被试品的情况，同时也是为了使已开始击穿的缺陷来得及暴露出来。施压时间不能超过 1 min，以免使绝缘击穿。

（6）加压 1 min 后，缓慢降低电压。

（7）试验结束后，要先放电，再拆线。

小结

交流耐压试验是鉴定电气设备绝缘强度最直接的方法，它对于判断电气设备能否投入运行具有决定性的意义，也是保证设备绝缘水平、避免发生绝缘事故的重要手段。因为交流耐压试验能充分反映电气设备在交流电压下运行时的实际情况，能真实有效地发现绝缘缺陷。

交流耐压试验是破坏性试验。在试验之前必须对被试品先进行绝缘电阻、吸收比、泄漏电流、介质损耗角等项目的试验，若试验结果正常方能进行交流耐压试验，若发现设备绝缘情况不良，通常应先进行处理后再做耐压试验，避免造成不应有的绝缘击穿。

数字资源 3.5-1 工频耐压试验
交流耐压试验 1

3.5-2 工频耐压试验
交流耐压试验 2

3.5-3 工频耐压试验
交流耐压试验 3

耐压试验具有一定危险性，在试验中严格执行作业流程，培养学生一丝不苟的工匠精神。

第六节　直流耐压试验

任务描述

本节详细介绍了直流耐压试验的试验接线，各种试验设备的种类、作用。试验步骤以及试验数据的分析判断。

通过本节内容的学习，需了解和掌握的内容如下：

（1）掌握直流耐压试验的试验接线；

（2）了解试验接线图中各种电气设备的作用；

（3）学会试验步骤以及试验数据的分析判断。

知识链接

直流耐压试验也能确定绝缘的电气强度，与交流耐压试验相比，它的优点如下。

第一，可使试验设备轻小。大容量试品（电缆、电容器等）进行交流耐压试验时，试验设备容量往往过大（为使试验及调压设备轻便，可以采用谐振试验线路以减小电源设备容量）。

第二，在进行直流耐压试验的同时，可通过测量泄漏电流来观察绝缘内部集中性缺陷。试验的接线同前面介绍的泄漏电流试验相同。图 3-26 所示为一台 30 MW、10.5 kV 汽轮发电机各相绕组的直流泄漏电流试验曲线，当试验电压升至 14 kV 时，A 相泄漏电流突然急剧增加，经检查，A 相端部对绑环有一处放电。

第三，直流耐压试验比交流耐压试验更能发现电机端部的绝缘缺陷。其原因是直流下没有电容电流从线棒流出，因而无电容电流在半导体防晕层上造成了压降，故端部绝缘上的电压较高，有利于发现绝缘缺陷。

第四，在电力电缆进行直流耐压试验时，通常也利用泄漏值寻找缺陷。当测得三相泄漏值相差过大或各相的泄漏电流试验曲线增长较快时，可依具体情况提高试验电压或延长耐压时间来发现缺陷。

第五，直流耐压试验对绝缘损伤较小，如果被试绝缘中有气泡时，在直流电压作用下，当作用电压较高，以至于在气泡中发生局部放电后，在电场作用下，气泡中的正负电荷将分别反向移动，停留在气泡壁上，如图 3-27 所示。这样，便使得外电场在气泡里的强度不断减弱，从而抑制了气泡内部的局部放电过程，当正、负电荷慢慢地通过周围的泄漏电流中和后，才会再发生一次放电。如果在交流电场中，每当电压改变一次方向，空间电荷非但不减弱，反而会加强气泡里的电场强度，因而加强了局部放电的发展。不仅如此，做交流耐压试验时，每个半波里都要发生局部放电。

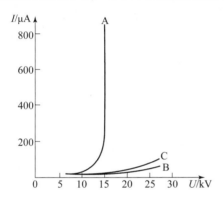

图 3-26　某汽轮发电机定子绕组各相的泄漏电流试验曲线

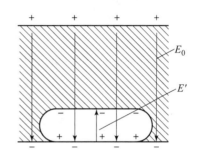

图 3-27　气隙中局部放电情况

这种局部放电会促使油和有机绝缘材料的分解与老化、变质等，并使其绝缘性能降低，扩大其局部缺陷。因此直流耐压试验加压时间可以较长，一般采用 5~10 min。当然，直流耐压试验也是有缺点的，由于电气设备的绝缘大多数都是组合电介质，在直流电压作用下，其电压是按电阻分布的，所以交流电气设备在交流电场下的弱点用直流电压做试验就不易被发现，所以与交流耐压试验相比，直流耐压试验的缺点是对绝缘的考验不如交流下接近实际和准确。

直流耐压试验电压的选取是参考交流耐压试验电压和交直流下击穿强度之比，并主要根据运行经验来确定。例如：对发电机定子绕组取 2~2.5 倍的额定电压；对电力电缆，3 kV、6 kV、10 kV 的取 5~6 倍的额定电压，20 kV、35 kV 的取 4~5 倍的额定电压，35 kV 及以上的则取 3 倍的额定电压。直流耐压的时间可以比交流耐压长些，例如发电机试验时是按每级 1/2 额定电压进行分段升高，每阶段停留 1 min，以观察并读取泄漏电流值。电力电缆试验时，在额定电压下持续 5 min，以观察并读取泄漏电流值。

 任务训练

一、直流耐压试验的试验接线

直流耐压试验的接线图与泄漏电流测试相同，比交流耐压试验多一个高压硅堆整流装置，其目的是把交流高压转变为直流高压。根据变压器、电容器、硅堆等元件参数可以组成不同的整流电路，其中常用的有半波整流电路、倍压整流电路和串级整流电路等。

基本的半波整流电路如图 3-28 所示，整流元件 VD 的额定电压 U_N 是指允许加在整流元件上的最大反向电压的峰值。对于容性负荷（一般高压绝缘试验大多为容性负荷），则输出整流电压的最大允许峰值 U_{1m} 仅为整流元件额定电压 U_N 的一半。整流元件 VD 的额定电流 I_N，是指允许长时间通过整流元件的直流电流（平均值）。如果通流时间很短，则整流元件有一定的过载能力。被试品击穿或稳压电容 C 初始充电时，有可能造成超过允许的过流。为了防护这种过流情况，通常应在整流元件前面串联一保护电阻 R_b，其阻值的选择应满足保护的要求。对于额定电流较大，持续运行时间较长的情况，为了减少保护电阻中的压降和功率损耗，也可与过电流继电器快速熔断器等配合，以减小保护电阻的值。过电流时继电保护切断电源的时间一般考虑为 0.5 s，如缺乏整流元件确切的过载特性曲线，则可以估计，对应于 0.5 s 的允许电流 $I_S \approx 10 I_N$。图 3-28 中 R_f 的作用是：当被试品击穿时，限制电容 C 的放电电流。

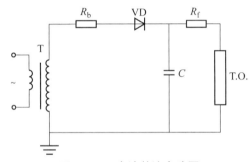

图 3-28 半波整流电路图

T—高压试验变压器；VD—整流元件；C—稳压电容；T.O.—被试品；R_b—保护电阻；R_f—限流电阻

国家标准规定，直流试验电压是指其算术平均值。直流电压的脉动幅值是最大值与最小值之差的一半。脉动因数为脉动幅值与算术平均值之比。一般规定加于被试品上的直流试验电压的脉动因数应不大于 3%。图 3-29 所示的半波整流电路的脉动因数为

$$S \approx \frac{I_1}{2fCU_1} \tag{3-16}$$

式中 U_1——负载（被试品）两端的平均电压；

I_1——流过负载的平均电流；

f——电源频率。

如欲得更高的电压并充分利用变压器的功率，则可采用如图 3-29 所示的电路。如电源变压器输出电压峰值为 $\pm U$，则被试品上可以得到对称的电压，其峰值最大可达 $2U$。

应该注意，这种电路中被试品的两极都不允许接地，必须将被试品的两极对地绝缘起来，其电压值分别达 $+U$ 和 $-U$。但这在实际工作中常常是很不方便的，有时甚至是不可能的，欲避免此缺点，可采用如图 3-30 所示的电路。此时被试品可以有一极接地，但电源变压器高压绕组出线端 A 对地绝缘应为 $+U$，而出线端 B 的对地绝缘应为 $+2U$，这就不能采用通用的一端接地的试验变压器，所以仍然是不够理想的。

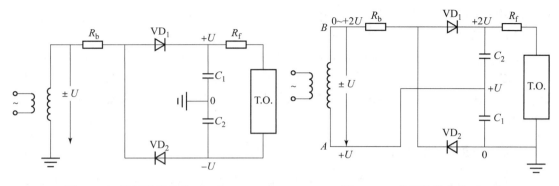

图 3-29 倍压整流电路（一）　　　　图 3-30 倍压整流电路（二）

被试品和变压器均允许有一极接地的倍压整流电路如图 3-31 所示。下面简要地阐述这种电路的工作原理。假定电源电动势为负半波时开始，当电源电动势为负时，整流元件 VD_2 闭锁，VD_1 导通，电源电动势经 VD_1、R_b 使电容 C_1 充电，B 端为正，A 端为负，电容 C_1 上最大可能达到的电位差接近于 U，此时 B 点的电位接近于地电位。当电源电动势由 $-U$ 逐渐升高时，B 点的电位也随之被抬高，此时 VD_1 便闭锁，当 B 点的电位为正时（开始时，C_2 尚未充电，J 点电位为零），VD_2 导通，电源电动势经 R_b、C_1、VD_2 向 C_2 充电，J 点电位逐渐升高（对地为正）。当电源电动势由 $+U$ 逐渐下降，B 点电位即随之降落。当 B 点电位低于 J 点电位时，整流元件 VD_2 便闭锁。当 B 点电位继续下降到对地为负时，VD_1 导通，电源电动势再经 VD_1 对 C_1 充电。以后即重复上述过程。如果负荷电流为零且略去整流元件的压降，则理论上，最后 B 点电位将在 $0 \sim +2U$ 范围内变化，而 J 点的电位将达 $+2U$。

上述电路，均只能得到倍压，如欲得到更高的电压，可采用串级整流电路，如图 3-32 所示，它实际上就是图 3-31 电路的叠加。

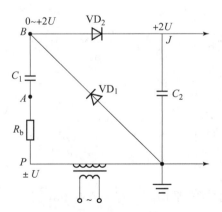

图 3-31 倍压整流电路（三）

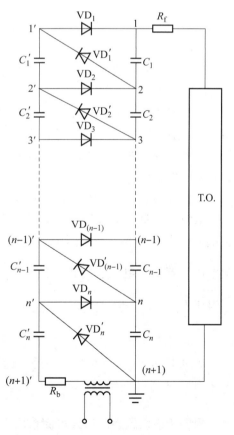

图 3-32 串级整流电路

采用图 3-32 所示电路需注意以下两点：

（1）串接级数增加时，压降和脉动度增大。

（2）当被试品击穿时，除右边电容柱（$C_1 \sim C_n$ 串联）经 R_f 对已击穿的被试品放电外，左边电容柱（$C'_1 \sim C'_{(n-1)}$ 串联）也将经 VD'_n、VD_1、R_f 对已击穿的被试品放电，这就要求保护电阻 R_f 的值应足够大，以保证流过 VD_n、VD_1 和 R_f 的放电电流对 VD'_n 和 VD_1 无损。

二、直流高压的测量

直流高压的测量方法有三种：一是采用高阻器与微安表串联的测量系统；二是采用电阻分压器与低压电压表组成的测量系统；三是采用高压静电电压表进行测量。

1. 高阻器与微安表串联的测量系统

如图 3-33 所示，图中 R_1、R_2 组成的电阻分压器，在直流电压作用下没有电容电流，所以电阻分压器 R_1 中只有电流 I 流过，若 R_1 为分压器的高压臂电阻，R_2 为低压臂电阻，则

$$U_1 = IR_1 \quad (3-17)$$

电流 I 一般用微安表测量。如用静电电压表测量，则

$$U_1 = U_2 \frac{R_1 + R_2}{R_2} \quad (3-18)$$

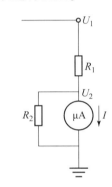

图 3-33　高阻器与微安表串联测量直流高压的原理接线图

式中　R_1——分压器高压臂电阻；

R_2——分压器低压臂电阻与测量仪器内阻值并联后的等效电阻。

R_1 数值的选择视被测电压大小而定，一般取流过 R_1 的电流为数百微安至 1 mA。R_1 值太高会造成测量误差，因高电压下高压臂会有电晕电流，沿绝缘材料的泄漏电流等（均是微安级）使上两式产生误差。若 R_1 中的工作电流大大超过杂散电流，则这种杂散电流的影响便可不计。

2. 电阻分压器与低压电压表组成的测量系统

电阻分压器与低压电压表组成的测量系统如图 3-34 所示。电阻分压器的高压臂 R_1 实质上也是高阻器，其低压臂的电阻 R_2 较小，它的两端跨接电压表，用来测量直流试验电压。若低压电压表的指示值为 U_2，分压器的分压比为 $K = \dfrac{R_1 + R_2}{R_2}$，则被测的直流试验电压为

$$U_1 = KU_2 = \frac{R_1 + R_2}{R_2} U_2 \quad (3-19)$$

R_1 可按 $R = (1 \sim 5)\,\mathrm{M\Omega/kV}$ 进行选择，R_2 的数值由 U_1、U_2 及 R_1 确定，即

$$R_2 \approx \frac{U_2}{U_1} R_1 \quad (3-20)$$

根据所接电压表的形式可测量出直流电压的算术平均值、有效值或最大值。

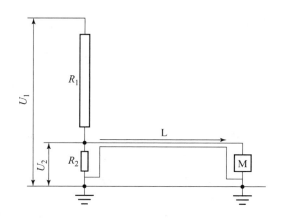

图 3-34　电阻分压器与低压电压表组成的测量系统
R_1—高压臂电阻；R_2—低压臂等效电阻；L—同轴电缆；M—测压仪表

3. 高压静电电压表

高压静电电压表是测量直流电压均方根值的一种很方便的仪表，用它可以直接测量几伏到几百千伏的直流电压。它的优点是内阻大，基本上不吸收功率。当电压脉动因数不超过20%时，可以认为有效值与算术平均值是接近相等的。合格的静电电压表是能够满足上述对电压平均值测量准确度的要求的，只是它不能测量电压的脉动。

三、直流高压试验注意事项

对直流高压试验，特别需要注意试验装置应能在试验电压下供给被试品的泄漏电流、吸收电流、内外局部放电电流及被试品击穿前瞬时临界泄漏电流的需要，不得引起过大的内部压降以至使测量结果造成较大的误差。应该估计到某些被试品在击穿前瞬时的临界泄漏电流是相当大的。例如，极不均匀电场长气隙击穿或沿面闪络，特别是湿污状态下的沿面闪络，击穿前瞬时的临界泄漏电流将达安培级。在这样大的泄漏电流下，如欲不至引起过大的动态压降，最根本和有效的措施是增大交流电源的容量，同时要安装适当电容量的滤波电容器。

对绝缘做直流耐压试验时，为避免在电源合闸的过渡过程中产生过电压，应从相当低的电压值开始施加电压。在75%试验电压值以下时，应以均匀速度缓慢地升高电压，以保证试验人员能从仪表上精确读数。超过75%试验电压值后，应以每秒2%试验电压的速度上升到100%试验电压值，在此值下保持规定时间后，切除交流电源，并通过适当的电阻使滤波电容器放电。

对电压的极性或正、负极性电压施加的次序，在有关的标准中有规定，一般规定为：如确认某一极性对绝缘作用较严重，可只做这一极性的耐压试验。

直流耐压试验完毕后，首先应切断高压电源，一般需待被试品上的电压降至一半试验电压以下，将被试品经电阻接地放电，最后直接接地放电。对于大容量试品，需放电5min以上，以使被试品上的充电电荷放尽。另外，对附近的电气设备有感应静电电压的可能时，也应予以放电或事先短接。对于现场组装的倍压整流装置，要对各级电容器逐级放电后，才能进行更改接线或结束试验，拆除接线。

四、直流耐压试验步骤

直流耐压试验的试验步骤同交流耐压试验，经常与泄漏电流试验同时进行。

 小结

因为交流、直流电压在绝缘层中的分布不同，直流电压是按电导分布的，反映绝缘内个别部分可能发生过电压的情况；交流电压是按与绝缘电阻并存的分布电容成反比分布的，反映各处分布电容部分可能发生过电压的情况。另外，绝缘在直流电压作用下耐压强度比在交流电压下要高。所以，交流耐压试验与直流耐压试验不能互相代替。

直流耐压试验中，将"四不伤害"的安全理念融入试验过程，培养学生安全操作意识。

数字资源 变压器泄漏电流与
直流耐压试验1（动画）

数字资源 变压器泄漏电流与
直流耐压试验2（动画）

数字资源 直流耐压
试验（视频）

第七节　冲击耐压试验

 任务描述

本节介绍了冲击耐压试验的目的和意义、冲击高电压的产生原理、试验接线、冲击高电压的测量方法，以及测试结果分析方法。

通过本节内容的学习，需了解和掌握的内容如下：
（1）掌握冲击耐压试验的试验接线；
（2）了解冲击耐压试验的试验接线图中各种电气设备的作用；
（3）学会冲击耐压试验步骤以及试验数据的分析判断。

【注意】

冲击耐压试验用来检验高压电气设备耐受雷电冲击和操作冲击电压的能力，但是由于冲击耐压试验对试验设备和测试仪器要求高，投资大，测试技术也比较复杂，所以在绝缘预防性试验中通常不做此类试验，只在制造厂的型式试验或出厂试验中才能进行此类耐压试验。

 知识链接

电力系统的高压电气设备除了承受长期的工作电压作用外，在运行过程中还可能承受雷电过电压和操作过电压的作用，冲击耐压试验就是用来检验高压电气设备对雷电冲击电压和操作冲击电压的耐受能力。但是由于冲击耐压试验对试验设备和测试仪器要求高、投资大，测试技术也比较复杂，所以运行部门在绝缘预防性试验中通常不做此类试验，而是以近似等价的 1 min 工频耐压试验来代替，即将雷电冲击耐受电压和操作冲击耐受电压分别换算为等值的工频耐受电压，然后取最高者作为 1 min 工频试验电压。

冲击耐受电压只在制造厂的型式试验或出厂试验中才进行此类耐压试验。对超高压设备（330 kV 及以上的设备）而言，普遍认为不能以工频耐压试验代替操作冲击耐压试验，故对超高压设备应进行操作冲击耐压试验。

任务训练

一、试验接线及冲击高电压的产生

（一）雷电冲击耐压试验

当雷击波进入变电站而没有外绝缘放电时，电压即为全波，而当变电站有空气间隙或设备的外绝缘等击穿时，即为截波，所以一般雷电冲击耐压试验接线包括主电路、测量电路及截断电路三个部分，如图 3-35 所示。三个电路的接点在被试品端，整个系统有一个参考接地点，该接线可对被试品进行标准雷电冲击全波试验，也可通过截断电路产生截断冲击波电压，进行截波试验，以考核有绕组类设备绕组的纵绝缘。

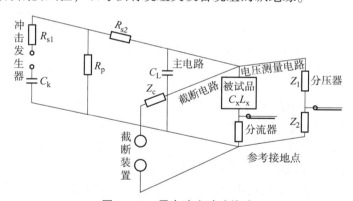

图 3-35　雷电冲击试验线路

C_k—发生器电容；C_L—负荷电容；C_x—被试品等值电容；L_x—被试品等值电感；R_{s1}—内部波前电阻；
R_{s2}—外部波前电阻；R_p—波尾电阻；Z_c—截断电路附加阻抗；Z_1—分压器高压臂；Z_2—分压器低压臂

1. 单级冲击电压发生器

雷电冲击电压发生器的基本接线之一（高效率回路）如图 3-36 所示，主电容 C_0 在被间隙 F 隔离状态下由整流电源充到稳压电压 U_0。隔离间隙 F 被点火击穿后，电容 C_0 上的电荷一面经电阻 R_x 放电，同时也经 R_f 对 C_f 充电（此处，被试品的电容 C_x 可视为等值地并入电容 C_f 中），在被试品上形成上升的电压波前。C_f 上的电压被充到最大值后，反过来又

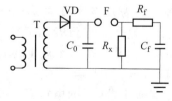

图 3-36　冲击电压发生器基本接线图

C_0—主电容；R_f—波前电阻；
F—隔离间隙；C_f—波前电容

与 C_0 一起对 R_x 放电,在被试品上形成下降的电压波尾。为了得到较高的效率,主电容 C_0 应比 C_f 大得多,以便形成快速上升的波前和缓慢下降的波尾。

2. 多级冲击电压发生器

以上介绍的是单级冲击电压发生器,产生的最高电压较低。为了获得几百万伏的冲击电压波,通常采用多级冲击电压发生器,它的各级电容器通过电源变压器和整流元件并联充电,待各级电容充电充足之后,再串联起来放电,这样就把各级电容上的电压叠加起来,形成很高的冲击电压。下面以 3 级为例说明多级冲击电压发生器的原理,其电路接线图如图 3-37 所示,图中 T 为变压器,$C_1 \sim C_3$ 为各级主电容,R_b 为保护电阻,VD 为整流元件,$C_1' \sim C_6'$ 为各级对地的杂散电容,R_2、R_4、R_6 为充电电阻,r 为阻尼电阻,F_1 为点火球隙,F_2、F_3 为中间球隙,F_4 为输出球隙,R_x 为波尾电阻,R_f' 为外加的波前电阻,C_f' 为另加的波前电容,C_x 为被试品。其工作原理如下。

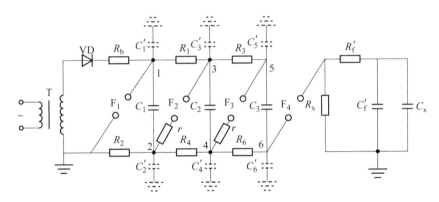

图 3-37 多级冲击电压发生器原理接线图

(1) 主电容并联充电。试验变压器 T 和整流元件 VD 构成整流电源,当交流电源的电压为正极性时,直流保护电阻 R_b 及充电电阻 R_2、R_4、R_6 分为三路向主电容 C_1、C_2 和 C_3 充电,靠近电源的电容 C_1,由于充电回路的电阻较小,充电所需时间较短,而 C_2 充电回路的电阻较大,充电时间稍长一些;同理,C_3 充电时间最长。不过,在充电时间足够长时,全部电容先后达到充电电压。设 U_0 为整流电源电压(图 3-37 中节点 1 的电压),则 C_1、C_2 和 C_3 电容器充电完成后的电压均为 U_0。由于各个球隙距离的放电电压均调到稍大于 U_0,此时球隙不会放电。

(2) 主电容串联放电。当需要产生冲击电压波时,控制回路对点火球隙 F_1 送入一点火脉冲电压,使球隙 F_1 放电,于是在电容 C_1 上节点 1 的电位经 F_1 接地,使节点 1 的电位从对地电压为 U_0 突然变为零,随着节点 2 的电位从地电位变为 $-U_0$,电容 C_1 和 C_2 由充电电阻 R_1 隔开,由于 R_1 阻值较大,同时还有对地电容 C_1' 的存在,在 F_1 放电瞬间,节点 3 的电位仍接近 $+U_0$,节点 4 的电位仍为零,这样在球隙 F_2 的电位差突然从 U_0 变为 $2U_0$,促使 F_2 放电,于是电容 C_2 的另一端节点 4 的电位变为 $-2U_0$,此时节点 5 的电位仍接近 $+U_0$,球隙 F_3 两端的电位差变为 $3U_0$,这又使 F_3 放电,于是节点 6 电位由零点变为 $-3U_0$。由于 F_1、F_2 和 F_3 相继放电,这就达到了把 C_1、C_2 和 C_3 串联起来的目的。节点 6 输出 3 倍充电电压 U_0 的电压,促使 F_4 放电,在 F_4 放电的瞬间又向被试品放电,被试品上的电压以冲击波的形式出现,此时的等值电路如图 3-38 所示。

值得说明的是，只要相关元件的参数选择恰当，上述冲击发生器完全可以产生需要的雷电冲击电压波形。

（二）操作冲击高压的产生

获得操作冲击电压的途径常有两种：一种是利用类似上面的多级冲击电压发生器，另一种是利用小型冲击电压发生器与变压器联合产生。小型冲击电压发生器可在现场组装，因此这种方法便于现场使用。

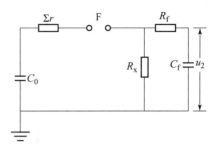

图 3-38 多级冲击电压发生器发电时的等值电路

注：$C_0 = C/n$；$C_f = C'_f + C_x$；$R_f = R'_f$

1. 利用多级冲击电压发生器

该方法在原理上与产生雷电冲击电压是一样的，其操作冲击电压的波前和半峰值时间均较雷电冲击电压长得多，这就要求大大地增加放电发生器的时间常数，需要调整放电回路的参数，即增大各种电容（C_0 和 C_f）和各种电阻（如 R_x 和 R_f）的值，即可得到满足要求的操作冲击电压波。

这种方法适用于具有高阻抗的被试品。

2. 利用小型冲击电压发生器与变压器的联合

这种方法的原理电路如图 3-39 所示。其基本原理是：利用一个小型冲击电压发生器产生一个峰值较低的冲击电压，将它施加于变压器 T 的低压侧，因为操作冲击试验电压的等值频率不高，所以在变压器高压侧能感应出高幅值的操作冲击电压来。小型冲击电压发生器可在现场组装，因此，这种方法便于现场使用。

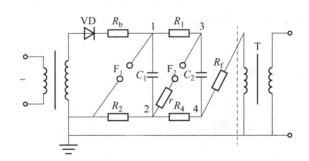

图 3-39 利用变压器产生操作冲击电压的原理接线图

图 3-39 可简化为图 3-40 所示的等值电路。其中 C_0 是冲击电压发生器的主电容；L_1 和 L_2 分别为变压器低压绕组和高压绕组的漏感；L_m 为变压器的励磁电感；C_2 为变压器高压侧对地电容。以上各量均折算到低压侧。由于高压绕组的对地电容折算到低压侧后大于低压绕组的对地电容，故忽略低压绕组的对地电容。

由图 3-40 可见，当球隙 F 击穿后，已充满电的主电容 C_0 通过 R_f、L_1 和 L_2 向 C_2 充电，形成上升的电压波前；当 C_2 上电压充到最大值后，C_2 与 C_0 共同经 L_m 缓慢放电，C_2 上的电压缓慢下降，形成下降的电压波尾，如图 3-41 所示。

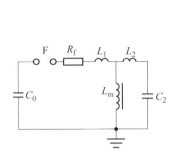 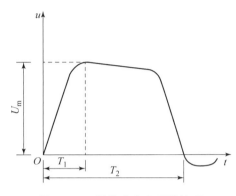

图 3-40 利用变压器产生操作冲击电压的等值电路　　图 3-41 操作冲击电压的波形

二、冲击高电压的测量

冲击电压常用的测量装置有球隙和分压器测量系统。球隙用来测量电压的峰值，分压器测量系统中的低压仪表可以是高压示波器、数字示波器和峰值电压表。峰值电压表只能显示电压的峰值，示波器不仅能指示峰值，还能显示冲击电压的波形。

（一）用球隙测量

由于球隙的伏秒特性在放电时间大于 1 μs 时几乎是一条直线，故用球隙可测量波前时间小于 1 μs，半峰值时间不大于 5 μs 的任意冲击全波或波尾截断的截波峰值。因在冲击电压作用下球隙放电具有分散性，球隙测量的电压是球隙的 50% 放电电压。确定 50% 放电电压时，通常对球隙加 10 次同样的冲击电压，如有 4~6 次发生了放电，就认为此电压就是 50% 放电电压，此时根据球隙放电电压表进行大气条件校正，就得到被测的冲击电压的峰值。

（二）用分压器测量系统测量

分压器测量系统如图 3-42 所示，包括从被试品接到分压器高压端的高压引线、分压器、连接分压器输出端与测量仪器仪表的同轴电缆、测量仪器仪表（示波器或峰值电压表）及其匹配阻抗。

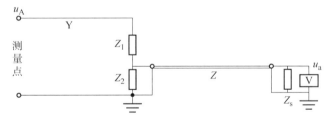

图 3-42 分压器测量系统

Y—高压引线；Z_1，Z_2—分压器；Z—电缆；Z_s—匹配电阻；V—测量仪器仪表

1. 测量冲击电压用的分压器

冲击电压分压器按其结构可分为电阻型、电容型、阻容并联型、阻容串联型四种类

型。当测量信号经电缆 Z 传播到测量仪器仪表 V 时会产生正或负反射，因而会产生测量误差，为此在测量仪器仪表 V 旁并联匹配阻抗 Z_s。当该匹配阻抗的电阻值等于电缆的波阻抗时，测量信号不会在测量仪器仪表 V 处产生反射，从而减少测量误差。各种分压器测量回路的匹配阻抗类型可能不同，电阻分压器和阻容并联分压器测量回路为电阻匹配，电容分压器和阻容串联分压器测量回路为电阻电容串联匹配。各种分压器的原理电路如图 3-43 所示。

(1) 电阻分压器。电阻分压器如图 3-43 (a) 所示，其高低压臂均为电阻，电阻值要比测量直流高压的电阻分压器小，但由于冲击电压的变化速度快，因而对地杂散电容的影响大，形成不可忽略的电纳分支，而且，其电纳值不是恒定的，而是与被测电压中各谐波频率成比例的。这将使输出波形失真，分压幅值也有误差。对电阻分压器采取一定的措施后（如顶部加均压环、内外层电阻同轴圆柱体结构、小尺寸电阻体结构等），可应用于 100 kV 及以下冲击电压测量领域。

(2) 电容分压器。电容分压器如图 3-43 (b) 所示，高压臂电容器 C_1 通常由多台电容元件串联而成，其电容量较小，要耐受绝大部分电压。低压臂电容器 C_2 的电容量较大，而耐受电压不高，通常选用稳定性好、低损耗、寄生电感小的电容量大的电容器，如云母、空气或聚苯乙烯电容器。

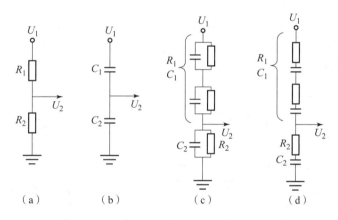

图 3-43　不同类型冲击电压分压器的原理电路图
(a) 电阻分压器；(b) 电容分压器；(c) 阻容并联分压器；(d) 阻容串联分压器

电容分压器也存在对地杂散电容，但由于分压器本身已是电容，所以杂散电容只会引起幅值误差，而不会引起波形变化。但是，由于分压器各单元的寄生电感和各段连线的固有电感，电容分压器在冲击电压的作用下存在着一系列高频振荡回路，产生的电磁振荡将使分压器输出电压的波形发生畸变。为了阻尼各处的振荡，可对电容分压器进行改进，制造出新的阻容分压器，如阻容并联型和阻容串联型分压器。

(3) 阻容并联分压器。理论上，电容器有泄漏电阻存在，在全波冲击的波前部分（高频），电容分压器沿分压器各点的电压按照电容分布；而波尾部分（低频）则按泄漏电阻分布，若高低压臂泄漏电阻比值与电容比值不同，则会产生误差，为此要求高低压臂选用相同介质的电容器，但实际上很难办到。为此，在各级电容器旁并联较小的电阻，以避免电容器表的泄漏电阻对分压比的影响，如图 3-43 (c) 所示。

(4) 阻容串联分压器。阻容串联分压器在各级电容器中串联电阻，如图 3-43 (d) 所示，可以阻尼对地电容和寄生电感引起的振荡，但串联电阻后将使分压器的响应时间增大，如果在低压臂中也按比例地串入电阻，则可以保持响应时间不变。它可以用来测量雷电冲击、操作冲击和交流电压，电压可达到兆伏。

2. 示波器和峰值电压表

(1) 高压脉冲示波器。冲击电压是变化速度很快的单次过程，高压脉冲示波器与冲击分压器配合，可测量冲击电压的幅值，而且还能记录下它们的变化过程和整个波形，但普通示波器是做不到的。这种示波器的特点是阳极加速电压较高，最大可达 20~100 kV，以保证有极高的记录速度；电子束的能量很大，不允许长时间冲击荧光屏，故平时必须将电子束闭锁；方波响应的上升时间极短，以保证示波器的失真度减到最小，采用同步控制，以保证示波器的触发、扫描和现象这三者都应在极短的时间内，按所需时间差顺序完成；工作电源电压稳定，保证了测量精度。

(2) 数字存储示波器。上述介绍的高压脉冲示波器，只能显示冲击电压的波形，如要获得图片资料，只能用照相机拍摄，但由于冲击波是单次脉冲的电压波，它一瞬即过，稍不慎，波形就很难抓拍。当用数字存储示波器时，它能将波形图存储起来，不仅可以在屏幕上存储起来，用拍摄的方法照相，而且还可以与计算机相连，将示波器存储起来的冲击波用数字传给计算机，然后用绘图仪将波形打印出来。

(3) 峰值电压表。冲击峰值电压表的基本原理是被测电压上升时，通过整流元件将记忆电容充电到电压峰值；被测电压降落时，整流元件闭锁，记忆电容上的电荷经转换而保持下来，供稳定指示用。图 3-44 所示为 64M 型峰值电压表的面板示意图。

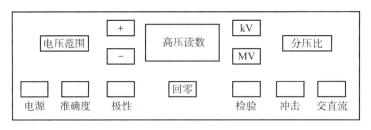

图 3-44　64M 型峰值电压表的面板示意图

使用峰值电压表时应注意以下几点：

①输入峰值电压表的电压要小于该表的测量范围，但不要小于电压测量范围的 1/2，以减少峰值表的测量误差。当满足上述要求时，准确度指示灯将熄灭，否则准确度指示灯会亮。

②测量冲击电压前，应将分压比置于分压器的刻度盘中，这样，电压读数的数码管将自动显示实际冲击电压的峰值。

③测量冲击电压前，应使电压极性按钮与输入极性一致，否则峰值电压表无读数。当被试品无特殊要求时，应进行正和负两种极性的冲击试验。方波响应特性较差时，应对测量系统进行校正。

三、试验注意事项

(1) 试验前要做好准备，查清产品的技术条件、试验鉴定大纲、有效的试验标准。

(2) 被试品及试验设备要正确接线，要保证引线对各接地部分的绝缘距离。若用球隙测量，要注意引线对球隙电场的影响。

(3) 要做好试验的安全措施，要求有信号灯、指示牌、围栏等。必要时，要指定专人检察产品、设备及试区，以便及时发现异常情况，并防止人员误入试区。

(4) 试验前，必须先做非破坏性试验，只有在非破坏性试验中未发现问题的情况下，才能进行冲击耐压试验。

(5) 在试验过程中，当发现异常时要停止试验，对波形分析后再决定是否继续试验。

(6) 在100%全部试验电压时，因大气条件或同步系统调节不当，设备可能失控。此时，试验人员应全神贯注，尽可能在设备失控时也能观察到波形，继而根据波形的特点，判断被试品是否有故障，尽可能减少设备失控的影响。

四、试验结果分析判断

对于绝缘良好的被试品，在冲击耐压试验中不应击穿，而其是否击穿，可根据下述现象来分析。

1. 根据所记录的电压电流波形图来判断

这种方法也称为波形示伤法，是按照示伤波形的畸变特征来判断被试品有无故障及故障原因的类型，是目前采用的主要方法。这种方法有电压波形法、中性点电流法和低压侧电容电流法三种类型。

2. 根据放电声音来判断

进行被试品试验时，若无内部故障，只会听到试验设备的放电声。当有故障时，会有与试验设备不同的放电声，甚至可能看到弧光放电。

3. 根据超声波检测来判断

若产品有故障时，除可听到声音外，还有超声波的存在。通过检测超声波可判断故障甚至进行故障定位，这是一种主要的判断方法。

4. 根据工频复试来判断

设备冲击试验后，可进行工频耐压试验或感应耐压试验的复试，这有助于判断冲击耐压试验是否通过。但应注意，冲击耐压试验和工频（感应）耐压复试要各自判断，不能因（感应）耐压复试通过（不通过）而判定通过（未通过）冲击耐压试验。

数字资源　冲击耐压试验（视频）

小结

冲击耐压试验能够模拟电气设备在运行中遭受雷电过电压和操作过电压作用时的绝缘性能，通过装设冲击电压发生器来产生试验用的雷电冲击电压波形和操作处理电压波形，许多高压电气设备在出厂试验或大修后都必须进行冲击耐压试验。

冲击耐压试验模拟雷电波形，在试验中培养学生专注的工匠精神，内心笃定而着眼于细节的耐心、执着、坚持的精神。

第八节　绝缘油中溶解气体的色谱分析（DGA）

任务描述

在变压器、互感器、断路器和充油套管等设备的预防性试验中，要定期对所用的绝缘油进行试验。绝缘油是高压电气设备绝缘中的重要组成部分，除绝缘外，它还起到冷却的作用；在断路器中则主要起灭弧的作用。因此需要试验绝缘油的闪点、酸值、水分、游离碳、电气强度、介质损耗角等项目，如果性能不符合要求，要将油进行处理或换新油。

通过本节内容的学习，需了解和掌握的内容如下：

（1）了解绝缘油中溶解气体的产生。
（2）掌握根据绝缘油中溶解气体的含量判断绝缘设备的故障。

知识链接

一、变压器常见故障类型

电力变压器故障类型划分的方式较多，按变压器结构区分有以下几种较常见的故障类型。

（一）出口短路故障

出口短路故障是指运行变压器由于受出口短路的影响而遭受到的破坏。变压器出口短路时，其高、低压绕组可能同时通过数十倍于额定值的短路电流，它将产生很大的热量，使变压器严重发热，损坏绝缘。

（二）绕组故障

各类变压器的绕组均是由带绝缘层的绕组导线按一定排列规律和绕向，经绕制、整形、浸烘、套装而成。由于绕组在生产时的不当、运输中受伤、运行中受潮、受各类过电压及过电流冲击等，致使绕组绝缘受到损伤、老化、劣化，造成绕组的短路、断路、变形等故障，由此可能造成变压器内部出现局部过热、局部放电、火花放电、电弧放电等故障。

1. 局部放电

当电场强度超过某一极限值（耐压值）时，绝缘油等电介质将失去绝缘作用，在此过程中，若强电场区只局限于电极附近很小的区域内，则电介质只遭受局部损坏，产生放电脉冲电流，此现象即为电介质的局部放电。若强电场的区域很大，形成贯穿性的通道，造成极间短路，则为电介质的击穿。局部放电往往是液体或固体电介质击穿的前奏，若不及时消除，有可能发展为击穿故障。

2. 火花放电

在通常大气压下，当电压增高一定值后，气隙中突然发生断续而明亮的火花，在电极间伸展出细光束，此种放电称为火花放电。其特点是放电过程不稳定，击穿后形成收细的发光放电通道，而不再扩散于整个间隙的空间。

3. 电弧放电

当电源功率足够大、外电路电阻较小时，气隙火花放电之后，可形成非常明亮的连续弧光，此种放电称为电弧放电。其特点是弧温较高，电弧不易熄灭，电路具有短路的特征。

火花放电与电弧放电对于变压器的危害最大，因为此类放电的能量密度高，在电应力的作用下会产生高速电子流，固体绝缘材料、金属材料等遭受这些电子轰击后将受到严重破坏，与此同时产生的大量气体一方面会进一步降低绝缘强度，另一方面还含有较多的可燃气体。若不及时处理，严重时有可能造成设备的重大损坏或爆炸事故。

(三) 铁芯故障

变压器的器身主要是由绕组和铁芯构成，它们是变压器传递、交换电磁能量的主要部件。铁芯不仅要求质量好，还必须有可靠的一点接地。铁芯只有一点接地时，变压器才能正常运行，当出现两点及以上的接地时将可能导致铁芯中产生涡流，铁耗增加，铁芯局部过热。严重的多点接地甚至会使接地线烧断，使变压器失去正常的一点接地，遭受严重损坏。

二、变压器内部故障类型与油中溶解特征气体含量的关系

在正常情况下，变压器油在热和电的作用下，逐渐老化和分解，会缓慢地产生少量的低分子烃类，在故障处有纤维材料时，还会产生 CO 和 CO_2 气体。当变压器内部存在潜伏性的局部过热和局部放电故障时，就会加快产气的速度。一般来说，对于不同性质的故障，绝缘物分解产生的气体不同；而对于同一性质的故障，由于程度不同，所产生的气体数量也不同。所以，根据油中气体的组分和含量，可以判断故障的性质及严重程度。变压器内部故障方式主要有机械的、热的和电的三种类型，而又以后两种为主，且机械性故障常以热的或电的故障形式表现出来。从表 3-2 对 359 台故障变压器的故障类型进行统计的结果可以看出，运行中变压器的故障主要有过热性故障和高能量放电故障。根据模拟试验和大量的现场试验，电弧放电的电流大，变压器油主要分解出 C_2H_2、H_2 及较少的 CH_4；局部放电的电流较小，变压器油主要分解出 H_2 和 CH_4；变压器油过热时分解出 H_2 和 CH_4、C_2H_4 等，而纸和某些绝缘材料过热时还分解出 CO 和 CO_2 等气体。我国现行的《变压器油中溶解气体分析和判断导则》（GB/T 7252—2001），将不同故障类型产生的主要特征气体和次要特征气体归纳为表 3-3。同时，通过对变压器在运行中发生的大量事故的诊断和吊芯检验，在表 3-4 中列出了变压器的典型故障。

表 3-2 变压器故障类型的统计

故障类型	台次	比率/%
过热性故障	226	63
高能量放电故障	65	18.1
过热兼高能量放电故障	36	10.0
火花放电故障	25	7.0
受潮或局部放电故障	7	1.9

表3-3 变压器不同故障类型产生的气体

故障类型	主要气体组分	次要气体组分
油过热	CH_4，C_2H_2	H_2，C_2H_6
油和纸过热	CH_4，C_2H_4，CO，CO_2	H_2，C_2H_6
油纸绝缘中局部放电	H_2，CH_4，CO	C_2H_2，C_2H_6，CO_2
油中火花放电	H_2，C_2H_2	
油中电弧	H_2，C_2H_2	CH_4，C_2H_4，C_2H_6
油和纸电弧	H_2，C_2H_2，CO，CO_2	CH_4，C_2H_4，C_2H_6

表3-4 变压器的典型故障

故障类型	举例
局部放电	由不完全浸渍、高湿度的纸、油的过饱和或空腔造成的充气空腔中的局部放电，并导致形成X蜡
低能量放电	不良连接形成不同电位或悬浮电位时，造成的火花放电或电弧，可发生在屏蔽环、绕组中相邻的线饼间或导体间，以及连线开焊处或铁芯的闭合回路中；夹件间、套管与箱壁、线圈内的高压和地端的放电，木质绝缘体、绝缘构件胶合处，以及绕组垫块的沿面放电；油击穿、选择开关的切断电流
高能量放电	局部高能量或由短路造成的闪络，沿面放电或电弧；低压对地、接头之间、线圈之间、套管与箱体之间、铜排与箱体之间、绕组与铁芯之间的短路；环绕主磁通的两个邻近导体之间的放电；铁芯的绝缘螺丝、固定铁芯的金属环之间的放电
过热 ($t<300℃$)	在救急状态下，变压器超铭牌运行；绕组中油流被阻塞；在铁轭夹中的杂散磁通量
过热 ($300℃<t<700℃$)	螺栓连接处、滑动接触面、选择开关内的接触面，以及套管引线和电缆的连接接触不良；铁轭处夹件和螺栓之间、夹件和铁芯叠片之间的环流，接地线中的环流，以及磁屏蔽上的不良焊点和夹件的环流；绕组中平行的相邻导体之间的绝缘磨损
过热 ($t>700℃$)	油箱和铁芯上的大的环流；油箱壁未补偿的磁场过高，形成一定的电流；铁芯叠片之间的短路

1. 热性故障

热性故障是由于热应力所造成的绝缘加速老化，具有中等水平的能量密度。过热故障的原因有：分接开关接触不良引起的为50%，铁芯多点接地和局部短路或漏磁环流引起的占33%，导线过热和接头不良或紧固件松动引起的占14.4%，因局部油道堵塞造成局部散热不良引起的约占2.6%。当变压器发生低温过热时，有一部分变压器油中氢与氢烃（$H_2+C_1+C_2$）总量之比高于27%；而中高温过热故障时，氢气占氢烃总量的27%以下；

当高温过热（>700 ℃）时，特征气体主要是C_2H_4，其次是CH_4，两者之和一般占总烃的80%以上。除C_2H_4、CH_4之外还有C_2H_6和H_2，严重过热时，也会产生微量C_2H_2，其最大含量不超过总烃量的6%。当涉及固体材料时还会产生大量CO、CO_2。

当发生裸金属过热使周围的油受热分解时，产生的气体主要是H_2和烃类（CH_4、C_2H_2），当发生固体绝缘材料介入热分解时，也会有大量的CO和CO_2产生。变压器内部发生这类故障的原因，主要有：分接开关接触不良，引线和分接开关连接处焊接不良，导线和套管连接处导电不良，铁芯多点接地和局部短路过热等。

纸、纸板、布带、木材等固体绝缘材料受热分解时，其特征是烃类气体含量不高，所产生的气体主要是CO和CO_2。产生这一内部故障的原因主要是变压器长期过负荷运行，使固体绝缘大面积过热，或者是由于裸金属过热，引起邻近固体绝缘局部过热。

2. 电性故障

变压器内部由于放电而使绝缘材料分解产生大量气体，根据放电时能量级别不同，可以分为高能量放电（电弧放电）、低能量放电（火花放电）和局部放电等不同故障类型。

（1）电弧放电，以线圈匝、层间击穿为多见，其次是引线断裂或对地闪络和分接开关飞弧等故障模式。其特点是产气急剧、量大，尤其是匝、层间绝缘故障，因无先兆现象，一般难以预测。产生的特征气体主要是C_2H_2和H_2，但也有相当数量的CH_4和C_2H_4。

（2）火花放电，常发生在以下情况：引线或套管储油柜对电位未固定的套管导电管放电；引线局部接触不良或铁芯接地片接触不良，而引起放电；分接开关拨叉电位悬浮而引起放电。特征气体以C_2H_2和H_2为主，但也有相当数量的CH_4、C_2H_6，有时也有CO和CO_2的增加。因故障能量小，一般总烃含量不高。油中溶解的C_2H_2在总烃中所占比例可达25%~90%，C_2H_4含量则小于20%，H_2占氢烃总量的30%以上。

（3）局部放电，随放电能量密度的不同而不同，一般总烃含量不高，特征气体主要是H_2，其次是CH_4，通常H_2占氢烃的90%以上，CH_4占总烃的90%以上。放电能量密度增高时也可出现C_2H_2，但在总烃中所占比例一般小于2%，这是和上述两种放电现象区别的主要标志。

3. 受潮

当变压器内部进水受潮时，能引起局部放电而产生H_2，水分在电场作用的电解作用下与铁发生化学反应，也可产生大量H_2。故障受潮设备中H_2在氢烃总量中占的比例更高，有时局部放电和受潮同时存在，其特征气体同局部放电所反映的特征气体极为相似，故单靠油中气体分析结果尚难加以区分，必要时要根据外部检查和其他试验结果加以综合判断。

在实际应用中，分析油中特征气体的组分、含量与故障性质之间的关系的常用方法有：特征气体法、三比值法、与三比值法配合使用的其他方法。

任务训练

一、特征气体法

变压器油中溶解的特征气体可以反映故障点引起周围的油、纸绝缘的热分解本质。气体组分特征随着故障类型、故障能量及其涉及的绝缘材料的不同而不同，表3-5给出了故障点产生烃类气体的不饱和度与故障源的能量密度之间的密切关系。

表 3-5 判断故障性质的特征气体法

故障性质	特征气体的特点
一般过热性故障	总烃较高，C_2H_2 含量 < 5 ppm（1 ppm = 10^{-6}）
严重过热性故障	总烃高，C_2H_2 含量大于 5 ppm，但 C_2H_2 未构成总烃的主要成分，H_2 含量较高
局部放电	总烃不高，H_2 含量大于 100 ppm，CH_4 为总烃的主要成分
火花放电	总烃不高，C_2H_2 含量大于 10 ppm，H_2 含量较高
电弧放电	总烃高，C_2H_2 含量高并构成总烃的主要成分，H_2 含量高

从表 3-5 所统计的结果可知：每种故障产生的特征气体都有 C_2H_2，但热故障和电故障产生的特征气体中 C_2H_2 的含量差异很大；低能量的局部放电并不产生 C_2H_2，或仅仅产生很少量的 C_2H_2。因此，C_2H_2 既是故障点周围绝缘油分解的特征气体，而 C_2H_2 的含量又是区分过热和放电两种故障性质的主要指标。由于大部分过热故障，特别是出现高温热点时，也会产生少量 C_2H_2，因此不能认为凡有 C_2H_2 出现的故障，都视为放电性故障。例如 1 000 ℃ 以上时，会有较多的 C_2H_2 出现。但 1 000 ℃ 以上的高温既可以由能量较大的放电引起，也可以由导体过热而引起；又如分接开关出现热故障时也出现有 C_2H_2，实际上一般只是由高温过热点产生 C_2H_2，不应该因有 C_2H_2 而认为裸金属过热并伴有放电。H_2 是油中发生放电分解的特征气体，但是 H_2 的产生又不完全由放电引起。当 H_2 含量增大，而其他组分不增加时，有可能是由于变压器进水或有气泡引起水和铁的化学反应，或在高电场强度下，水或气体分子的分解或电晕作用所致；如果伴随着 H_2 含量超标，CO、CO_2 含量较大，即是固体绝缘受潮后加速老化的结果。

在变压器中，主要的绝缘材料是绝缘油和绝缘纸、纸板等，它们在运行中受多种因素的作用将逐渐老化，分解产生的主要气体是 CO 和 CO_2，因此可将 CO 和 CO_2 作为油纸绝缘系统中固体材料分解的特征气体。

综上所述，并根据对各类大型电力变压器的诊断和检查结果进行的比较、分析，在表 3-6 中归纳出特征气体中主要成分与异常情况的关系。

表 3-6 特征气体与异常情况对照表

主要成分	异常情况	具体情况
H_2 主导型	局部放电、电弧放电	绕组层间短路，绕组击穿；分接开关触点间局部放电，电弧放电短路
CH_4、C_2H_4 主导型	过热、接触不良	分接开关接触不良，连接部位松动，绝缘不良
C_2H_2 主导型	电弧放电	绕组短路，分接开关切换器闪络

特征气体判断法对故障性质有较强的针对性，比较直观方便，缺点是没有明确量的概念。特征气体法虽可对故障性质做出判断，但是要对故障性质做进一步的探讨，预估故障源的温度范围等，还必须找出故障气体组分的相对比值与故障点温度的依赖关系及其变化

规律，即组分比值法。

二、三比值法

研究证明，变压器故障诊断不能只依赖于油中溶解气体的组分含量，还应取决于气体的相对含量，基于上述观点，产生了以 CH_4/H_2、C_2H_6/CH_4、C_2H_4/C_2H_6、C_2H_2/C_2H_4 的四比值法。由于在四比值法中 C_2H_6/CH_4 的比值只能有限地反映热分解的温度范围，于是国际电工委员会（IEC）将其删去而推荐采用三比值法。随后，在人们大量应用三比值法的基础上，IEC 对与编码相应的比值范围、编码组合及故障类别进行了改良，得到了目前推荐的改良三比值法（以下简称三比值法）。

三比值法的原理是：根据变压器内油和绝缘物在故障下裂解产生气体组分含量的相对浓度与温度的相互依赖关系，从 5 种特征气体中选用两种溶解度和扩散系数相近的气体组分组成三对比值，以不同的编码表示；根据编码规则和故障类型判断方法作为诊断故障性质的依据。这种方法消除了油的体积效应影响，是判断变压器故障类型的主要方法，并可以得出对故障状态较可靠的诊断。表 3 - 7 和表 3 - 8 是我国 GB/T 7252—2001《变压器油中溶解气体分析和判断导则》推荐的改良三比值法（类似于 IEC 推荐的改良三比值法）的编码规则和故障类别判断方法。

表 3 - 7 三比值法的编码规则

特征气体的比值	C_2H_2/C_2H_4	CH_4/H_2	C_2H_4/C_2H_6
<0.1	0	1	0
0.1~1（含0.1）	1	0	0
1~3（含1）	1	2	1
≥3	2	2	2

表 3 - 8 故障类型判断方法

编码组合			故障类型判断	故障实例（参考）
C_2H_2/C_2H_4	CH_4/H_2	C_2H_4/C_2H_6		
0	0	1	低温过热（低于150℃）	绝缘导线过热，注意 CO 和 CO_2 的含量以及 CO_2/CO 值
0	2	0	低温过热（150~300℃）	分接开关接触不良，引线夹件螺丝松动或接头焊接不良，涡流引起铜过热，铁芯漏磁，局部短路，层间绝缘不良，铁芯多点接地等
0	2	1	中温过热（300~700℃）	
0	0,1,2	2	高温过热（高于700℃）	
0	1	0	局部放电	高湿度、高含气量引起油中低能量密集的局部放电

续表

编码组合			故障类型判断	故障实例（参考）
C_2H_2/C_2H_4	CH_4/H_2	C_2H_4/C_2H_6		
1	0，1	0，1，2	低能量放电	引线对电位未固定的部件之间连续火花放电，分接抽头引线和油隙闪络，不同电位之间的油中火花放电或悬浮电位之间的电火花放电
1	2	0，1，2	低能量放电兼过热	
2	0，1	0，1，2	电弧放电	线圈匝间、层间短路，相间闪络、分接头引线间油隙闪络、引起对箱壳放电、线圈熔断、分接开关飞弧、因环路电流引起电弧、引线对其他接地体放电等
2	2	0，1，2	电弧放电兼过热	

应用三比值法时应当注意的问题有：

（1）只有根据气体各组分含量的注意值或气体增长率的注意值判断设备可能存在故障时，气体比值才是有效的。对气体含量正常的，比值没有意义。

（2）假如气体的比值与以前的不同，可能有新的故障重叠在老故障或正常老化上。为了得到仅仅相应于新故障的气体比值，要从最后一次的分析结果中减去上一次的分析数据，并重新计算比值。

（3）表中每一种故障对应于一组比值，对于多种故障的联合作用，可能找不到相对应的比值组合，而实际是存在的。在实际中可能出现没有包括在表中的比值组合，对于某些组合的判断正在研究中。

总之，虽然目前三比值法准确率相对较高，应用较为广泛，但是由于故障分类本身存在模糊性，每一组编码与故障类型之间也具有模糊性，三比值还未能包括和反映变压器内部故障的所有形态，所以它还在不断发展和积累经验，并继续进行改良，以便更全面地反映故障信息。

三、与三比值法配合使用的其他方法

由于三比值法存在着不足，因此在对运行中的充油变压器进行故障诊断时，还需要一些配套的辅助方法。为此，我国现行的 GB/T 7252—2001《变压器油中溶解气体分析和判断导则》推荐了其他几种辅助方法。

1. CO_2/CO 比值法

当故障涉及固体绝缘时，会引起 CO 和 CO_2 含量的明显增长。根据现有的统计资料，固体绝缘的正常老化过程与故障情况下的老化分解，表现在油中 CO 和 CO_2 的含量上，一般没有严格的界限，规律也不明显。这主要是由于从空气中吸收 CO_2、固体绝缘老化及油的长期氧化形成 CO 和 CO_2 的基值过高造成的。开放式变压器溶解空气的饱和量为 10%，设备里可以含有来自空气中的 300 μL/L 的 CO_2。在密封设备里，空气也可能经泄漏而进入设备油中，这样，油中的 CO_2 浓度将以空气的比率存在。经验证明，当怀疑设备固体绝缘材料老化时，一般 CO_2/CO 比值 >7。当怀疑故障涉及固体绝缘材料时（高于 200 ℃），

可能 CO_2/CO 比值 <3。

2. O_2/N_2 比值法

一般在油中都溶解有 O_2 和 N_2，这是油在开放式设备的储油罐中与空气作用的结果，或密封设备泄漏的结果。在设备里，考虑到 O_2 和 N_2 的相对溶解度，油中的 O_2/N_2 的比值反映空气的组成，接近 0.5。运行中由于油的氧化或纸的老化，这个比值可能降低，因为 O_2 的消耗比扩散更迅速。负荷和保护系统也可影响这个比值。但当 O_2/N_2 比值 <0.3 时，一般认为是出现了氧被极度消耗的迹象。

3. C_2H_2/H_2 比值法

在充油电力变压器中，有载调压操作产生的气体与低能量放电的情况相符。假如某些油或气体在有载调压油箱与主油箱之间相通，或各自的储油罐之间相通，这些气体可能污染主油箱的油，并导致误判断。

主油箱中 C_2H_2/H_2 比值 >2，认为是有载调压污染的迹象，这种情况可利用比较主油箱和储油罐的油中溶解的气体浓度来确定。气体比值和乙炔浓度值依赖于有载调压的操作次数和产生污染的方式（通过油或气）。

 小结

经过实践证明，绝缘油中溶解气体色谱分析法对检测运行中的充油电气设备潜伏性障碍，具有独特的优越性。定期检测绝缘油中的气体组成成分和含量，对于保证安全发供电，防止事故于未然是极为重要的。

在试验中培养学生创新能力的工匠精神，追求突破、追求革新。

第四章

电力系统主要电气设备电气试验

学习目标

知识目标：掌握 10 kV 配电室电气试验的方法和原理；掌握 220 kV 变电站电气试验的方法和原理。

能力目标：能够测量电气设备的电气特性、参数；能够判断电气设备、绝缘器件等试品的缺陷性质和缺陷部位；具有按标准化作业流程完成电气试验能力；具有分析试验结果，出具报告的能力。

素质目标：具有敬业专注、踏实肯干、矢志创新和精益求精的工匠精神；具有良好的心理素质和敬业精神，遵守职业道德；具有班组沟通协调能力、认真负责，做到"四不伤害"；具有高压设备安全生产意识，严格遵守法律法规、规章制度和操作规程。

厉害了，我的国

我国的资源分布问题，东西部严重不均匀，西部各种资源丰富，可探明的页岩气储量、煤炭储量、金属矿产储量都非常高，加上丰富的水利、风力、光伏等资源都可用来发电，所以西部地区发电总量占了我国 70% 以上，但是西部人口占比太少，用不了这么多，而电无法储存，造成了大量的浪费。反过来的是东部电力需求占据全国用电量 70% 以上，而东部发电主要通过核电和热电，核电还好，热电是烧煤的，污染大，效率低，且需要从西部输送大量的煤炭，经过专家计算，这对于国家铁路运力的压力太大，资源浪费太严重，使用特高压输电的各项成本就低廉很多，目前建设的特高压的投入，预计 2040 年以后就可以回本。

目前，国家电网已累计建成"八交十直"特高压工程，在建"四交一直"特高压工程，在运在建 23 项特高压工程线路长度达到 3.3 万公里，变电（换流）容量超过 3.3 亿千伏安（千瓦）。

案例导入

各种电气设备绝缘试验的原理是相同的，但不同电气设备由于绝缘材料和绝缘结构上的差异，各种试验对发现绝缘缺陷的有效性不同，故试验的项目、试验的接线是有区别的。本章主要介绍电力系统的若干主要电气设备的绝缘特点，不同电气设备的试验项目、试验方法等,为真正进行现场试验奠定良好的基础。

第一节　电力变压器试验

任务描述

变压器是电力系统中输变电能的重要设备,它担负着电压、电流的转换任务,它的性能好坏直接影响到系统的安全和经济运行。由于电力变压器多在室外露天下工作,承受着多种恶劣和复杂条件的考验,因此必须对它的导磁、导电和绝缘部件等进行定期试验,以检验其各项性能是否符合有关规程的要求,发现威胁安全运行的缺陷,从而进行及时的处理,以防患于未然。

随着现代工业的发展,变压器的种类越来越多,试验方法虽然大同小异,但是由于电压等级和容量的差别,所以也有各自的特点,本节将重点阐述 500 kV 油浸式变压器的试验。

知识链接

——电力变压器的结构特点
1. 电力变压器的绝缘结构

电力系统广泛采用油浸式变压器,每台油浸式变压器都有大量的油、纸等绝缘材料。变压器的绝缘可分为内绝缘、外绝缘,如图 4-1 所示。

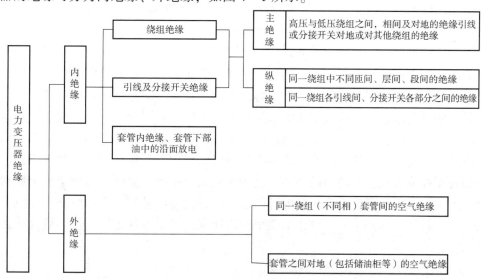

图 4-1　电力变压器的绝缘分类

内绝缘是处于油箱中各部分的绝缘,包括绕组绝缘、引线及分接开关绝缘,绝缘材料是变压器油、浸在油中的纸及纸板。外绝缘是空气绝缘,是指套管上部对地以及彼此之间的绝缘间隙。

内绝缘由主绝缘和纵绝缘组成。主绝缘是指绕组或引线对地、异相或同相绕组之间的绝缘以及引线对其他绕组之间的绝缘；纵绝缘是指同一绕组上各点之间或其相应引线之间的绝缘。主绝缘由变压器的 1 min 工频耐压和冲击电压所决定。纵绝缘由变压器的冲击耐压所决定。

在我国生产的油浸式电力变压器中，主绝缘几乎均采用油 - 屏障绝缘结构。35 kV 及以下电压等级的电力变压器采用胶纸筒和油间隙所构成的油 - 屏障绝缘结构。35 kV 以上电压等级的变压器采用不含胶的绝缘纸和纸板所构成的绝缘层和油间隙绝缘结构。110 kV 及以上电压等级的油浸式变压器均采用小油隙（油隙小于 12 mm）结构。60 kV 以下电压等级的变压器常采用大油隙（20 mm 左右）结构。各种电压等级的电力变压器高、低压绕组间的主绝缘结构如图 4 - 2 所示。110 kV 电压等级的电力变压器绕组端部的绝缘采用绝缘层、角环和静电环，以改善电场；高、低压绕组间用三个绝缘筒作为极间屏障；相间有角隔板。对更高电压等级的电力变压器，各部分绝缘等级则相应增加。

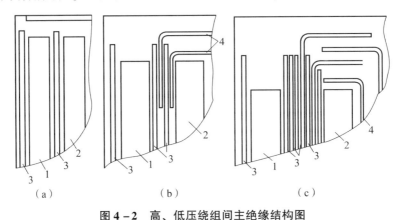

图 4 - 2　高、低压绕组间主绝缘结构图
(a) 35 kV；(b) 110 ~ 220 kV；(c) 500 kV
1—低压绕组；2—高压绕组；3—纸筒；4—角环

电力变压器绕组的端部靠近铁轭处是主绝缘的薄弱环节，在这里爬电比击穿更容易发生，因为这里的电场极不均匀。电力变压器绕组端部油 - 屏障绝缘结构的破坏，主要是由于电极附近的最大电场强度达到了油隙起始放电电场强度，开始出现局部放电，并由此引起电场畸变，形成沿面放电。端部绝缘放电主要取决于端部最大电场强度值，而与沿面放电距离没有直接关系。在油 - 屏障组成的端部绝缘结构中，其绝缘弱点在油隙中，由角环和反角环将端部分隔成一些较小的油隙，其中承受最大电场强度的油隙决定整个结构的耐电强度。由于最大电场强度出现于静电环附近，所以端部绝缘的耐电强度常由静电环与其靠近的第一个角环之间的第一个变压器绕组的纵绝缘，包括匝间绝缘、饼间绝缘等的绝缘油隙所决定。

2. 电力变压器的绝缘材料和绝缘性能

油浸式电力变压器主要的绝缘材料是变压器油和纸板，纸板又有纤维性的和非纤维性的两种。此外还有绝缘漆、瓷和木材等。

(1) 变压器油。变压器油是最基本的绝缘材料，充满整个油箱，起着绝缘和散热的双重作用，是电力变压器的主要绝缘材料。变压器油分为矿物油和合成油两种，目前使用较多的是矿物油。影响矿物油品质的关键是油的老化问题。油与铜、铁接触，在高温下会加速它的老化，油与线圈中的浸漆、固体绝缘材料也会相互作用促进其劣化。合成绝缘油（硅油、合成烃类油、合成酯类油等）在耐热性、绝缘性等方面要优于矿物油。

（2）纤维性固体绝缘材料。纤维性固体绝缘材料是电力变压器中的常用绝缘材料，用作主绝缘中的撑条、纸筒、层绝缘、绕组中垫块及隔板。这类材料的介电常数较高，体积电阻率较大，具有吸湿性，耐热系数不高，机械强度也不高。

（3）非纤维固体绝缘材料。主要有芳香聚酰胺纸和纸板、线性聚酯树脂的热塑性聚合物、聚丙烯、聚氨基甲酸酯聚合物等。它们的性能及技术指标均优于纤维性固体绝缘材料。

电力变压器试验一般分为工厂试验和交接预防性试验两类。工厂试验主要包括工序间半成品试验、成品出厂试验、型式试验和特殊试验等；交接预防性试验主要包括交接验收、大修、小修和故障检修试验等。本节主要针对的是交接预防性试验，它的试验目的主要有绝缘试验和特性试验两部分。

绝缘试验包括：
①测量线圈连同套管的泄漏电流。
②测量线圈连同套管的介质损耗角正切值。
③线圈连同套管的交流耐压试验。
④油箱和套管中绝缘油试验。
⑤油中溶解气体色谱分析。
⑥测量线圈的绝缘电阻和吸收比。

特性试验包括：
①测量线圈的直流电阻。
②检查线圈所有分接头的变压比。
③检查三相变压器的接线组别和单相变压器引出线的极性。
④测量容量为 3 150 kVA 及以上变压器在额定电压下的空载电流和空载损耗。
⑤短路特性和温升试验等。

任务训练

——电力变压器的绝缘试验

由于电力变压器内部绝缘结构复杂，电场、热场分布不均匀，因而事故率相对较高。因此，必须按 DL/T 596—1996《电力设备预防性试验规程》的规定进行绝缘预防性试验。

（一）直流电阻测量

变压器的绕组可以看作是电感 L 和电阻 R 串联的等值电路。当有电压加在被测绕组两端时，由于电感不能突变，所以在刚加上电源时 L 中的电流为零，电阻中也无电流，所以电阻上没有压降，此时全部的电压都加在了电感 L 上，对于大型变压器来说就需要一段时间让电路达到稳定，如此才能测到比较正确的数据。

1. 试验目的

（1）检查绕组的接头质量和绕组有无匝间短路。

（2）检查电压分接开关的各个位置接触是否良好以及分接开关实际位置与指示位置是否相符。

（3）检查多股导线并绕的绕组是否有断股等情况。

2. 测量方法

通常测量直流电阻的方法是电桥法。

电桥法是采用电桥平衡来测量线圈电阻的，一般都用直流电桥。常用的有单臂电桥、双臂电桥和双单臂电桥。当被测量的电阻大于 10 Ω 时，应该使用单臂电桥，如 QJ23、QJ24 等；当被测量电阻小于 10 Ω 时使用双臂电桥。测量时最好能测量每相的阻值。对于无中性点引出的，测量出线电阻后应进行换算。

当绕组是Y形接法时，各相的直流电阻为：

$$\begin{cases} r_U = (R_{UV} + R_{UW} - R_{VW})/2 \\ r_V = (R_{UV} + R_{VW} - R_{UW})/2 \\ r_W = (R_{VW} + R_{UW} - R_{UV})/2 \end{cases} \tag{4-1}$$

式中　r_U，r_V，r_W——每相绕组的直流电阻；

　　　R_{UV}，R_{UW}，R_{VW}——相间电阻。

当绕组是△形接法时，各相的直流电阻为：

$$\begin{cases} r_U = (R_{UV} - R_P) - R_{UV}R_{VW}/(R_{UV} - R_P) \\ r_V = (R_{VW} - R_P) - R_{UV}R_{UW}/(R_{VW} - R_P) \\ r_W = (R_{UW} - R_P) - R_{UV}R_{VW}/(R_{UW} - R_P) \end{cases} \tag{4-2}$$

$$R_P = (R_{UV} + R_{VW} + R_{UW})/2$$

式中　r_U，r_V，r_W——每相绕组的直流电阻；

　　　R_{UV}，R_{UW}，R_{VW}——相间电阻。

当三相平衡时，则有

$$r_{相} = 1.5 r_{线} \tag{4-3}$$

3. 试验要求

由于影响测量结果的因素很多，如测量表计、引线、温度、接触情况和稳定时间等。因此，测试中应注意以下事项：

（1）测量仪表的准确度应不低于0.5级。

（2）连接导线应有足够的截面，且接触良好。

（3）准确测量绕组的平均温度：当变压器没有运行处于冷却状态时，测量油温即可认为是绕组的平均温度；当变压器刚退出运行时，需对照变压器绕组与油面温度计的指示值，当两者温差小于 5 ℃ 时，可认为油面温度就是绕组的平均温度。

（4）为了与出厂及历次测量的数值比较，应将不同温度下测量的直流电阻换算到同样温度，以便比较。

（5）变压器绕组反向电动势保护。由于变压器绕组具有很大的电感，在测量过程中，不能随意切断电源及拉掉接在被试品两端的充电连接线。测试完毕后，应先将变压器两端短接，然后才可以切断电源。

变压器绕组反向电动势可能有数千伏，会对仪器和人员构成威胁，但是成套的数字式变压器直流绕组测量仪内部都装了保护电路，所以还是很安全的。

4. 注意事项

(1) 电压线应尽量短和粗些。

(2) 电压和电流线与被测绕组的端子应可靠连接。

(3) 电压线接头应在电流线接头的内侧,并避免电压线接头流过测试电流。

(4) 切断测试电流时,有过电压产生,防止设备和人员受到伤害。同一变压器其他非测量绕组的端子和引线应可靠绝缘。

5. 现场试验数据(见表 4-1、表 4-2)

表 4-1　#7 主变压器(B 相)绕组直流电阻测量数据比较(一)

绕组直流电阻测量	高油温度:7 ℃	低油温度:7 ℃	日期:2007.3.13
相别 挡位	高压侧/mΩ		低压侧/mΩ
	A - X		a - x
1	126.0		
2	123.2		
3	120.2		0.880
4	117.5		
5	114.4		

表 4-2　#7 主变压器(B 相)绕组直流电阻测量数据比较(二)

绕组直流电阻测量	高油温度:10 ℃	低油温度:10 ℃	日期:2009.4.15
相别 挡位	高压侧/mΩ		低压侧/mΩ
	A - X		a - x
1	125.0		
2	123.2		
3	118.2		0.850
4	116.4		
5	113.1		

6. 试验结果的分析判断

(1) 本次试验所测到的值与历次比较,没有太明显的出入,所以可说明线圈内部导线和引线的焊接没有脱落,线圈没有层间短路和内部断线;电压分接开关、引线与套管的接触良好。

(2) 测量直流电阻时必须要向仪器充电,往往需要很长的时间。从电工原理上说,电感回路施加直流电压时,其充电过程的时间常数为 $T = L/R$,所以缩短时间的办法就是减小电感,加大电阻,而加大电阻是比较可行的办法。在试验前串一个合适的电阻就可以达到快速测量的目的。

（二）温升试验

1. 试验目的

变压器的温升试验是制造厂在型式试验中鉴定产品质量的重要试验项目之一。温升试验的目的就是确定变压器各部件的温升是否符合有关标准规定的要求，从而为变压器长期安全运行提供可靠的依据。运行单位在下列情况下，一般也需要进行此项试验。

（1）对旧产品或缺乏技术资料的变压器进行出力鉴定。

（2）如变压器过热，应重新确定其额定容量或提出改造措施。

（3）对改变冷却方式（如由油自然循环冷却改作强油循环水冷）、更换绕组等的变压器，应鉴定其额定容量。

2. 试验要求

变压器的温升试验，一般是在绝缘、损耗、电压比和直流电阻等试验之后，按铭牌数据的有关规定进行。对强油循环冷却的变压器，试验时冷却入口的水温最高不超过 25 ℃；油自然循环冷却的变压器，最高气温不超过 40 ℃。

试验时应测量变压器下列各部位相对于冷却介质的温升：

（1）绕组（或称线圈）温升；

（2）铁芯温升；

（3）上层油温升（油浸式变压器）；

（4）对附加损耗较大的变压器，还应测量其结构件（如铁芯夹件、线圈压板、箱壁和箱盖等）的温升；

（5）强油循环冷却的变压器，还应测量冷却器的进出水温及油温，以及需要测量的其他部位的温升。

温升试验应在环境温度为 10~40 ℃下进行。为了缩短试验时间，试验开始时可以用增大试验电流或恶化冷却条件的办法，使温度迅速上升，当监视部位的温度达 70% 预计温升时，应立即恢复额定发热和冷却条件进行试验。每隔半小时记录一次各部位的温度，油浸式变压器以上层油温为准，干式变压器以铁芯温升为准，如果 3 h 以内每小时温度变化不超过 1 ℃ 时，则认为被试变压器的温度已经稳定，便可记录各部位及冷却介质的温度。

3. 试验方法

（1）直接负载法：变压器的温升试验采用直接负载法时，在被试变压器的二次侧接以适当负载（如水炉、水阻、电感或电容器等），在一次侧施加额定电压，然后调节负载，使负载电流等于额定电流。

（2）循环电流法：当被试品容量较大时，采用水阻做试验就比较困难，因而用循环电流进行温升试验较为简单，其辅助设备少，被试变压器与运行工况相同，但需要一台与被试变压器相同容量的辅助变压器。

（3）用系统负载做试验：当被试变压器位于发电厂时，则可用发电厂开机进行试验，调节发电机励磁，使被试变压器满载，并达到额定电流，这种方法适用于高压大容量的变压器在现场做试验。

（4）相互负载法：采用相互负载法进行变压器的温升试验时，此时需要三台变压器和两个试验电源,并将被试变压器 TX 与供给空载损耗的辅助变压器 T 同一侧的各同名端并联。

(三) 短路特性试验

将变压器一侧绕组(通常是低压侧)短路,而从另一侧绕组(分接头在额定电压位置上)加入额定频率的交流电压,使变压器绕组内的电流为额定值,测量所加的电压和功率,并换算到 75 ℃时的数值,该功率就是变压器的负载损耗,所测电压就是阻抗电压,这一试验就称为变压器的短路试验。

变压器负载损耗实际就是铜损,也就是电流通过变压器绕组时产生的热量损失。它将直接影响到绕组及其他部分的温度升高。因此负载损耗的大小对变压器的经济运行有很大影响。

阻抗电压(短路电压)就是短路试验时所加的电压,它是变压器并联运行的基本条件之一。当系统发生短路时,变压器的短路电流及由此产生的力取决于阻抗电压的大小。变压器在运行中负荷变化比较大时,阻抗电压直接影响网络波动。

变压器的短路试验除制造厂进行外,运行单位在做大修或事故后检查,以及几台变压器要并列运行时都要做短路试验。

1. 试验目的

通过短路试验,能够发现变压器是否存在下列缺陷。

(1) 变压器各活动部件(屏蔽、夹紧环、电容环、轭铁梁板等)及油箱壁中,由于漏磁通导致的附加损耗过大或局部发热过高而达到不能容许的数值。

(2) 变压器油箱顶盖、引出线端子附件过热与附加损耗加大。

(3) 多层螺旋式低压绕组的附加损耗,由于绕组中并联导线在特殊换位处短路,或在绕组制造中,导线错误换位而显著增大。

由以上分析可知,负载损耗和阻抗电压是变压器运行中的主要参数,因此短路试验是非常重要和有必要的。

2. 测量方法

通常,现场使用三相电源法来做短路特性试验。

试验时按图接好各试验仪器仪表,将三相电源接入三相调压器,接入被试变压器的高压侧,将低压侧短路。检查接线无误后,将电压慢慢升起,观察仪表的指示。一切都正常时,将电压升至额定值,读取各仪表的指示值。如三相电流出现不平衡,则以电流表指示值的算术平均值为准。

3. 试验要求

(1) 试验温度校正。短路试验与测量直流电阻一样,都与温度有关。试验前应记录温度,并将测量结果换算到参考温度,一般都是换算到 75 ℃时的数据。

(2) 试验电流校正。短路试验时需要较大容量的电源,一般要占被试变压器容量的 5%~20%。如果现场受条件限制,不能在额定电流下试验,允许在降低电流下进行试验。但是不应低于 25%。应将试验结果按公式换算到额定电流下的负载损耗结果。

4. 注意事项

(1) 当测量仪表须经过互感器进行测量时,电流互感器的极性应正确,电压表极性也应正确。

（2）由于变压器的直流电阻很小，因此短路线的截面要大，且接触良好，以减少接触电阻。

（3）在短路试验时，如果测出的损耗较小，应将仪表的损耗考虑进去，并进行校正。

（4）短路试验一般在冷环境下进行。刚退出运行的变压器要等到绕组温度降到油温时才能试验。试验时间要短，读数要迅速，以免线圈过热，影响准确度。

（5）如果变压器的套管内有电流互感器，应将其二次侧短路。

5．现场试验数据（见表4-3、表4-4、表4-5）

表4-3 #7 主变压器（A相）短路特性试验数据

短路阻抗试验					试验日期：2009.4.20
开关位置	电流/A	电压/V	短路阻抗/%	铭牌值/%	误差/%
1	3.909	200	19.21	19.14	0.37
3	4.18	200	19.69	19.59	0.51
5	4.49	200	20.35	20.23	0.59

表4-4 #7 主变压器（B相）短路特性试验数据

短路阻抗试验					试验日期：2009.4.20
开关位置	电流/A	电压/V	短路阻抗/%	铭牌值/%	误差/%
1	3.916	200	19.16	19.25	-0.47
3	4.24	200	19.50	19.67	-0.86
5	4.55	200	20.14	20.28	-0.69

表4-5 #7 主变压器（C相）短路特性试验数据

短路阻抗试验					试验日期：2009.4.20
开关位置	电流/A	电压/V	短路阻抗/%	铭牌值/%	误差/%
1	3.945	200	19.02	19.17	-0.78
3	4.22	200	19.60	19.59	0.05
5	4.55	200	20.14	20.19	-0.25

6．试验结果的分析判断

（1）短路试验主要测量负载损耗和阻抗电压两个数据。根据GB 1094规定：负载损耗允许偏差为10%；阻抗电压允许偏差为10%。

（2）阻抗电压与绕组的几何尺寸有关，它与频率成正比，与变压器每柱安匝成正比，与总的漏磁面积成正比，与每匝电压及绕组高度成反比。阻抗电压的大小还与引线排列有关系。因此，当测得数据不准确时可以从这几点找问题。

（3）负载损耗包括电阻损耗和附加损耗。通常主要是附加损耗，其原因是在制造时绕组股间短路、换位间短路。

（四）空载特性试验

变压器的空载试验，是从变压器的任一绕组施加正弦波额定频率的额定电压，其他绕组开路，测量变压器的空载损耗和空载电流的试验。空载电流以实测的空载电流 I_0 的百分数来表示，记为 $I_0\%$。按定义有：

$$I_0\% = I_0/I_N \times 100\% \tag{4-4}$$

空载损耗主要是铁芯损耗，即消耗于铁芯中的磁滞损耗和涡流损耗。空载时激磁电流经过一次绕组时也要产生电阻损耗，如果激磁电流数值很小，则可以忽略不计。空载损耗和空载电流取决于变压器的容量、铁芯的构造、硅钢片的质量和铁芯的制造工艺等因素。

1. 试验目的

测量变压器的空载电流和空载损耗；发现磁路中的局部或整体缺陷；检查线圈匝间、层间绝缘是否良好；检查铁芯硅钢片间绝缘状况和装配质量等。

2. 测量方法

现场测试的方法取决于试验对象的情况。对于三相变压器通常使用"三相电源法"；若为单相变压器则使用"单相电源法"。试验时空载电流都比较大，或者没有适合量程的大电流表、电压表时，可以将电流回路经 CT 接入测量仪表，而将电压回路直接接入仪表试验。

3. 试验要求

为了测量的准确，对仪表和测量方法有如下规定：

（1）电压表和电流表的准确度不应低于 0.5 级；测量功率时应使用 0.5 级的低功率因数瓦特表。

（2）为了准确测量出空载电流和空载损耗，PT、CT 的准确度为 0.2 级，尽量不采用 0.5 级的互感器，因为它的角误差大，测出的空载损耗误差较大。

4. 注意事项

（1）接线时，必须使瓦特表的电流线圈和电压线圈两点间的电位差最小。特别是瓦特表电压回路串有电阻时，更应注意这个问题。

（2）各种表的极性不能接错。

（3）瓦特表电流线圈和电压线圈上标有"*"的端子应接在一起。

5. 现场试验数据（见表 4-6）

表 4-6 #7 机组变压器空载特性试验

#7 机组变压器空载特性试验						日期：2009.4.18	
相别 电压/V	UV 加压		VW 加压		UW 加压	
	I_U/A	P_U/W	I_V/A	P_V/W	I_W/A	P_W/W
100	11	1	11	1	14	1
200	16	5.2	17	6.8	22.5	5.8
300	21	13.8	23.6	25	29.5	13.5
400	26	20.8	—	—	35.0	27

6. 试验结果的分析判断

由于 VW 相电流和空载损耗增加比较明显，怀疑磁路或线圈存在缺陷。后来检查发现 V 相回路存在缺陷。经过修理后发现分接开关的相间部分有开裂和受潮迹象。重测后数据恢复正常了。

（五）绝缘电阻和吸收比的测定

电力变压器绝缘电阻和吸收比的测量，主要是指线圈之间以及线圈对地之间的绝缘电阻和吸收比的测量。测定绝缘电阻和吸收比可以灵敏地发现变压器绝缘的整体或局部是否受潮；检查绝缘表面的脏污及局部缺陷情况；检查有无短路、接地和瓷件破损等缺陷。测定绝缘电阻和吸收比一直是变压器绝缘试验中常用的方法之一。

1. 试验目的

（1）初步判断变压器绝缘的好坏。
（2）鉴别变压器绝缘的整体或局部是否受潮。
（3）检查绝缘表面是否脏污，有无放电或击穿所形成的贯通性局部缺陷。
（4）检查有无瓷套管开裂、引线碰地、器身内有无铜线搭桥所造成的短路。

2. 测量方法

（1）对于额定电压为 500 kV 的变压器，一般使用 2 500 V 或 5 000 V 兆欧表。
（2）被测绕组各相引出端应短路后再接到兆欧表。接地的绕组也是短路后再接地，这样可以达到测量各绕组间及各绕组对地的绝缘电阻与吸收比。变压器绝缘电阻测量部位及顺序见表 4-7。

表 4-7 变压器绝缘试验顺序表

变压器类型 测量	双绕组变压器		三绕组变压器	
	被测绕组	应接地部位	被测绕组	应接地部位
1	低压	外壳及高压	低压	中压、高压及外壳
2	高压	外壳及低压	中压	低压、高压及外壳
3			高压	低压、中压及外壳
4	低压及高压	外壳	低压及高压	低压及外壳
5			低压、中压及高压	外壳

注：不同的绝缘设备，在相同的电压下，其总电流随时间下降的曲线不同。一般将 60 s 和 15 s 时的绝缘电阻的比值 R_{60s}/R_{15s} 称为吸收比。测量这一比值的试验叫作吸收比试验。

3. 试验要求

（1）电气设备交接试验。按 GB 50150—1991，测量绕组连同套管的绝缘电阻、吸收比、极化指数应满足下列规定：
①绝缘电阻不应低于出厂试验值的 70%。
②当测量温度和出厂试验时的温度不符合时，按公式换算到同一温度比较。
③变压器的吸收比应大于 1.3。
④变压器电压等级大于 220 kV，且容量大于 120 MVA 时，宜测量极化指数，测得值与出厂值相比较不应有太大变化。

（2）电气设备检修试验。按 Q/CSG 10007—2004《电力设备预防性试验规程》进行。

①经过换算的绝缘电阻与前次的测量结果相比较应无明显变化，一般不低于上次值的 70%。

②吸收比在常温下不低于 1.3，吸收比偏低时，可测量极化指数，应不低于 1.5 为宜。

③当绝缘电阻大于 10 000 MΩ 时，吸收比不低于 1.1，极化指数不低于 1.3。

4. 注意事项

（1）试验前应将变压器同一侧绕组的各相短路，并与中性点引出线连在一起接地。

（2）刚退出运行的变压器应等绕组的温度与油温接近时再进行测量。

（3）吸收比和极化指数不进行温度换算。

（4）为消除残余电荷对测量的影响，应将绕组对地进行充分放电 3 min，拆开变压器的高、低压连接线。

（5）在测量过程中，如需要重复测量时，应将绕组进行充分放电。

（6）如发现存在绝缘问题，应进行分解试验。

（7）该试验只能初步判定变压器的绝缘情况不存在特别明显的缺陷，而不能说明绝缘没有问题，它也是进行耐压试验前的预检。

5. 现场试验数据（见表 4-8、表 4-9）

表 4-8 #7 主变压器绝缘电阻测量试验数据比较（一）

绝缘电阻测量/MΩ			温度：20 ℃		日期：2007.4.25
	R_{15s}	R_{60s}	R_{600s}	R_{15s}/R_{60s}	R_{600s}/R_{60s}
高压侧-低压侧及地	97 600	103 000	126 000	1.06	1.22
低压侧-高压侧及地	44 400	54 700	89 500	1.23	1.64
高压侧与低压侧-地	49 100	71 200	117 300	1.45	1.65

表 4-9 #7 主变压器绝缘电阻测量试验数据比较（二）

绝缘电阻测量/MΩ			温度：20 ℃		日期：2009.4.15
	R_{15s}	R_{60s}	R_{600s}	R_{15s}/R_{60s}	R_{600s}/R_{60s}
高压侧-低压侧及地	95 400	102 650	125 676	1.04	1.22
低压侧-高压侧及地	43 700	55 630	85 700	1.43	1.54
高压侧与低压侧-地	44 500	73 450	113 430	1.39	1.46

6. 试验结果的分析判断

本次试验所测到的值与历次比较，没有太明显的出入，所以可以证明该变压器的绝缘没有出现明显的缺陷，也没有受潮，符合相关标准。

绝缘电阻和吸收比试验虽然能反映变压器的某些状况，但是，由于它们受外界的影响较大，测得的电阻值分散性较大，没有绝对的判断标准。

一般情况下采用比较法对结果进行比较，可以是同类型的设备间相互比较、该设备历次试验结果间的比较，也可以是大修前后的数据比较。

通常情况下如果与历次数据相差较明显，在排除测量误差和温度因素的情况下即可以认为变压器的绝缘损坏或受潮了，应该及时检查变压器的主绝缘，找出隐患。

（六）交流耐压试验

外施工频耐压试验是将被试绕组首尾短接，施加试验电压，考察变压器主绝缘和端绝缘的强度，对设备的安全运行具有重要意义。

交流耐压试验对固体有机绝缘来说属于破坏性试验，它会使原来存在的绝缘弱点进一步发展，使绝缘强度逐渐降低，形成绝缘内部劣化的累积效应，这是我们不希望见到的。因此，必须正确地选择试验电压的标准和耐压时间。试验电压越高，发现绝缘缺陷的有效性更高，但被试品被击穿的可能性更大。反之，试验电压低，又使设备在运行中被击穿的可能性加大。

1. 试验目的

它是变压器试验的主要项目，是考核主绝缘的基本措施；是对变压器绕组连同套管一起进行超过额定电压一定倍数的工频交流试验电压持续时间 1 min 的交流耐压试验。其目的是在比运行情况更为严酷的条件下检验变压器绕组的绝缘水平。

2. 测量方法

交流耐压试验的接线应根据被试品的要求和现有试验设备来决定，通常是采用成套设备。对于大型的变压器就需要大容量的试验变压器、调压器以及电源，现场操作十分不方便，在此情况下，可根据具体情况分别采用串联、并联谐振的方法来进行现场试验。串、并联谐振可以通过调节电感来实现，也可以通过调节频率或电容来实现。由于变压器是大电容设备，所以一般采用调感和调频来进行谐振补偿。

3. 试验要求

根据 GB 50150—1991 与 Q/CSG 10007—2004 制成表 4-10，供试验参考。

表 4-10 变压器交流耐压试验电压标准　　　　　　　　　　　　　　　　kV

绕组额定电压	0.5 及以下	2	3	6	10	15	20	35	44	60	110	220	330	500
出厂试验电压	5		18	25	35	45	55	85	95	140	200	395	510	680
交接试验电压	4		15	21	33	38	47	72	81	120	170	335	433	578
大修试验电压	2		14.4	20	28	36	44	68	76	112	160	316	408	544
运行中非标准产品最低试验电压	2	8	13	19	26	34	41	64	71	105				

绕组全部更换后的变压器按出厂试验电压值进行试验；局部更换绕组的变压器按出厂试验电压的 0.8 倍值进行试验。

4. 注意事项

（1）检查试验接线，确保无误，被试变压器外壳和非加压绕组应可靠接地，试验中的过电流、过电压保护应正确可靠。

（2）油浸式变压器的套管、入孔等所有能放气的部位要全都打开充分排气，以免未排出的气体残存影响绝缘强度，导致击穿和放电。

（3）三相变压器的交流耐压试验，不必分相进行，但同侧绕组的三相引出线端必须短路后才能试验，否则会损伤变压器绕组。

（4）在试验过程中，升压过程应均匀，当电压升至40%试验电压以上时，应保持3%试验电压上升速度；降压应迅速，但应避免在40%试验电压以上突然切断电源。

（5）交流耐压试验时间为1 min。如果发生击穿时，应立即切断电源。

（6）加压期间应密切注视表计指示动态，观察、监听被试变压器，注意异常状态。

5. 现场试验数据（见表4-11～表4-16）

表4-11　#7 主变压器（A 相）交流耐压试验数据比较（一）

交流耐压试验			日期：2007.4.25	
试前绝缘/MΩ	施加电压/kV	持续时间/min	试后绝缘/MΩ	结果
50 000	68	1	50 000	通过

表4-12　#7 主变压器（A 相）交流耐压试验数据比较（二）

交流耐压试验			日期：2009.4.15	
试前绝缘/MΩ	施加电压/kV	持续时间/min	试后绝缘/MΩ	结果
50 000	68	1	50 000	通过

表4-13　#7 主变压器（B 相）交流耐压试验数据比较（一）

交流耐压试验			日期：2007.4.25	
试前绝缘/MΩ	施加电压/kV	持续时间/min	试后绝缘/MΩ	结果
50 000	68	1	50 000	通过

表4-14　#7 主变压器（B 相）交流耐压试验数据比较（二）

交流耐压试验			日期：2009.4.15	
试前绝缘/MΩ	施加电压/kV	持续时间/min	试后绝缘/MΩ	结果
50 000	68	1	50 000	通过

表4-15　#7 主变压器（C 相）交流耐压试验数据比较（一）

交流耐压试验			日期：2007.4.25	
试前绝缘/MΩ	施加电压/kV	持续时间/min	试后绝缘/MΩ	结果
50 000	68	1	50 000	通过

表 4-16 #7 主变压器（C 相）交流耐压试验数据比较（二）

交流耐压试验				日期：2009.4.15
试前绝缘/MΩ	施加电压/kV	持续时间/min	试后绝缘/MΩ	结果
50 000	68	1	50 000	通过

6. 试验结果的分析判断

试验中，表计指针不跳动不上升，被试变压器无放电声，则被认为试验通过；一般若出现电流突然上升或电流继电器动作，则表示被试品已被击穿。

本次试验所测到的值与历次比较，没有太明显的出入，所以可以证明该变压器的绝缘没有出现明显的缺陷，也没有受潮，符合相关标准。

根据经验判断，一般情况下，当被试品被击穿时，电路中电流会明显上升，被试品会发出击穿声响、冒烟、出气、焦臭、闪弧、燃烧等，这些都是不允许的，一定要查明原因。这些现象如果确定是发生在绝缘上的，则认为是被试品存在缺陷和击穿。

另外，耐压试验前后都应测量被试品的绝缘电阻，确保设备和人员的安全。

（七）介质损耗因数 $\tan\delta$ 的测量

测量介质损耗因数 $\tan\delta$ 是绝缘预防性试验的重要项目之一。

在交流电压作用下，流过介质的电流由两部分组成，即通过 C_x 的电流 I_{C_x} 和通过 R_x 的电流 I_{R_x}。通常 $I_{C_x} \ll I_{R_x}$，介质损耗角 δ 甚小。介质中的损耗功率：

$$P = U^2 \omega C_x \tan\delta \tag{4-5}$$

$\tan\delta$ 一般均比较小。

1. 试验目的

检查变压器绝缘是否受潮、油质是否劣化以及绕组上是否存在油泥等严重的局部缺陷。它对局部放电、绝缘老化与轻微缺陷反应不灵敏。因此，当变压器等级大于 35 kV 时，且容量在 8 000 kVA 以上时，应测量介质损耗角的正切值。

2. 测量方法

（1）使用仪器。现场试验大多使用的是电压平衡式西林电桥（例如 QS1 型）和 ZT1 型介质测量专用仪器。QS1 交流电桥是按平衡原理制造的，有正反两种接法，在测介损时一般用反接法。ZT1 型介质测量仪是按相敏电阻原理制成的，具有带电测试功能。

（2）测量时因将非被测绕组短接接地，也可以将非被测绕组屏蔽进行分解试验，以查出局部缺陷。

（3）测量变压器介质损耗因数时，对于注油或未注油的，且绕组额定电压为 10 kV 以上的变压器，试验电压为 10 kV，绕组额定电压小于 10 kV 的，试验电压不应大于额定电压。

3. 试验要求

（1）被测绕组与非被测绕组均应首尾短路。交流电压施加在绕组上，由于磁耦合作用，绕组各点的电位和相角可能不同，会对测量结果造成误差。绕组首尾短接，可以将其内部各点电位的不同减小到最低限度。

（2）测试前应将套管、瓷瓶擦拭干净，因为表面的脏污会影响准确度，另外周围的临时接地体也要拆除。

（3）当绕组的介损较大时，应测试相应温度下的油介质损耗，以区分纸和油的情况。

4. 注意事项

（1）一般在绝缘电阻和泄漏电流试验完成之后进行介质损耗因数的测量，试验时可以一次升到试验电压，也可以分段加压，以便观察不同电压情况下的介质损耗因数的变化。

（2）由于电源频率对介质损耗因数有影响，因此，试验电源频率偏差应小于5%。

（3）测量变压器介质损耗因数时，对于注油或未注油的，且绕组额定电压为10 kV以上的变压器，试验电压为10 kV，绕组额定电压小于10 kV的，试验电压不应大于额定电压。

5. 现场试验数据（见表4-17~表4-22）

表4-17 #7 主变压器（A相）介质损耗电气试验数据比较（一）

介质损耗测量	湿度：49%	温度：23.8 ℃	日期：2007.4.06
项目	高压侧-低压侧及地	低压侧-高压侧及地	高压侧与低压侧-地
$\tan\delta/\%$	0.179	0.183	0.156
C_x/pF	11 514	26 781	25 870

表4-18 #7 主变压器（A相）介质损耗电气试验数据比较（二）

介质损耗测量	湿度：25%	温度：25 ℃	日期：2009.4.15
项目	高压侧-低压侧及地	低压侧-高压侧及地	高压侧与低压侧-地
$\tan\delta/\%$	0.165	0.124	—
C_x/pF	11 710	27 210	—

表4-19 #7 主变压器（B相）介质损耗电气试验数据比较（一）

介质损耗测量	湿度：49%	温度：23.8 ℃	日期：2007.4.06
项目	高压侧-低压侧及地	低压侧-高压侧及地	高压侧与低压侧-地
$\tan\delta/\%$	0.158	0.160	0.147
C_x/pF	11 492	26 781	25 790

表4-20 #7 主变压器（B相）介质损耗电气试验数据比较（二）

介质损耗测量	湿度：25%	温度：25 ℃	日期：2009.4.15
项目	高压侧-低压侧及地	低压侧-高压侧及地	高压侧与低压侧-地
$\tan\delta/\%$	0.140	0.139	—
C_x/pF	11 520	26 800	—

表 4-21 #7 主变压器（C 相）介质损耗电气试验数据比较（一）

介质损耗测量	湿度：49%	温度：23.8 ℃	日期：2007.4.06
项目	高压侧－低压侧及地	低压侧－高压侧及地	高压侧与低压侧－地
$\tan\delta/\%$	0.163	0.163	0.169
C_x/pF	11 596	27 128	26 150

表 4-22 #7 主变压器（C 相）介质损耗电气试验数据比较（二）

介质损耗测量	湿度：25%	温度：25 ℃	日期：2009.4.15
项目	高压侧－低压侧及地	低压侧－高压侧及地	高压侧与低压侧－地
$\tan\delta/\%$	0.150	0.136	—
C_x/pF	11 467	26 580	—

6. 试验结果的分析判断

此台变压器为外高桥电厂#7 机组的升压变压器，是 2006 年新购进的由重庆 ABB 变压器公司生产的，所以测得的数据相当好。但是仔细分析，大修时的数据竟然好于出厂，可见试验环境（温度和湿度）和试验水平还是很重要的因素。

[案例]

××热电厂启备变预防性试验报告

1. 概述

××研究院对××热电厂启备变进行预防性试验。

表 1 启备变主要参数

型　号	SFPFZ9-CY-50000/220 GY	连接组标号	YNyn0-yn0+d
出厂序号	07B08168	相数	3
生产日期	2008 年 01 月	厂家	特变电工沈阳变压器有限公司
额定电压	(230±8×1.25%)/6.3-6.3 kV/10.5 kV		
额定容量	50 000/27 000-27 000/16 700 kVA		

2. 试验人员及时间

参加人员：

试验时间：2018 年 6 月 5 日

3. 安全、职业健康、环境保护

（1）在进行现场试验之前，试验负责人对试验人员进行了安全、环保和职业健康的培训。

（2）试验期间工作人员佩戴了相应防护装具，做好了危害健康和影响现场工作的事故预案。

（3）试验结束后，按照"三标一体"的要求，保证"工完、料净、场地清"，将材料垃圾堆放到了指定的回收垃圾场，未对环境造成污染。

4. 试验结论

变压器试验报告

1. 绝缘电阻测试（GΩ）：M13203 高压兆欧表			环境温度：29 ℃
绕组位置	R_{15s}	R_{60s}	R_{60s}/R_{15s}
高压对低压Ⅰ、Ⅱ及地	7.8	11.4	1.46
低压Ⅰ对高压、低压Ⅱ及地	10.4	22.3	2.14
低压Ⅱ对高压、低压Ⅰ及地	9.3	15.6	1.67
铁芯对地		2.3	
夹件对地		5.4	

2. 直流电阻测试：JYR-40 直流电阻测试仪			环境温度：29 ℃；上层油温：38 ℃
分接位置＼相别	高压绕组		
	AO/Ω	BO/Ω	CO/Ω	不平衡率/%
1	1.667 5	1.668 5	1.657 6	0.06
2	1.644 6	1.644 2	1.650 6	0.39
3	1.607 9	1.607 8	1.617 0	0.57
4	1.563 5	1.553 8	1.554 3	0.62
5	1.578 0	1.574 6	1.570 3	0.49
6	1.506 8	1.500 2	1.510 8	0.70
7	1.515 4	1.515 2	1.516 8	0.11
8	1.439 3	1.436 5	1.450 2	0.95
10	1.402 9	1.404 4	1.405 4	0.17
12	1.419 3	1.419 1	1.418 0	0.09
13	1.498 1	1.492 2	1.492 2	0.39
14	1.495 9	1.489 2	1.500 3	0.74
15	1.569 2	1.565 9	1.562 3	0.44
16	1.551 0	1.549 6	1.553 3	0.23
17	1.623 2	1.625 1	1.626 0	0.17
18	1.606 9	1.606 2	1.613 3	0.44
19	1.692 4	1.696 6	1.697 1	0.28
绕组	ao/mΩ	bo/mΩ	co/mΩ	不平衡率/%
Ⅰ分支	1.728 3	1.718 4	1.757 7	2.26
Ⅱ分支	1.838 0	1.825 6	1.824 8	0.72

续表

3. 介质损耗因数 tanδ 测量：济南泛华 F 型抗干扰介质损耗仪			环境温度：29 ℃	
绕组位置	tanδ/%	电容值/nF	接线	电压/kV
高压对低压Ⅰ、Ⅱ及地	0.185	10.30	反接	10
低压Ⅰ对高压、低压Ⅱ及地	0.265	11.17	反接	6
低压Ⅱ对高压、低压Ⅰ及地	0.280	11.57	反接	6
4. 电容型套管绝缘电阻及 tanδ 测量：AI-6000E 抗干扰介质损耗仪			环境温度：29 ℃	
相别	末屏/GΩ	tanδ/%	电容值/pF	铭牌值/pF	接线
A	102	0.308	500.9	496	正接
B	114	0.311	497.4	497	正接
C	63	0.301	506.2	484	正接
O	104	0.274	323.5	326	正接

5. 泄漏电流测试（μA）：Z-V 直流高压发生器			环境温度：29 ℃
绕组位置	10 kV	20 kV	40 kV
高压对低压Ⅰ、Ⅱ及地	0.4	1.5	2.0
低压Ⅰ对高压、低压Ⅱ及地	0.7	—	—
低压Ⅱ对高压、低压Ⅰ及地	1.8	—	—

6. 分接开关试验：			环境温度：29 ℃	
使用仪器		BYCC-3168G 电力变压器分接开关参数综合测试仪		
分接位置	相别	A	B	C
1-2	过渡电阻/Ω	7.8	7.8	8.0
	过渡时间/ms	21.2	21.3	22.0
2-3	过渡电阻/Ω	7.8	8.1	8.0
	过渡时间/ms	23.1	22.0	22.1
3-4	过渡电阻/Ω	7.8	8.0	7.8
	过渡时间/ms	20.4	21.3	20.0
4-5	过渡电阻/Ω	7.9	8.1	8.1
	过渡时间/ms	20.8	22.1	21.8
5-6	过渡电阻/Ω	8.1	8.0	8.0
	过渡时间/ms	19.8	20.8	20.0
6-7	过渡电阻/Ω	7.8	7.7	7.6
	过渡时间/ms	19.4	21.4	20.8

续表

6. 分接开关试验：			环境温度：29℃	
使用仪器		BYCC-3168G 电力变压器分接开关参数综合测试仪		
分接位置	相别	A	B	C
7-8	过渡电阻/Ω	7.8	7.8	7.7
	过渡时间/ms	22.1	21.2	21.2
8-10	过渡电阻/Ω	7.6	7.8	7.6
	过渡时间/ms	22.3	22.1	22.0
10-12	过渡电阻/Ω	7.7	7.8	7.7
	过渡时间/ms	19.8	18.0	19.1
12-13	过渡电阻/Ω	8.0	8.1	8.0
	过渡时间/ms	20.1	20.4	21.5
13-14	过渡电阻/Ω	8.0	8.0	7.9
	过渡时间/ms	18.9	18.9	19.0
14-15	过渡电阻/Ω	8.1	8.0	8.0
	过渡时间/ms	19.1	18.9	19.2
15-16	过渡电阻/Ω	7.9	7.9	7.8
	过渡时间/ms	19.4	20.3	20.0
16-17	过渡电阻/Ω	7.7	7.8	7.9
	过渡时间/ms	21.1	19.5	20.0
17-18	过渡电阻/Ω	7.8	7.9	7.9
	过渡时间/ms	21.4	19.8	19.8
18-19	过渡电阻/Ω	8.0	8.1	7.8
	过渡时间/ms	20.0	20.0	19.8

7. 绕组短路阻抗：HDZK-10 短路阻抗仪				环境温度：29℃
测试绕组	分接	出厂阻抗百分比/%	实测阻抗百分比/%	容量/kVA
高压-低压Ⅰ Ⅱ	1	11.91	12.122	50 000
	10	11.58	11.497	
	19	11.58	11.532	
高压-低压Ⅰ(Ⅱ)	1	21.82	21.682	50 000
	10	21.51	21.116	
	19	21.45	21.117	

续表

依据标准：DL/T 596—1996《电力设备预防性试验规程》。
试验结论：低压Ⅰ直阻不平衡系数虽超出规程规定值，但与历年测试值比较无明显变化（变压器厂家曾对启备变低压Ⅰ分支绕组超标情况出具证明，可以投入运行），其余试验合格。
试验日期：2018 年 06 月 05 日　　　　　　　　　　试验人员：

小结

由于电力变压器内部结构复杂，电场、热场分布不均匀，因而事故率相对较高。因此要认真地对变压器进行定期的绝缘试验，根据状态检修规程，一般为 3～5 年进行一次停电试验。不同电压等级、不同容量、不同结构的变压器试验项目略有不同。

试验中认真，专注，培养学生匠心匠艺。

第二节　互感器试验

任务描述

互感器的绝缘试验方法与变压器基本相同，本节仅根据互感器特点加以补充。

（1）绝缘电阻的测量。

①由于互感器容量小，吸收现象不明显，因此只测互感器绕组的绝缘电阻，不测吸收比。

②测量一次绕组时，使用 2 500 V 兆欧表。

③当互感器吊芯检修时，将铁芯穿芯螺栓一端与铁芯的连接片拆开，用 2 500 V 兆欧表测试，如拆不开，则可不测试。

④绝缘电阻测量值用比较法分析判断，不应低于原始值的 60%。

（2）$\tan\delta$ 值的测量。

将一次绕组连同套管一起测量 $\tan\delta$ 值，相关规程中规定，只对 20 kV 及以上电压等级的互感器进行测量，测量时二次绕组接地。

（3）交流耐压试验。

该试验是指绕组连同套管对外壳的工频交流耐压试验。分级绝缘的电压互感器不进行此项试验。

互感器一次侧的交流耐压试验可单独进行，也可以和相连的一次设备，如母线、隔离开关等一起进行。试验电压应采用与母线等相连设备的最低试验电压。试验时二次绕组应短路接地，以免绝缘击穿时在二次绕组上产生危险的高电压。

知识链接

——完成互感器的试验测量，完成试验报告

一、电压互感器的绝缘特性

电磁式电压互感器按绝缘可分为干式、浇注式、油浸式和充气式几种。干式用于电压等级在 6 kV 以下户内装置；环氧树脂浇注式一般用于电压等级在 3 ~ 35 kV 户内的配电装置；目前大量生产和使用的都是普通结构油浸式的，适用电压等级为 3 ~ 35 kV，其铁芯和绕组放在充有变压器油的接地金属箱内，绕组经过固定在油箱盖上的套管绝缘子引出，由于容量小（只有几十到几百伏安），所以可以不要冷却装置。

当使用电压超过 35 kV 时，随着电压的增加，芯子与外壳之间的绝缘距离要加大，油箱尺寸和用油量都将随之增加，还需要配置高压出线套管。高、低压绕组间的绝缘层加厚，一方面加大了互感器的漏磁，使其误差特性变坏，同时也加大了互感器芯子部分的尺寸，使油箱尺寸不易缩小，这将加大互感器在绝缘方面的造价，为此额定电压在 110 kV 及以上的电压互感器多采用如下结构：

（1）在总体结构方面，用套管代替金属油箱以缩小体积。由于在 10 kV 及以上电力系统中电压互感器的接线方式都是 Y_0/Y_0，因此只需把单相式高压绕组的一端（接地）直接由瓷套底部引出，可不设出线套管。

（2）在铁芯对地绝缘结构方面，采取减少绝缘厚度、缩短磁路长度的措施。铁芯对地绝缘（由绝缘支架支撑来实现）的结构形式如图 4 – 3 所示。高压绕组分为两部分，分别绕在上、下铁芯柱上，低压绕组绕在下铁芯柱上并和高压绕组接地端相连（见图 4 – 3 (a)）。这样，当电力系统对地电压为 U，铁芯对地的电压即为 $\frac{1}{2}U$，此时高压绕组的两个

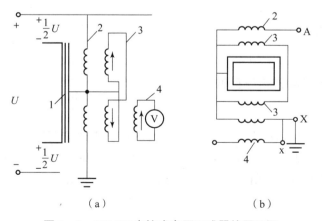

图 4 – 3　110 kV 串接式电压互感器的原理图

1—铁芯；2—高压绕组；3—平衡绕组；4—低压绕组

出线头和铁芯间的电压将是$\frac{1}{2}U$，高、低压绕组间以及低压绕组和铁芯间的电压也是$\frac{1}{2}U$。这就降低了铁芯和高压绕组间以及高、低压绕组间的绝缘要求。

（3）由于上铁芯柱上没有低压绕组，高压绕组和低压绕组（在下铁芯柱上）间的电磁耦合比较弱，增大了电压互感器的误差，所以在电压互感器中增加了平衡绕组（见图4-3（b））。加上平衡绕组以后，当上、下铁芯柱内的磁通不相等时，将在平衡绕组中感应电动势，产生环流，使磁通较大的上铁芯柱去磁，磁通较小的下铁芯柱增磁，使上、下铁芯内的磁通保持大致相等，从而使绕组的电压分布均匀，提高了测量准确度。

（4）在110 kV及以上电压等级的电压互感器中还有一种电容式电压互感器，它能耐受较高的电压冲击，绝缘强度高。但输出容量较小，影响误差的因素较多（如温度、频率），误差特性比电磁式电压互感器差一些。

二、电流互感器的绝缘特性

电流互感器按绝缘可分为干式、浇注式、油浸式和电容式。干式适用于低压用户；浇注式是利用环氧树脂作绝缘，浇注成型，适用于35 kV及以下室内变电站；电容式多为户外用，用作110 kV及以上的电压等级电流互感器。

从结构上看，35～110 kV电压等级的电流互感器常用"8"字形结构，二次绕组绕在一环形铁芯上，而一次绕组本身构成另一个环，这两个环像"8"字形那样互相套在一起。每个环上都包有绝缘纸，然后一起浸在装有一个瓷套的油箱里。在此"8"字形结构中，绝缘层内的电场很不均匀，击穿电压低且分散性较大。在220 kV及以上的电流互感器中，普遍采用电容式结构，将仅一匝的一次绕组弯成"U"字形，全部绝缘都包在此一次绕组上。为了进一步改善绝缘的径向及轴向电场分布，又在绝缘中布置一定数量的均压板——电容屏，并且有足够的轴向尺寸，通常可以让径向场强均匀或近似均匀分布。在接地电容屏的外面，两侧各套以带有二次绕组的铁芯，如图4-4所示。

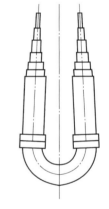

图4-4 电容式电流互感器结构图

任务训练

（一）CVT（电容式电压互感器）试验

1. 概述

CVT在现场不拆开一次引线进行预防性试验时，遇到的问题比较多，主要是不同厂家、不同型号的CVT在结构上和参数上差异较大，同一种试验方法在一些CVT上可用，在另一些CVT上却不能用。所以，只能就共性问题进行规定，具体实施时应根据实际情况灵活应用。

2. CVT的基本结构

CVT的基本结构如图4-5所示。图中：C_1—高压电容器，由1～4节串联组成；C_2—

中压电容器；YH—中压电压互感器；L—共振电抗器；R—保护电阻；P—保护间隙；a1、x1、a2、x2……—主二次绕组；af、xf—辅助二次绕组；Z—阻尼器；ZK—载波阻抗器；K—接地开关；δ—载波通信端子；X—中压电压互感器接地端子。不同厂家或型号的 CVT，其端子符号可能不一样，如 δ 端子，有的 CVT 标为 N 或 L，在试验前应查看 CVT 的端子图予以确认。有些 CVT 中电压互感器是独立的，这时分压电容器 C_1 和 C_2 之间有接线端子。

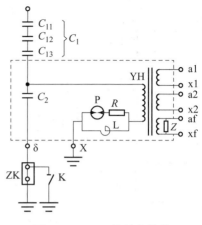

图 4-5　CVT 的基本结构

3. 电容式电压互感器试验

电容式电压互感器试验包括：
- 绝缘电阻的测量。
- $\tan\delta$ 的测量。
- 电容值的测量。

1）绝缘电阻的测量

对于线路 CVT，在不拆开一次引线时，因安全的需要应合上线路接地刀闸，所以线路 CVT 的第一节高压电容器 C_{11} 顶端总是接地的；而变压器出口 CVT 总是与变压器绕组连在一起，在测量时为了保证安全也都把顶端接地。另外，在测量低压电容器 C_2 和中压电压互感器绕组绝缘电阻时，由于只能从 δ 端子和 X 端子测量，容易受二次端子板绝缘电阻的影响，这些问题在测量中应给予考虑。

（1）测量接线。CVT 绝缘电阻测量接线如图 4-6～图 4-8 所示，图中 CVT 采用简化图。兆欧表的屏蔽端子"G"在一般情况下可以不接，仅在测量数据偏小时，为了排除非被试部件和二次端子板的影响时才接。

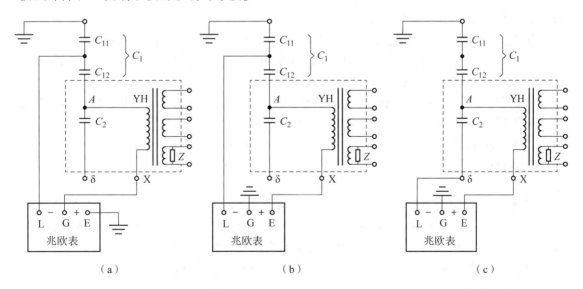

图 4-6　高压电容器为 2 节时绝缘电阻的测量接线

(a) 测量 C_{11} 的绝缘电阻；(b) 测量 C_{12} 的绝缘电阻；(c) 测量 C_2 的绝缘电阻

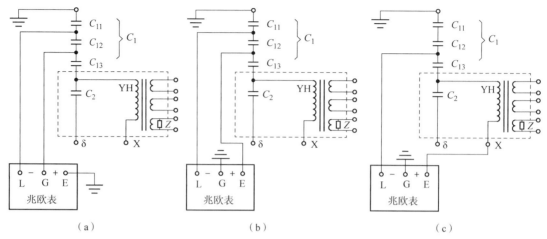

图4-7 高压电容器为3节或3节以上时绝缘电阻的测量接线
(a) 测量高压第一节电容器；(b) 测量高压中间电容器；(c) 测量高压最后一节电容器

(2) 测量方法。

① 因电容器有充放电过程，测量前后应充分放电。

② 启动兆欧表后读取 1 min 的绝缘电阻值。

(3) 注意事项。

① 在测量 C_2 及中压互感器时，绝缘电阻极易受二次端子板的影响，应将二次端子板擦拭干净。

② 在空气潮湿或阴雨天测量时，尽可能用屏蔽极排除外部影响。

2) tanδ 的测量

(1) 概述。CVT 的 tanδ 测量受各种因素的影响，情况比较复杂。以下几方面的影响应引起注意：

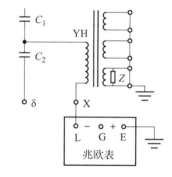

图4-8 中压 PT 绝缘电阻测量接线

① 不拆开 δ 端子时，应把载波阻抗箱的接地刀闸合上，否则会影响测量结果。

② 测量高压电容最后一节（连 C_2）的介损时，中压互感器的二次绕组应全部短接，否则其电感会影响测量结果。

③ 线路接地刀闸及试验用接地线接触不良时，会造成 tanδ 值增加，对正接法测量的电容也有影响，必要时应在 CVT 顶部另挂接地线。

(2) 试验接线。试验接线如图4-9~图4-12所示，接线说明如下。

① 测量高压第一节电容器时，采用反接加屏蔽的接线，如图4-9 (a)、图4-10 (a)、图4-11 (a) 所示。

② 测量高压最后一节电容器时，如果连同中压电容器 C_2 一起测量，在打开 δ、X 端子时可用正接法（见图4-9 (b)、图4-10 (c)），不打开 δ、X 端子时可用反接加屏蔽的接线（见图4-11 (c)），但测量结果主要反映高压电容器的状况。

③ 高压电容器除了第一节和最后一节外，中间电容器用正接法接线（见图4-10 (b)、图4-11 (b)）。

④ 高压最后一节电容器和中压电容器 C_2 需要单独测量时，应用自激法测量（C_1 和 C_2 之间有抽头引出的 CVT 除外），自激法接线如图4-12所示。

第四章　电力系统主要电气设备电气试验

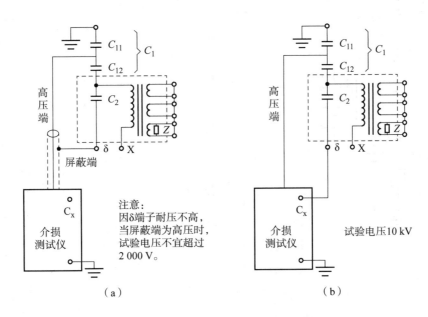

图 4-9　高压电容为 2 节时 tanδ 的测量接线
(a) 测量高压第一节电容器；(b) 测量高压第二节（包括 C_2）电容器

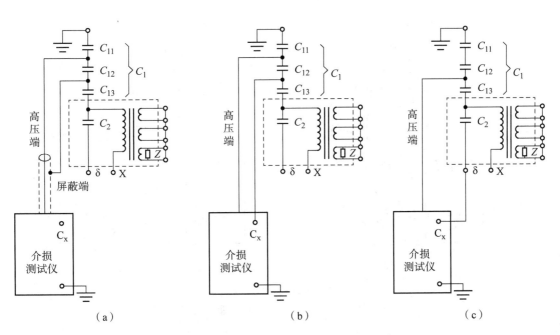

图 4-10　高压电容为 3 节时 tanδ 的测量接线
(a) 测量高压第一节电容器；(b) 测量高压中间电容器；
(c) 测量高压最后一节电容器（连 C_2）

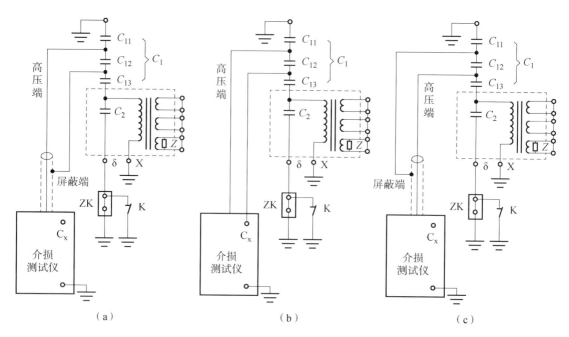

图 4-11 不拆开 CVT 二次接线时 tanδ 的测量接线
(a) 测量高压第一节电容器；(b) 测量高压中间电容器；(c) 测量高压最后一节电容器

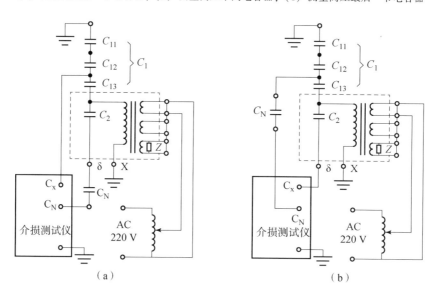

图 4-12 自激法测量 tanδ 接线
(a) 测量高压电容器最后一节；(b) 测量中压电容器 C_2

(3) 测量方法。

①根据测量部位接好相应的试验接线。

②合上 tanδ 测试仪电源，根据试验要求设置 tanδ 测试仪的抗干扰功能、接线方式和试验电压值。

③合上高压电源开关，按下试验或启动按钮，开始测量。

④读取试验数据后切断电源。

(4) 注意事项。

①tanδ 测试仪外壳应良好接地,高压引线和低压引线之间应保持足够的安全距离。

②当使用屏蔽端为高电压的 tanδ 测试仪时,若其屏蔽端接在 δ(或 X)端时,因二次端子板耐压水平不高,试验电压不应超过 2 kV。

③当采用反接法接线时,高压引线的对地电容值会叠加在被试电容器上,应尽量缩短引线。

④测量完成后立即切断测试仪器上的高、低压电源,并拉开电源箱上的电源刀闸。

⑤当采用自激法测量时,通过中间变压器二次绕组的电流不应超过厂家允许的范围。

⑥一旦发现测量数据异常,应首先检查接线是否正确,是否存在接地线、测量引线接触不良的问题,被试品瓷套外部是否脏污,测量引线绝缘是否足够,只有排除外部干扰后才能下结论。

采用自激法测量时 C_2 的计算:

在采用图 4-12 的自激法测量 C_2 的 tanδ 时,标准电容 C_N 上所承受的电压是经 C_{11}、C_{12}、C_{13} 组成的分压器分压后的电压,这一电压小于试验电压,从电桥的原理上看相当于 C_N 的电容量变小。假如分压比为 N,电桥所测出的电容值应乘以系数 N 才是被试品的实际电容值。当高压电容为 3 节时,$N \approx 2/3$,当高压电容为两节时,$N \approx 1/2$。当需要计算准确的 C_2 值时,应根据实际的高压电容值来计算准确的分压系数。

(二) PT (电磁式电压互感器) 试验

1. 概述

在测量 PT 的 tanδ 时,不同的接线方式测量的部位有所不同,一般采用规程规定的末端屏蔽接线法进行试验。但在现场试验中,有时用末端屏蔽法测量的数据出现异常(比如出现负 tanδ),此时应结合绝缘电阻测量或采用其他接线方式试验,进行综合分析。

2. 绝缘电阻的测量

1) 测量接线

采用 2 500 V 兆欧表,分别测量一次绕组对二次绕组及地和二次绕组对一次绕组及地的绝缘电阻。测量时注意排除小瓷套的影响。其测量接线如图 4-13 所示。

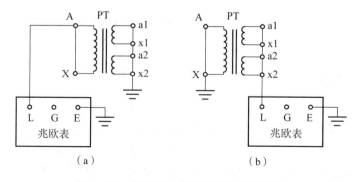

图 4-13 测量 PT 绝缘电阻的试验接线

(a) 测量一次绕组对二次绕组及地的绝缘电阻;(b) 测量二次绕组对一次绕组及地的绝缘电阻

2）测量方法

(1) 测量前后应充分放电。

(2) 启动兆欧表后读取 1 min 的绝缘电阻值。

3）注意事项

(1) 绝缘电阻易受小瓷套的影响，应将小瓷套擦拭干净。

(2) 在空气潮湿或阴雨天测量时，尽可能用屏蔽极排除外部影响。

3. $\tan\delta$ 的测量

(1) 常规接线法：$\tan\delta$ 测试仪可采用反接线方式（见图 4-14（a）），也可采用正接线方式（在图 4-14（a）中改 $\tan\delta$ 测试仪的屏蔽端接一次绕组，二次绕组不接地，改接 $\tan\delta$ 测试仪 C_x 端子），用反接法时测量部位包括一次绕组（静电屏）对二次绕组、一次绕组低压端子 X 对地的 $\tan\delta$，如果 X 端子绝缘不良，将会影响测量结果，用正接法可避开 X 端子对地绝缘的影响，因受 X 端子耐压水平的限制，试验电压不得超过 2 kV。

(2) 末端屏蔽法：$\tan\delta$ 测试仪采用正接线方式（见图 4-14（b）），此时 X 端子为低电位，因而可以避开 X 端子对测量的影响，测量结果反映 PT 内部情况，但由于一、二次绕组之间接地静电屏的屏蔽作用，无法测出一、二次绕组之间的 $\tan\delta$。

(3) 末端加压法：$\tan\delta$ 测试仪采用正接线方式（见图 4-14（c）），这种接线可测量一次绕组对二次绕组的介损，因顶部接地，所以抗感应电的效果也很好，但由于一次绕组的高压端此时为低电位，对反映一次绕组顶部受潮不灵敏，受 X 端子耐压水平的限制，试验电压不宜超过 2 kV。

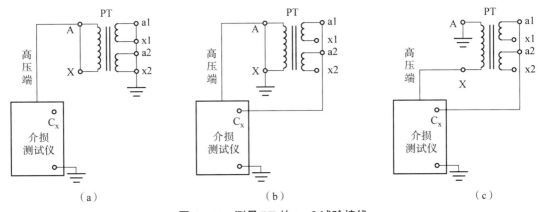

图 4-14 测量 PT 的 $\tan\delta$ 试验接线

(a) 常规接线法；(b) 末端屏蔽法；(c) 末端加压法

（三）CT（电流互感器）试验

1. 概述

CT 预防性试验项目主要有绝缘电阻测量和介质损耗测量。在 500 kV 变电站中，由于现场试验时周围不停电设备的影响，在被试 CT 上有相当高的感应电压（有时超过 10 kV），兆欧表无法承受如此高的感应电压，因而在 500 kV 变电站中不完全停电的情况下无法测量绝缘电阻。在测量介质损耗时，由于感应电压太高，有时会超出介损测试仪所能达到的抗干扰功能，出现数据异常。

此外,近年来 SF_6 绝缘的 CT 应用越来越多,其结构与油浸式或电容式的 CT 差别很大,介损测量结果并不能反映 CT 内部的绝缘质量问题,这类 CT 不需要测量介损。

2. 绝缘电阻的测量

其试验接线如图 4-15 所示。测量无末屏的 CT(如 35 kV CT),只能测量一次对地的绝缘电阻,这时的绝缘电阻实际上包括了开关支柱的绝缘电阻,并不能真实反映 CT 的绝缘状况,所测数据仅供参考。

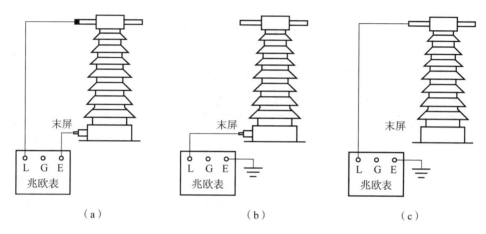

图 4-15 测量 CT 的绝缘电阻的试验接线

(a) 测量一次绕组对末屏的绝缘电阻;(b) 测量末屏对地绝缘电阻;
(c) 测量一次绕组对地绝缘电阻(无末屏时)

3. $\tan\delta$ 的测量

1)测量接线

(1) 对于油浸式或电容式 CT,可以测量一次绕组对末屏的 $\tan\delta$,这时 $\tan\delta$ 测试仪采用正接线(见图 4-16 (a))。

(2) 对于没有末屏的 CT,只能测量一次绕组对地的 $\tan\delta$,这时 $\tan\delta$ 测试仪采用反接线方式(见图 4-16 (b)),此时测量结果包括了开关支柱的损耗。

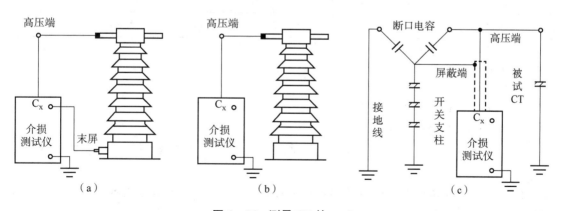

图 4-16 测量 CT 的 $\tan\delta$

(a) 测量一次绕组对末屏的 $\tan\delta$;(b) 测量一次绕组对地的 $\tan\delta$;(c) 用反接屏蔽法测量 CT 的 $\tan\delta$

2）测量方法及注意事项

（1）由于测试时一次绕组不能接地，感应电压很高，接线时要特别注意安全，要戴绝缘手套。

（2）为了削弱感应电压的数值，可在断路器的断口电容一侧挂接地线（或将断路器一侧的接地刀闸合上），当用反接法测量时，应将断路器的断口电容屏蔽掉（见图4-16（c））。

[案例]

电压互感器预防性试验报告

1. 概述

××研究院对××有限公司电流互感器进行预防性试验。

表1 电流互感器铭牌Ⅰ线

型 号	LB7—220W2				A	01182
额定电压	220 kV		出厂编号		B	01183
出厂日期	2008.09				C	01177
生产厂家	大连互感器有限公司					
端子名称	$1S_1-1S_3$	$2S_1-2S_3$	$3S_1-3S_3$	$4S_1-4S_3$	$5S_1-5S_3$	$6S_1-6S_3$
准确级次	5P25	5P25	5P25	5P25	5P25	0.5

表2 电流互感器铭牌Ⅱ线

型 号	LB7—220W2				A	01176
额定电压	220 kV		出厂编号		B	01179
出厂日期	2008.09				C	01181
生产厂家	大连互感器有限公司					
端子名称	$1S_1-1S_3$	$2S_1-2S_3$	$3S_1-3S_3$	$4S_1-4S_3$	$5S_1-5S_3$	$6S_1-6S_3$
准确级次	5P25	5P25	5P25	5P25	5P25	0.5

2. 试验人员及时间

参加人员：

试验时间：2018年8月7日。

3. 安全、职业健康、环境保护

（1）在进行现场试验之前，试验负责人对试验人员进行了安全、环保和职业健康的培训。

（2）试验期间工作人员佩戴了相应防护装具，做好了危害健康和影响现场工作的事故预案。

（3）试验结束后，按照"三标一体"的要求，保证"工完、料净、场地清"，将材料垃圾堆放到了指定的回收垃圾场，未对环境造成污染。

4. 试验结论

电流互感器试验报告

安装位置	热兴Ⅰ线		型号	LB7—220W2
1. 绝缘电阻测试（GΩ）：			环境温度：25 ℃	
使用仪器	M13203 高压兆欧表：10430212			
绕组位置	一次对二次及地		末屏对地	
使用电压/V	2 500		2 500	
A	100		64	
B	112		69	
C	110		62	
历史数据			环境温度：18 ℃	
绕组位置	一次对二次及地		末屏对地	
使用电压/V	2 500		2 500	
A	110		86	
B	128		85	
C	117		80	
规程要求：绝缘电阻换算至同一温度下，与前一次测试结果相比应无明显变化。				
2. 介质损耗因数 tanδ（%）：			环境温度：25 ℃	
使用仪器	AI-6000E 抗干扰介质损耗仪：C51027			
相别	电压/kV	tanδ/%	C_x/pF	接线
A	10	0.242	865.5	正接
B	10	0.281	866.7	正接
C	10	0.245	856.9	正接
历史数据			环境温度：18 ℃	
相别	电压/kV	tanδ/%	C_x/pF	接线
A	10	0.241	863.9	正接
B	10	0.287	864.8	正接
C	10	0.255	855.3	正接
规程要求：额定电压220 kV 时 tanδ 不大于0.8%，且与历年数据比较，不应有显著变化，电容量与初始值或出厂值差别超出±5%范围时应查明原因。				
依据标准：DL/T 596—1996《电力设备预防性试验规程》				
试验结论：试验合格				
试验日期：2018 年 08 月 07 日			试验人员：	

××电厂电容式电压互感器试验报告

1. 概述

××研究院对××电厂电容式电压互感器进行预防性试验。

表1　电压互感器铭牌　Ⅰ母线

一次电压/V	220/$\sqrt{3}$		出厂编号	A	20804284
型　号	TYD220$\sqrt{3}$ - 0.01H			B	20804283
出厂日期	2008.04			C	20804280
生产厂家	西安西电电力电容器有限责任公司				
端子名称	1a - 1n	2a - 2n	3a - 3n		da - dn
额定电压/V	110/$\sqrt{3}$	110/$\sqrt{3}$	110/$\sqrt{3}$		100
额定输出/VA	150	150	100		100
准确级次	0.2	0.5	3P		3P

表2　电压互感器铭牌　Ⅱ母线

一次电压/V	220/$\sqrt{3}$		出厂编号	A	20804285
型　号	TYD220$\sqrt{3}$ - 0.01H			B	20804281
出厂日期	2008.04			C	20804282
生产厂家	西安西电电力电容器有限责任公司				
端子名称	1a - 1n	2a - 2n	3a - 3n		da - dn
额定电压/V	110/$\sqrt{3}$	110/$\sqrt{3}$	110/$\sqrt{3}$		100
额定输出/VA	150	150	100		100
准确级次	0.2	0.5	3P		3P

表3　电压互感器铭牌　线路侧

一次电压/V	220/$\sqrt{3}$		出厂编号	斯太Ⅰ线 线路	20804294
型　号	TYD220/$\sqrt{3}$ - 0.005H			斯太Ⅱ线 线路	20804295
出厂日期	2008.04		生产厂家	西安西电电力电容器公司	
端子名称	1a - 1n	2a - 2n		da - dn	
额定电压/V	110/$\sqrt{3}$	110/$\sqrt{3}$		100	
额定输出/VA	150	150		100	
准确级次	0.2	0.5		3P	

2. 试验人员及时间

参加人员：

试验时间：2018年5月6日。

3. 安全、职业健康、环境保护

（1）在进行现场试验之前，试验负责人对试验人员进行了安全、环保和职业健康的培训。

（2）试验期间工作人员佩戴了相应防护装具，做好了危害健康和影响现场工作的事故预案。

（3）试验结束后，按照"三标一体"的要求，保证"工完、料净、场地清"，将材料垃圾堆放到了指定的回收垃圾场，未对环境造成污染。

4. 试验结论

电容式电压互感器试验报告

安装位置		Ⅰ母线		型号		TYD220/$\sqrt{3}$－0.01H	
一、中间变压器绝缘电阻测试（GΩ）：						温度：20 ℃	
仪器型号		M13203 高压兆欧表					
厂家及编号		10430212 苏州华电电气股份有限公司					
绕组位置		A		B		C	
使用电压/V		2 500		2 500		2 500	
绝缘电阻/MΩ		22		23		25	
二、介质损耗因数 tanδ（%）：						温度：20 ℃	
使用仪器		AI－6000E 抗干扰介质损耗仪					
厂家及编号		A80343E 济南泛华仪器设备有限公司					
位置		tanδ/%		C_x/nF		电压/kV	接线
A	上节	0.147		20.60		10	反接法
A	下节 C_1	0.049		30.20		3	自激法
A	下节 C_2	0.067		64.81		3	自激法
B	上节	0.083		20.59		10	反接法
B	下节 C_1	0.073		30.21		3	自激法
B	下节 C_2	0.078		64.93		3	自激法
C	上节	0.119		20.50		10	反接法
C	下节 C_1	0.050		29.84		3	自激法
C	下节 C_2	0.067		64.33		3	自激法
依据标准：DL/T 596—1996《电力设备预防性试验规程》							
试验结论：试验合格							
试验日期：2018 年 5 月 6 日				试验人员：			

小结

本节内容适用于电容式电压互感器（CVT）、电磁式电压互感器（PT）和电流互感器（CT）三类互感器的绝缘试验，规定了交接验收试验、预防性试验、大修后试验项目的引用标准、仪器设备要求、作业程序和方法、试验结果判断方法和试验注意事项等。该试验的目的是判定互感器的绝缘状况，能否投入使用或继续使用，为设备运行、监督、检修提供依据。

以实际行动践行执着专注、追求卓越的工匠精神。

第三节　高压断路器试验

任务描述

通常高压断路器可分为真空断路器、高压少油断路器和 SF_6 高压断路器三类，本节重点介绍高压少油断路器和 SF_6 高压断路器。

知识链接

——高压断路器的绝缘特性

在运行中，高压断路器要承受长期工作电压和短时各种过电压的作用，其绝缘能力必须满足各种运行要求。

高压断路器的绝缘主要有三部分：一是导电部件对地之间的绝缘，通常由支柱绝缘子或瓷套、绝缘拉杆和提升杆以及绝缘油或绝缘气体组成；二是同相断口间的绝缘；三是相间绝缘，各相独立的断路器的相间绝缘就是空气间隙。高压断路器各部分绝缘应能承受规程所规定的试验电压的作用。

高压少油断路器通常采用充油或纯瓷绝缘套管作为对地绝缘，绝缘拉杆一般用环玻璃布棒（环氧玻璃钢）。支持瓷套内的油起到防止瓷套内壁凝水和保证地缘提升杆绝缘性能的作用。支持瓷套尺寸较长，有较大的绝缘裕度，在正常运行中安全可靠，但如在安装或运行中严重受潮，将使提升杆的绝缘性能下降。高压少油断路器的断口间绝缘包括上帽和下法兰之间、动静触头之间在油中的绝缘，即在油中沿着瓷套内表面、玻璃钢筒内外表面以及动静触头之间的油层、灭弧片表面等的复合绝缘。断口间绝缘距离的大小要满足试验电压和开断小电流时拉弧长度的要求，同时还要考虑油和灭弧片在开断短路电流后产生碳化而导致的绝缘性能降低。

SF_6 高压断路器的绝缘结构十分简单，在断口动、静触头之间的绝缘介质除了瓷套外就是 SF_6 气体，其对地绝缘包括 SF_6 气体、绝缘瓷套、绝缘拉杆。SF_6 高压断路器是一种全封闭的结构，其内部绝缘不容易受潮，高压断路器中的断口连接靠的是电接触，接触电阻的存在使接触处温度升高，直接影响绝缘介质的品质。为了保证断路器可靠工作，无论是导体本身还是接触处温升都不允许超过规定值,这就要求必须控制接触电阻的数值,使它不超过允许值。

 任务训练

——高压断路器的绝缘试验

(一) 绝缘电阻的测量

1. 试验目的

测量开关的绝缘电阻,目的在于初步检查开关内部是否受潮、老化。

2. 适用范围

10 kV 及以上开关设备交接、大修后试验和预试。

3. 试验时使用的仪器

2 500 V 兆欧表。

4. 测量步骤

(1) 断开被试品的电源,拆除或断开对外的一切连线,将被试品接地放电。放电时应用绝缘棒等工具进行,不得用手触碰放电导线。

(2) 用干燥清洁柔软的布擦去被试品外绝缘表面的脏污,必要时用适当的清洁剂洗净。

(3) 兆欧表上的接线端子 E 接被试品的接地端,L 接高压端,G 接屏蔽端。应采用屏蔽线和绝缘屏蔽棒作连接。将兆欧表水平放稳,当兆欧表转速尚在低速旋转时,用导线瞬时短接 L 和 E 端子,其指针应指零。开路时,兆欧表转速达额定转速,其指针应指"∞"。然后使兆欧表停止转动,将兆欧表的接地端与被试品的地线连接,将兆欧表的高压端接上屏蔽连接线,连接线的另一端悬空(不接被试品),再次驱动兆欧表或接通电源,兆欧表的指示应无明显差异。然后将兆欧表停止转动,将屏蔽连接线接到被试品测量部位。

(4) 驱动兆欧表达额定转速,或接通兆欧表电源,待指针稳定后(或 60 s),读取绝缘电阻值。

(5) 读取绝缘电阻后,先断开接至被试品高压端的连接线,然后再将兆欧表停止运转。

(6) 断开兆欧表后对被试品短接放电并接地。

(7) 测量时应记录被试设备的温度、湿度、气象情况、试验日期及使用仪表等。

5. 影响因素及注意事项

(1) 被试品温度一般应在 10~40 ℃ 范围。

(2) 绝缘电阻随着温度升高而降低,但目前还没有一个通用的固定换算公式。

温度换算系数最好以实测决定。例如正常状态下,当设备自运行中停下,在自行冷却过程中,可在不同温度下测量绝缘电阻值,从而求出其温度换算系数。

6. 测量结果的判断

整体绝缘电阻自行规定。对于支持磁套、拉杆等一次回路对地绝缘电阻,其值应大于 5 000 MΩ。

（二）导电回路直流电阻的测量

1. 试验目的

测量其接触电阻，判断是否合格。

2. 适用范围

10 kV 及以上开关设备交接、大修后试验和预试。

3. 试验时使用的仪器

导电回路电阻测试仪（JD2201 回路电阻测试仪）。

4. 测量步骤

（1）首先，应合上开关 3 次，然后把测试夹分别夹到开关同相的两端接线排上。然后启动测试仪器，进行测量，直至三相测完。

（2）JD2201 回路电阻测试仪的操作方法。

①接线方法：按图 4-17 所示，将专用测试线的颜色红对红，黑对黑，粗的电流线接到对应的 I_+、I_- 接线柱并拧紧，细的电压线插入到 V_+、V_- 的插座内，两把夹钳夹住被试品的两端。注意：夹钳的所有连接面与被试品要可靠接触。

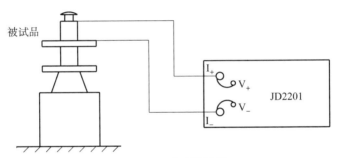

图 4-17 试验接线图

②测量：按图 4-17 完成接线后，打开电源开关，仪器默认显示"100 A"。按"选择"键选择输出电流，电流选定后，按下"测量"键仪器会自动开始测量，测量完毕后将自动切断输出电流，并显示测量结果。此时按"选择"键可使显示的结果在"电阻"和"电流"之间切换。若想重复测量，按"测量"键即可。

③测试结束后，关闭电源，拆除测试线。

④本仪器为测量纯电阻回路设计，不允许测量感性回路。如果在测试过程中，仪器显示"L01"则表示电流回路未接通，应仔细检查接线。

（3）测量时应记录被试设备的温度、湿度、气象情况、试验日期及使用仪表等。

5. 影响因素及注意事项

电流输入和电压输入应在不同位置，尽量清洁接触点，使之达到更好的测量效果。

6. 测量结果的判断

（1）SF_6 开关：

①敞开式断路器的测量值不大于制造厂规定值的 120%。

②对 GIS 中的断路器按制造厂规定。

（2）10 kV 真空开关，应符合厂家规定。

(3) 35 kV 多油开关、110 kV 少油开关，运行中自行规定。

（三）交流耐压试验

1. 试验目的

交流耐压试验是判断开关整体绝缘最有效和最直接的试验手段。

2. 适用范围

10 kV 及以上开关设备交接、大修后试验。

3. 试验时使用的仪器

电压表、电流表、工频升压设备。

4. 测量步骤

（1）连接好升压设备，把被试开关外壳可靠接地，然后连接好高压引线，加压到规定值，一分钟后降压，停止加压，图 4-18 为试验原理图。

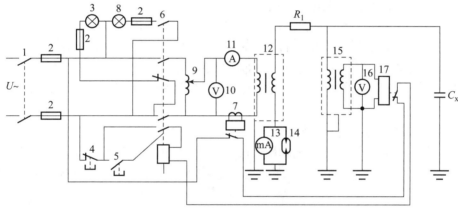

图 4-18　交流耐压试验原理图

1—双极开关；2—熔断器；3—绿色指示灯；4—常闭分闸按钮；5—常开合闸按钮；
6—电磁开关；7—过流继电器；8—红色指示灯；9—调压器；10—低压侧电压表；
11—电流表；12—高压试验变压器；13—毫安表；14—放电管；15—测量用电压互感器；
16—电压表；17—过压继电器；R_1—保护电阻；C_x—被试品

（2）拉开刀闸，检查调压器是否调零，合上刀闸，打开高压接通按钮，缓慢调节升压旋钮，使电压达到规定试验电压。

（3）测量时应记录被试设备的温度、湿度、气象情况、试验日期及使用仪表等。

5. 影响因素及注意事项

（1）被试品为有机绝缘材料时，试验后应立即触摸，如出现普遍或局部发热，则认为绝缘不良，应及时处理，然后再做试验。

（2）如果耐压试验后的绝缘电阻比耐压前下降 30%，则检查该试品是否合格。

（3）在试验过程中，若由于空气湿度、温度、表面脏污等影响，引起被试品表面滑闪放电或空气放电，不应认为被试品的内绝缘不合格，需经清洁、干燥处理之后，再进行试验。

（4）升压必须从零开始，不可冲击合闸。升压速度在 40% 试验电压以内可不受限制，其后应均匀升压，其速度约为每秒 3% 的试验电压。

（5）耐压试验前后均应测量被试品的绝缘电阻。

6. 测量结果的判断

对于绝缘良好的被试品，在交流耐压中不应击穿，而其是否击穿，可根据下述现象来分析。

（1）根据试验回路接入表计的指示进行分析。

一般情况下，电流表如突然上升，说明被试品击穿。但当被试品的容抗 X_C 与试验变压器的漏抗 X_L 之比等于 2 时，虽然被试品已击穿，但电流表的指示不变（因为回路电抗 $X = |X_C - X_L|$，所以当被试品短路 $X_C = 0$ 时，回路中仍有 X_L 存在，与被试品击穿前的电抗值是相等的，故电流表的指示不会发生变化）；当 X_C 与 X_L 的比值小于 2 时，被试品击穿后，使试验回路的电抗增大，电流表指示反而下降。通常 $X_C \geq X_L$，不会出现上述情况，只有在被试品电容量很大或试验变压器容量不够时，才有可能发生。此时，应以接在高压端测量被试品上的电压表指示来判断，被试品击穿时，电压表指示明显下降。低压侧电压表的指示也会有所下降。

（2）根据控制回路的状况进行分析。

如果过流继电器整定适当，在被试品击穿时，过流继电器应动作，并使自动控制开关跳闸。若动作整定值过小，可能在升压过程中，因电容电流的充电作用而使开关跳闸；整定值过大时，电流继电器整定电流过大，即使被试品放电或小电流击穿，继电器也不会动作。因此，应正确整定过流继电器的动作电流，一般应整定为被试品额定试验电流的 1.3 倍左右。

（3）根据被试品的状况进行分析。

被试品发出击穿响声（或断续放电声）、冒烟、出气、焦臭、闪弧、燃烧等，都是不容许的，应查明原因。这些现象如果确定是绝缘部分出现的，则认为是被试品存在缺陷或击穿。

（四）开关机械特性测量

1. 试验目的

开关机械特性是判断开关合格与否的一个重要指标。

2. 适用范围

10 kV 及以上开关设备交接、大修后试验。

3. 试验时使用的仪器

开关机械特性测试仪。

4. 测量步骤

（1）按照测试仪器接线方法，正确连接试验接线，然后开始进行开关机械特性测试。

（2）以 KC-98H4 型开关机械特性测试仪为例的操作步骤：

①将断口信号接口与断路器连接。

a. 将断口连线的黑色测试夹，夹在断路器各相静触头的接线端。

b. 将断口连接线的黄色、绿色、红色测试夹，分别夹在断路器的 A 相、B 相、C 相的动触头接线端。（依照黄、绿、红分别接 A、B、C 相的顺序连接）

c. 将断口连接线的 4 芯航空插头插入仪器 ABC 断口信号接口中。

②合（分）闸操作信号线（红、绿、黑线）的连接。

a. 信号线连接时，先接 3 个分线夹，将绿色线夹接到分闸线圈的"＋"端；将红色线夹接到合闸线圈的"＋"端；将黑色线夹接到分/合闸线圈的公共"－"端，然后将信号线的插头插到仪器面板的电源插孔内。合（分）闸操作信号接线柱与断路器操作机构的连接如图 4－19 所示。

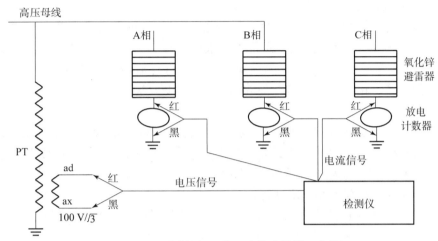

图 4－19　测试仪与开关二次线路接线示意图

b. 确认接线正确无误后，打开仪器电源，液晶屏显示"开关测试仪"等内容，3 s 后再显示"分闸顺序"，按"合分/确认"键进行合、分闸选择，调节电压至需要值，按"启动"键，断路器合闸（分闸），当液晶屏显示"合闸顺序（分闸顺序）"时合闸（分闸）测试完成，按"←"键或"→"键可以向左或向右查看各项的结果，按"打印"键可将结果打印出来，如需存储测试结果，按"选项"键一次再按"合分/确认"键，当液晶屏显示"合闸时间"时存储完毕。

c. 撤出信号线时，应先撤下仪器面板上的插头，然后再撤下开关上的线夹，避免线夹带电碰撞造成短路。

d. 接线时注意：外接交流电的火线、中线相位必须对应，"L"接火线，"N"接中线，地线接屏蔽网。

e. 仪器最大输出直流电源为 10 A，试验时注意不得超过范围。

f. 调节仪器直流电压输出至开关额定值的 30%、65% 或其他值。进行分、合闸操作试验，观察断路器的动作情况。

（3）测量时应记录被试设备的温度、湿度、气象情况、试验日期及使用仪表等。

5. 影响因素及注意事项

当开关动作后，应该马上关闭直流电源。

6. 测量结果的判断

按照制造厂要求进行试验结果判断。

（五）介质损耗因数 $\tan\delta$ 和电容量测试

1. 试验目的

有效地发现设备是否存在受潮缺陷。

2. 适用范围

35 kV 及以上开关设备交接、大修后试验和预试。

3. 试验时使用的仪器

介损测试仪。

4. 试验条件及准备

（1）试验条件：本试验应在良好的天气、试品及环境温度不低于 +5 ℃ 的条件下进行。

（2）准备：测试前，应先测量试品各电极间的绝缘电阻。必要时可对被试品表面（如外瓷套或电容套管分压小瓷套、二次端子板等）进行清洁或干燥处理。了解充油电力设备绝缘油的电气、化学性能（包括油的 $\tan\delta$）的最近试验结果。

5. 试验接线

（1）测量装在开关设备上的任一只电容式套管的 $\tan\delta$ 和电容时，常采用高压电桥正接线测量，将相应套管的测量用小套管引线接至电桥的 C_x 端，一个一个地进行测量。

（2）具有抽压和测量端子（小套管引出线）引出的电容式套管，对于 $\tan\delta$ 及电容的测量，可分别在导电杆和各端子之间进行。

①测量导电杆对接地端子（末屏）的 $\tan\delta$，非测量的抽压端子接末屏端子，将 C_2 短路，如图 4-20（a）所示。

②测量导电杆对抽压端子的 $\tan\delta$，非测量的末屏端子悬空，如图 4-20（b）所示。

③测量抽压端子对接地端子的 $\tan\delta$，导电杆悬空，这时的测量电压不应超过该端子的正常工作电压，一般为 2~3 kV，如图 4-20（c）所示。

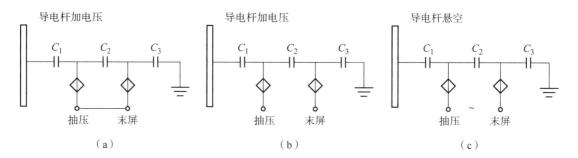

图 4-20 电容式套管等值电路

（a）测量导电杆对接地端子（末屏）的 $\tan\delta$；（b）测量导电杆对抽压端子的 $\tan\delta$；
（c）测量抽压端子对接地端子的 $\tan\delta$

以上 3 种测量，电桥均采用正接法，测得的 $\tan\delta$ 值应符合有关规程。

6. 影响因素及注意事项

（1）抽压小套管绝缘不良，因其分流作用，使测量的 $\tan\delta$ 值产生偏小的测量误差。

（2）当相对湿度较大（如在 80% 以上）时，正接线方式使测量结果偏小，甚至 $\tan\delta$ 测量值出现负值；反接线方式使测量结果往往偏大。潮湿气候时，不宜采用加接屏蔽环来防止表面泄漏电流的影响，否则电场分布被改变，会得出难于置信的测量结果。有条件时可采用电吹风吹干瓷表面或待阳光暴晒后进行测量。

（3）套管附近的木梯、构架、引线等所形成的杂散损耗，也会对测量结果产生较大影响，应予搬除。套管电容越小，其影响也越大，试验结果往往有很大差别。

（4）自高压电源接到被试品导电杆顶端的高压引线，应尽量远离被试品中部法兰，有条件时高压引线最好自上部向下引到被试品，以免杂散电容影响测量结果。

7. 测量结果的判断

套管测得的 tanδ（％）应按《电力设备预防性试验规程》进行综合判断。判断时应注意：

（1）tanδ 值与出厂值或初始值比较不应有显著变化。

（2）电容式套管的电容值与出厂值或初始值比较一般不大于 ±10％，当此变化达 ±5％ 时应引起注意。

[案例]

××发电有限公司
真空断路器预防性试验报告

1. 概述

××研究院对××发电有限公司真空断路器进行预防性试验，相关资料见表1～表5。

表1　真空断路器铭牌 1B 段电源进线

型　　号	120E-VAC	出厂编号	M09-857
额定电压	12 kV	额定电流	3 150 A
制造厂商	伊顿电力设备有限公司	出厂日期	2011 年

表2　真空断路器铭牌 1A 段备用电源进线

型　　号	120E-VAC	出厂编号	M09-853
额定电压	12 kV	额定电流	3 150 A
制造厂商	伊顿电力设备有限公司	出厂日期	2011 年

表3　真空断路器铭牌 1B 段备用电源进线

型　　号	120E-VAC	出厂编号	M09-855
额定电压	12 kV	额定电流	3 150 A
制造厂商	伊顿电力设备有限公司	出厂日期	2011 年

表4　真空断路器铭牌 1B 电动给水泵

型　　号	120E-VAC	出厂编号	M09-854
额定电压	12 kV	额定电流	3 150 A
制造厂商	伊顿电力设备有限公司	出厂日期	2011 年

表5　真空断路器铭牌 2A 电源进线

型　　号	120E-VAC	出厂编号	M09-852
额定电压	12 kV	额定电流	3 150 A
制造厂商	伊顿电力设备有限公司	出厂日期	2011 年

2. 试验人员及时间

参加人员：

试验时间：2018 年 5 月 2—3 日。

3. 安全、职业健康、环境保护

（1）在进行现场试验之前，试验负责人对试验人员进行了安全、环保和职业健康的培训。

（2）试验期间工作人员佩戴了相应防护装具，做好了危害健康和影响现场工作的事故预案。

（3）试验结束后，按照"三标一体"的要求，保证"工完、料净、场地清"，将材料垃圾堆放到了指定的回收垃圾场，未对环境造成污染。

4. 试验数据

1B 段电源进线真空断路器试验报告

安装位置	611B 柜			出厂编号		M09-857	
1. 断路器导电回路电阻试验（μΩ）：						环境温度：20 ℃	
使用仪器	HLDZ-2218B 回路电阻测试仪						
相别	A		B			C	
回路电阻	47.6		32.9			23.9	
2. 断路器主回路绝缘电阻测量和交流耐压试验：						环境温度：20 ℃	
使用仪器	DY-5/50 工频耐压装置						

相别	整体对地/GΩ		断口间/GΩ		试验电压/kV		持续时间/min	试验结果
	试前	试后	试前	试后	整体	断口		
A	102	98	98	98	33	33	1	通过
B	103	102	95	94	33	33	1	通过
C	104	103	98	96	33	33	1	通过

3. 真空度测试（Pa）：		环境温度：20 ℃
使用仪器	真空开关真空度测试仪	
相别	试验数据	试验结果
A	6.71×10^{-4}	合格
B	6.65×10^{-4}	合格
C	7.26×10^{-4}	合格
依据标准：DL/T 596—1996《电力设备预防性试验规程》		
试验结论：合格		
试验日期：2018 年 05 月 02 日		试验人员：

小结

高压断路器性能试验的目的是为了考核、研究断路器的各种性能，检验灭弧室及其他部分的结构设计、制造工艺和材料选择是否正确合理。对于高压断路器最重要的功能即开断短路电流这种现象来说,由于开断过程牵涉到的问题极为复杂,对熄弧机理和电弧理论的研究还远远落后于实际的需要,目前还不能完全依靠理论分析和定量计算的方法设计出符合各项开断性能和其他要求的开关设备,很多问题都必须通过试验进行验证。

通过新工艺的展示,充分体现以爱国主义为核心的民族精神。

第四节 电力电缆试验

任务描述

掌握电缆交接和预防性试验项目;掌握电缆绝缘电阻试验、直流耐压试验、直流泄漏测量、相位核对方法;掌握电缆预试及交接试验标准。

知识链接

——电力电缆绝缘结构特性

电力电缆是由导电线芯、绝缘、护套、屏蔽层、铠装等几部分组成。电力电缆的导电线芯常用铜和铝;电缆绝缘常用黏性油纸、橡胶、塑料等有机绝缘材料,对于高电压等级的电缆,可以采用充油或充气绝缘;屏蔽层常用半导体材料,在电缆中起到均匀电场的作用;铠装的作用是保护电缆绝缘免受外力的损伤,常用钢带、钢丝等作电力电缆铠装。电力电缆按导电线芯的数量和形状可分为单芯结构、三相圆芯电缆、三相扇形电缆、四芯扇形电缆等,如图 4-21 所示。

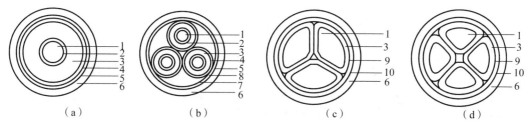

图 4-21 典型电缆结构示意图
(a) 单芯电缆;(b) 三相圆芯电缆;(c) 三相扇形电缆;(d) 四芯扇形电缆
1—导线;2—内屏蔽;3—绝缘;4—外屏蔽;5—金属屏蔽;6—护套;
7—包带;8—填充;9—分色带;10—纸包绝缘

在电力系统中常将电力电缆按绝缘材料分为油纸绝缘电缆、橡塑绝缘电缆、充油电缆、充气电缆等。油纸绝缘电缆逐步被淘汰,而橡塑绝缘电缆的使用量则逐年增加,其中尤以交联聚乙烯电缆在中、高压输电系统中的应用最为广泛。交联聚乙烯电力电缆除有优良的电气性能和耐热性能外,还具有传输容量较大、附件接头简单、不受高度落差的限制、没有漏油和引起火灾的危险等优点。

交联聚乙烯电缆的典型结构如图 4-21 (a)、(b) 所示,交联聚乙烯电缆和油浸纸包电缆在结构上的区别除了相间主绝缘采用交联聚乙烯塑料以及线芯形状是圆形之外,还有两层半导体屏蔽层。芯线外面的半导体屏蔽层可以克服导体电晕及电离放电,使芯线与绝缘层之间有良好过渡;相间绝缘外面的半导体屏蔽层和薄铜带组成了良好的相间屏蔽层,使电缆几乎不能发生相间故障。目前国内已经生产 220 kV 电压等级交联聚乙烯电缆,国外已有 500 kV 电压等级的交联聚乙烯电缆投入使用。

任务训练

——电力电缆绝缘试验

(一) 绝缘电阻测量

1. 测量目的

从电缆绝缘电阻的数值可以初步判断电缆绝缘是否受潮、老化,并可由耐压试验检出缺陷的性质,所以耐压试验前、后均应测量绝缘电阻。电力电缆的绝缘电阻,是指电缆芯线对地或电缆某芯线对其他芯线及外皮间的绝缘电阻。测量时除被测相芯线外,非被测相芯线应短路并接地。电力电缆的绝缘电阻与电缆的长度、测量时的温度以及电缆终端头或套管表面脏污、潮湿等有较大的关系。测量时应将电缆的终端头表面擦拭干净,并在缆芯端部绝缘上或套管端加装屏蔽环以消除表面电流的影响。

测得的电缆绝缘电阻应进行综合分析判断,其最低值不应低于有关规定。还可与历次试验值以及不同相测量值比较。当绝缘电阻与上次试验值比较,有明显减小或相间绝缘电阻有明显差异时应查明原因。多芯电缆在测量绝缘电阻后,可以用不平衡系数来分析判断其绝缘状况。不平衡系数等于同一电缆中各芯线绝缘电阻的最大值与最小值之比。绝缘良好的电缆其不平衡系数一般不大于 2。

2. 适用范围

交接(针对橡塑绝缘电缆)及预防性试验时,耐压前后进行。

3. 试验时使用的仪器、仪表

(1) 采用 500 V 兆欧表(测量橡塑电缆的外护套和内衬层绝缘电阻时)。

(2) 采用 1 000 V 兆欧表(对 0.6/1 kV 及以下电缆)。

(3) 采用 2 500 V 兆欧表(对 0.6/1 kV 以上电缆)。

4. 试验步骤

(1) 断开被试品的电源,拆除或断开其对外的一切连线,并将其接地充分放电。

(2) 用干燥清洁柔软的布擦净电缆头,然后将非被试相缆芯与铅皮一同接地,逐相测量。

(3) 将兆欧表放置平稳,将兆欧表的接地端 E 与被试品的接地端相连,带有屏蔽线的测量导线的火线和屏蔽线分别与兆欧表的测量端 L 及屏蔽端 G 相连接。

(4) 接线完成后,先驱动兆欧表至额定转速(120 r/min),此时,兆欧表指针应指向"∞",再将火线接至被试品,待指针稳定后,读取绝缘电阻的数值。

(5) 读取绝缘电阻的数值后,先断开接至被试品的火线,然后再将兆欧表停止运转。

(6) 将被试相电缆充分放电,操作应采用绝缘工具。

①测量内衬层绝缘电阻时，将铠装层接地，将铜屏蔽层和三相缆芯一起短路（摇绝缘时接火线）。

②测量外护套绝缘电阻时，将铠装层、铜屏蔽层和三相缆芯一起短路（摇绝缘时接火线）。

5. 试验接线图

绝缘电阻测试原理接线图如图 4-22 所示。

6. 测量结果分析判断

运行中的电缆，其绝缘电阻值应根据各次试验数据的变化规律及相间的相互比较来综合判断。

（1）电力电缆的绝缘电阻值与电缆的长度和测量时的温度有关，所以应进行温度和长度的换算，公式为：

$$R_{i20} = R_{it}KL \tag{4-6}$$

式中 R_{i20}——温度为 20 ℃时的单位绝缘电阻值，MΩ/km；

R_{it}——电缆长度为 L，在温度为 t ℃时的绝缘电阻值，MΩ；

L——电缆长度，km；

K——绝缘电阻温度换算系数，见表 4-23。

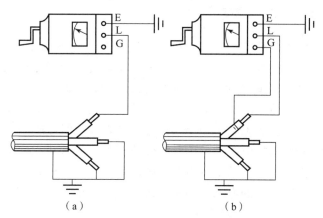

图 4-22 绝缘电阻测试原理接线图
(a) 不加屏蔽；(b) 加屏蔽

表 4-23 电缆绝缘的温度换算系数

温度/℃	0	5	10	15	20	25	30	35	40
K	0.48	0.57	0.70	0.85	1.00	1.13	1.41	1.66	1.92

停止运行时间较长的地下电缆可以以土壤温度为准，运行不久的应测量导体直流电阻后计算缆芯温度，对于新电缆（尚未铺设）可以以周围环境温度为准。

（2）绝缘电阻参考值，见表 4-24、表 4-25。

表 4-24 油纸绝缘电缆绝缘电阻值应满足的条件

额定电压/kV	1~3	6	10	35
绝缘电阻每千米不少于/MΩ	50	100	100	100

表 4-25　橡塑绝缘电缆的主绝缘电阻值应满足的条件

额定电压/kV	3~6	10	35
绝缘电阻/MΩ	1 000	1 000	2 500

橡塑绝缘电缆的内衬层和外护套电缆每千米不应低于 0.5 MΩ（使用 500 V 兆欧表），当绝缘电阻低于 0.5 MΩ/km 时，应用万用表正、反接线方式分别测量铠装层对地、屏蔽层对铠装的电阻，当两次测得的阻值相差较大时，表明外护套或内衬层已破损受潮。

(3) 对纸绝缘电缆而言，如果是三芯电缆，测量绝缘电阻后，还可以用不平衡系数来判断绝缘状况。

7. 注意事项

(1) 兆欧表接线端柱引出线不要靠在一起。

(2) 测量时，兆欧表转速应尽可能保持额定值并维持恒定。

(3) 被试品温度不低于 +5 ℃，户外试验应在良好的天气下进行，且空气的相对湿度一般不高于 80%。

(二) 直流耐压和泄漏电流试验

直流耐压试验是现场检查电缆电气强度的常用方法，直流耐压对检查绝缘中的气泡、绝缘损伤等局部缺陷比较有效，泄漏电流对反映绝缘老化、受潮比较灵敏。

直流耐压试验和泄漏电流试验一般同时进行，泄漏电流的测量应将微安表接在高压端，并应设法消除被测试品表面及周围空间的杂散电流的影响。对整盘电缆，可采用如图 4-23 所示的屏蔽方法，即在电缆两端的终端头加屏蔽帽，用导线相连后与高压引线的屏蔽连在一起。对已投入使用的电缆，由于电缆较长，上述方法难以实现。若以其中一根芯线代替连接线，又会使每根芯线承受试验电压的时间增大。此时可采用如图 4-24 所示的方法消除表面电流和杂散电流的影响，加压侧微安表与对侧微安表读数之差即为电缆绝缘的泄漏电流。

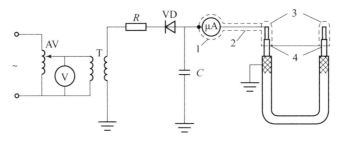

图 4-23　微安表在高压端测量电缆泄漏电流的屏蔽方法
1—微安表屏蔽；2—导线屏蔽；3—线端屏蔽；4—缆芯绝缘的屏蔽环

在进行直流耐压试验和泄漏电流试验时应均匀升压，升压过程中在 0.25、0.5、0.75、1.0 倍试验电压下各停留 1 min，读取泄漏电流的值，以便必要时绘制泄漏电流和试验电压关系曲线。

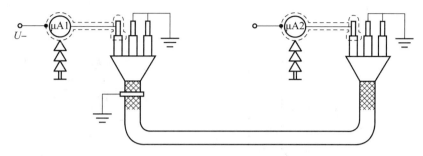

图 4-24 两端同时测量泄漏电流的接线

升压到试验电压时，同时读取 1 min 及 5 min 的泄漏电流值，耐压 5 min 的泄漏电流值不应大于耐压 1 min 时的泄漏电流。在泄漏电流试验过程中，若发现泄漏电流随时间增大而明显上升，则说明电缆头或电缆内部可能受潮；若泄漏电流升至某一电压后急剧上升，则说明电缆已明显老化或存在严重隐患；若泄漏电流周期性摆动，则说明电缆有局部孔隙性缺陷。

1. 测量目的

通过直流耐压试验可以检查出电缆绝缘中的气泡、机械损伤等局部缺陷，通过直流泄漏电流测量可以反映绝缘老化、受潮等缺陷，从而判断绝缘状况的好坏。

2. 适用范围

交接、预试、新作终端或接头后。

3. 试验时使用的仪表（测量仪器）

直流高压发生器一套。

4. 试验步骤

（1）按照试验接线图由一人接线，接线完后由另一人检查，检查内容包括试验接线有无错误，各仪表量程是否合适，试验仪器现场布局是否合理，试验人员的位置是否正确。

（2）将电缆充分放电，指示仪表调零，调压器置于零位。

（3）测量电源电压值。

（4）合上电源刀闸，启动设备，给升压回路加电，逐步升压至预先确定的试验电压值：在 0.25、0.5、0.75 倍试验电压下各停留 1 min，读取泄漏电流值，在 1.0 倍试验电压下读取 1 min 及 5 min 泄漏电流值，交接时还应读取 10 min 和 15 min 泄漏电流值。

（5）试验完毕，应先将升压回路中调压器退回零位并切断电源。

（6）每次试验后，必须将电缆先经电阻对地放电，然后对地直接放电。放电时，应使用绝缘棒，并可根据被试相放电火花的大小，大概了解其绝缘状况。

（7）再次试验前，必须检查接地是否已从被试相上移开。

5. 试验原理接线图

试验原理接线图，如图 4-25 所示。

6. 对测量结果的分析判断

（1）试验电压标准，见表 4-26 ~ 表 4-29。

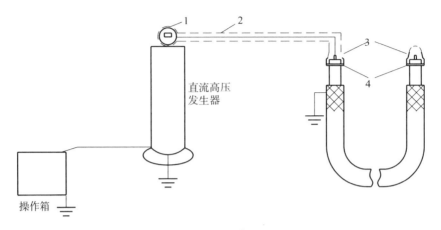

图 4-25 直流耐压和泄漏电流试验原理接线图
1—微安表屏蔽；2—导线屏蔽；3—线端屏蔽；4—缆芯绝缘的屏蔽环

表 4-26 预试时纸绝缘电缆主绝缘的直流耐压试验值（加压时间 5 min）

电缆额定电压（U_0/U）/kV	直流试验电压/kV
1.0/3	12
3.6/3.6	17
3.6/6	24
6/6	30
6/10	40
8.7/10	47
21/35	105
26/35	130

表 4-27 交接时黏性油浸纸绝缘电缆主绝缘直流耐压试验电压值

电缆额定电压（U_0/U）/kV	0.6/1	6/6	8.7/10	21/35
直流试验电压/kV	$6U$	$6U$	$6U$	$5U$
试验时间/min	10	10	10	10

表 4-28 不滴流油浸纸绝缘电缆主绝缘直流耐压试验电压值

电缆额定电压（U_0/U）/kV	0.6/1	6/6	8.7/10	21/35
直流试验电压/kV	6.7	20	37	80
试验时间/min	5	5	5	5

表 4-29　交联聚乙烯电缆主绝缘的直流耐压试验标准（加压 5 min）

电缆额定电压（U_0/U）/kV	直流试验电压/kV
1.8/3	11
3.6/3.6	18
6/6	25
6/10	25
8.7/10	37
21/35	63
26/35	78
48/66	144
64/110	192
127/220	305

（2）要求耐压 5 min 时的泄漏电流值不得大于耐压 1 min 时的泄漏电流值。

对纸绝缘电缆而言，三相间的泄漏电流不平衡系数不应大于 2，6/6 kV 及以下电缆的泄漏电流小于 10 μA，8.7/10 kV 电缆的泄漏电流值小于 20 μA 时，对不平衡系数不做规定。

（3）在加压过程中，如果泄漏电流突然变化，或者随时间的增长而增大，或者随试验电压的上升而不成比例地急剧增大，说明电缆绝缘存在缺陷，应进一步查明原因，必要时可延长耐压时间或提高耐压值来查找绝缘缺陷。

（4）若相与相间的泄漏电流相差很大，说明电缆某芯线绝缘可能存在局部缺陷。

（5）若试验电压一定，而泄漏电流做周期性摆动，说明电缆存在局部孔隙性缺陷。当遇到上述现象，应在排除其他因素（如电源电压波动、电缆头瓷套管脏污等）后，再适当提高试验电压或延长持续时间，以进一步确定电缆绝缘的优劣。

7. 注意事项

（1）试验时，应每相分别施加电压，其他非被试相应短路接地。

（2）每次改变试验接线时，应保证电缆电荷完全泄放完、电源断开、调压器处于零位，将待试的相先接地，接线完毕后加压前取下该相的地线。

（3）泄漏电流值和不平衡系数只作为判断绝缘状况的参考，不能作为是否能投入运行的判据。

（4）注意温度和空气湿度对表面泄漏电流的影响。当空气湿度对表面泄漏电流远大于体积泄漏电流时，电缆表面脏污易于吸潮，使表面泄漏电流增加，所以必须擦净表面，并应用屏蔽电极。另外，温度对高压直流试验结果的影响极为显著，最好在电缆温度为 30～80 ℃时做试验，因在这样的温度范围内泄漏电流变化较明显。

（5）对金属屏蔽或金属套一端接地，另一端装有护层过电压保护器的单芯电缆主绝缘做直流耐压试验时，必须将护层过电压保护器短接，使这一端的电缆金属屏蔽或金属套临时接地。

（三）检查相位

1. 测量目的

检查电缆两端相位一致并应与电网相位相符合，以免造成短路事故。

2. 适用范围

交接时或检修后。

3. 试验时使用的仪表（测量仪器）

数字万用表。

4. 试验步骤

（1）在电缆一端将某相接地，其他两相悬空，准备好以后，用对讲机呼叫电缆另一端准备测量。

（2）将万用表的挡位开关置于测量电阻的合适位置，打开万用表电源，黑表笔接地，将红表笔依次接触三相，观察红表笔处于不同相时电阻值的大小。

（3）当测得某相直流电阻较小而其他两相直流电阻无穷大时，说明该相在另一端接地，呼叫对侧做好相序标记（己侧也做好相同的相序标记）。

（4）重复步骤（1）（2）（3），直至找完全部三相为止，最后随即复查任意一相，确保电缆两端相序的正确。

5. 原理接线图

用万用表检查电缆相位原理接线图如图4-26所示。

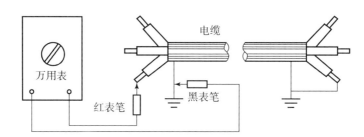

图4-26 用万用表检查电缆相位原理接线图

（四）交联聚乙烯电缆铜屏蔽层电阻和导体电阻比测量

1. 测量目的

通过对交联聚乙烯电缆铜屏蔽层电阻的测量，以判断铜屏蔽层是否被腐蚀；通过对交联聚乙烯电缆铜屏蔽层电阻和导体电阻比的测量，可大致判断附件中导体连接点的接触情况。

2. 适用范围

交接、投运前、重做终端或接头后或内衬层破损进水后。

3. 试验时使用的仪表（测量仪器）

双臂电桥一套。

4. 试验步骤

（1）用双臂电桥测量在相同温度下的铜屏蔽层直流电阻。

（2）用双臂电桥测量在相同温度下导体的直流电阻。

5. 对测量结果的分析判断

当铜屏蔽层电阻和导体电阻比与投运前相比增加时，表明铜屏蔽层的直流电阻增大，铜屏蔽层有可能被腐蚀；当该值与投运前相比减少时，说明表面附件中的导体连接点的接触电阻有增大的可能。

小结

直流耐压试验不能有效地发现高压交联聚乙烯主绝缘电缆的缺陷，因此不宜用于测试；交流耐压试验是检验交联电缆绝缘质量的有效手段。准确有效地掌握电缆各部位的运行状况有利于提高电缆的安全运行，减少电缆在运行中的故障。

在电气试验中，严格执行试验作业工作票，脚踏实地，以实际行动践行执着专注。

第五节　电力电容器试验

任务描述

完成电容器的绝缘试验，主要包括：绝缘电阻测量；介质损耗角正切值 tanδ 及电容值测量；并联电阻值测量；电容器组现场投切试验。

知识链接

——电力电容器结构特征

电力电容器主要由三部分组成：电容器极板、介质材料和外壳。电容器极板是导电良好的金属材料，电容器外壳有金属外壳和绝缘外壳两种，绝缘外壳最常见的是瓷外壳。

电力电容器极板之间的电介质材料，同时起着储藏能量和绝缘的双重作用，所以要求单位体积（或单位质量）所储藏的能量尽量大，并且要求损耗小、寿命长、工艺性能好，常用的电介质材料有以下三类。

1. 固体电介质

用于电容器的固体电介质要求耐电强度高、介电常数大、介质损耗小，且易于加工成厚度均匀的薄膜、宜卷绕、浸渍性能好。目前常用的固体电介质主要是电容器纸和塑料薄膜。电容器纸在常温下化学稳定性很好，但温度在 120 ℃ 以上会明显氧化，温度达到 150~160 ℃ 时很快分解。塑料薄膜的特点是机械强度、耐电强度和绝缘电阻都很高，中性和弱极性薄膜的 tanδ 很小，E 及 tanδ 几乎与频率无关，耐热性往往比电容纸高，但薄膜表面光滑、互相紧贴，浸润剂较难进入。采用表面粗化的聚丙烯薄膜，并在很高的真空度下浸渍，可使电容器的特性（单位体积所储能量）大大提高。

2. 液体电介质

液体电介质在电力电容器中用作浸剂，以填充固体电介质中空隙，从而提高电介质的耐电强度，改善局部放电特性和散热条件等。要求浸润剂有良好的电气性能，希望电阻率、介电系数和击穿场强高，$\tan\delta$ 小；还要求有好的理化性能，凝固点低、黏度小、不燃、无毒、与固体介质相容性好；材料来源广泛，处理工艺简单等。常用的液体电介质有矿物油和人工合成油两大类。矿物油电气性能好，但耐热性和电老化性能都较差，工作温度不超过 80 ℃，特别是在高电场及过电压作用下容易分解并析出气体，在电容器击穿时可能引起爆炸和燃烧。人工合成油，如二芳基乙烷、异丙基联苯等的绝缘性能比矿物油更好，$\tan\delta$ 很小，耐热性和电老化性能也优于矿物油，虽略有毒性但能生物降解，应用日益广泛。

3. 金属化纸和金属化薄膜

它们是在纸和薄膜表面喷上一层薄薄的金属（30～50 nm）层作为电极，其特点是具有自愈性，即当金属化纸或金属化薄膜的某处击穿时，短路电流产生的热量足以将击穿点周围的金属层熔化并蒸发，从而恢复极板间电介质性能，而使电容器有较高的可靠性。常用它们做低压电容器。在电力电容器设计中常用组合电介质结构，例如浸渍纸、浸渍薄膜、浸渍纸和浸渍薄膜的复合电介质。组合电介质的电气性能受介质材料的成分、工作温度、电场强度、频率、压力、制造工艺等影响。以平行板电容器为例，当忽略边缘效应时，其电容量为

$$C = \frac{\varepsilon_0 \varepsilon_r S}{d} \tag{4-7}$$

式中　S——极板面积，m^2；
　　　d——极间介质的厚度，m；
　　　ε_0——真空的介电常数；
　　　ε_r——介质的相对介电常数。

电力电容器多为卷绕式扁平形结构，如图 4-27 所示。因每个极板的两个侧面都起电容作用（见图 4-27 中 A 和 B），所以材料利用率高，体积可缩小，其电容值约等于该元件展开成平面长条时的 2 倍。当电容器的几何尺寸一定时，电容量与电介质的介电系数 ε 成正比。因此，为了使电容器做到容量大，而且尺寸小、质量轻，选用高介电常数的电介质是很有意义的。

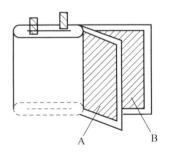

图 4-27　卷绕式平板电容元件结构示意图

任务训练

——电容器的绝缘试验

（一）绝缘电阻测量

1. 测量目的

对耦合电容器，测量两极间的绝缘电阻；对并联电容器，测量两极对外壳的绝缘电阻

（测量时两极应短接），这主要是检查器身套管等对地的绝缘。要求并联电容器的绝缘电阻不低于 2 000 MΩ，耦合电容器的绝缘电阻不低于 5 000 MΩ。

2. 适用范围

交接、大修后、预防性试验。

3. 使用仪表

绝缘摇表或兆欧表。

4. 试验步骤

一般用 2 500 V 兆欧表测量电容器的绝缘电阻。对断路器电容器、耦合电容器和电容式电压互感器的电容分压器，测量两极间的绝缘电阻；对并联电容器、串联电容器和交流滤波电容器，测量两极对外壳的绝缘电阻（测量时两极应短接），以检查器身套管等的对地绝缘电阻。

5. 测量结果的分析判断

并联电容器、串联电容器和交流滤波电容器两极对外壳绝缘电阻不低于 2 000 MΩ；断路器电容器、耦合电容器和电容式电压互感器的电容分压器极间绝缘电阻不低于 5 000 MΩ；耦合电容器低压端对地绝缘电阻不低于 100 MΩ；集合式电容器的相间和两极对外壳绝缘电阻不做规定。

6. 注意事项

（1）串联电容器两极对外壳绝缘、耦合电容器低压端对地绝缘用 1 000 V 兆欧表测量，其余用 2 500 V 兆欧表测量。

（2）使用兆欧表测量时应注意在测量前后均应对电容器充分放电；测量过程中，在未断开兆欧表与电容器的连接前，不停止摇动兆欧表的手柄，以免电容器反充放电损坏兆欧表。

（二） 介质损耗角正切值 $\tan\delta$ 及电容值测量

1. 试验目的

检查电容器极间电容量及其介质损耗。

2. 试验适用范围

交接、大修后、预防性试验。

3. 使用仪表

介损测试仪、调压器、工频试验变压器、分压器、标准电容器。

4. 试验步骤

测量极间电容量可采用电容表法、电流电压表法和电桥法。电容表法可以直接读数，简单易行，但受电容表准确度和测量电容值大小的限制。用电流电压表法测量电容量的接线如图 4 - 28 所示。测量电压取 $0.05 \sim 0.5 U_N$，额定电压 U_N 较低的电容器应取较大的系数，测量时要求电源频率稳定，并为正弦波，测量读数用电流、电压表均不低于 0.5 级。加上试验电源，待电压、电流表指针稳定以后，同时读取电流和电压值。当被试品的容抗较大时，电流表的内阻可以忽略不计，其被测电容为

$$C_x = I \times 10^6 / 2\pi f U \tag{4-8}$$

式中　I——通过被试电容器的电流，A；

U——加于被试电容器的试验电压，V；

f——试验电源频率，Hz；

C_x——被试电容量，μF。

5. 接线图

极间交流耐压、tanδ 和电容量测量接线图如图 4-29 所示。

图 4-29 中 TR 为移圈调压器；T 为隔离变压器；L_1、L_2 为消弧线圈；C_x 为被试电容器；C_N 为标准电容器；R_N 为交流分流器；TV_1、TV_2 为电压分压器；TA 为电流互感器，r 为阻尼电阻；F 为保护球隙；$S_1 \sim S_3$ 为开关。U_1 为电源电压；U_2 为加在被试电容器上的电压；U 为补偿电压；I_1 为试验变压器的电流；I_2 为补偿电流；I_C 为被试电容器的电容电流。

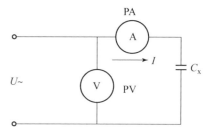

图 4-28 用电流电压表法测量电容器接线图

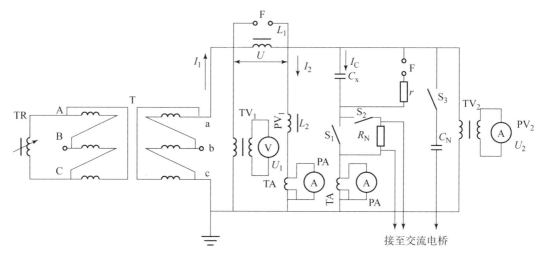

图 4-29 极间交流耐压、tanδ 和电容量测量接线图

6. 测量结果的分析判断

10 kV 或额定电压下油纸绝缘耦合电容器介质损耗角正切值 tanδ 小于 0.5，膜纸绝缘耦合电容器介质损耗角正切值 tanδ 小于 0.2；每相并联电容器、串联电容器、交流滤波电容器、集合式电容器、耦合电容器和电容式电压互感器的电容分压器的电容值偏差不超出额定值的 -5%~+10% 范围，电容器叠柱中任何两单元的实测电容之比值与这两单元的额定电压之比值的倒数之差不应大于 5%；断路器电容器电容值的偏差应在额定电容值的 ±5% 范围内。对电容器组，还应测量总的电容值。交流滤波电容器组的总电容值应满足交流滤波器调谐的标准。

7. 注意事项

（1）耦合电容器、电容式电压互感器的电容分压器采用电桥法正接线方式测量，电容式电压互感器的电容分压器的电容值与出厂值相差 ±2% 范围时，准确度为 0.5 级及 0.2 级的应进行误差试验。

(2) 断路器电容器的介质损耗角正切值 tanδ 及电容值用电桥法正接线方式与断口并联测量。对 OWF 系列电容器，tanδ≥0.5 时，宜停止使用。

(3) 并联电容器、串联电容器、交流滤波电容器、集合式电容器在预防性试验时，不测量介质损耗角正切值 tanδ。

（三）并联电阻值测量

1. 试验适用范围

交接、大修后、预防性试验。

2. 使用仪表

万用表。

3. 试验步骤

并联电容器、串联电容器和交流滤波电容器并联电阻采用自放电法测量，断路器电容器并联电阻可用万用表测量。

4. 测量结果的分析判断

并联电阻值与出厂值的偏差在 ±10% 范围内为合格。

5. 注意事项

耦合电容器、电容式电压互感器的电容分压器不做这项试验。

（四）局部放电试验

1. 试验目的

检查电容器的绝缘性能。

2. 试验适用范围

交接试验。

3. 使用仪表

调压器、试验变压器、分压器、局部放电测量装置。

4. 试验步骤

预加电压值为 $0.8 \times 1.3 U_m$，停留时间大于 10 s；降至测量电压值为 $1.1 U_m/\sqrt{3}$，维持 1 min 后，测量局部放电量。

5. 测量结果的分析判断

试验电压下放电量小于 10 pC 为合格，放电量超过规定时，应综合判断，局部放电量无明显增长时一般仍可使用，但应加强监视。

6. 注意事项

局部放电试验仅限于耦合电容器和电容式电压互感器的电容分压器，除交接外，局部放电试验仅在其他试验判断电容器绝缘有疑问时进行，多节组合的耦合电容器可分节进行试验。

（五）电容器组现场投切试验

1. 试验目的

检查并联电容器组回路的投切性能。

2. 试验适用范围

系统试验，适用于并联电容器组。

3. 使用仪表

测量用电流、电压表，示波器，电容分压器。

4. 试验步骤

在电网额定电压下，对电力电容器组回路进行 3 次合闸、分闸试验，测量投切过程中三相稳态和暂态的母线及电容器上的电压波形、合闸过程的三相涌流波形、避雷器的动作电流。电流、电压的稳态信号可通过变电站的 CT 和 PT 二次直接读取，同时用光线示波器记录波形；因合闸涌流的频率为几百赫兹，可从 CT 抽取信号输入示波器；暂态电压信号由电容分压器降低电压获得，通过阻抗变换器再输入暂态录波系统；避雷器的动作电流应通过分流器 FL 抽取信号输入示波器。试验接线时，所有暂态测量信号线均应使用双屏蔽电缆，并采用阻抗匹配措施。

5. 接线图

10 kV 电容器组现场投切试验接线图如图 4-30 所示。

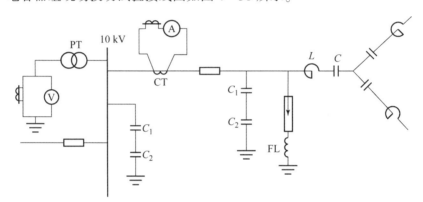

图 4-30 10 kV 电容器组现场投切试验接线图

6. 测量结果的分析判断

熔断器不应熔断；电容器组各相电流相互间的差值不宜超过 5%。

7. 注意事项

为保证测量信号的可靠记录，应保持开关投切的动作时间与暂态录波装置启动的同步，每次操作完毕后，须及时分析波形图，如出现异常，则由现场负责人决定试验是否继续进行。

 小结

电力系统中常用的电容器有电力电容器、耦合电容器、断路器均压电容以及电容式电压互感器的电容分压器。电力电容器在系统中一般用作补偿功率因数和用于发电机的过电压保护。耦合电容器主要用于电力系统载波通信及高频保护。均压电容器并联在断路器断口，起均压及增加断路器断流容量的作用，其结构与耦合电容器基本一样。

精准分析数据，丰富的专业知识也是大国工匠必备的条件。

第六节　避雷器试验

任务描述

避雷器在制造过程中可能存在缺陷而未被检查出来；在运输过程中受损，造成内部瓷碗破裂，并联电阻振断，外部瓷套碰伤、受潮等；在运行中并联电阻和阀片老化。这些问题都可以通过预防性试验来发现，从而防止避雷器在运行中的误动作和爆炸等事故。本节将具体介绍避雷器试验内容。

知识链接

——完成避雷器的试验项目，分析数据，完成试验报告

避雷器的作用是用来保护电力系统中各种电气设备免受雷电过电压、操作过电压、工频暂态过电压冲击而损坏的一个电器。避雷器的类型主要有保护间隙、阀型避雷器和氧化锌避雷器。保护间隙主要用于限制大气过电压，一般用于配电系统、线路和变电所进线段保护。阀型避雷器与氧化锌避雷器用于变电所和发电厂的保护，在 500 kV 及以下系统主要用于限制大气过电压，在超高压系统中还将用来限制内过电压或作内过电压的后备保护。

任务训练

（一）绝缘电阻的测量

1. 试验目的

测量避雷器的绝缘电阻，目的在于初步检查避雷器内部是否受潮；有并联电阻者可检查其通、断、接触和老化等情况。

2. 试验适用范围

10 kV 及以上避雷器交接、大修后试验和预试。

3. 试验时使用的仪器

对 35 kV 及以下的用 2 500 V 兆欧表测量；对 35 kV 及以上的用 5 000 V 兆欧表测量；低压的用 500 V 兆欧表测量。

4. 测量步骤

（1）断开被试品的电源，拆除或断开对外的一切连线，将被试品接地放电。放电时应用绝缘棒等工具进行，不得用手碰触放电导线。

（2）用干燥、清洁、柔软的布擦去被试品外绝缘表面的脏污，必要时用适当的清洁剂洗净。

（3）图 4-31 所示为测量避雷器绝缘电阻接线图。兆欧表上的接线端子 E 接被试品的接地端，L 接高压端，G 接屏蔽端。应采用屏蔽线和绝缘屏蔽棒作连接。将兆欧表水平放

稳，当兆欧表转速尚在低速旋转时，用导线瞬时短接 L 和 E 端子，其指针应指零。开路时，兆欧表转速达额定转速，其指针应指"∞"。然后使兆欧表停止转动，将兆欧表的接地端与被试品的地线连接，兆欧表的高压端接上屏蔽连接线，连接线的另一端悬空（不接被试品），再次驱动兆欧表或接通电源，兆欧表的指示应无明显差异。然后将兆欧表停止转动，将屏蔽连接线接到被试品测量部位。

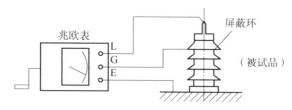

图 4-31　测量避雷器绝缘电阻接线图

（4）驱动兆欧表达额定转速，或接通兆欧表电源，待指针稳定后（或 60 s），读取绝缘电阻值。

（5）读取绝缘电阻后，先断开接至被试品高压端的连接线，然后再将兆欧表停止运转。

（6）断开兆欧表后对被试品短接放电并接地。

（7）测量时应记录被试设备的温度、湿度、气象情况、试验日期及使用仪表等。

5. 影响因素及注意事项

（1）被试品温度一般应在 10~40 ℃ 范围。

（2）绝缘电阻随着温度升高而降低，但目前还没有一个通用的固定换算公式。温度换算系数最好以实测决定。例如正常状态下，当设备自运行中停下，在自行冷却过程中，可在不同温度下测量绝缘电阻值，从而求出其温度换算系数。

6. 测量结果的判断

FS（PBⅡ，LX）型交接时绝缘电阻 > 2 500 MΩ，运行时绝缘电阻 > 2 000 MΩ；FZ（PBC，LD）、FCZ 和 FCD 型等有分流电阻的避雷器，主要应与前一次或同一型式的测量数据进行比较；对于氧化锌避雷器，35 kV 以上时绝缘电阻不小于 2 500 MΩ，35 kV 及以下时绝缘电阻不小于 1 000 MΩ。底座绝缘电阻不小于 100 MΩ。

（二）电导电流和直流 1 mA 下的电压 U_{1mA} 的测量

1. 试验目的

试验目的是检查避雷器并联是否受潮、劣化、断裂，以及同相各元件的 α 系数是否相配；对无串联间隙的金属氧化物避雷器则要求测量直流 1 mA 下的电压及 75% 该电压下的泄漏电流。

2. 试验适用范围

10 kV 及以上避雷器交接、大修后试验和预试。

3. 试验时使用的仪器

高压直流发生器、微安表。

4. 测量步骤

（1）将避雷器地端接地，高压直流发生器输出端通过微安表与避雷器引线端相连，如图 4-32 所示。

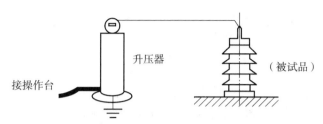

图 4-32 避雷器泄漏电流测试接线图

（2）首先检查升压旋钮是否回零，然后合上刀闸，打开操作电源，逐步平稳升压，升压时严格监视泄漏电流，当要到 1 mA 时，缓慢调节升压按钮，使泄漏电流达到 1 mA，此时马上读取电压，然后降压至该电压的 75%，再读取此时的泄漏电流。

（3）迅速调节升压按钮回零，断开高压接通按钮，断开设备电源开关，拉开电源刀闸，对被试设备和高压发生器放电。

（4）测量时应记录被试设备的温度、湿度、气象情况、试验日期及使用仪表等。

5. 影响因素及注意事项

对不同温度下测量的普通阀型或磁吹型避雷器电导电流进行比较时，需要将它们换算到同一温度。经验指出，温度每升高 10 ℃，电流增大 3%~5%。

6. 测量结果的分析判断

（1）对不同温度下测量的普通阀型或磁吹型避雷器电导电流进行比较时，需要将它们换算到同一温度。经验指出，温度每升高 10 ℃，电流增大 3%~5%，可参照表 4-30 换算。

表 4-30 泄漏电流测试数据

额定电压/kV	3	6	10
直流试验电压/kV	4	7	11
泄漏电流/μA	≤10	≤10	≤10

（2）FZ（PBC，LD）型有分流电阻的避雷器的各元件直流试验电压和电导电流标准及同相各节间非线性系数差值，同相各节电导电流最大相差值（%）标准如表 4-31 所示（20 ℃时）。

表 4-31 电导电流测试数据

元件额定电压/kV		3	6	10	15	20	30
直流试验电压/kV	U_2				8	10	12
	U_1	4	6	10	16	20	24
U_2 时电导电流/μA	上限	650	650	650	650	650	650
	下限 交接	400	400	400	400	400	400
	运行	300	300	300	300	300	300
同相各节间电导电流最大相差/%						25	30
同相各节间非线性系数 α 的差值，交接时不应大于 0.04，运行中不大于 0.05。							

$$电导电流最大相差（\%）= \frac{I_{\max} - I_{\min}}{I_{\max}} \times 100\% \qquad (4-9)$$

$$\alpha = \lg \frac{U_1}{U_2} / \lg \frac{I_1}{I_2} \qquad (4-10)$$

式中，I_1、I_2 分别为电压为 U_1、U_2 时测得的电导电流。

（3）氧化锌避雷器试验标准：$U_{1\mathrm{mA}}$ 值与初始值或与制造厂给定值相比较，变化应不大于 $\pm 5\%$，$0.75U_{1\mathrm{mA}}$ 下的泄漏电流不大于 $50\ \mu\mathrm{A}$。

（三）工频放电电压的测量

1. 试验目的

测量工频放电电压，是 FB 避雷器和有串联间隙金属氧化物避雷器的必做试验，其试验的目的，是检查间隙的放电电压是否符合要求。

2. 试验适用范围

10 kV 及以上避雷器交接、大修后试验和预试。

3. 试验时使用的仪器

电压表、电流表、调压器、试验变压器。

4. 测量步骤

（1）工频放电试验接线与一般工频耐压试验接线相同，其接线如图 4-33 所示。

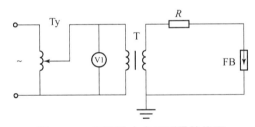

图 4-33 工频放电电压测量接线图

Ty—调压器；T—工频试验变压器；R—保护电阻器；FB—被试避雷器

（2）试验电压的波形应为正弦波，为消除高次谐波的影响，必要时调压器的电源取线电压或在试验变压器低压侧加滤波回路。对有串联间隙的金属氧化物避雷器，应在被试避雷器下端串接电流表，用来判别间隙是否放电动作。

（3）图 4-33 中的保护电阻器 R，是用来限制避雷器放电时的短路电流的。对不带并联电阻的 FS 型避雷器，一般取 $0.1 \sim 0.5\ \Omega/\mathrm{V}$，保护电阻不宜取得太大，否则间隙中建立不起电弧，使测得的工频放电电压偏高。

（4）有串联间隙的金属氧化物避雷器，由于阀片的电阻值较大，放电电流较小，过流跳闸继电器应调整得灵敏些。调整保护电阻器，将放电电流控制在 $0.05 \sim 0.2\ \mathrm{A}$ 之间，放电后在 $0.2\ \mathrm{s}$ 内切断电源。

5. 影响因素及注意事项

试验时，升压不能太快，以免电压表由于机械惯性作用读不准。应读取避雷器击穿时电压下降前的最高电压值，作为避雷器的放电电压。一般一只避雷器做 3 次试验，取平均值为工频放电电压。

6. 测量结果的判断

FS（PBⅡ，LX）型的工频放电电压在表 4-32 所列范围内。

表 4-32　FS（PBⅡ，LX）型的工频放电电压范围

额定电压/kV		3	6	10
放电电压/kV	新装及大修后	9~11	16~19	26~31
	运行中	8~12	15~21	23~33

（四）放电计数器动作情况检查

1. 试验目的

检查放电计数器是否正常工作。

2. 试验适用范围

10 kV 及以上避雷器交接、大修后试验和预试。

3. 试验时使用的仪器

放电计数器、测试棒。

4. 测量步骤

（1）将测试棒的接地引线夹在计数器的接地端。

（2）然后打开电源，等待几秒钟后，将测试棒高压输出端迅速接触计数器与避雷器连接体，同时观察计数器是否动作。

5. 影响因素及注意事项

测试 3~5 次，均应正常动作，测试后计数器指示应调到"0"。

6. 测量结果的判断

观察计数器是否能正常动作。

（五）氧化锌避雷器带电检测

1. 试验目的

检测氧化锌避雷器的泄漏电流等参数，及时发现设备内部绝缘受潮及阀片老化等危险缺陷。

2. 试验适用范围

在设备不停电或停电困难时。

3. 试验时使用的仪器

JD2316A 三相氧化锌避雷器特性测试仪。

4. 测量步骤

（1）按图 4-34 所示接线，接线步骤如下。

①仪器可靠接地。

②打开仪器电源开关，使仪器处于待机准备状态。

③连接电压信号：电压信号取自 PT 二次测 $100 \text{ V}/\sqrt{3}$ 绕组，电压测试线的红色线夹接绕组的相线，黑色线夹接中性线。电压信号经过隔离器处理，隔离器的输入阻抗大于

100 kΩ，测试线末端配有 0.2 A 保险管，不会因发生故障影响电压互感器正常运行。

④连接电流信号线：首先将电流信号线的黑色夹子与被测氧化锌避雷器的接地线可靠连接，然后通过绝缘操作杆将电流信号线的红色线夹与避雷器放电计数器的上端连接，电流测试线的内阻为 0，以便将避雷器泄漏电流引入仪器内部。

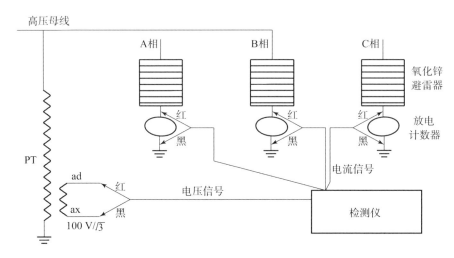

图 4-34　试验接线图

⑤进行三相测量时，电压接在 B 相高压 PT 二次侧上。三相电流分别连接电流信号线。

（2）仪器操作步骤。

①仪器上电 2 s 后显示主菜单，按"↓"键可在"10 kV""35 kV""110 kV""220 kV""330 kV""500 kV""750 kV"等电压等级之间循环切换确定电压选项；按"→"键可进入"相别"选项，按"↓"键可使相别在"A 相""B 相""C 相""自动"之间循环切换；按"→"键进入"测试方式"选项，"[　]"选中"测试方式"选项。当确认电压等级和测量相别的参数时按"确认"键可以进行测试。

②当"[　]"选中"测试方式"选项时，按"↓"键可使数据方式在"常规测量""近似测量"之间切换，按"确认"键进入近似角度选择菜单。按"↓"键可选择近似角度，选择好后可以按"确认"键进行操作，显示"正在测试请等候!!!"画面后可显示测试菜单。

③当"[　]"选中"数据"选项时，按"↓"键可使数据方式在"调阅""删除"之间循环切换，按"确认"键后进行相应的操作。

当选择"自动"测试的方式时，需要将电压线夹在 B 相的电压上，而电流线依次夹在 A、B、C 相的避雷器的计数器下端，可取代抗干扰的测量方式。注意夹电流线时务必要把夹子的相别和避雷器的相别对应。显示结果可通过"↓"键来达到切换的目的，当按"→"键时可在"存储"和"返回"选项之间切换，当选中"存储"选项按"确认"键后即可执行相应的操作。显示"数据正在存储!!"画面，稍后返回主菜单。

④当选中"调阅"选项时可显示测量数据画面，按下"→"键时可在"返回"和"打印"选项之间切换。当选中"打印"选项按"确认"键后即可执行打印的操作。当选中"返回"选项按"确认"键后即可返回主菜单。当按下"↓"键时，可依次翻阅各次

存储的数据，最多各存储 60 组数据。

5. 注意事项

（1）遵守高压试验安全工作规程。

（2）开机前仪器应可靠接地。

（3）开机后再接信号线，此顺序不可逆转；测试完毕，先断开测试线，再关机。

（4）接电压信号时应格外小心，避免由于操作不当使 PT 二次回路短路。

（5）仪器存放时，在关断电源的同时，应将面板转换开关旋至"工作"和"充电"的中间位置。

（6）若仪器长时间不用，应每隔 3~4 个月充一次电，以延长电池的使用寿命。

[案例]

××电厂避雷器试验报告

1. 概述

××研究院对××电厂避雷器进行预防性试验，相关资料数据见表 1。

表 1　氧化锌避雷器铭牌

型　　号	$Y_{10}W-200/520$	直流参考电压	290 kV
系统运行电压	156 kV	额定电压	200 kV
出厂日期	2007.7	生产厂家	正泰电器有限公司

2. 试验人员及时间

参加人员：

试验时间：2018 年 5 月 8 日。

3. 安全、职业健康、环境保护

（1）在进行现场试验之前，试验负责人对试验人员进行了安全、环保和职业健康的培训。

（2）试验期间工作人员佩戴了相应安全防护工具，做好了危害健康和影响现场工作的事故预案。

（3）试验结束后，按照"三标一体"的要求，保证"工完、料净、场地清"，将材料垃圾堆放到了指定的回收垃圾场，未对环境造成污染。

4. 试验数据

氧化锌避雷器试验报告

安装位置	Ⅱ母避雷器	型　　号	$Y_{10}W-200/520$
1. 绝缘电阻测试（GΩ）：M13203 高压兆欧表			环境温度：20 ℃
位置	A	B	C
上节	126	115	117
下节	124	121	126
基座绝缘	44	46	42

续表

安装位置		Ⅱ母避雷器	型　号	Y$_{10}$W-200/520
2. 直流参考电压和0.75倍直流参考电压下的泄漏电流：				环境温度：20 ℃
使用仪器			Z—V 直流高压发生器	
位置			U_{1mA}/kV	$I_{75\%U1mA}$/μA
A	上节		147.7	8
	下节		147.6	11
B	上节		147.9	9
	下节		147.5	10
C	上节		147.8	10
	下节		147.3	13
3. 放电计数器动作检查：				环境温度：20 ℃
使用仪器			避雷器放电计数测试仪	
相别		A	B	C
动作情况		70～75	115～120	70～75
依据标准：DL/T 596—1996《电力设备预防性试验规程》				
试验结论：试验合格				
试验日期：2018 年 5 月 8 日			试验人员：	

氧化锌避雷器试验报告

安装位置	Ⅰ母避雷器	型　号	Y$_{10}$W-200/520
1. 绝缘电阻测试（GΩ）：M13203 高压兆欧表			环境温度：20 ℃
位置	A	B	C
上节	126	115	117
下节	124	121	126
基座绝缘	34	35	32
2. 放电计数器动作检查：			环境温度：20 ℃
使用仪器	避雷器放电计数测试仪		
相别	A	B	C
动作情况	55～60	55～60	55～60
3. 带电测试：AI-6106 氧化锌避雷器带电测试仪			环境温度：20 ℃
相别	全电流/mA	阻性电流/mA	功率损耗/mW
A	0.661	0.028	20.08
B	0.630	0.015	12.67
C	0.655	0.028	19.90

续表

依据标准：DL/T 596—1996《电力设备预防性试验规程》	
试验结论：试验合格	
试验日期：2018 年 05 月 08 日	试验人员：

氧化锌避雷器带电试验报告

带电测试：AI-6106 氧化锌避雷器带电测试仪			
环境温度：20 ℃		环境湿度：40%	
位置	相别	全电流/mA	阻性电流/mA	功率损耗/mW
1 号主变压器出口避雷器	A	0.661	0.014	10.20
	B	0.624	0.009	7.059
	C	0.641	0.013	9.832
依据标准：DL/T 596—1996《电力设备预防性试验规程》			
试验结论：试验合格			
试验日期：2018 年 5 月 9 日			试验人员：

小结

通过试验能够检测出以下内容：

（1）避雷器在制造过程中可能存在缺陷而未被检查出来，如在空气潮湿的时候或季节装配出厂，预先带进潮气。

（2）在运输过程中受损，内部瓷碗破裂，并联电阻振断，外部瓷套碰伤。

（3）在运输中受潮，瓷套端部不平，滚压不严，密封橡胶垫圈老化变硬，瓷套裂纹等原因。

（4）并联电阻和阀片在运行中老化。

（5）其他劣化。这些劣化都可以通过预防性试验来发现，从而防止避雷器在运行中的误动作和爆炸等事故。

精准分析数据，丰富的专业知识也是大国工匠必备的条件。

第七节　发电机试验

任务描述

对于额定功率为 50 MW 及以上环氧粉云母绝缘的三相同步发电机，规定了发电机交接验收、预防性试验，检修过程中的常规电气试验的引用标准、仪器设备要求、作业程序、试验结果判断方法和试验注意事项等。根据发电机实际运行状态，规范完成本任务的试验操作，保证试验结果的准确性，为设备运行、监督、检修提供依据。

 知识链接

——发电机的绝缘结构

发电机的绝缘结构主要取决于其定子绕组的结构，定子绕组的结构又与发电机的容量和额定电压等有关。定子绕组的绝缘包括槽绝缘、匝间绝缘和端部绝缘。发电机槽中的绝缘厚度（包括导线绝缘、匝间绝缘和对地绝缘等）是影响槽满率（槽内导体截面与整个槽截面之比）的主要因素。大型汽轮发电机由于同一槽中仅有上、下两个线棒，各自的对地绝缘（主绝缘）在上、下两线棒间形成了足够可靠的线棒间绝缘，不存在匝间绝缘问题。大型发电机对地绝缘厚度较厚，如能减薄，则可明显提高槽满率，减少发电机的体积和质量。

发电机绕组的绝缘结构基本采用连续式绝缘结构。所谓连续式绝缘结构是指整个绕组均用绝缘带半叠绕（后一圈绝缘带将前一圈搭盖上一半）而成。绝缘带一般采用环氧粉云母带。环氧粉云母带是以粉云母纸为主料，以环氧树脂作为胶黏剂，以玻璃丝带作为补强材料而制成的一种绝缘带。环氧树脂是一种热固性材料，用它作黏合剂，在工作温度下不会流动和变形，具有很强的黏合力和较好的机械特性。玻璃丝带具有较高的耐热性和机械强度，用它作补强材料，可大大提高绝缘带的机械强度。采用这种绝缘带弹性小，容易包紧，但制造时槽内常留有空隙，绕组易振动和产生电晕，从而损伤绝缘，为此可将槽内空隙用半导体衬条等塞紧。

对多匝绕组的匝间绝缘，当匝间电压较低时，常用玻璃丝包的漆包线；当电压较高时，可在导线外再半叠绕1~2层塑料薄膜或云母带。有的将匝间绝缘改为纵包，如图4-35所示，而不用半叠绝缘，即在漆包线外面用厚约0.08 mm的芳香聚酰酯云母纸纵包，再让对地绝缘中所含的树脂将此孔隙填满，可比半叠绕时省10%空间。

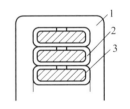

图4-35 纵包的匝间绝缘示意图

1—对地绝缘；2—匝间绝缘；3—漆包线

匝间绝缘事故除了用上述办法来加强绝缘以外，还可以在发电机出口加装电容器来降低电压的陡度。

当发电机的额定电压高于6 kV时，就会出现电晕放电现象，对绝缘材料电晕放电主要在槽部绝缘与槽壁之间的空隙、绕组靠近通风沟处、绕组出槽口和绕组端部相邻线圈的空隙等处发生，如图4-36所示。概括起来，发电机的电晕放电主要分为槽部电晕放电和端部电晕放电。

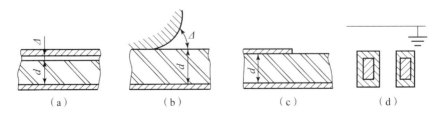

图4-36 高压发电机中可能发生电晕放电的若干部位

(a) 槽部绝缘和槽壁间空隙；(b) 绕组通风沟；(c) 绕组出槽口；(d) 绕组端部相邻线圈空隙

提高内部起始电晕放电电压的措施主要有：在绝缘层外包浸过半导体漆的玻璃布带，在线棒槽内涂半导体漆、下线后压紫槽楔。

绕组端部防晕措施有：在绕组绝缘表面加半导体层和在绝缘层中加内屏蔽极板。

任务训练

——发电机的绝缘试验

（一） 在大修前热态下发电机定子绕组试验

1. 绝缘电阻及吸收比的测量

1）试验目的

测量发电机的绝缘电阻，目的在于初步检查发电机内部是否受潮、受脏污和老化等情况。

2）试验适用范围

10 kV 及以上发电机交接、大修前后试验和预试。

3）试验时使用的仪器

对 10 kV 及以上的用 2 500 V 兆欧表测量，低压的用 500 V 兆欧表测量。

4）试验接线图

绝缘电阻及吸收比的测量接线图如图 4-37 所示。

5）试验步骤

（1）拆除或断开发电机定子对外的一切连线。

（2）将发电机定子绕组接地，充分预放电。

（3）兆欧表放置平稳后，将兆欧表的接地端 E 与被试品的接地端相连，带有屏蔽线的测量导线的火线和屏蔽线分别与兆欧表的测量端 L 及屏蔽端 G 相连接。

（4）接线完成后，先驱动兆欧表至额定转速（120 r/min），此时，兆欧表指针应指向"∞"，再将火线接至被试品，待指针稳定后，读取绝缘电阻的数值。

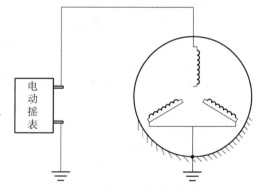

图 4-37　绝缘电阻及吸收比的测量接线图

（5）读取绝缘电阻的数值后，先断开接至被试品的火线，然后再将兆欧表停止运转，以防止对兆欧表反冲放电损毁兆欧表。

（6）断开兆欧表后对被试品短接放电并接地。

（7）测量时应记录被试设备的温度、湿度、气象情况、试验日期及使用仪表等。

6）测量结果的分析判断

发电机定子绕组的绝缘电阻受脏污、潮湿、温度等的影响很大，所以现行有关规定不做硬性规定，而只能与历次测量数据比较，或三相数据相互比较，同类型电机比较。也可以根据本单位的经验总结定出合理的判断数据。

耐压前定子绕组的绝缘电阻、吸收比：

①若在相近试验条件（温度、湿度）下，绝缘电阻降到历年正常值的 1/3 以下时，应

查明原因。

②各相或各分支绝缘电阻值的差值不应大于最小值的100%。

③吸收比不小于1.6（F级绝缘）。

7）注意事项

（1）兆欧表接线端柱引出线不要靠在一起。

（2）测量时，兆欧表转速应尽可能保持额定值并维持恒定。

（3）被试品温度不低于+5 ℃，户外试验应在良好的天气下进行，且空气的相对湿度一般不高于80%。

（4）放电时应用绝缘棒等工具进行，不得用手碰触放电导线。

2. 定子绕组泄漏电流和直流耐压试验

1）试验目的

在定子绕组的泄漏电流和直流耐压试验过程中，可以从电流随电压变化的情况中观察绝缘的状况。在大多数情况下，可以在绝缘尚未击穿前就能发现或找出缺陷。直流耐压试验时，发电机定子绕组绝缘承受的电压是按电阻分压的，因而能较交流耐压试验更有效地发现端部缺陷和间隙性缺陷。

试验时微安表应接在高压侧，并对出线套管表面进行屏蔽。为了防止强电场杂散电流的干扰，微安表也要屏蔽。由于发电机绕组对地电容较大，故不需在高压直流的输出端另加稳压电容。被测试的相绕组短接后接高压，非被测试的相绕组短接后接地。试验应在发电机停机后，未清扫污秽前的热状态下进行，这样能更有效地发现绝缘缺陷。

试验过程中，若泄漏电流随时间延长而增加，则说明绝缘有高阻性缺陷、绝缘分层、松弛或潮气浸入等；如各相（或分支）泄漏电流相差大，超过规程规定值，可能是在远离铁芯的端部有缺陷或套管脏污；对同一相，相邻阶段测试电压下，泄漏电流随测试电压不成比例上升超过20%，则表明绝缘受潮或脏污；微安表在试验过程中剧烈摆动，则说明绝缘有断裂性缺陷，通常在槽口处或套管有裂纹等缺陷。

2）试验适用范围

发电机交接、预试、大修前后。

3）试验时使用的仪器

直流高压发生器一套。

4）试验原理接线图

其试验原理接线图如图4-38所示。

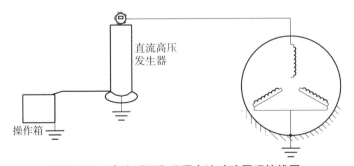

图4-38 直流耐压和泄漏电流试验原理接线图

5）试验步骤

（1）按照试验接线图由一人接线，接线完后由另一人检查，检查内容包括试验接线有无错误，各仪表量程是否合适，试验仪器现场布局是否合理，试验人员的位置是否正确。

（2）将发电机充分放电，指示仪表调零，调压器置于零位。

（3）测量电源电压值。

（4）合上电源刀闸，启动设备，给升压回路加电，逐步升压至预先确定的试验电压值。在 0.5、1.0、1.5、2.0、2.5 倍试验电压下各停留 1 min，读取泄漏电流值。

（5）试验完毕，应先将升压回路中调压器退回零位并切断电源。

（6）每次试验后，必须将发电机被试相对地放电。放电时，应使用绝缘棒，并可根据被试相放电火花的大小，大概了解其绝缘状况。

（7）再次试验前，必须检查接地是否已从被试相上移开。

6）对测量结果的分析判断

（1）非线性系数 K_{ul}：

$$K_{ul} = \frac{I_{xmax} U_{min}}{I_{xmin} U_{max}} \tag{4-11}$$

式中　I_{xmax}——最高试验电压时的泄漏电流，μA；

　　　I_{xmin}——最低试验电压时（$0.5U_n$）的泄漏电流，μA；

　　　U_{max}——最高试验电压，V；

　　　U_{min}——最低试验电压（$0.5U_n$），V。

试验分段电压倍数下的泄漏电流值如表 4-33 所示。

表 4-33　试验分段电压倍数下的泄漏电流值

试验分段电压倍数 $\frac{U_t}{U_n}$	0.5	1.0	1.5	2.0	2.5	3.0
最大容许泄漏电流/μA	250	500	1 000	2 000	3 000	3 500

对于正常的绝缘，系数 K_{ul} 不超过 2~3；受潮或脏污的绝缘，K_{ul} 则大于 3~4；有时候绝缘严重受潮或脏污时，K_{ul} 反而小于 2~3，这时应对照绝缘电阻来判断。

（2）泄漏电流随时间的增长。若泄漏电流随时间的增长而升高，说明有高阻性缺陷和绝缘分层、松弛或潮气侵入绝缘内部。

（3）泄漏电流剧烈摆动。若电压升高到某一阶段，泄漏电流出现剧烈摆动，表明绝缘有断裂性缺陷，大部分在槽口或端部绝缘离地近处或出线套管有裂纹等。

（4）各相泄漏电流相差过大。若各相泄漏电流超过 30%，但充电现象还正常，说明其缺陷部位远离铁芯的端部，或套管有脏污。

（5）泄漏电流不成比例上升。对同一相，相邻阶段电压下，若泄漏电流随电压不成比例上升超过 20%，表明绝缘受潮或脏污。

（6）充电现象不明显。若无充电现象或充电现象不明显，泄漏电流增大，这种现象大多是受潮、严重的脏污，或有明显贯穿性缺陷。

3. 定子交流耐压试验

1）测量目的

交流耐压试验是作用于绝缘内部的电压分布、绝缘击穿性能完全适用发电机的工作状态时鉴定发电机主绝缘最直接、可靠的检查方法。

2）试验适用范围

发电机交接、预试、大修前。

3）试验时使用的仪器

交流耐压设备一套。

4）试验原理接线图

该试验原理接线图如图 4-39 所示。

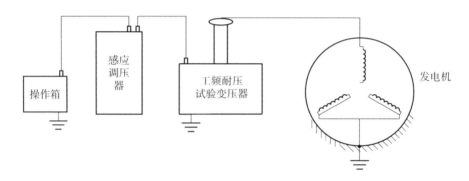

图 4-39　定子交流耐压试验接线图

5）试验步骤

（1）交流耐压试验应在停机后清除污秽前热态下进行。首先应检查并测量发电机定子绕组的绝缘电阻，并进行直流泄漏试验，如有严重受潮或严重缺陷，需经消除后方可进行交流耐压试验。应保证所有试验设备仪器仪表接线正确，指示准确。

（2）一切设备仪表接好后，在空载条件下调整保护间隙，其放电电压为试验电压的 110%~120% 范围，并调整电压在高于试验电压 5% 下维持 2 min 后将电压降至零位，拉开电源。

（3）经过限流电阻 R 在高压侧短路，调试过流保护跳闸的可靠性。

（4）电压及电流保护调试检查无误，各种仪表接线正确后，即可将高压引线接到被试发电机绕组上进行试验。

（5）试验电压为 $1.5U_e$，耐压时间 1 min。试验电压的升压速度在 40% 试验电压以内可不受限制，其后应均匀升压，速度约为每秒 3% 的试验电压。

6）对测量结果的分析判断

（1）若有电压表指针摆动很大、毫安表的指示急剧增加、发现有绝缘烧焦气味或冒烟、被试发电机内部有放电声响、过流跳闸等现象，则表明绝缘可能将要击穿或已经击穿，必须停止试验找出原因。

（2）在试验电压下，各相电流值与历次测得试验数据相比，不应有明显的变化。

耐压后定子绕组的绝缘电阻、吸收比：
（1）耐压后的绝缘电阻值与耐压前的绝缘电阻值，应无明显下降。
（2）各相或各分支绝缘电阻值的差值不应大于最小值的100%。
（3）吸收比不小于1.6（F级绝缘）。

（二）大修中发电机定子绕组试验

定子绕组的直流电阻测量：
（1）在冷态下测量。
（2）各相直流电阻值，在校正了由于引线长度不同而引起的误差后，相互的差别以及初次（出厂或交接时）测量值经比较，相差不得大于最小值的1%。

（三）转子绕组试验

1. 转子绕组的绝缘电阻测量
（1）用1 000 V兆欧表测量。
（2）绝缘电阻值在室温时一般不小于0.5 MΩ。

2. 转子绕组的直流电阻测量
（1）用直流电阻测试仪测量。
（2）与初次（交接或大修）所测结果比较，其差别一般不超过2%。
（3）测量转子磁极接头的直流电阻（当直流电阻超过规范规定时此项必做）。
①用回路电阻测试仪测量，所加电流不小于100 A。
②各磁极接头间的直流电阻值，相互间应无明显差别。

3. 转子绕组交流耐压试验
（1）试验电压为1 000 V，耐压时间为1 min。
（2）在耐压过程中不得发生闪络、冒烟、焦味、表计突然变化等现象。

（四）转子回装后定子绕组试验

1. 耐压前定子绕组的绝缘电阻、吸收比
（1）使用2 500 V的兆欧表测量，且量程一般不得低于10 000 MΩ。
（2）若在相近试验条件（温度、湿度）下，绝缘电阻降到历年正常值的1/3以下时，应查明原因。
（3）各相或各分支绝缘电阻值的差值不应大于最小值的100%。
（4）吸收比不小于1.6（F级绝缘）。

2. 定子绕组泄漏电流和直流耐压试验
（1）试验电压为$2.0U_n$，试验电压按每级$0.5U_n$分阶段升高，每阶段停留1 min。
（2）在规定试验电压下，各相泄漏电流的差别不应大于最小值的100%；最大泄漏电流在20 μA以下者，相间差值与历次试验结果比较，不应有显著的变化。
（3）泄漏电流不随时间的延长而增长。

[案例]

2×350 MW 机组 3 号发电机端部电位外移试验方案

1. 设备系统概述

（1）×××研究院为××发电厂 2×350 MW 供热机组 3 号发电机进行端部电位外移试验。

（2）此发电机是由东方电机有限公司制造的，其具体参数如下：

型号	QFSN-350-2-20	额定容量/MVA	412
额定电压/kV	20	额定功率/MW	350
额定转速/(r·min^{-1})	3 000	额定功率因数	0.85
额定频率/Hz	50	冷却方式	水氢氢
额定电流/kA	11.887	制造厂家	东方电机有限公司

2. 试验范围及相关项目

特项试验项目：发电机端部电位外移试验。

3. 试验方案编制标准和依据

(1)《电业安全工作规程》（GB 26860—2011）。

(2)《电气装置安装工程电气设备交接试验标准》（GB 50150—2016）。

4. 试验目的及原理

（1）发电机端部电位外移试验是发电机的重要检测项目，它能有效地检测发电机端部绝缘有无老化、破损等绝缘缺陷。发电机端部电位外移试验：测量发电机定子绕组端部接头、过渡引线并联块及手包绝缘引线接头处的表面对地电压及泄漏电流试验的等值电阻，如图 4-40 所示。A 点为检测部位，在正常情况下，绝缘的体积电阻远远大于其表面电阻，当 A 处绝缘存在缺陷时，体积电阻 R_1 减小，R_1 上的电压降也减小，使得该处对地电压增高，流过微安表的泄漏电流也增大。在理想状况下，当 $R_2 \to \infty$ 时，A 点表面对地电位应趋于零，即静电电压表读数应趋于零；当 $R_2 \to 0$ 时，即铜导线已露出，该点表面对地电压应等于外施试验电压值。因此，可通过试验时所测得的某处绝缘表面对地电压的高低与泄漏电流的大小来判断该部位的绝缘状况。对保障发电机的安全运行具有重要意义。

（2）试验电压选择。依据《电气装置安装工程电气设备交接试验标准》（GB 50150—2016）试验电压为：直流试验电压为发电机出口电压 U_n，即 $U_n = 20\,000$ V。

5. 试验原理图

该试验原理接线图如图 4-40 所示。

图中：R_1——被测部位绝缘体的电阻；

R_2——被测部位绝缘体对地（铁芯）表面电阻；

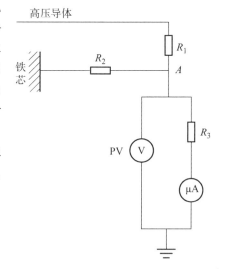

图 4-40 3 号发电机端部电位外移试验方案接线图

R_3——绝缘杆内与微安表串联的电阻；

PV——静电电压表；

μA——微安表。

6. 作业危险源分析及预防措施

1）危险源分析

（1）试验电源，在试验过程中非正常断电会对试验仪器造成损伤。

（2）试验仪器，试验过程中变压器、调压器、电容分压器、控制台应带电。

（3）被试发电机带电。

2）预防措施

（1）试验电源使用独立电源（380 V、100 A），采取措施保证在试验过程中不失电。

（2）试验现场设置警示围栏，无关人员不得进入试验现场，并派专人看护以防人员误入。

（3）试验仪器、被试品的接地，接地线一定要可靠，周围设备及闲置金属物品应短路接地，以防感应悬浮电位，停止试验时试验仪器、被试品要求接地线充分放电。

（4）将非被试绕组及转子绕组短路接地，转子轴也要接地，测温元件应短路可靠接地，发电机电流互感器短路接地。

（5）发电机汇水管按要求接地。

（6）密切监视高压侧电压，设置过电压保护，防止过电压。

（7）试验前应检查高压引线对地和四周物体的安全距离能否满足有关规程的要求。

（8）试验前应复核试验接线是否正确。

（9）试验中应密切注意被试设备及试验设备的状态，并设专人监护。

7. 现场安全及组织措施

（1）试验前应请热电厂人员对发电机、试验设备、试验接线进行检查。

（2）非试验人员禁止进入试验现场；非操作人员禁止操作。试验现场设置围栏并悬挂标志牌，并准备适量消防器材。

（3）操作应执行监护制度和安全操作规程。

（4）在发电机周围的观察人员，发现异常现象时应立即通知试验人员停止试验。

（5）试验时，应从零开始均匀升压，可对三相绕组一起加压。直流试验电压值选择为一倍额定电压。

（6）试验前应对绕组端部表面绝缘部位进行清扫，以清除由于表面脏污和表面电阻低对测量结果的影响，所测部位应包一层铝箔纸或导电布，加压前应测量所测绝缘部位的绝缘电阻。

（7）进入发电机内部要穿连体服，带入发电机内部的试验工具应登记，从发电机内部出来应对照检查，防止把试验工具留在发电机内。包扎和拆除铝箔纸时严禁将铝箔纸碎片留在发电机内。

（8）试验方案实施须经热电厂同意后方可执行。

（9）试验前进行安全交底。

8. 试验使用的仪器仪表

试验设备名称：ZGS‐ZS 水内冷发电机直流耐压试验装置；KD2678 水内冷摇表；

100 MΩ 电阻；微安表。

生产厂家：苏州华电。

9. 人员组织机构

试验负责人：

试验人员：

试验安全员：

试验监督人：

10. 试验条件、试验步骤及试验内容

（1）试验前水质化验要合格，电导率应不大于 1.5 μS/cm，pH 值应在 6~8，硬度应小于 10 μmol/L。

（2）水压应保持在运行条件的水压。

（3）水温和流量也应保持在运行条件下的正常值，并应做好记录。

（4）氢气发电机应在充氢后氢纯度为 96% 或排氢后含量在 3% 以下时进行，严禁在置换过程中进行试验。

（5）用万用表测量汇水管对绕组间的绝缘电阻 $R_y \geqslant 100$ kΩ，汇水管对地绝缘电阻 $R_h \geqslant 30$ kΩ。

（6）所用试验表计校验合格。

（7）进行发电机端部电位外移试验时：

①按图接线并复查，确保仪表接线无误。

②过压整定：电压继电器整定为试验电压的 1.15 倍，即 20 000 × 1.15 = 23 000（V），空载升压检查应动作可靠。

③球隙调整：放电电压调整为试验电压的 1.1 倍，即 20 000 × 1.1 = 22 000（V），空载升压检查应动作可靠。

④调整完毕后通知有关人员准备试验（发电机周围派人监视）。

⑤检查 A、B、C 相绝缘。

⑥将高压线引致发电机出线处悬空，空载升压至试验电压，在需要停顿处读取电流值并记录，然后降压至零，断开电源并放电。

⑦三相绕组一起加压，升压到发电机额定电压。

⑧试验人员移动测杆分别记录所测部位的微安表的指示值。所测表面直流电位不应大于制造厂的规定值。

（8）试验结束后，拆除试验接线及发电机上所有临时试验接线，整理试验数据，办理签证单。

11. 安全、健康、环境保护措施

（1）此装置在正常工作下会有轻微辐射，因此在试验过程中注意防护。

（2）在试验过程中使用的废弃物品，为了防止环境污染，应进行回收。

（3）试验控制台操作人员应脚踩绝缘垫，试验人员进入现场时必须戴安全帽、穿连体服、合理调试设备，保证在试验过程中不发生任何安全事故。

12. 危险源辨识、风险评价、风险控制

1)（各专业通用）现场危险源辨识、风险评价、风险控制

序号	活动场所	危险源(人的不安全行为和物的不安全状态)	可能导致的事故			作业条件危险性评价法 $D=LEC$				危险等级	时态	状态	控制措施
			人或物	方式	后果	L	E	C	D				
1	现场工作间	现场工作间拉临时电源	人员	漏电	引发火灾	3	0.5	3	4.5	1	现在	正常	禁止私自拉接电线
2	现场工作间	现场工作间使用电源不当	人员		人身伤害	1	3	3	9	1	现在	正常	对人员进行安全教育,提高自身防范意识
3	现场工作间	使用大功率电器	人员电器	人身触电设备损坏	电击伤害、火灾	1	1	3	3	1	将来	正常	避免使用
4	现场工作间	电脑辐射	人员	辐射	人员伤害	0.5	6	1	3	1	现在	正常	加装防辐射膜
5	现场调试	转动机械的启动按钮	人员	漏电	人员伤害及设备损坏	1	2	3	6	1	现在	正常	定期检查,防止设备、线路漏电
6	现场调试	泵的对轮	人员设备	转动中飞出	人员伤亡及设备损坏	1	1	40	40	2	现在	正常	定期检查
7	现场调试	地沟盖板	人员	塌陷	人身伤害	3	2	7	42	2	现在	正常	定期检查,发现问题及时维修

续表

序号	活动场所	危险源(人的不安全行为和物的不安全状态)	可能导致的事故			作业条件危险性评价法 $D=LEC$				危险等级	时态	状态	控制措施
			人或物	方式	后果	L	E	C	D				
8	现场调试	触电伤害	人员	触电	电击伤害	1	6	7	42	2	现在	异常	配备安全工器具,执行"三票"制度,安排安全监护人
9	现场调试	机械伤害	人员	砸伤	人员伤亡	3	6	7	126	3	现在	正常	加强安全技能培训
10	调试现场	未戴安全帽	人员	碰/砸	碰、砸伤头部	1	0.5	7	3.5	1	现在	正常	必须戴安全帽
11	调试现场	未穿工作服	人员	挂/烫	挂、烫伤身体	1	0.5	1	0.5	1	现在	正常	必须穿工作服
12	现场调试	高空坠物	人员、物	砸伤	人员伤害	1	3	7	21	2	现在	正常	加强人员安全意识,高空作业时佩戴安全帽,远离无安全标识地带
13	现场调试	废旧电池污染	土壤、水	渗入	土壤及水污染	3	6	7	126	3	将来	异常	集中处理
14	调试现场	保温棉尘飞扬	人员	粉尘	人员健康损害	1	1	1	1	5	现在	正常	进入现场戴防尘口罩

第四章 电力系统主要电气设备电气试验

续表

序号	活动场所	危险源（人的不安全行为和物的不安全状态）	可能导致的事故 人或物	方式	后果	作业条件危险性评价法 $D=LEC$ L	E	C	D	危险等级	时态	状态	控制措施
15	调试现场	火灾	人员设备	烧伤/烧毁	人员伤亡设备损坏	1	0.5	100	50	2	现在	正常	按规程操作，严格遵守现场文明规约
16	调试现场	噪声与振动	人员	干扰	人员伤害	6	6	1	36	2	现在	正常	遵守安规，带防护器具
17	调试现场	辐射	人员	辐射	人员伤害	6	6	1	36	2	现在	正常	尽量减少作业时间
18	现场调试	设备的管道、阀门及突出部分	人员	磕碰	人身伤害	3	6	1	18	1	现在	正常	对人员进行安全教育，提高自身防范意识
19	外出	车辆伤害	人员	碰撞	人员伤亡	1	0.5	100	50	2	现在	正常	严格遵守交通规则，院里的车辆管理规则
20	现场工作间	窗户未关严	财物	被盗	财物损失	1	1	3	3	1	将来	异常	严格检查，防盗
21	现场工作间	开水	人员	烫伤	人员伤害	1	1	3	3	1	将来	正常	规范操作

2）高压专业危险源辨识、风险评价、风险控制

高压专业危险源辨识、风险评价、风险控制

序号	活动场所	危险源（人的不安全行为和物的不安全状态）	可能导致的事故			作业条件危险性评价法 $D=LEC$				危险等级	时态	状态	控制措施
			人或物	方式	后果	L	E	C	D				
1	高压现场调试试验	SF_6气体污染	人员	吸食	人员伤害	1	1	15	15	1	将来	异常	加强通风
2	高压现场调试试验	升压站被试品试验的电磁辐射	人员	辐射	人员伤害	6	6	15	540	5	现在	正常	保持安全距离
3	高压现场调试试验	局部放电试验设备的辐射	人员	辐射	人员伤害	6	6	15	540	5	现在	正常	保持安全距离
4	高压现场调试试验	绝缘油泄漏	人员	吸食	人员伤害	6	6	15	540	5	将来	异常	加强安全培训
5	高压现场调试试验	废旧绝缘油随意排放	人员、土壤、空气、水	吸食、渗入	人员伤害、空气污染、土壤污染、水污染	3	6	7	126	3	将来	异常	集中处理
6	高压现场调试试验	红外试验设备的激光辐射	人员	辐射	人员伤害	3	6	7	126	3	现在	正常	加强安全措施
7	高压现场调试试验	电位外移设备的废旧电料污染	土壤、水	渗入	土壤及水污染	3	6	7	126	3	将来	异常	加强电料回收管理

3) 试验报告

3 号发电机端部电位外移试验报告

设备名称：3 号发电机			
1. 试品参数			
型号	QFSN-350-2-20	额定容量/MVA	412
额定电压/kV	20	额定功率/MW	350
额定转速/(r·min^{-1})	3 000	额定功率因数	0.85
额定频率/Hz	50	冷却方式	水氢氢
额定电流/kA	11.887	制造厂家	东方电机有限公司
2. 试验依据			
《电气装置安装工程电气设备交接试验标准》(GB 50150—2016)			
3. 试验方法			
泄漏电流法：发电机定子绕组施加的直流电压为发电机额定电压 U_N，在发电机端部及出线并联块处用内阻 100 MΩ 的测量杆测量泄漏电流			
4. 试验仪器			
ZV-T 型水内冷发电机直流高压试验装置；100 MΩ 的测量杆；微安表			
5. 试验数据			

编号	汽侧泄漏电流/μA	编号	汽侧泄漏电流/μA	编号	汽侧泄漏电流/μA
1	0.3	19	0	37	0
2	0	20	0	38	0.1
3	0	21	0	39	0
4	0.3	22	0	40	0
5	0	23	0	41	0
6	0	24	0	42	0.1
7	0	25	0.2	43	0
8	0	26	0	44	0
9	0	27	0	45	0
10	0	28	0.4	46	0
11	0	29	0.2	47	0
12	0	30	0	48	0
13	0	31	0	49	0
14	0	32	0	50	0
15	0	33	0	51	0
16	0	34	0	52	0
17	0	35	0	53	0
18	0	36	0	54	0

续表

编号	励侧泄漏电流/μA	编号	励侧泄漏电流/μA	编号	励侧泄漏电流/μA
1	0.7	17	0	33	0
2	0	18	0	34	0
3	0.1	19	0	35	0
4	0	20	0	36	0
5	0	21	0	37	0
6	0	22	0	38	0
7	0	23	0.2	39	0
8	0.8	24	0	40	0
9	0	25	0	41	0.1
10	0	26	0	42	0
11	0	27	0	43	0
12	0	28	0	44	0
13	0	29	0	45	0
14	0	30	0	46	0
15	0	31	0.1	47	0.2
16	0	32	0	48	0.1
编号	出线泄漏电流/μA	编号	出线泄漏电流/μA	编号	出线泄漏电流/μA
A	0	B	0.2	C	0.1
X	0	Y	0.1	Z	0

6. 试验结论

合格			
试验人员		试验日期	2018 年 8 月 30 日
审核人员		审核日期	2018 年 8 月 30 日

3 号发电机转子试验报告

设备名称：3 号发电机转子

1. 试品参数

型号	QFSN-350-2-20	额定容量/MVA	412
额定电压/kV	20	额定功率/MW	350
额定转速/(r·min^{-1})	3 000	额定功率因数	0.85
额定频率/Hz	50	冷却方式	水氢氢
额定电流/kA	11.887	制造厂家	东方电机有限公司

续表

2. 试验依据
《电气装置安装工程电气设备交接试验标准》（GB 50150—2016）
3. 试验仪器
风机、风罩、压力表、风速仪
4. 试验数据

进风方向：励端　　　　　　　进风风压：1 000 Pa　　　　　　　风速：　　m/s

槽号	1	2	3	4	5	6	7	8	9	10	11	12	13	14	15	16
1	30	29	30	30	30	30	27	26	29	28	26	29	26	26	26	26
2	30	26	28	26	29	26	25	26	29	28	26	29	26	26	26	26
3	30	28	29	30	30	30	27	28	30	30	30	30	30	28	28	28
4	30	28	30	30	30	30	29	27	30	30	30	30	30	27	27	27
5	30	29	30	29	30	29	26	26	28	28	30	28	30	28	29	25
6	29	26	28	26	30	26	26	26	28	30	28	30	30	30	30	27
7	26	28	29	28	30	28	28	28	27	27	30	30	30	30	30	29
8	28	28	26	28	30	28	27	27	28	28	30	29	29	30	30	27
9	28	27	28	29	30	29	25	25	28	28	30	26	26	30	30	25
10	27	28	28	26	29	26	27	27	27	27	29	28	28	29	30	27
11	28	29	27	28	30	28	29	29	28	28	28	26	28	26	29	29
12	30	26	30	28	29	30	27	27	28	28	28	27	27	28	26	27
13	30	30	30	29	29	30	25	25	27	27	28	28	29	28	28	25
14	30	30	30	28	29	30	27	27	28	28	30	30	30	28	29	26
15	30	30	30	30	30	29	29	29	28	29	30	30	30	30	30	26
16	30	30	30	30	30	26	26	27	27	27	29	29	28	29	29	28
17	30	29	29	30	30	28	25	25	28	28	30	29	29	30	30	27
18	30	26	26	30	30	26	26	28	26	28	30	26	26	30	30	25
19	29	28	28	29	30	30	26	26	27	27	29	28	29	30	30	27
20	26	28	28	26	29	30	28	28	28	26	28	28	26	29	29	29
21	28	27	27	28	26	30	27	27	28	28	28	27	27	28	26	27
22	28	28	29	28	28	30	25	25	27	28	28	29	28	28	28	25
23	27	30	30	29	28	29	28	27	28	28	30	30	30	28	29	27
24	28	29	30	26	30	26	29	29	28	28	30	30	30	30	30	29

续表

槽号	17	18	19	20	21	22	23	24	25	26	27	28	29	30	31	32
1	29	29	30	29	29	29	26	29	26	28	28	28	27	30	28	26
2	26	26	30	26	26	26	26	26	28	29	29	29	25	30	27	28
3	28	28	29	28	28	28	28	28	28	26	30	26	27	30	28	28
4	28	28	26	28	28	28	27	28	30	29	29	29	26	30	29	30
5	27	27	28	29	29	29	25	27	30	29	29	29	26	30	29	30
6	28	28	28	26	30	26	27	28	30	29	29	29	26	30	29	30
7	29	29	30	29	29	29	26	29	30	26	26	26	26	30	26	30
8	27	28	26	30	27	27	28	29	29	26	28	28	28	30	28	29
9	29	28	28	30	25	25	27	29	26	28	28	28	27	30	28	26
10	30	29	28	29	27	27	28	26	28	29	29	29	25	30	27	28
11	30	26	30	26	29	29	28	28	28	26	30	26	27	30	28	28
12	29	30	30	28	27	27	27	28	30	29	29	29	26	30	29	30
13	27	28	26	30	27	27	28	27	30	26	26	26	26	30	26	30
14	30	30	30	30	30	30	28	29	28	28	28	28	30	28	29
15	29	30	29	29	29	26	30	29	26	28	28	28	27	30	28	26
16	26	30	26	26	26	26	30	26	28	29	29	29	25	30	27	28
17	28	29	28	28	28	28	30	28	28	26	30	26	27	30	28	28
18	28	26	28	28	28	27	30	28	30	29	29	29	26	30	29	30
19	27	28	29	29	29	25	30	27	30	29	29	29	26	30	29	30
20	28	28	26	30	26	27	30	28	30	29	29	29	26	30	29	30
21	29	30	29	29	29	26	30	29	30	29	29	30	29	30	26	30
22	29	30	29	29	29	26	30	29	30	26	26	26	30	26	28	30
23	26	30	26	26	26	26	30	26	30	28	29	30	29	29	29	30
24	28	29	28	29	30	29	29	29	30	28	26	30	26	26	26	30

3号发电机转子试验报告

进风方向：汽端					进风风压：1 000 Pa						风速：			m/s		
槽号	1	2	3	4	5	6	7	8	9	10	11	12	13	14	15	16
1	29	30	29	29	29	30	29	30	29	30	29	30	29	29	29	30
2	26	30	26	26	26	30	26	30	26	30	26	30	26	26	26	30
3	25	25	27	29	29	30	29	29	25	25	25	27	29	29	30
4	27	27	28	26	26	30	26	26	27	27	27	28	26	26	30

续表

槽号	1	2	3	4	5	6	7	8	9	10	11	12	13	14	15	16
5	29	29	28	28	28	29	28	28	29	29	29	29	28	28	28	29
6	27	27	27	28	28	26	28	28	27	27	27	27	27	28	28	26
7	25	25	27	29	29	30	29	29	25	25	25	25	27	29	29	30
8	27	27	28	26	26	30	26	26	27	27	27	27	28	26	26	30
9	29	29	28	28	28	29	28	28	29	29	29	29	28	28	28	29
10	27	27	27	28	28	26	28	28	27	27	27	27	27	28	28	26
11	27	27	28	27	27	28	29	29	27	27	27	27	28	27	27	28
12	30	30	30	28	28	28	26	30	30	30	30	30	30	28	28	28
13	25	25	27	29	29	30	29	29	25	25	25	25	27	29	29	30
14	25	25	27	29	29	30	29	29	25	25	25	25	27	29	29	30
15	27	27	28	26	26	30	26	26	27	27	27	27	28	26	26	30
16	29	29	28	25	25	27	29	29	29	29	29	29	28	25	25	27
17	27	27	27	27	27	28	26	29	27	27	27	27	27	27	27	28
18	27	27	28	29	29	28	28	28	27	27	27	27	28	29	29	28
19	25	25	27	29	29	30	29	29	25	25	25	25	27	29	29	30
20	27	27	28	26	26	30	26	26	27	27	27	27	28	26	26	30
21	29	29	28	28	28	29	28	28	29	29	29	29	28	28	28	29
22	27	27	27	28	28	26	28	28	27	27	27	27	27	28	28	26
23	27	27	28	27	27	28	29	29	27	27	27	27	28	27	27	28
24	25	25	27	29	29	30	29	29	25	25	25	25	27	29	29	30

槽号	17	18	19	20	21	22	23	24	25	26	27	28	29	30	31	32
1	29	29	29	26	30	29	29	30	29	29	29	29	26	30	29	29	30
2	26	26	26	26	30	26	26	30	26	26	26	26	26	30	26	26	30
3	25	25	27	29	29	30	29	29	25	25	27	29	29	30	29	29
4	27	27	28	26	26	30	26	26	27	27	28	26	26	30	26	26
5	29	29	28	28	28	29	28	28	29	29	28	28	28	29	28	28
6	27	27	27	28	28	26	28	28	27	27	27	28	28	26	28	28
7	29	25	25	25	25	25	27	29	29	25	25	25	25	25	27	29
8	26	27	27	27	27	27	28	26	26	27	27	27	27	27	28	26
9	28	29	29	29	29	29	28	28	28	29	29	29	29	29	28	28
10	28	27	27	27	27	27	27	28	28	27	27	27	27	27	27	28

续表

槽号	17	18	19	20	21	22	23	24	25	26	27	28	29	30	31	32
11	29	27	27	27	27	27	28	27	29	27	27	27	27	27	28	27
12	26	30	30	30	30	30	30	28	26	30	30	30	30	30	30	28
13	29	25	25	27	29	29	30	29	29	25	25	27	29	29	30	29
14	29	25	27	28	26	26	30	26	29	25	27	28	26	26	30	26
15	26	27	29	28	28	28	28	28	26	27	29	28	28	28	28	28
16	30	29	29	29	25	25	27	28	30	29	29	29	25	25	27	28
17	30	26	26	26	27	27	28	30	30	26	26	26	27	27	28	30
18	29	28	28	28	27	29	28	30	29	28	28	28	27	29	28	30
19	29	25	28	28	27	27	28	29	29	25	28	28	27	27	28	29
20	26	27	29	29	27	27	28	30	26	27	29	29	27	27	28	30
21	28	29	30	26	30	30	30	30	28	29	30	26	30	30	30	30
22	28	27	30	30	30	30	30	28	28	27	30	30	30	30	30	30
23	29	27	30	30	30	30	30	27	29	27	30	30	30	30	30	30
24	29	25	25	27	29	29	30	29	29	25	25	27	29	29	30	29

5. 试验结论

合格				
试验人员		试验日期	2017 年 11 月 23 日	
审核人员		审核日期	2017 年 11 月 23 日	

3 号发电机转子交流阻抗试验报告

设备名称：3 号发电机转子				
1. 试品参数				
型号	QFSN-350-2-20		额定容量/MVA	412
额定电压/kV	20		额定功率/MW	350
额定转速/(r·min^{-1})	3 000		额定功率因数	0.85
额定频率/Hz	50		冷却方式	水氢氢
额定电流/kA	11.887		制造厂家	东方电机有限公司
2. 试验依据				
《电气装置安装工程电气设备交接试验标准》（GB 50150—2016）				
3. 试验仪器				
发电机交流阻抗测试仪				

续表

4. 试验数据（膛外）			
转速/(r·min^{-1})	电压/V	功率损耗/W	阻抗/Ω
0	220	3 945	8.25（出厂值8.33）
5. 试验数据（膛内）			
转速/(r·min^{-1})	电压/V	功率损耗/W	阻抗/Ω
0	220	3 859	11.38
500	220	3 939	11.20
1 000	220	3 958	11.10
1 500	220	3 942	11.15
2 000	220	3 967	11.18
2 500	220	3 987	11.30
3 000	220	3 966	11.26
超速后	—	—	—
6. 试验结论			
合格			
试验人员		试验日期	2018年9月12日
审核人员		审核日期	2018年9月12日

3号发电机交直流耐压试验报告

一、试验条件
（1）试验前要求水质化验合格，电导率小于1.5 μS/cm，pH值应在7~8。
（2）水压应保持在运行条件的水压。
（3）水温和流量也应保持在运行条件下的正常值，并应做好记录。
（4）氢气发电机应在充氢后氢纯度为96%或排氢后含量在3%以下时进行，严禁在置换过程中进行试验。
（5）用万用表测量汇水管对绕组间的绝缘电阻R_y≥100 kΩ，汇水管对地绝缘电阻R_h≥30 kΩ。
（6）所用试验表计校验合格。
（7）试验电源进线容量：三相380 V/100 A。
（8）安全措施：
①工作场地应设置临时围栏，制定出防止工作时高空坠落等安全措施；无关人员不得进入作业区，并派专人监护。
②试验设备试前应调试完好，预升压保护应正确可靠，测量用分压器经校验合格。
二、试验接线

续表

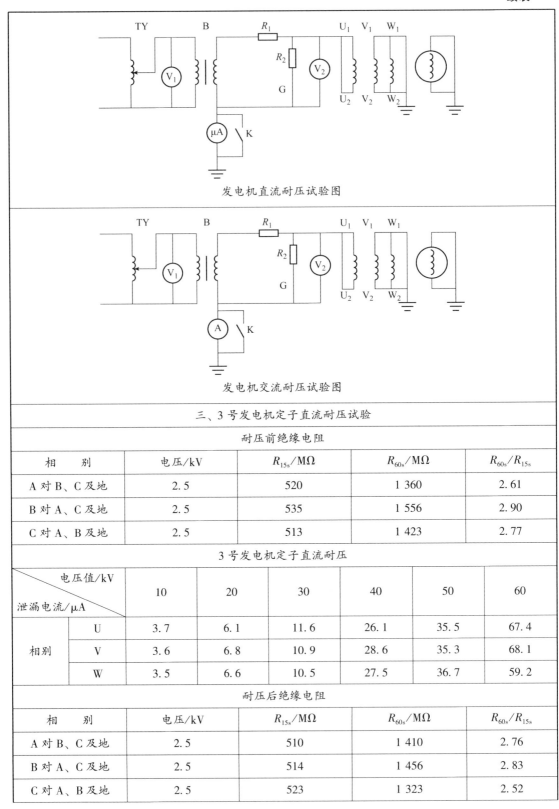

发电机直流耐压试验图

发电机交流耐压试验图

三、3号发电机定子直流耐压试验

耐压前绝缘电阻

相 别	电压/kV	R_{15s}/MΩ	R_{60s}/MΩ	R_{60s}/R_{15s}
A 对 B、C 及地	2.5	520	1 360	2.61
B 对 A、C 及地	2.5	535	1 556	2.90
C 对 A、B 及地	2.5	513	1 423	2.77

3号发电机定子直流耐压

电压值/kV 泄漏电流/μA		10	20	30	40	50	60
相别	U	3.7	6.1	11.6	26.1	35.5	67.4
	V	3.6	6.8	10.9	28.6	35.3	68.1
	W	3.5	6.6	10.5	27.5	36.7	59.2

耐压后绝缘电阻

相 别	电压/kV	R_{15s}/MΩ	R_{60s}/MΩ	R_{60s}/R_{15s}
A 对 B、C 及地	2.5	510	1 410	2.76
B 对 A、C 及地	2.5	514	1 456	2.83
C 对 A、B 及地	2.5	523	1 323	2.52

续表

四、3号发电机定子交流耐压试验			
耐压前绝缘电阻			
相　　别	电压/kV	R_{15s}/MΩ	R_{60s}/MΩ	R_{60s}/R_{15s}
A 对 B、C 及地	2.5	538	1 453	2.70
B 对 A、C 及地	2.5	524	1 356	2.58
C 对 A、B 及地	2.5	515	1 323	2.56
3号发电机定子交流耐压			
定子绕组	AX	BY	CZ
试验电压/kV	32.8	32.8	32.8
试验时间/min	1	1	1
结论	通过	通过	通过
耐压后绝缘电阻			
相　　别	电压/kV	R_{15s}/MΩ	R_{60s}/MΩ	R_{60s}/R_{15s}
A 对 B、C 及地	2.5	516	1 435	2.78
B 对 A、C 及地	2.5	514	1 424	2.77
C 对 A、B 及地	2.5	526	1 528	2.90
六、试验结论			
合格			
试验人员		试验时间	2018 年 8 月 30 日
审核人员		审核时间	2018 年 8 月 30 日

小结

随着发电机额定电压和容量的增大，交流耐压试验设备越来越大，调压也困难，为了改善这种情况，交流耐压试验开始采取现场谐振方法。另外，定子交直流耐压试验，在发电机转子抽出后再进行，因为本试验方案容易发现电机定子绕组存在的缺陷，如发现便于及时检修处理。

及时发现缺陷，保护人民生命安全、财产安全是大国工匠的使命。

第八节　高压套管电气试验

对 35 kV 及以上电容式套管的交接或预防性试验进行试验，为高压套管的鉴定提供数据。

 **知识链接**

——套管的绝缘

电容式套管具有内绝缘和外绝缘。内绝缘或称主绝缘,为一圆柱形电容芯子,外绝缘为瓷套。瓷套的中部有供安装用的金属连接套筒,或称法兰。套管头部有供油量变化的金属容器,称为油枕。套管内部抽成真空并充满矿物油。

套管的整体连接(电容芯子、瓷套、连接套筒和油枕等的连接)有两种基本形式,即用强力弹簧通过导电杆压紧的方式(大多用于油纸式电容套管)以及用螺栓在连接处直接卡装的方式(大多用于胶纸式电容套管)。连接处必须采用优质的耐油橡皮垫圈以保证套管的密封(不漏油和不使潮气侵入),要有一定的机械强度和弹性。油纸式电容套管内部有弹性板,与弹簧共同对因温度变化所引起的长度变化起调节作用,以防密封的破坏。

套管除主体结构外,还有运行维护所需要的装置,如在油枕上装有油面指示器,连接套筒上装有测量用的接头(运行时和连接套筒接通)、取油样装置及注油孔等。

电容式套管的瓷套是外绝缘,同时也为内绝缘和油的容器。变压器套管上瓷套表面有伞裙,以提高外绝缘抵抗大气条件如雨、雾、露、潮湿、脏污等的能力,下瓷套在油中工作,表面有棱。胶纸式变压器套管无下瓷套。

 任务训练

——套管的电气试验

(一) 绝缘电阻的测量

1. 试验目的

有效发现设备整体受潮和脏污,以及绝缘击穿和严重过热老化等缺陷。

2. 试验适用范围

35 kV 及以上电容式套管交接、大修后试验和预防性试验。

3. 试验时使用的仪器

2 500 V 兆欧表。

4. 测量步骤

(1) 断开被试品的电源,拆除或断开对外的一切连线,将被试品接地放电。放电时应用绝缘棒等工具进行,不得用手碰触放电导线。

(2) 用干燥、清洁、柔软的布擦去被试品外绝缘表面的脏污,必要时用适当的清洁剂洗净。

(3) 将兆欧表上的接线端子 E 接被试品的接地端,L 接高压端,G 接屏蔽端。应采用屏蔽线和绝缘屏蔽棒作连接。将兆欧表水平放稳,当兆欧表转速尚在低速旋转时,用导线瞬时短接 L 和 E 端子,其指针应指零。开路时,兆欧表转速达额定转速,其指针应指"∞"。然后使兆欧表停止转动,将兆欧表的接地端与被试品的地线连接,兆欧表的高压端接上屏蔽连接线,连接线的另一端悬空(不接被试品),再次驱动兆欧表或接通电源,兆欧表的指示应无明显差异。然后将兆欧表停止转动，将屏蔽连接线接到被试品测量部位。

（4）驱动兆欧表达额定转速，或接通兆欧表电源，待指针稳定后（或60 s），读取绝缘电阻值。

（5）读取绝缘电阻后，先断开接至被试品高压端的连接线，然后再将兆欧表停止运转。

（6）断开兆欧表后对被试品短接放电并接地。

（7）测量时应记录被试设备的温度、湿度、气象情况、试验日期及使用仪表等。

5. 影响因素及注意事项

1）外绝缘表面泄漏的影响

一般应在空气相对湿度不高于80%条件下进行试验，在相对湿度大于80%的潮湿天气，电气设备引出线瓷套表面会凝结一层极薄的水膜，造成表面泄漏通道，使绝缘电阻明显降低。此时，应在引出线瓷套上装设屏蔽环（用细铜线或细熔丝紧扎1~2圈）接到兆欧表屏蔽端子，常用的接线如图4-41所示。屏蔽环应接在靠近兆欧表高压端所接的瓷套端子，远离接地部分，以免造成兆欧表过载，使端电压急剧降低，影响测量结果。

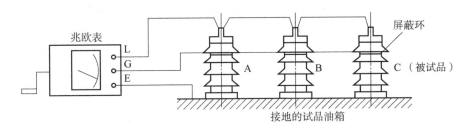

图4-41 测量绝缘电阻时屏蔽环的位置

2）感应电压的影响

测量高压架空线路绝缘电阻，若该线路与另一带电线路有一段平行，则不能进行测量，防止静电感应电压危及人身安全，同时以免有明显的工频感应电流流过兆欧表使测量无法进行。

3）温度的影响

被试品温度一般应在10~40 ℃范围。

绝缘电阻随着温度升高而降低，但目前还没有一个通用的固定换算公式。

温度换算系数最好以实测决定。例如正常状态下，当设备自运行中停下，在自行冷却过程中，可在不同温度下测量绝缘电阻值，从而求出其温度换算系数。

6. 测量结果的分析判断

绝缘电阻值的测量是常规试验项目中的最基本项目。根据测得的绝缘电阻值，可以初步估计设备的绝缘状况，通常也可决定是否能继续进行其他施加电压的绝缘试验项目等。

在《重庆市电力公司电气设备试验规程》中，要求套管主绝缘的绝缘电阻值不低于10 000 MΩ，末屏对地的绝缘电阻不低于1 000 MΩ，对电容式套管，有抽压端子的与末屏要求一致。除了测得的绝缘电阻值很低，试验人员认为该设备的绝缘不良外，在一般情况下，试验人员应将同样条件下的不同相绝缘电阻值，或以同一设备历次试验结果（在可能条件下换算至同一温度）进行比较，结合其他试验结果进行综合判断。需要时，对被试品各部位分别进行分解测量，将不测量部位接屏蔽端，便于分析缺陷部位。

（二）介质损耗因数 tanδ 和电容量测试

1. 试验目的

有效地发现设备是否存在受潮缺陷。

2. 试验适用范围

35 kV 及以上电容式套管交接、大修后试验和预防性试验。

3. 试验时使用的仪器

西林电桥或数字式自动介损测试仪。

4. 试验条件及准备

1) 试验条件

本试验应在良好的天气，被试品及环境温度不低于 +5 ℃ 的条件下进行。

2) 准备

测试前，应先测量被试品各电极间的绝缘电阻。必要时可对被试品表面（如外瓷套或电容套管分压小瓷套、二次端子板等）进行清洁或干燥处理。了解充油电力设备绝缘油的电气、化学性能（包括油的 tanδ）的最近试验结果。

5. 试验接线

该试验接线图如图 4-42 所示。

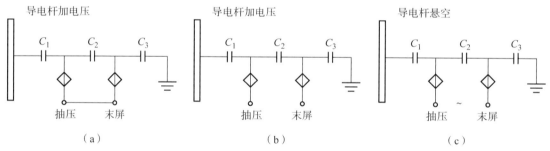

图 4-42　电容式套管等值电路

(a) 导电杆与接地端子间；(b) 导电杆与抽压端子间；(c) 抽压端子与接地端子间

（1）测量装在三相变压器上的任一只电容式套管的 tanδ 和电容时，相同电压等级的三相绕组及中性点（若中性点有套管引出者）必须短接加压，将非测量的其他绕组三相短路接地，否则会造成较大的误差。现场常采用高压电桥正接线方式测量，将相应套管的测量用小套管引线接至电桥的 C_x 端，一个一个地进行测量。

（2）具有抽压和测量端子（小套管引出线）引出的电容式套管，tanδ 及电容的测量，可分别在导电杆和各端子之间进行。

①测量导电杆对接地端子（末屏）的 tanδ。非测量的抽压端子接末屏端子，将 C_2 短路，如图 4-42（a）所示。

②测量导电杆对抽压端子的 tanδ。非测量的末屏端子悬空，如图 4-42（b）所示。

③测量抽压端子对接地端子的 tanδ。导电杆悬空，这时的测量电压不应超过该端子的正常工作电压，一般为 2~3 kV，如图 4-42（c）所示。

以上 3 种测量，电桥均采用正接线方式，测得的 tanδ 值应符合相关规程。

6. 影响测量的因素

（1）抽压小套管绝缘不良，因其分流作用，使测量的 tanδ 值产生偏小的测量误差。

（2）当相对湿度较大（如在 80% 以上）时，正接线方式使测量结果偏小，甚至 tanδ 测量值出现负值；反接线方式使测量结果往往偏大。潮湿气候时，不宜采用加接屏蔽环来防止表面泄漏电流的影响，否则电场分布被改变，会得出难于置信的测量结果。有条件时可采用电吹风吹干瓷表面或待阳光暴晒后进行测量。

（3）套管附近的木梯、构架、引线等所形成的杂散损耗，也会对测量结果产生较大影响，应予搬除。套管电容越小，其影响也越大，试验结果往往有很大差别。

（4）高压电源接到被试品导电杆顶端的高压引线时，应尽量远离被试品中部法兰，有条件时高压引线最好自上部向下引到被试品，以免杂散电容影响测量结果。

7. 判断及标准

套管测得的 tanδ（%）按《电力设备预防性试验规程》进行综合判断。

判断时应注意：

（1）tanδ 值与出厂值或初始值比较不应有显著变化。

（2）电容式套管的电容值与出厂值或初始值比较一般不大于 ±10%，当此变化达 ±5% 时应引起注意，500 kV 套管电容值允许偏差为 ±5%。

（三）工频耐压试验

1. 试验目的

检验被试品绝缘能否承受各种过电压，以真实有效地发现绝缘缺陷。

2. 试验适用范围

35 kV 及以上电容式套管交接、大修后试验。

3. 试验时使用的仪器

工频耐压试验设备。

4. 试验原理接线

交流耐压试验的接线，应按被试品的要求（电压、容量）和现有试验设备条件来决定。通常试验时采用的是成套设备（包括控制及调压设备），现场常对控制回路加以简化，例如采用图 4-43 所示的试验电路。

试验回路中的熔断器、电磁开关和过流继电器，都是为保证在试验回路发生短路和被试品击穿时，能迅速可靠地切断试验电源；电压互感器是用来测量被试品上的电压；毫安表和电压表用以测量及监视试验过程中的电流和电压。

进行交流耐压的被试品，一般为容性负荷，当被试品的电容量较大时，电容电流在试验变压器的漏抗上就会产生较大的压降。由于被试品上的电压与试验变压器漏抗上的电压相位相反，有可能因电容电压升高而使被试品上的电压比试验变压器的输出电压还高，因此要求在被试品上直接测量电压。

5. 试验分析

对于绝缘良好的被试品，在交流耐压中不应击穿，而其是否击穿，可根据下述现象来分析。

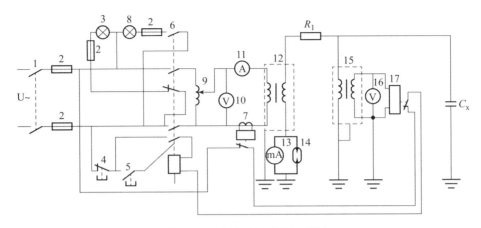

图 4-43 交流耐压试验接线图

1—双极开关；2—熔断器；3—绿色指示灯；4—常闭分闸按钮；5—常开合闸按钮；6—电磁开关；
7—过流继电器；8—红色指示灯；9—调压器；10—低压侧电压表；11—电流表；
12—高压试验变压器；13—毫安表；14—放电管；15—测量用电压互感器；
16—电压表；17—过压继电器；R_1—保护电阻；C_x—被试品

1) 根据试验回路接入表计的指示进行分析

一般情况下，电流表如突然上升，说明被试品击穿。但当被试品的容抗 X_C 与试验变压器的漏抗 X_L 之比等于 2 时，虽然被试品已击穿，但电流表的指示不变（因为回路电抗 $X = |X_C - X_L|$，所以当被试品短路即 $X_C = 0$ 时，回路中仍有 X_L 存在，与被试品击穿前的电抗值是相等的，故电流表的指示不会发生变化）；当 X_C 与 X_L 的比值小于 2 时，被试品击穿后，使试验回路的电抗增大，电流表指示反而下降。通常 $X_C \geq X_L$，不会出现上述情况，只有在被试品电容量很大或试验变压器容量不够时，才有可能发生。此时，应以接在高压端测量被试品上的电压表指示来判断，被试品击穿时，电压表指示明显下降，而且低压侧电压表的指示也会有所下降。

2) 根据控制回路的状况进行分析

如果过流继电器整定适当，在被试品击穿时，过流继电器应动作，并使自动控制开关跳闸。若动作整定值过小，可能在升压过程中，因电容电流的充电作用而使开关跳闸；整定值过大时，电流继电器整定电流过大，即使被试品放电或小电流击穿，继电器也不会动作。因此，应正确整定过流继电器的动作电流，一般应整定为被试品额定试验电流的 1.3 倍左右。

3) 根据被试品的状况进行分析

被试品发出击穿响声（或断续放电声）、冒烟、出气、焦臭、闪弧、燃烧等现象，都是不容许的，应查明原因。这些现象如果确定是绝缘部分出现的，则认为是被试品存在缺陷或击穿。

6. 注意事项

(1) 被试品为有机绝缘材料时，试验后应立即触摸，如出现普遍或局部发热，则认为绝缘不良，应及时处理，然后再做试验。

(2) 如果耐压试验后的绝缘电阻比耐压前下降 30%，则检查该试品是否合格。

(3) 在试验过程中，若由于空气湿度、温度、表面脏污等影响，引起被试品表面滑闪放电或空气放电，不应认为被试品的内绝缘不合格，需经清洁、干燥处理之后，再进行试验。

(4) 升压必须从零开始，不可冲击合闸。升压速度在 40% 试验电压以内可不受限制，其后应均匀升压，升压速度约为每秒 3% 的试验电压。

(5) 耐压试验前后均应测量被试品的绝缘电阻。

（四）局部放电测量

1. 试验目的

检查试品的局部放电量是否符合要求。

2. 试验适用范围

110 kV 及以上电容式套管交接、大修后试验。

3. 试验时使用的仪器

局部放电测量试验设备。

4. 试验原理接线

变压器或电抗器套管局部放电试验时，其下部必须浸入一合适的油筒内，注入筒内的油应符合油质试验的有关标准，并静止 48 h 后才能进行试验。试验时以杂散电容 C_s 取代耦合电容器 C_k，试验接线如图 4-44 所示。

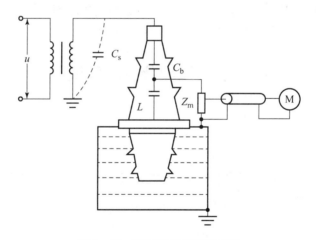

图 4-44 变压器套管试验接线

C_b—套管电容；L—电容末屏

套管局部放电的试验电压，由试验变压器外施产生，可选用电流互感器试验时的试验变压器试验标准进行。

穿墙或其他形式的套管的试验不需放入油筒，其试验接线同图 4-44。

5. 干扰的抑制

(1) 在高压试验变压器的初级设置低通滤波器，抑制试验供电网络中的干扰。低通滤波器的截止频率应尽可能低，并设计成能抑制来自相线、中性线（220 V 电源时）两线路中的干扰。

（2）试验电源和仪器用电源设置屏蔽式隔离变压器，抑制电源供电网络中的干扰，因此隔离变压器应设计成屏蔽式结构。

（3）在试验变压器的高压端设置高压低通滤波器，抑制电源供电网络中的干扰。高压滤波器通常设计成 T 形或 TT 形，也可以是 L 形。它的阻塞频率应与局部放电检测仪的频带检测仪相匹配。

（4）全屏蔽试验系统的目的和作用是抑制各类电磁场辐射所产生的干扰。试验时所有设备和仪器及被试品均处于一屏蔽室内。全屏蔽试验室可用屏蔽室内接收空间干扰（例如广播电台信号）的信号场强，以及对试验回路所达到的最小可测放电量等指标来检验其屏蔽效果。屏蔽室应一点接地。

（5）高压端部电晕放电的抑制，主要是选用合适的无晕环（球）及无晕导电杆作为高压连线。110 kV 及以下设备，可采用单环屏蔽，其圆管和高压无晕金属圆管的直径均为 50 mm 及以下。

（6）抑制试验回路接地系统的干扰，唯一的措施是在整个试验回路选择一点接地。

小结

通过以上电气试验，检查高压套管主绝缘的电气强度，发现集中性的局部缺陷，检验套管是否受潮，确认其能否投运。还可以准确客观地反映高压套管的出厂质量和安装质量，使之符合应用标准及相关的技术规定，检验其运行的稳定性。

特高压输电工程，是我国外交的名片，厉害了我的国！

第九节　接地装置电气试验

任务描述

通过本章的学习，掌握接地装置试验的方法和注意事项，通过对试验结果的分析，判断接地装置的保护性能是否符合要求。

知识链接

——接地装置的分类

接地的功能是通过接地装置或接地系统来实现的。电力系统的接地装置可分为两类：一类为输电线路杆塔或微波塔的比较简单的接地装置，如水平接地体、垂直接地体、环形接地体等；另一类为发变电所的接地网。

简单而言，接地装置就是包括引线在内的埋设在地中的一个或一组金属体（包括金属水平埋设或垂直埋设的接地极、金属构件、金属管道、钢筋混凝土构筑物基础、金属设备等），或由金属导体组成的金属网，其功能是用来泄放故障电流、雷电或其他冲击电流，稳定电位。而接地系统则是指包括发变电所接地装置、电气设备及电缆接地、架空地线及中性线接地、低压及二次系统接地在内的系统。

表征接地装置电气性能的参数为接地电阻。接地电阻的数值等于接地装置相对于无穷远处零电位点的电压与通过接地装置流入地中电流的比值，它与土壤特性及接地体的几何尺寸有关，还与通过接地体的电流种类有关。如果通过的电流为工频电流，则对应的接地电阻为工频接地电阻；如果通过的电流为冲击电流，则接地电阻为冲击接地电阻。冲击接地电阻是时变暂态电阻，一般用接地装置的冲击电压幅值与通过其流入地中的冲击电流的幅值的比值作为接地装置的冲击接地电阻。接地电阻的大小，反映了接地装置流散电流和稳定电位能力的高低及保护性能的好坏。接地电阻越小，保护性能就越好。

任务训练

——接地电阻的测量

1. 试验目的

检查接地装置是否受到外力破坏或化学腐蚀等影响而导致接地电阻值的变化。

2. 试验适用范围

新投运或改造后的接地装置的现场检验及定期校验。

3. 试验时使用的仪器

电压表、电流表和功率表（三极法）；接地电阻测试仪。

4. 测量接地电阻时电极的布置

1) 发电厂和变电所接地网测量接地电阻的电极布置

发电厂和变电所接地网测量接地电阻的电极布置如图 4-45 所示。

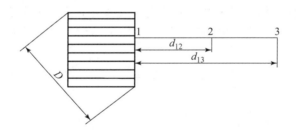

图 4-45 发电厂和变电所接地网测量接地电阻的电极布置图
1—接地体；2—电压极；3—电流极

根据《电力设备接地设计规程》中接地电阻测量方法，推荐 d_{13} 一般取接地网最大对角线的 4~5 倍，以使其间的电位分布出现一平缓区段。在一般情况下，电压极到接地网的距离约为电流极到接地网距离的 50%~60%。测量时，沿接地网和电流极的连线移动 3 次，每次移动距离为 d_{13} 的 5% 左右，如 3 次测得的电阻值接近即可。

电压极、电流极也可采用如图 4-46 所示的三角形布置方法，一般取 $d_{12}=d_{13}$，夹角 $\theta=30°$。

对大型发电厂、变电所，由于地网直径极大，经常使用架空线路作电压、电流测量线，这时电压、电流极的布置不可能一定是直线或成 30°，可能布置成如图 4-47 所示的位置。

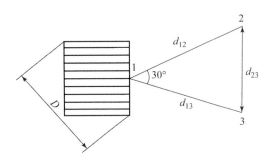
图 4-46 电流极、电压极的三角形布置法

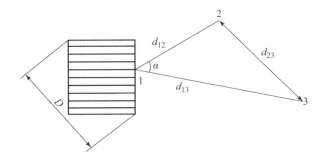
图 4-47 大型发电厂、变电所电压极、电流极的布置

若电压、电流极的布置不成直线或 30°，测量结果将按下式做误差修正：

$$\delta = R_g \left(\frac{1}{\sqrt{d_{12}^2 + d_{13}^2 - 2d_{12}d_{13}\cos\alpha}} - \frac{1}{d_{12}} - \frac{1}{d_{13}} \right) \tag{4-12}$$

$$R = \frac{1}{1+\delta} R_g$$

式中　R_g——测量的接地电阻，Ω。

2）电力线路测量杆塔接地电阻的电极布置

电力线路测量杆塔接地电阻的电极布置如图 4-48 所示。图中，d_{13} 一般取接地装置最长射线长度 L 的 4 倍，d_{12} 取 L 的 2.5 倍。

5. 测量方法及接线

1）电压表、电流表和功率表法（三极法）

采用电压表、电流表和功率表法测量接地网接地电阻的试验接线，如图 4-49 所示。这是一种常用的测量方法，施加电源后，同时读取电压值、电流值和功率值，并由下式计算出接地电阻。即：

$$R_g = U/I \quad \text{或} \quad R_g = P/I^2 = U^2/P \tag{4-13}$$

式中　U——实测电压，V；
　　　I——实测电流，A；
　　　P——实测功率，W。

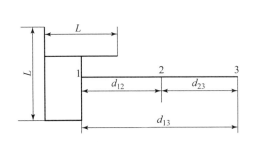
图 4-48 电力线路测量杆塔接地电阻的试验接线

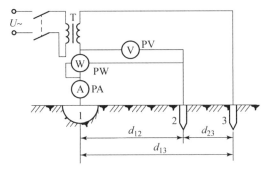
图 4-49 电压表、电流表和功率表电极布置
1—接地体；2—电压极；3—电流极

对发电厂、变电所接地网，若地中有干扰电流流过，电压表读数亦包含干扰电压，则测量结果不是实际的接地电阻值，我们经常采用电源倒相或增大试验电流的方法来消除和减小干扰造成的误差。对于电流、电压测量线很长，又并行排列的情况，线间互感形成的互感电压也会影响测量结果，建议采用功率表法。其接地电阻由下式计算：

$$I = \sqrt{\frac{I_z^2 + I_f^2}{2} - I_0^2} \tag{4-14}$$

$$U = \sqrt{\frac{U_z^2 + U_f^2}{2} - U_0^2} \tag{4-15}$$

$$P = \frac{P_z + P_f}{2} \tag{4-16}$$

$$R_g = \frac{P}{I^2} = \frac{U^2}{P} \tag{4-17}$$

式中 I_0，U_0——实测干扰电流、电压值；
I_z，U_z——电源正向加压时的实测电流、电压值；
I_f，U_f——电源反向加压时的实测电流、电压值；
P_z——电源正向加压时的实测功率；
P_f——电源反向加压时的实测功率。

2）用接地电阻测试仪测量接地电阻

测量接地电阻用的仪表有许多种，从测量原理上分为两类：一为比率计法，二为电桥法。还有围绕这两种方法开发的数字式接地电阻测试仪。

采用比率计法测量接地电阻试验接线如图4-50所示，如苏联产的 MC—07、MC—08 型，日本产的 L—8 型比率计均采用这种接线。

两种采用电桥测量接地电阻试验接线如图4-51（a）、（b）所示，采用这类原理的接地电阻测试仪有国产的 ZC—8 型、ZC—29 型等接地兆欧表和现行开发的数字式接地电阻测试仪。

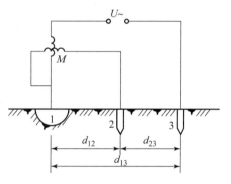

图4-50 比率计法测量接地电阻试验接线

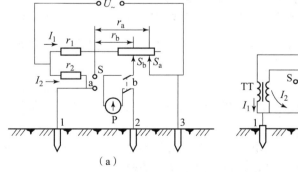 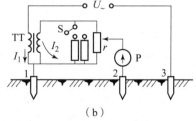

（a） （b）

图4-51 采用电桥测量接地电阻试验接线

1—接地体；2—电压极；3—电流极；P—检流计；S—开关；S_a，S_b—滑动电阻调节手柄；TT—试验变压器

6. 消除干扰的措施

1）消除接地体上零序电流干扰

发电厂、变电所的地网中经常有零序电流流过（包括新建站），零序电流的存在给接地电阻测试带来了误差，常用下列措施消除。

（1）加大测量电流的数值，以减小外界干扰对测量结果的影响。

（2）采用变频电源，即采用（50±10）Hz 的工频电源作试验源。

（3）采用倒相法，按计算公式，可消除零序电流干扰的影响。

2）消除测量线间互感电压对测量结果的影响

220 kV 及以上的发变电站占地面积较大，地网最大对角线的长度 D 一般为几百米。在测量接地电阻时需放置专用的测量线达几千米以上，有时无法满足需要，现场测试常利用一条停运的低压架空线为测量线路，从而造成电流线与电压线长距离平行，因互感作用而在电压线上有较大的感应电压。另外，大型地网接地电阻甚小，注入测量电流后地网电位升高值较小，所以感应电压的串入，将严重影响测量结果，使地网接地电阻大幅度偏高，造成地网电阻不合格的假象，常用以下措施消除：

（1）采用功率表三极法，用计算公式，消除互感电压的影响。

（2）采用四极法测量，可消除互感电压对测量结果的影响，测量接线如图 4 – 52 所示。在测量电压极与地网间电压 U_{12} 的同时，测出辅助电压极与地网和电压极间电压 U_{14}、U_{24}，由下式可计算出测量所得的接地电阻值：

$$R_g = \frac{U_{12}^2 + U_{14}^2 - U_{24}^2}{2IU_{14}} \qquad (4-18)$$

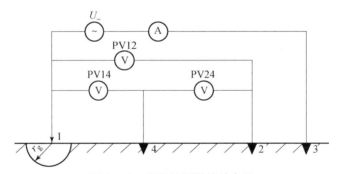

图 4 – 52　四极法测量接地电阻

r_g—接地体的半径；2—电压极；3—电流极；4—辅助电压极离接地网边缘 20~30 m 处

（3）消除构架上架空地线对测量结果的影响，应尽量将发变电站进出线杆塔架空地线与地网解开。

7. 测量时注意事项

（1）接地电阻测试应在每年的雷雨季节来临前进行，由于土壤湿度对接地电阻的影响很大，因此不宜在刚下过雨后进行。

（2）使用接地电阻测试仪测接地电阻，若发现有外界干扰而读数不稳时，最好采用电流表、电压表和功率表（三极法）测量，以消除干扰的影响。

（3）电压极、电流极的要求：电压极和电流极一般用一根或多根直径为 25~50 μm，长 0.7~3 m 的钢管或圆钢垂直打入地中，端头露出地面 150~200 mm，以便连接引线。

电压极接地电阻应不大于 1 000~2 000 Ω；电流极的接地电阻应尽量小，以使试验电源能将足够大的电流注入大地。由此，电流极的接地经常采用附近的地网和杆塔的接地。

（4）测量发电厂、变电所接地网的接地电阻，通入的电流一般不应低于 10~20 A，测量接地体的接地电阻，通入的电流不小于 1 A 即可。

（5）注入接地电流测量接地电阻时，会在接地装置注入处和电流极周围产生较大的电压降，因此，在试验时应采取安全措施，在 20~30 m 半径范围内不应有人或动物进入。

[案例]

升压站接地网试验方案
升压站接地电阻试验报告

设备名称：××发电厂（2×350 MW）供热机组工程主地网
1. 接地网概况、设计要求及试验条件
本工程人工接地装置由厂区内围绕各建筑物的接地网组成，水平接地体采用 60×8 的热镀锌扁钢和垂直接地极（DN50 热镀锌水煤气管）组成。水平接地极埋深 0.8 m，设计值为 0.2 Ω。本厂主地网与外送线路接地线断开，与变压器接地线断开，是独立的地网。最近 5 天内天气晴，无雨雪。
2. 布线方式/路径示意（图）
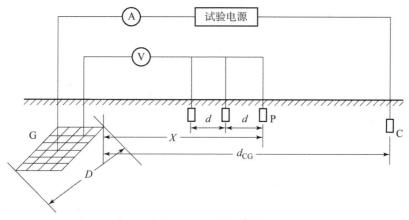<div align="center">布线方式/路径示意图</div>
3. 试验仪器及仪表名称
AI-6301 自动抗干扰接地电阻测试仪
4. 测量原理、接线

试验电源	5 A、400 V	布线方法和方式	直线法
电流注入位置	西南方向 1 200 m 处	电流测试线长度	1 200 m

原理说明：（直线法）电流桩、电压桩与待测接地装置呈直线。通常 D 是主地网对角线长度，d_{CG} 长度为 D 的 2~4 倍（1 200 m），X 长度为 d_{CG} 的 0.618 左右。G 是地网测试点，P 是电压极，C 是电流极。

续表

5. 试验数据	天气情况：晴	环境温度：-20 ℃	湿度：30%
3号主变压器	0.101 Ω	3号主变压器间隔断路器	0.098 Ω
升压站支柱绝缘子	0.100 Ω	启备变间隔断路器	0.100 Ω
接触电压	55.94 mV	跨步电压	35.14 mV
6. 结论			
合格			
试验人员		试验日期	年 月 日
审核人员		审核日期	年 月 日

附录 A
（资料性附录）
国家、行业标准规定的试验方法

序号	代号	名称	备注
1	GB/T 16927.1	高电压试验技术 第一部分 一般试验要求	
2	GB/T 16927.2	高电压试验技术 第二部分 测量系统	
3	DL 474	现场绝缘试验实施导则	
4	GB 7354	局部放电测量	
5	DL 417	电力设备局部放电现场测量导则	
6	GB 11604	高压电气设备无线电干扰测试方法	
7	GB 2706	交流高压电器动热稳定试验方法	
8	GB 507	绝缘油介电强度测定法	
9	DL 421	绝缘油体积电阻率测定法	
10	GB 5654	液体绝缘材料工频相对介电常数、介质损耗因数的体积电阻率的测量	
11	GB 7601	运行中变压器油水分测定法（气相色谱法）	
12	GB 7595~7605	运行中变压器油、汽轮机油质量标准及试验方法	
13	GB 7328	电力变压器和电抗器的声级测定	
14	GB 7449	电力变压器和电抗器的雷电冲击和操作冲击试验导则	
15	GB 2317	电力金具验收规则、试验方法、标志与包装	
16	GB/T 2317.1	电力金具机械试验方法	
17	GB 775.1~3	绝缘子试验方法	
18	GB 4585.1	交流系统用高压绝缘子人工污秽试验方法 盐雾法	

续表

序号	代号	名称	备注
19	GB/T 4585.2	交流系统用高压绝缘子人工污秽试验方法 固体层法	
20	DL 475	接地装置工频特性参数的测量导则	
21	GB/T 3048	电线电缆电性能试验方法	
22	GB 11023	高压开关设备六氟化硫气体密封试验导则	
23	GB 11029	高压开关设备六氟化硫气体密封试验方法	
24	GB 8905	六氟化硫电气设备中气体管理和检测导则	
25	GB 3309	高压开关设备常温下的机械试验	
26	DL/T 555	气体绝缘金属封闭电器现场耐压试验导则	

小结

通过接地装置电气试验，可以有效检查接地装置是否受到外力破坏或化学腐蚀等影响而导致接地电阻值发生变化。

第五章

输电线路和绕组中的波过程分析

学习目标

知识目标：掌握波过程的物理量的概念，了解波动方程及物理意义；了解波的折射与反射现象。

能力目标：具备对波的折射与反射进行简单分析的能力。

素质目标：尊重生命、热爱劳动，履行道德准则和行为规范；具有社会责任感和社会参与意识；具有敬业专注、踏实肯干、矢志创新和精益求精的工匠精神。

厉害了，我的国

"中国天眼"，它是一个口径大至 500 m 的球面射电望远镜（Fivehundred – meter ApertureSpherical radio Telescope）简称为 FAST。天眼伫立在贵州黔南州平塘县的高山上，是一个世界最大口径、最灵敏的射电望远镜，具有我国自主知识产权。与美国阿雷西博 305 米射电望远镜相比，"中国天眼"的口径还要大出近 200 米。科学家在技术上，攻坚克难，使得"中国天眼"的综合性能是世界上其他射电望远镜的 10 倍以上。它能接收到 100 多亿光年以外的电磁信号，有了它人类对宇宙的观测极限被远远放大。

"天眼"的主反射面由 4 450 个小镜面单元拼接而成，每一个小镜面单元都是 500 米球面镜形状的一部分，经过工程师们的"巧手"加工后，就组成了 500 米口径的大型球面望远镜的主反射面。

从正式运行开始，"天眼"可谓是天眼界的"劳动模范"和"业绩冠军"，它每年观测时长达到 5 300 个小时，观测收获也颇为丰厚。2016 年 9 月开始运行，不到一年时间，"天眼"就发现两颗新脉冲星。从 2017 年 10 月首次发现新脉冲星，到目前为止"天眼"已经发现了超六百六十颗脉冲星。

案例导入

电力系统中的很多元件（输电线路、电缆、变压器绕组、电机绕组等）都必须作为分布参数电路处理。波过程就是分布参数电路的过渡过程。

第五章 输电线路和绕组中的波过程分析

第一节 均匀无损单导线中的波过程分析

任务描述

电力系统事故绝大多数是绝缘事故，而使绝缘损坏的主要原因是过电压。在发生雷击、进行开关操作、故障或参数配合不当时，输电线路和电气设备的绕组上都有可能产生高于设备正常工作时的额定电压的电压，称之为过电压。不论哪种过电压，它们作用的时间都非常短，但其数值较高，使电气设备的绝缘受到威胁，从而导致电力系统的正常运行遭到破坏，因此，为了保证电力系统的安全、经济运行，就必须研究过电压的产生和发展的过程，从而找到限制过电压的方法和措施。输电线路和绕组中的过电压是一个什么样的过程，了解和掌握了这个过程我们就不难找到防止过电压的办法。

电力线路在输送电能时是以电磁波的形式传播的，电力系统的过电压通常都以行波的形式出现，所以在研究过电压及其防护问题时要以线路和绕组中的波过程为理论基础，从而了解输电线路和绕组中过电压产生的机理、发展过程、影响因素、防护措施等内容，有了这些知识，才能探讨电力系统中的绝缘配合问题和安全、经济运行问题。

知识链接

一、波过程的几个物理概念

1. 均匀无损耗导线

假设有一无限长的均匀无损的单导线，如图 5-1（a）所示，$t=0$ 时刻合闸直流电源，形成无限长直角波，单位长度线路的电容、电感分别为 C_0、L_0，线路参数看成是由无数很小的长度单元构成，如图 5-1（b）所示，导线各点电气参数完全一样，$R \ll X_L$，即导线无能量损耗，满足这两种条件，仅由电感、电容组成的链形回路，称为均匀无损耗导线。

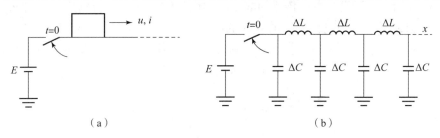

图 5-1 单根无损导线上的波过程（1）

(a) 单根无损导线首端合闸于 E；(b) 等效电路

2. 波过程

电压波和电流波沿线路的流动，实质上就是电磁波沿线路的传播过程，也是指能量沿着导线传播的过程，即在导线周围空间储存电磁能的过程。在本节中主要是指电压波（或电流波）在输电线路、电缆、变压器、电机等电力系统设备上的传播过程，故又称为线路和绕组中的波过程。波过程中的电压波和电流波以波的形式沿导线传播，称为行波。

3. 无限长直角波

在介绍线路波过程的基本概念时，通常采用最简单的无限长直角波。因为在工频交流电源的情况下，只要线路不太长，行波从始端传到终端所用的时间还不到 1 ms，在这样短的时间内，电源电压变化不大，因而也可以看作与直流电压源相似。

4. 波沿导线的传播

将传输导线设想为由许许多多无穷小长度 dx 的线路单元串联而成，忽略导线损耗，用 L_0、G_0 来表示一单位长度导线的电感和对地电容。单根无损导线的等值电路如图 5-2 所示。

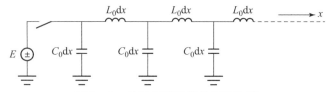

图 5-2　单根无损导线的等值电路

假设图中单根无损导线在 $t=0$ 时刻合闸直流电源，形成无穷长直角波，合闸后电源向导线电容充电，即在导线周围空间建立起电场，靠近电源的电容立即充电，并向相邻的电容放电。由于电感的存在作用，在较远处的电容要间隔一段时间才能充上一定数量的电荷。电容依次充电，导线沿线逐渐建立起电场。故电压波以一定的速度沿导线 x 方向传播。

随着导线电容的充放电，将有电流流过导线电感，即在导线的周围建立起磁场。因此和电压波相对应，有一电流波以同样的速度沿导线 x 方向流动。

> **特别提示**
>
> 结论：电压波和电流波沿导线的流动，实质上就是电磁波沿导线的传播过程，电压波和电流波是在线路中伴随而行传播的统一体。

5. 波阻抗与波速

如图 5-3 所示，设沿 x 方向传播的电压波和电流波，在开关合闸后，在时间 dt 内波前进了 dx。在这段时间内，长度为 dx 的导线的电容 $C_0 dx$ 充电到 u，获得电荷 $uC_0 dx$，而这些电荷是在时间 dt 内通过电流 i 送过来的。因此，根据电荷关系可得 $uC_0 dx = i dt$，即得：

$$u = i dt / (C_0 dx) \tag{5-1}$$

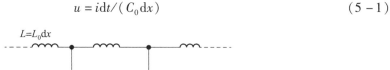

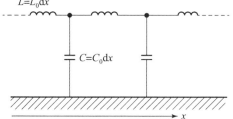

图 5-3　单根无损导线上的波过程（2）

另外，在同样的时间 dt 内，长度为 dx 的导线上已经建立起电流 i，这一段导线上的总电感为 $L_0 dx$，则所产生的磁链为 $iL_0 dx$，这些磁链是在时间 dt 内建立的，因此，导线上的感应电动势根据磁链关系可得：

$$u = iL_0 dx/dt \tag{5-2}$$

从式（5-1）和式（5-2）中消去 dx、dt，可以得到反映电压波与电流波关系的波阻抗

$$Z = \sqrt{L_0/C_0} \tag{5-3}$$

由式（5-1）和式（5-2）可知，$\dfrac{dx}{dt}$ 为波在导线上的传播速度 v，故可写为

$$i = uC_0 v, \quad u = iL_0 v$$

将两式相乘可得

$$ui = uC_0 v i L_0 v \tag{5-4}$$

从而导出行波的传播速度为：

$$v = dx/dt = \dfrac{1}{\sqrt{L_0 C_0}} \tag{5-5}$$

对于架空线，单位长度的电感 L_0 和对地电容 C_0 为：

$$L_0 = \mu_r \mu_0 \dfrac{\ln\dfrac{2h}{r}}{2\pi}, \quad C_0 = \varepsilon_r \varepsilon_0 \dfrac{2\pi}{\ln\dfrac{2h}{r}} \tag{5-6}$$

式中　h——导线对地平均高度，m；

　　　r——导线的半径，m；

　　　μ_0——真空磁导率；$4\pi \times 10^{-9}$ F/m；

　　　μ_r——介质相对磁导率，对架空线与电缆均可取 1；

　　　ε_0——真空介电系数，$\varepsilon_0 = \dfrac{1}{36\pi \times 10^9}$ F/m；

　　　ε_r——介质相对介电系数，对架空线、导线周围的介质为空气时，取值 1，对油浸纸电缆，取值 4~5。

将式（5-6）分别代入式（5-4）和式（5-5），可得

$$Z = \sqrt{\dfrac{L_0}{C_0}}$$

$$= \dfrac{\ln\dfrac{2h}{r}}{2\pi} \sqrt{\dfrac{\mu_r \mu_0}{\varepsilon_r \varepsilon_0}} = 60\ln\dfrac{2h}{r} = 138\lg\dfrac{2h}{r} \tag{5-7}$$

从对数函数的图像可得，尽管 $y = \lg x$ 中 x 的变化很大，但 y 值变化很小，因此，尽管各种架空线路的高度 h 和线径 r 不一，但波阻抗 Z 的值变化不大。另外由于波阻抗与线路的长度无关，因而不管线路长度怎么变化，波阻抗并没有发生变化，架空线的波阻抗一般在 300~500 Ω 范围内，电缆线路的波阻抗变化范围较大，在 10~100 Ω 范围。

同样，行波的传播速度为：对架空导线，$v \approx 3 \times 10^8$ m/s，接近光速；对电缆，$v = 1.5 \times 10^8$ m/s，为光速的一半。由此可见波速与导线周围介质有关，与导线的几何尺寸及

悬挂高度无关。

【案例】

沿一高度（h）为 10 m，线径（r）为 10 mm 的架空线，有一电压幅值为 500 kV 的过电压波，求对应电流波的幅值。如果还有一个 250 kV 的反向运动波，求两波叠加范围内的电压和电流。

线路的波阻抗为

$$Z = 138\lg\frac{2h}{r} \approx 450 \ (\Omega)$$

故有电流波幅值为

$$I_q = \frac{U_q}{Z} = \frac{500}{450} \approx 1.1 \ (kA)$$

再求出反向运动电流波的幅值为

$$I_f = \frac{-U_f}{Z} = -\frac{250}{450} \approx -0.55 \ (kA)$$

故两波叠加范围内导线上的

对地电压： $U = U_q + U_f = 500 + 250 = 750 \ (kV)$

电流： $I = I_q + I_f = 1\ 100 + (-550) = 550 \ (A)$

故两波叠加后，$\frac{U_q + U_f}{I_q + I_f} = \frac{U}{I} = \frac{750}{550} \approx 1.36 \ (k\Omega)$，并不等于导线的波阻抗 450 Ω。

❈ **特别提示**

沿架空线传播的电磁波波速等于空气中的光速 $v \approx 3 \times 10^8$ m/s，而一般对于电缆，波速 $v \approx 1.5 \times 10^8$ m/s，低于架空线，因此减小电缆介质的介电常数可提高电磁波在电缆中的传播速度。

二、波动方程及物理意义

1. 波动方程

单根无损导线的单元等值电路如图 5-4 所示，x 为线路首端到线路上任一点的距离。线路每一单元长度 dx 具有电感 $L_0 dx$ 和电容 $C_0 dx$，线路上的电压和电流都是距离和时间的函数。

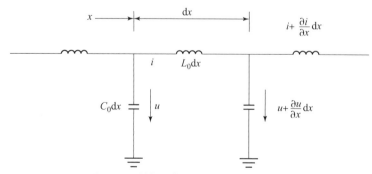

图 5-4 单根无损导线的单元等值电路

由线路单元电路的回路电压关系和节点电流关系有：

$$u = L_0 \mathrm{d}x \frac{\partial i}{\partial t} + u + \frac{\partial u}{\partial x}\mathrm{d}x \tag{5-8}$$

$$i = C_0 \mathrm{d}x \frac{\partial u}{\partial t} + i + \frac{\partial i}{\partial x}\mathrm{d}x \tag{5-9}$$

整理得：

$$\frac{\partial i}{\partial x} + C_0 \frac{\partial u}{\partial t} = 0 \tag{5-10}$$

$$\frac{\partial u}{\partial x} + L_0 \frac{\partial i}{\partial t} = 0 \tag{5-11}$$

由式（5-10）对 x 再求导数，由式（5-11）对 t 再求导数，然后消去 i，并用类似的方法消去 u 得单根无损导线的波动方程为：

$$\frac{\partial^2 u}{\partial x^2} = L_0 C_0 \frac{\partial^2 u}{\partial t^2} \tag{5-12}$$

$$\frac{\partial^2 i}{\partial x^2} = L_0 C_0 \frac{\partial^2 i}{\partial t^2} \tag{5-13}$$

通过拉普拉斯变换将 $u(x, t)$ 变换成 $U(x, S)$，$i(x, t)$ 变换成 $I(x, S)$，并假定线路电压和电流初始条件为零，根据拉普拉斯变换的时域导数性质，将式（5-12）、式（5-13）变换成：

$$\frac{\partial^2 U(x, S)}{\partial x^2} - R^2(S) U(x, S) = 0 \tag{5-14}$$

$$\frac{\partial^2 I(x, S)}{\partial x^2} - R^2(S) I(x, S) = 0 \tag{5-15}$$

其中，$R(S) = \pm \dfrac{S}{v}$。

令 $v = \sqrt{\dfrac{1}{L_0 C_0}}$，则有

$$U(x, S) = U_\mathrm{f}(S) \mathrm{e}^{-\frac{S}{v}x} + U_\mathrm{b}(S) \mathrm{e}^{\frac{S}{v}x} \tag{5-16}$$

$$I(x, S) = I_\mathrm{f}(S) \mathrm{e}^{-\frac{S}{v}x} + I_\mathrm{b}(S) \mathrm{e}^{\frac{S}{v}x} \tag{5-17}$$

将以上频域形式解变换到时域形式为：

$$i(x, t) = i_\mathrm{f}\left(t - \frac{x}{v}\right) + i_\mathrm{b}\left(t + \frac{x}{v}\right) \tag{5-18}$$

$$u(x, t) = u_\mathrm{f}\left(t - \frac{x}{v}\right) + u_\mathrm{b}\left(t + \frac{x}{v}\right) \tag{5-19}$$

式（5-18）、式（5-19）就是均匀无损单导线波动方程的解。

2. 通解的物理意义

对式（5-19），电压 u 的第一个分量 $u_\mathrm{f}\left(t - \dfrac{x}{v}\right)$，设任意电压波沿着线路 x 传播，如图 5-5 所示，假定 $t = t_1$ 时线路上任意位置 x_1 点的电压值为 U_a，当时间 $t = t_2$ 时（$t_2 > t_1$），电压值为 U_a 的点到达 x_2，则应满足 $t_1 - \dfrac{x_1}{v} = t_2 - \dfrac{x_2}{v}$，即

$$x_2 - x_1 = v(t_2 - t_1)$$

v 恒大于 0，且由于 $(t_2 > t_1)$，则 $(x_2 - x_1) > 0$，可见 $u_f\left(t - \dfrac{x}{v}\right)$ 表示前行波；$u_b\left(t + \dfrac{x}{v}\right)$ 表示沿 x 反方向行进的电压波，称为反行波。于是式（5-18）和式（5-19）可简单写成：

$$i = i_f + i_b \quad (5-20)$$

$$u = u_f + u_b \quad (5-21)$$

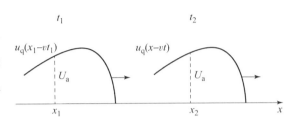

图 5-5 电压前行波的传播

线路中传播的任意波形的电压和电流传播的前行波和反方向传播的反行波，两个方向传播的波在线路中相遇时电压波与电流波的值符合算术叠加定理。

3. 电压波和电流波的方向规定

电压波的极性只与产生电压波的电荷的极性有关，而与传播方向无关，正的电荷产生正的电压波。电流波的极性不仅与移动电荷的极性有关，还与移动的方向有关，正的电荷沿 x 正方向或负电荷逆 x 正方向产生正的电流行波，反之产生负的电流行波。正的电压前行波相当于一批正电荷向 x 正方向运动，使导线各点的对地电容依次充上正电荷，而向 x 正方向流动的正电荷将形成正电流波；对反行波来说，正的电压反行波表示一批正电荷向 x 负方向运动，按照相反的顺序给线路各点的电容也充上正电荷，此时电压虽然是正的，但因正电荷的运动方向已变成 x 负方向，所以形成了负的电流。因此前行电压波与前行电流波的符号总是相同，反行电压波与反行电流波的符号总是相反。

4. 波阻抗的特点

电压波与电流波之间是通过波阻抗相联系的。它具备如下特点：

（1）波阻抗表示同方向传播的电压波与电流波之间比值的大小。电磁波通过波阻抗为 Z 的均匀无损导线时，其能量以电磁能的形式储存于周围的介质中，而不是像通过电阻时那样被消耗掉。波阻抗是储能元件。

（2）为了区别不同方向的行波，Z 前面有正负号。

（3）如果线路既有前行波，又有反行波，导线上的总电压和总电流比值不再等于波阻抗。

（4）波阻抗的大小只与导线单位长度的电感和电容有关，而与线路的长度无关。

 小结

电压波和电流波沿线路的传播过程实质上就是电磁波沿线路传播的过程，线路中传播的任意波形的电压、电流传播的前行波和反方向传播的反行波，满足算术叠加定理。

通过波过程的分析，培养学生分析问题的能力。

第二节 行波的折射和反射分析

 任务描述

在实际工程中分析过电压保护问题时，经常会遇到分布参数的长导线或与集中阻抗

（如接地电阻）相连接的情况，不同波阻抗导线之间的连接点称为节点。这时，若有一行波行进到节点时，由于波要在节点前后保持单位长度导线的电场能和磁场能总和相等的规律，这就意味着波传播到节点处必然要发生能量重新分配的过程，即当波沿传输线传播，遇到线路参数发生突变时，都会在波阻抗发生突变的节点上产生折射和反射。本节将对行波的折射和反射进行具体分析。

知识链接

（一）波的折射与反射现象

如图 5-6 所示，当一行波 u_{1q}（入射波）到达节点 A 时，由于连接节点两端的导线波阻抗 $Z_1 \neq Z_2$，入射波 u_{1q} 在节点 A 处要发生电磁能量的重新分配，也就是在节点 A 处电压、电流重新调整分配，这就是波的折射和反射现象，如图 5-7 所示。此时，一部分能量通过节点 A 并沿 Z_2 继续前行，称为折射波 $u_{2q}(i_{2q})$，另一部分能量未能通过节点 A，将沿导线 Z_1 返回，称为反射波 $u_{1f}(i_{1f})$。为简化分析，这里只分析线路 Z_2 中不存在反行波或 Z_2 中的反行波 u_{2f} 尚未到达节点 A 的情况。

因 A 点只有一个电压和电流，故：

$$\left. \begin{array}{l} u_{2q} = u_{1f} + u_{1q} \\ i_{2q} = i_{1f} + i_{1q} \end{array} \right\} \tag{5-22}$$

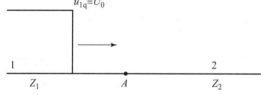

图 5-6　行波由导线 Z_1 行进到导线 Z_2

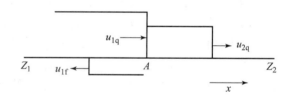

图 5-7　行波在节点 A 处的折射与反射

（二）折射波和反射波的计算

图 5-7 中表示一无穷长直角波从导线 Z_1 行进到导线 Z_2，在节点 A 处发生折、反射。设 u_{1q} 为入射的电压波，相应的电流波为 i_{1q}；u_{2q}、i_{2q} 分别为折射到导线 Z_2 的电压波和电流波；u_{1f}、i_{1f} 分别为在 A 点处反射回导线 Z_1 中的电压波和电流波。由于在节点 A 处只能有一个电压值和电流值，即 A 点左侧及右侧的电压和电流在 A 点必须连续，因此有

$$u_{2q} = u_{1q} + u_{1f} \tag{5-23}$$
$$i_{2q} = i_{1q} + i_{1f} \tag{5-24}$$

由于 $i_{1q} = \dfrac{u_{1q}}{Z_1}$、$i_{2q} = \dfrac{u_{2q}}{Z_2}$、$i_{1f} = -\dfrac{u_{1f}}{Z_1}$，将它们代入式（5-24）可得：

$$\frac{u_{1q}}{Z_1} - \frac{u_{1f}}{Z_1} = \frac{u_{2q}}{Z_2} \tag{5-25}$$

联立式（5-23）和式（5-24）可以解得行波在线路节点 A 处的折射电压、反射电

压和入射电压的关系如下：

$$u_{2q} = \frac{2Z_2}{Z_1 + Z_2} u_{1q} = \alpha_u u_{1q} \tag{5-26}$$

$$u_{1f} = \frac{Z_2 - Z_1}{Z_1 + Z_2} u_{1q} = \beta_u u_{1q} \tag{5-27}$$

这里 α_u、β_u 分别称为电压波的折射系数和电压波的反射系数，根据式（5-26）和式（5-27）可得：

电压波的折射系数　　　　　　$\alpha_u = \dfrac{2Z_2}{Z_1 + Z_2}$ 　　　　　　　　　　(5-28)

电压波的反射系数　　　　　　$\beta_u = \dfrac{Z_2 - Z_1}{Z_1 + Z_2}$ 　　　　　　　　　　(5-29)

同理可得：

电流波的折射系数　　　　　　$\alpha_i = \dfrac{2Z_1}{Z_1 + Z_2}$ 　　　　　　　　　　(5-30)

电流波的反射系数　　　　　　$\beta_i = \dfrac{Z_1 - Z_2}{Z_1 + Z_2}$ 　　　　　　　　　　(5-31)

从以上的公式可以得到如下结论：

(1) $0 \leq \alpha \leq 2$，折射波永远是正值，说明入射波电压与反射波电压同极性。

(2) β 值可正可负，要由节点处两侧的导线波阻抗参数决定，且 $-1 \leq \beta \leq 1$。

(3) α 与 β 之间满足关系 $1 + \beta = \alpha$。

当线路节点处波阻抗大小关系变化时，线路中的折射、反射电压可叙述如下：

(1) 当 $Z_2 = Z_1$ 时，$\alpha_u = 1$，$\beta_u = 0$，电压的折射波等于入射波，而电压反射波为零，即不发生任何的折射、反射现象，这就是均匀导线的情况。

(2) 当 $Z_2 < Z_1$ 时，$\alpha_u < 1$，$\beta_u < 0$，这表明电压折射波将小于入射波，而电压反射波的极性与入射波的极性相反，叠加后使波阻抗为 Z_1 的线路上的总电压小于电压入射波，这种情况一般为行波从架空线进入电缆。

(3) 当 $Z_2 > Z_1$ 时，$\alpha_u > 1$，$\beta_u > 0$，此时电压折射波将大于入射波，而电压反射波与电压入射波同极性，叠加后使波阻抗为 Z_1 的线路上的总电压比电压入射波还要高，这种情况为行波从电缆进入架空线。

（三）几种特殊条件下的折射、反射波

(1) 线路末端开路。相当于 $Z_2 = \infty$，$\alpha_u = 2$，$\beta_u = 1$，$\alpha_i = 0$，$\beta_i = -1$，故有 $u_{2q} = \alpha_u u_{1q} = 2u_{1q}$，$u_{1f} = u_{1q}$，$i_{2q} = 0$，$i_{1f} = -i_{1q}$，如图 5-8 所示。

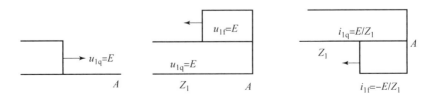

图 5-8　线路末端开路时行波的折射、反射

这一结果表明，电压入射波 u_{1q} 到达开路的末端时发生了正的全反射，使线路末端的电压上升到入射波的 2 倍。随着电压反射波的逆向传播，其所到之处均加倍达 $2u_{1q}$。又由电流反射波 $i_{1f} = -\dfrac{u_{1f}}{Z_1} = -\dfrac{u_{1q}}{Z_1} = -i_{1q}$，可见电流波 i_{1f} 发生了负的全反射，随着电流反射波的逆向传播，其所到之处电流全部降为零。从能量守恒的角度来看，这是由于末端开路时末端电流为零，入射波的全部磁场能量转变为电场能量之故。

> ✲ **特别提示**
>
> 过电压波在开路末端加倍升高对绝缘是很危险的，在考虑过电压防护措施时应引起充分的重视。

（2）线路末端短路。相当于 $Z_2 = 0$，$\alpha_u = 0$，$\beta_u = -1$，$\alpha_i = 2$，$\beta_i = 1$，故有 $u_{2q} = \alpha_u u_{1q} = 0$，$u_{1f} = -u_{1q}$，$i_{2q} = 2i_{1q}$，$i_{1f} = i_{1q}$，如图 5-9 所示。

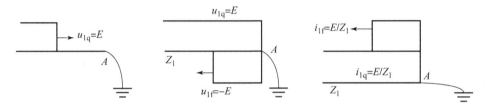

图 5-9 线路末端短路时行波的折射、反射

这一结果表明，入射波到达末端后发生了负的全反射，使线路末端电压下降为零，并逐步向首端发展。电流波 i_q 发生了正的全反射，线路末端的电流 $i = 2i_q$，即电流上升到原来的 2 倍，且逐步向首端发展。从能量守恒的角度来看，这是由于末端短路接时末端电压为零，入射波的全部电场能量转变为磁场能量之故。

（3）线路末端接负载电阻。相当于 $Z_1 = R$，$\alpha_u = 1$，$\beta_u = 0$，$\alpha_i = 1$，$\beta_i = 0$，故有 $u_{2q} = u_{1q}$，$u_{1f} = 0$，$i_{1f} = 0$，如图 5-10 所示。

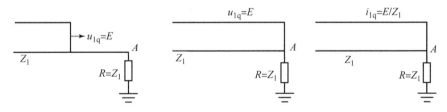

图 5-10 线路末端接负载时行波的折射、反射

这一结果表明，入射波到达与线路波阻抗相同的负载时，没有反射现象，既没有电压反射波，也没有电流反射波，由 Z 传过来的能量全部消耗在 R 上，线路上的电压、电流波形保持不变，相当于线路末端接于另一波阻抗相同的线路（$Z_2 = Z_1$），也是均匀线路的延伸。这种情况我们又称为阻抗匹配。但从能量角度看两者有本质的区别，前者是把能量全部消耗在负载中，后者是把能量储存在线路中并向前传播。

> **❖ 特别提示**
> 阻抗匹配在实际中的应用：在高压测量中，常在电缆末端接上和电缆波阻相等的匹配电阻，来消除在电缆末端折射、反射所引起的测量误差。

 小结

线路末端开路反射，在反射波所到之处电压提高 1 倍，而电流降为 0；末端短路反射在反射波所到之处电流提高 1 倍，而电压降为 0；末端接集中负载时的折射、反射当 R 和 Z_1 不相等时，来波将在集中负载上发生折射和反射。

分组讨论，不断提升学生逻辑思维能力。

第六章

雷电放电及防雷保护装置

学习目标

知识目标：掌握雷电放电的基本过程、了解雷电过电压计算和防雷设计有关的雷电参数，掌握各种防雷设备的结构、工作原理。

能力目标：具备能够分析雷电的产生的能力，具备避雷器接地设计的能力。

素质目标：通过介绍中国古代对于防雷设施的运用，培养学生的民族自豪感，培养深厚的爱国情感和中华民族自豪感。

厉害了，我的国

（1）先秦时期的避雷技术

先秦时期的避雷技术并不是很发达，但是人们已经开始意识到雷电的威力，并且开始探索如何避免雷电对人们和农作物的危害。在《尚书》、《周礼》等古籍中，有关于避雷的记载，主要是通过观察天象、寻找适宜的地理环境来避免雷电灾害。例如，在《尚书》中就有"观其旦夕之气色，察其日月之行事"的记载，说明人们在观察天象方面已经开始有了一定的认识。此外，人们还会选择建造在高处、靠近水源的房屋来减少雷电的危害。但是，这些方法都还不够科学和有效。

（2）隋唐时期的避雷技术

在唐朝，文武百官被授权负责修建雷塔，加强雷电防护。同时，也开始研制制作具有良好导电性质的金属器材，如铜鼓、铜梁、铜柱、铜板等，以取代过去用木材、竹子等制作的避雷器材。而在隋朝时期，魏徵在《周礼注疏》中提到了用铁片"除除于上"的避雷方法，这表明了隋朝时期已经出现了金属避雷技术。

在唐代，还出现了一种被称为"除雷气法"的方法，是通过采取一定的仪式和祭祀手段，来消除雷电所产生的不良影响。例如在《太和正音谱》中，就收录了一种名为"颐和千岁雷咒"的祈福咒语，用于避免雷电灾害。

（3）宋元明清时期的避雷技术

宋朝时期，著名科学家沈括提出了"沈氏避雷法"，他认为雷电是由于云和地之间的电荷不平衡所引起的。为了消除这种电荷不平衡，他提出了在高处安装金属塔，通过导线将电荷引导到地下的方法。

明代时期，科学家戴表元在他的著作《随园食单》中提出了一种名为"闪电引"

法的避雷方法，即在屋顶上安装铜制的"雷牌"，并将其与水塔或井水相连，以引导闪电。

清代时期，著名科学家徐光启提出了一种名为"闪电塔"的避雷技术，他认为将铁柱打入地下能够防止闪电击中建筑物。这种技术在清朝得到广泛应用，并成为了当时避雷的主要手段之一。

在宋元明清时期，人们对于雷电现象的理解不断加深，避雷技术也不断得到改进和完善。

雷电放电实质上是一种超长气隙的火花放电，它所产生的雷电流高达数十，甚至数百千安，从而会引起巨大的电磁效应、机械效应和热效应。

从电力工程的角度来看，最值得我们注意的两个方面是：

（1）雷电放电在电力系统中引起很高的雷电过电压，它是造成电力系统绝缘故障和停电事故的主要原因之一。

（2）产生巨大电流，使被击物体炸毁、燃烧、使导体熔断或通过电动力引起机械损坏。

第一节　雷电放电和雷电过电压

雷电是自然中最宏伟壮观的现象，也是最普遍的现象之一，它对人类的生活环境、工作条件等都造成了很大的影响，因此对雷电的研究和防护意义重大。早在18世纪初，富兰克林的风筝试验向人们阐述了雷电就是电的本质。随着物理学的进一步发展，人们对雷电这一自然现象有了更加深刻的认识。

雷电产生的雷电过电压可达数千千伏，足以使电气设备绝缘发生闪络和损坏，引起停电事故。为了预防或限制雷电的危害，在电力系统中采用了一系列防雷措施和防雷保护设备。本节将对上述内容进行详细介绍。

一、雷云的形成

雷云就是积聚了大量电荷的云层。雷云的形成过程是综合性的，主要是含水汽空气的热对流效应。太阳的热辐射使地面部分水分化为蒸汽，含水蒸气的空气受到炽热的地面烘烤而上升，会产生向上的热气流。热气流每上升10 km，温度下降约10 ℃，热气流与高空冷空气相遇形成雨滴、冰雹等水成物，水成物在地球静电场的作用下被极化，形成热雷云。

水在结冰时,冰粒会带正电,没有结冰的被风吹走的小水珠将带负电,这就是水滴结冰效应。

雷云的形成机理获得比较广泛认同的是水滴分裂起电理论:在特定的大气和地形条件下,会出现强大而潮湿的气流,造成云中的水滴分成细微的水沫带负电和大水珠带正电,细微水沫被上升气流带往高空,形成大片带负电的雷云。带正电的水珠或者凝结成雷云再到地下,或者直接悬浮在云中,形成局部正电荷区。

二、雷电放电过程

雷电放电就其本质而言是一种超长气隙的火花放电。作用于电力系统的雷电过电压最常见的(约90%)是由带负电的雷云对地放电引起,称为负下行雷,下面以负下行雷为例分析雷电放电过程。负下行雷通常包括若干次重复的放电过程,而每次可以分为先导放电、主放电和余辉放电3个阶段。雷电放电过程如图6-1所示。

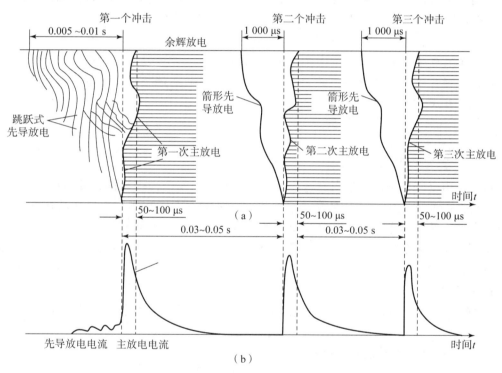

图6-1 雷电放电
(a)放电过程;(b)放电电流

1. 先导放电阶段

当雷云中某个电荷密集中心的电场强度达到空气击穿场强时,空气便开始电离,形成指向大地的一段电离的微弱导电通道,称为先导放电。

开始产生的先导放电是跳跃式向前发展的。每段发展的速度约 4.5×10^7 m/s,延续时间约为 1 μs,但每段推进 50 m,就有 30~90 μs 的脉冲回刷。

2. 主放电阶段

当先导放电到达大地,与大地较突出的部分迎面会合以后,就开始进入主放电阶段。

主放电过程是逆负先导的通道向上发展的。在主放电过程中，雷云与大地之间所聚集的大量电荷，通过先导放电所开辟的快小电离通道发生剧烈的电荷中和，放出巨大的光和热，放电通道温度可达 15 000～20 000 ℃，使空气急剧膨胀震动，发生霹雳轰鸣，这就是雷电伴随强烈的闪电和震耳的雷鸣的原因。在主放电阶段，雷云中有巨大的电流流过，大多数雷电流峰值可达数千安，最大可达 200～300 kA。主放电的时间极短，为 50～100 μs。主放电电流的波头时间为 0.5～10 μs，平均时间约为 2.5 μs。

3. 余辉放电阶段

当主放电阶段结束后，雷云中的剩余电荷将继续沿主放电通道下移，使通道连续维持着一定余辉，称为余辉放电阶段。余辉放电电流仅数百安，但持续的时间可达 0.03～0.05 s。

> **❋ 特别提示**
>
> 雷云中可能存在多个电荷中心，当第一个电荷中心完成上述放电过程后，可能引起其他电荷中心向第一个中心放电，并沿着第一次放电通路发展。因此，雷云放电往往具有重复性，每次放电间隔时间为 0.6 ms～0.88 s，即多次重复放电。据统计，55% 的落雷包含 2 次以上重复放电，重复 3～5 次的占 25%，最高记录为 42 次。第二次及以后的先导放电速度快，称为箭形先导，主放电电流较小，一般不超过 50 kA，但电流陡度大大增加。

三、雷电参数

雷电放电受气象条件、地形和地质等许多自然因素影响，带有很大的随机性，因而表征雷电特性的各种参数也就具有统计的性质。许多国家选择在典型雷电地区建立观测点，进行长期而系统的雷电观察，将观察所得的数据进行分析，得到了相应的雷电参数。

主要的雷电参数有雷电流幅值、雷电流波形、雷电流陡度、雷暴日及雷暴小时、地面落雷密度、主放电通道波阻抗、雷电流极性等。

1. 雷电流幅值

按 DL/T 620—1997 标准，一般我国雷暴日超过 20 的地区雷电流的概率分布为：

$$\lg P = -I/88 \tag{6-1}$$

式中　P——雷电流幅值超过的概率；

　　　I——雷电流幅值，kA；

例如，我国一般地区雷电流幅值超过 100 kA 的概率约为 7.3%。对除陕南以外的西北，内蒙古的部分雷暴日小于 20 的地区，雷电流的概率分布为

$$\lg P = -I/44 \tag{6-2}$$

2. 雷电流波形

据统计，雷电流的波头在 1～5 μs 的范围内，多为 2.5～2.6 μs；波长多在 20～100 μs 的范围内，平均约为 50 μs；按 DL/T 620—1997 标准，波头取 2.6 μs，波长为 50 μs，记为 2.6/50 μs。

雷电冲击试验和防雷设计中，常用雷电流的等值波形有双指数波、斜角波和半余弦波 3 种，如图 6-2 所示。与实际雷电流波形最接近的等值波形为双指数波，又称为雷电流的

标准波形，如图 6-2（a）所示，其表达式为

$$i = I_0(e^{\alpha t} - e^{\beta t}) \quad (6-3)$$

式中 I_0——某一固定的雷电流幅值；

α，β——常数，由雷电流的波形确定。

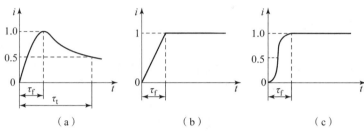

图 6-2 雷电流的等值波形

(a) 双指数波；(b) 斜角波；(c) 半余弦波

3. 雷电流陡度

雷电流陡度是指雷电流随时间上升的速度。雷电流陡度越大，对电气设备造成的危害也越大。雷电流陡度的直接测量更为困难，常常根据一定的幅值、波头和波形来推算。DL/T 620—1997 标准取波头形状为斜角波，波头按 2.6 μs 考虑，雷电流陡度 $a = I/2.6$。计算雷电流冲击波波头陡度出现的概率可用下列经验公式计算：

$$\lg P_a = -\frac{a}{36} \quad 或 \quad P_a = 10^{-\frac{a}{36}} \quad (6-4)$$

4. 雷暴日及雷暴小时

表征一个地区雷电活动的频繁程度通常以该地区的雷暴日（T_d）或雷暴小时（T_h）来表示。雷暴日是指该地区平均年内有雷电放电的平均天数，单位为 d/a。雷暴小时是指平均一年内有雷电的小时数，单位为 h/a。一般 1 个雷暴日折合 3 个雷暴小时。平均年雷暴日数不超过 15 的地区划为少雷区，如西北地区；平均年雷暴日数超过 15 但不超过 40 的地区划为中雷区，如长江流域；平均年雷暴日数超过 40 但不超过 90 的地区划为多雷区，如华南大部分地区；平均年雷暴日数超过 90 的地区及根据运行经验雷暴特别严重的地区划为雷电活动特别强烈地区，如海南岛和雷州半岛。

> ◈ **特别提示**
>
> 全国雷暴日分布图，可作为防雷设计的依据。

5. 地面落雷密度

表征雷云对地放电的频繁程度以地面落雷密度（γ）来表示，是指每一雷暴日每平方千米地面遭受雷击的次数。地面落雷密度和雷暴日的关系式为：

$$\gamma = 0.023 T_d^{0.3} \quad (6-5)$$

DL/T 620—1997 标准取 $T_d = 40$ 为基准，则 $\gamma = 0.07$。

由于输电线路高出地面，有引雷作用，其吸引范围与导线高度等因数有关，每 100 km 线路每年遭受雷击的次数 N 为

$$N = \gamma(b + 4h)/1\,000 \times 100 \times T_d \quad (6-6)$$

式中 b——两避雷线之间的距离，m；若为单根避雷线，$b=0$；若无避雷线，b 为边相导线间的距离；

h——避雷线（或导线）的平均高度，m。

对 $T_d=40$ 的地区，$\gamma=0.07$，式（6-6）可简化为

$$N=0.28(b+4h) \tag{6-7}$$

例如，对中雷区 220 kV 线路，$b=11.6$ m，$h=27.25$ m，则 $N=30.7$ 次/(100 km·a)。

6. 雷电通道波阻抗

从工程实用的角度和地面感受的实际效果出发，先导放电通道可近似为由电感和电容组成的均匀分布参数的导电通道，其波阻抗为：

$$Z_0=\sqrt{\dfrac{L_0}{C_0}} \tag{6-8}$$

式中 L_0——通道单位长度的电感量；

C_0——通道单位长度的电容量。

> ❖ **特别提示**
>
> 主放电通道波阻抗与主放电通道雷电流有关，雷电流越大，波阻抗越大。我国有关规程建议雷电通道波阻抗 Z_0 取 $300\sim400$ Ω。

7. 雷电流极性

当雷云电荷为负时，所发生的雷云放电为负极性放电，雷电流极性为负；反之，雷电流极性为正。实测统计资料表明，不同的地形地貌，雷电流正负极性比例不同，负极性所占比例在 75%~90% 之间，因此，防雷保护都取负极性雷电流进行研究分析。

四、雷电过电压的形成

1. 直击雷过电压

雷击地面由先导放电转变为主放电的过程，可以用一根已充电的垂直导线突然与被击物体接通来模拟，如图 6-3（a）所示。Z 是被击物体与大地（零电位）之间的阻抗，

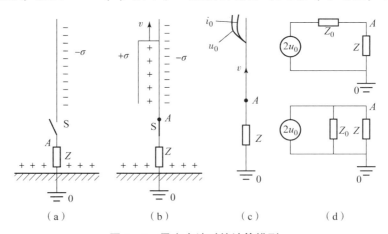

图 6-3 雷击大地时的计算模型

(a) 模拟先导放电；(b) 模拟主放电；(c) 主放电通道电路；(d) 等值电路

σ(C/m) 是先导放电通道中电荷的线密度,开关 S 未闭合之前相当于先导放电阶段。主放电开始,即相当于开关 S 合上。此时将有大量的正、负电荷沿通道相向运动,如图 6-3 (b) 所示,使先导通道中的剩余电荷及云中的负电荷得以中和,这相当于有一电流波由下而上地传播,其值为 $i=\sigma v$,v 为通道的主放电速度 (m/s),于是雷电放电过程可简化成一个数学模型,如图 6-3 (c) 所示。其电压源和电流源彼德逊等值电路,如图 6-3 (d) 所示。u_0 和 i_0 分别是从雷云向地面传来的行波的电压和电流。

主放电电流流过阻抗 Z 时,A 点的电位将突然变为 i_R。实际上,先导通道中的电荷线密度 σ 和主放电的发展速度是很难测定的,但主放电开始后,经过它的电流和幅值却不难测得,而我们关心的恰恰是雷击点 A 的电位,所以从 A 点电位出发建立雷电放电的模型。

直击雷过电压分为两种,一个是雷直击于地面绝缘良好物体,一个是雷直击于导线或档距中央的避雷线。

(1) 雷直击于地面绝缘良好的物体。根据雷电流的定义,这时流过雷击点 A 的电流即为雷电流 i_0。采用电流源彼德逊等值电路,相对于雷道波阻抗 Z_0 (约为 300 Ω) 接地良好的被击物在雷电作用下的接地电阻 R_i 较小 (一般小于 300 Ω),$Z=R_i$ 时可以忽略不计,则雷电流计算公式为:

$$i = \frac{Z_0}{Z_0+Z} \times 2i_0 \approx 2i_0 \qquad (6-9)$$

能实际测得的往往是雷电流幅值,可见,沿雷道波阻抗 Z_0 下来的雷电入射波的幅值 $I_0=I/2$,A 点的电压幅值 $U_A=IR_i$。

(2) 雷直击于输电线路的导线。当雷直击于输电线路的导线时,如图 6-4 所示,电流波向线路的两侧流动,如果电流、电压均以幅值表示,则

$$i_Z = \frac{2U_0}{Z_0+\frac{Z}{2}} = \frac{IZ_0}{Z_0+\frac{Z}{2}} \qquad (6-10)$$

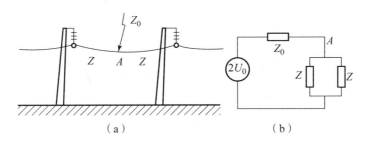

图 6-4 雷直击于输电线路的导线

(a) 示意图;(b) 等值电路

导线被击点 A 的过电压幅值为

$$U_A = i_Z \frac{Z}{2} = I\frac{Z_0 Z}{2Z_0+Z} \qquad (6-11)$$

若取导线的波阻抗 $Z=400$ Ω,Z_0 取为 300 Ω,当雷电流幅值 $I=30$ kA 时,被击点直击雷过电压 $U_A=120I=3\,600$ kV。

在近似计算中,假设认为雷电波在雷击点未发生折射、反射,则上面的公式可以简化为 $U_A = \frac{1}{4}IZ$,取导线的波阻抗 $Z = 400 \ \Omega$,被击点直击雷过电压计算式为

$$U_A \approx 100I \tag{6-12}$$

当雷电流幅值 $I = 30 \ kA$ 时,过电压 $U_A \approx 100I = 3\ 000 \ kV$。可见,雷击中导线后,会在导线上产生很高的过电压,从而引起绝缘子闪络,因此需要采用防护措施,如架设避雷线,可有效地减少雷直击导线的概率。

2. 感应雷过电压

雷云对地放电的过程中,放电通道周围空间电磁场急剧变化,在附近线路的导线上产生过电压。雷云放电的先导阶段,先导通道中充满了电荷,如图 6-5 (a) 所示。这些电荷对导线产生静电感应,在先导通道附近的一段导线上积累了异号的正束缚电荷,而导线上的负电荷则被排斥到导线的远方或流入大地。主放电开始后,先导通道中的负电荷被迅速中和,静电场突然消失,导线上的被束缚电荷就会向两边迅速释放,以波的形式向导线两侧运动,如图 6-5 (b) 所示。释放的过程中会造成一个电场,电场法向分量会使导线对地形成一定电压,这就是感应雷过电压。电荷流动形成的电流 i 乘以导线的波阻抗 Z,即为两侧流动的静电感应过电压波 $u = iZ$。

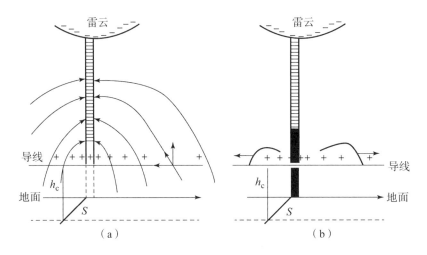

图 6-5 感应雷过电压的形成
(a) 先导放电阶段;(b) 主放电阶段

当雷云对地放电,落雷处距架空导线的垂直距离 $S > 65 \ m$ 时,无避雷线的架空线路导线上产生的感应雷过电压最大值的估算式为:

$$U_i \approx 25 \frac{Ih_c}{S} \tag{6-13}$$

式中 U_i——雷击大地时感应雷过电压最大值,kV;
I——雷电流幅值,kA;
h_c——导线平均高度,m;
S——雷击点与线路的垂直距离,m。

由于雷击地面时被击点的自然接地电阻较大,式(6-13)中的最大雷电流幅值一般

不会超过 100 kA，可按 100 kA 进行估算。实测表明，感应雷过电压的幅值一般为 300~400 kV，这可能引起 35 kV 及以下电压等级线路的闪络，而对 110 kV 及以上电压等级线路，则一般不会引起闪络。由于各相导线上的感应过电压基本上相同，所以不会出现相间电位差和引起相间闪络。

与直击雷过电压相比，感应雷过电压的波形较平缓，波头时间在几微秒到几十微秒，波长较长，达数百微秒。

小结

雷电源于大气的运动，雷云的形成主要是含水汽的空气的热对流效应，获得比较广泛认同的雷云形成机理为水滴分裂起电理论。

雷电的放电过程：先导放电阶段→主放电阶段→余辉放电阶段。

主要的雷电参数有：雷暴日及雷暴小时、地面落雷密度、主放电通道波阻抗、雷电流极性、雷电流幅值、雷电流等值波形、雷电流陡度等。

雷电过电压包括直击雷过电压和感应雷过电压。

雷电的神秘，以及我国传统文化中对雷电的描述，展示中国传统文化的魅力。

第二节 防雷保护装置

雷电放电作为一种强大的自然力的爆发是难以制止的，产生的雷电过电压可高达数百至数千千伏，如不采取防护措施，将引起电力系统故障，造成大面积停电。

目前人们主要是设法去躲避和限制雷电的破坏性，基本措施就是加装避雷针、避雷线、避雷器、防雷接地、电抗线圈、电容器组、消弧线圈、自动重合闸等防雷保护装置。

完成避雷针防雷设计，完成避雷线的防雷设计。

一、避雷针防雷原理及保护范围

1. 避雷针防雷原理

避雷针是明显高出被保护物体的金属支柱，其针头采用圆钢或钢管制成，其作用是吸引雷电击于自身，并将雷电流迅速泄入大地，从而使被保护物体免遭直接雷击。避雷针需有足够截面的接地引下线和良好的接地装置，以便将雷电流安全可靠地引入大地。

当雷电的先导头部发展到距地面某一高度时，因避雷针位置较高且接地良好，在顶端因静电感应而积聚了与先导通道中电荷极性相反的电荷，形成局部电场强度集中的空间。该电场开始影响雷击先导放电的发展方向，将先导放电的方向引向避雷针，避雷针顶部的电场强度大大加强，产生自避雷针向上发展的迎面先导，增强了避雷针的引雷作用。

避雷针一般用于保护发电厂和变电所，可根据不同情况装设在配电构架上，或独立架设。

2. 避雷针的保护范围

表示避雷针的保护效能，通常采用保护范围的概念，只具有相对意义。避雷针的保护范围是指被保护物体在此空间范围内不致遭受直接雷击。我国使用的避雷针的保护范围的计算方法，是根据小电流雷电冲击模拟试验确定，并根据多年运行经验进行了校验。保护范围是按照保护概率99.9%确定的空间范围（即屏蔽失效率或绕击率0.1%）。

1）单支避雷针的保护范围

单支避雷针的保护范围如图6-6所示。

图中 h 为避雷针的高度，在被保护物高度水平面上的保护半径的计算式为：

当 $h_x \geqslant \dfrac{h}{2}$ 时，

$$r_x = (h - h_x)P = h_a P \tag{6-14}$$

当 $h_x < \dfrac{h}{2}$ 时，

$$r_x = (1.5h - 2h_x)P \tag{6-15}$$

式中 h_a——避雷针的有效高度，m；

h_x——被保护物的高度，m；

P——高度修正系数，$h \leqslant 30$ m 时，$P = 1$；

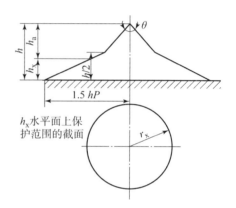

图6-6 单支避雷针的保护范围

$30 \text{ m} < h \leqslant 120 \text{ m}$ 时，$P = \dfrac{5.5}{\sqrt{h}}$；$h > 120$ m 时，$P = 0.5$。

工程中多是已知被保护物体的高度，根据被保护物体的宽度和与避雷针的相对位置确定所需要的避雷针的高度 h。

2）两支等高避雷针的保护范围

两支等高避雷针的保护范围如图6-7所示。两针外侧的保护范围按单支避雷针的计算方法确定。两针间的保护范围由于相互屏蔽效应而使保护范围增大，其范围按通过两针顶点及保护范围上部边缘最低点 O 的圆弧确定，圆弧的半径为 R'_0。O 点为假想避雷针的顶点，其高度的计算式为

$$h_0 = h - \dfrac{D}{7P} \tag{6-16}$$

式中 h_0——两针间保护范围上部边缘最低点高度，m；

D——两避雷针间的距离，m。

两针间水平面上保护范围的一侧最小宽度 b_x 应按下式确定，即：

$$b_x = 1.5(h_0 - h_x) \tag{6-17}$$

当 $b_x > r_x$ 时，取 $b_x = r_x$，求得 b_x 后，可按图6-7绘出两针间的保护范围。两针间距离与针高之比 D/h 不宜大于5。

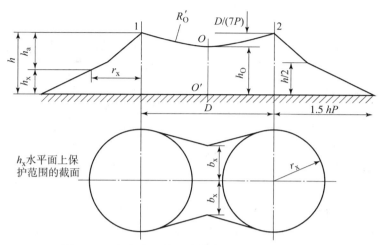

图 6-7 高度为 h 的两支等高避雷针的保护范围

3) 两支不等高避雷针的保护范围

两支不等高避雷针的保护范围如图 6-8 所示。两针外侧的保护范围分别按单支避雷针的计算方法确定。两针间的保护范围先按单支避雷针的计算方法，确定较高避雷针 1 的保护范围，然后由较低避雷针 2 的顶点，作水平线与避雷针 1 的保护范围相交于点 3，取点 3 为等效避雷针的顶点，再按两支等高避雷针的计算方法确定避雷针 2 和 3 间的保护范围。通过避雷针 2、3 顶点及保护范围上部边缘最低点的圆弧，其弓高的计算式为：

$$f = \frac{D'}{7P} \tag{6-18}$$

式中　f——圆弧的弓高，m；

　　　D'——避雷针 2 和等效避雷针 3 间的距离，m。

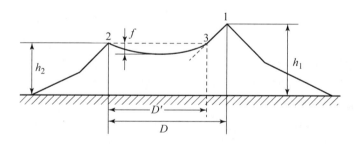

图 6-8 两支不等高避雷针的保护范围

4) 多支等高避雷针的保护范围

由于发电厂或变电所的面积较大，实际上都采用多支等高避雷针保护。三支等高避雷针所形成的三角形的外侧保护范围分别按两支等高避雷针的计算方法确定。如在三角形内被保护物最大高度 h_x 水平面上，各相邻避雷针间保护范围的一侧最小宽度 $b_x \geq 0$ 时，则全部面积受到保护。三支等高避雷针在水平面上的保护范围如图 6-9（a）所示。四支及以上等高避雷针所形成的四角形或多角形，可先将其分成两个或数个三角形，然后分别按三支等高避雷针的方法计算。如各边的保护范围一侧最小宽度 $b_x \geq 0$ 时，则全部面积即受到保护。图 6-9（b）所示为四支等高避雷针在水平面上的保护范围。

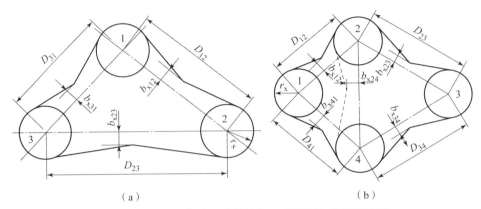

图 6-9 三、四支等高避雷针在 h 水平面上的保护范围
(a) 三支等高避雷针在 h 水平面上的保护范围；(b) 四支等高避雷针在 h 水平面上的保护范围

二、避雷线防雷原理及保护范围

避雷线，通常又称架空地线，简称地线。避雷线的防雷原理与避雷针相同，主要用于输电线路的保护，也可用来保护发电厂和变电所。近年来许多国家采用避雷线保护 500 kV 大型超高压变电所。用于输电线路时，避雷线除了防止雷电直击导线外，还有分流作用，以减少流经杆塔入地的雷电流，从而降低塔顶电位。避雷线对导线的耦合作用还可以降低导线上的感应雷过电压。

单根避雷线的保护范围如图 6-10 所示，在被保护物的高度水平面上一侧保护范围的宽度的计算式为：

当 $h_x \geq \dfrac{h}{2}$ 时，有

$$r_x = 0.47(h - h_x)P \qquad (6-19)$$

当 $h_x < \dfrac{h}{2}$ 时，有

$$r_x = (h - 1.53 h_x)P \qquad (6-20)$$

式中 h——避雷线最大弧垂处的垂直高度。

杆塔上两根避雷线间的距离不应超过导线与避雷线间垂直距离的 5 倍。

工程中采用保护角 α 来表示避雷线对导线的保护程度，保护角是指避雷线和外侧导线的连线与避雷线的垂线之间的夹角。保护角越小，避雷线就越可靠地保护导线免遭雷击。110 kV 线路一般取保护角 $\alpha = 20° \sim 30°$；220～330 kV 双避雷线线路，一般采用 20°左右；500 kV 线路，一般不大于 15°。

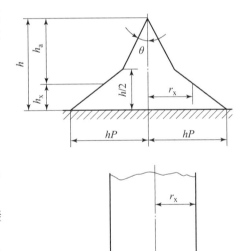

图 6-10 单根避雷线的保护范围

> **❖ 特别提示❖**
> 山区宜采用较小的保护角。

三、避雷器的工作原理及常用种类

避雷器是专门用以限制线路传来的雷电过电压或操作过电压的一种防雷装置。避雷器实质上是一种过电压限制器,连接方式一般是与被保护的电气设备并联连接。当过电压出现并超过避雷器的放电电压时,避雷器先放电,从而限制了过电压的发展,使电气设备免遭过电压损坏。

为了使避雷器达到预期的保护效果,必须正确使用和选择避雷器。对避雷器的基本要求:

(1) 避雷器应具有良好的伏秒特性曲线,并与被保护设备的伏秒特性曲线之间有合理的配合。

(2) 避雷器应具有较强的快速切断工频续流、快速自动恢复绝缘强度的能力。

避雷器的常用类型有保护间隙、管式避雷器(又称排气式避雷器)、阀式避雷器和金属氧化物避雷器(常称氧化锌避雷器)4个种类。

1. 保护间隙

保护间隙是一种简单的避雷器,按其形状可分为角形、棒形、环形和球形等。常用的角形保护间隙如图6-11所示。

保护间隙的主间隙距离不应小于表6-1所列数值,辅助间隙的距离可采用表6-1所列数值。保护间隙与被保护设备并联,当雷电波侵入时,间隙先击穿,线路接地,从而保护了电气设备。

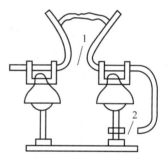

图6-11 角形保护间隙
1—主间隙;2—辅助间隙

表6-1 保护间隙的主间隙距离

系统标称电压/kV	3	6	10	20	35
主间隙距离最小值/mm	8	15	25	100	210
辅助间隙距离/mm	5	10	10	15	20

保护间隙击穿后形成工频续流,当间隙能自行熄弧时,系统恢复,角形保护间隙正常运行;当间隙不能自行熄弧时,将引起断路器跳闸,为减少线路停电事故,应加装自动重合闸装置。

保护间隙的结构简单,价格便宜,但伏秒特性曲线较陡,放电分散性大,与被保护设备的绝缘配合不理想,并且动作后会形成截波,熄弧能力低。它适用于除有效接地系统和低电阻接地系统外的低压配电系统中,如管型避雷器的灭弧能力不能符合要求,可采用保护间隙。

2. 管型避雷器

管型避雷器实质上是一种具有较强灭弧能力的保护间隙,其结构如图6-12所示。

管型避雷器由两个串联间隙组成，一个间隙在大气中，称为外间隙，其工作就是隔离工作电压，避免气管被流经管子的工频泄漏电流所烧坏；另一只装在气管内，称为内间隙或灭弧间隙，管型避雷器的灭弧能力与工频续流的大小有关。

当输电线路遭到雷击或发生感应雷时，大气过电压使管型避雷器的内部间隙和外部间隙击穿，强大的雷电流通过接地装置流入大地。但随之而来的是电力系统的工频续流，其值也很大。雷电流和工频续流在管子内部间隙发生强烈的电弧，使管子内壁的材料燃烧，并产生大量的灭弧气体。由于管子容积小，气体的压力很大，因而从管口喷出强烈的灭弧气体，在电流经过零值时电弧熄灭。这时，外部间隙的空气恢复了绝缘，使管型避雷器与系统隔离，恢复系统的正常运行。

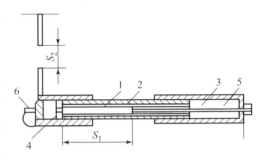

图 6-12 管型避雷器
1—产气管；2—胶木管套；3—棒电极；
4—环形电极；5—储气室；6—动作指示器

管型避雷器的熄弧能力与工频续流的大小有关，若续流太大，则产气过多，管内气压太高，会使管子炸裂；若续流太小，则产气太少，管内气压太低，不足以熄灭电弧。管型避雷器采用了强制熄弧的装置，因此比保护间隙熄弧能力强。但由于管型避雷器具有外间隙，受环境的影响大，故与保护间隙一样，仍具有伏秒特性曲线较陡、放电分散性大的缺点，不易与被保护设备实现合理的绝缘配合；同时动作后也会产生截波，不利于变压器等有线圈设备的绝缘。因此，管型避雷器目前只用于输电线路个别地段的保护，如大跨距和交叉档距处，或变电所的进线段保护。在选择管型避雷器时，开断续流的上限，考虑非周期分量的，不得小于安装处短路电流的可能最大有效值；开断续流的下限，不考虑非周期分量时，不得大于安装处短路电流的可能最小值。管型避雷器外间隙距离一般采用表 6-2 所列数值。

表 6-2 管型避雷器外间隙距离

系统标称电压/kV	3	6	10	20	35
最小距离/mm	8	10	15	60	100
最大距离/mm	—	—	—	150~200	250~300

管型避雷器动作时，会从管中喷出炙热的电离气体，安装时要避免各管型避雷器排出的电离气体相交而造成短路。管型避雷器宜垂直安装，开口端向下；或倾斜安装，与水平线的夹角不应小于 15°，以防止在管型避雷器的内腔积水。10 kV 及以下系统中用的管型避雷器外间隙电极不应垂直布置，以防造成短路。

管型避雷器应装设简单可靠的动作指示器，这是因为管型避雷器动作多次以后，管壁将变薄，在动作 8~10 次后，内径将增大 20%~25%，此时不能再使用，需及时更换。

3. 阀式避雷器

阀式避雷器由装在密封瓷套中的多组火花间隙和多组非线性电阻阀片串联组成。它分为普通型和磁吹型两大类。普通型又有 FS 和 FZ 两个系列，磁吹型有 FCZ 和 FCD 两个系列。下面我们介绍几种典型的阀式避雷器。

1）普通阀式避雷器

普通阀式避雷器的单个火花间隙结构如图 6 - 13 所示，电极由黄铜圆盘冲压而成，两电极间以云母垫圈隔开形成间隙，间隙距离为 0.5 ~ 1.0 mm，间隙电场接近均匀电场，在冲击电压作用下云母垫圈与黄铜电极接触处的空气缝中会发生电晕放电，从而减少了放电的统计时延，使得间隙的伏秒特性曲线比较平缓，放电分散性较小，冲击系数为 1.1 左右，在没有热电子发射时，单个间隙的初始恢复强度可达 250 V 左右。

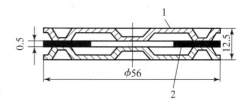

图 6 - 13　单个火花间隙结构

1—黄铜电极；2—云母垫圈

普通阀式避雷器的阀片是由碳化硅结合剂（如水玻璃等）在 300 ~ 500 ℃ 的低温下烧结而成的圆饼形电阻片，直径为 55 ~ 105 mm，阀片的电阻值呈非线性，在幅值高的过电压作用下，电流很大而电阻很小；在幅值低的工作电压作用下，电流很小而阻值很大。阀片的伏安特性如图 6 - 14 所示，也可以用下面公式表示：

$$u = Ci^\alpha$$

式中，C 表示一个常数，取决于阀片的材料和尺寸；α 表示非线性系数，普通阀片的 α 一般在 0.2 左右。

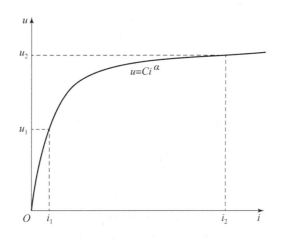

图 6 - 14　阀片的伏安特性

i_1—工频续流；i_2—雷电流；u_1—工频电压；u_2—避雷器残压

阀式避雷器主要由封闭在瓷套中、相互串联的火花间隙及非线性电阻构成，火花间隙能在遇到过电压时被击穿放电，在正常运行的工频电压下起着将电源与非线性电阻相互隔断的作用。非线性电阻在过电压时能吸收过电压能量以限制放电电压下的残压，起着限制工频续流的作用。

非线性电阻在正常工作状态下对工频电流的电阻非常大，因而使工频电流被隔断；当遇到雷电时，在过电压作用下电阻值非常小，使雷电流得以畅通流入大地。雷电流过后，其电阻值又自动恢复到原来的较大值，将跟随而来的工频续流限制在较小范围之内，对被保护设备起到防雷保护作用，使电网恢复正常。

2) 磁吹阀式避雷器

磁吹阀式避雷器（简称磁吹避雷器）的基本结构和工作原理与普通阀式避雷器相同，主要区别在于：磁吹阀式避雷器采用了磁吹式火花间隙，它是利用磁场对电弧的电动力，迫使间隙中的电弧加快运动并延伸，使间隙的去电离作用增强，从而提高了灭弧能力。磁吹式火花间隙的结构和电弧运动如图6-15所示，间隙由一对角形电极构成，磁场是轴向的，在电磁作用下产生的电动力将电弧拉入灭弧栅中，电弧的最终长度可达到起始长度的数十倍，灭弧栅由陶瓷或云母玻璃制成，电弧在其中受到强烈去电离而熄灭，使间隙绝缘强度迅速恢复，单个间隙的工频放电电压约为3 kV，可以切断450 A左右的工频续流。由于电弧被拉长，电弧电阻明显增大，可以起到限制工频续流的作用，因而这种火花间隙又称为限流间隙。计入电弧电阻的限流作用就可以适当减少阀片电阻数目，同时又能降低避雷器的残压。磁吹阀式避雷器还采用了通流能力更大的阀片，它是由碳化硅加结合剂在1 350~1 390 ℃的高温下烧结而成的。

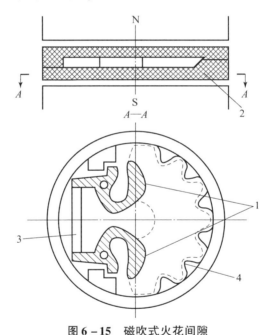

图6-15 磁吹式火花间隙
1—角形电极；2—灭弧盒；3—并联电阻；4—灭弧栅

4. 金属氧化物避雷器

金属氧化物避雷器（MOA）出现于20世纪70年代，因其性能比碳化硅避雷器更好，现在已在全世界得到广泛应用。金属氧化物避雷器的阀片以氧化锌（ZnO）为主要原料，并添加其他微量的氧化铋（Bi_2O_3）、氧化钴（Co_2O_3）、氧化锰（MnO_2）、氧化锑（Sb_2O_3）、氧化铬（Cr_2O_3）等金属氧化物作添加剂。

金属氧化物避雷器的结构非常简单，仅由相应数量的氧化锌阀片密封在瓷套内组成，所以也称为氧化锌避雷器。

氧化锌阀片具有极好的非线性伏安特性，如图6-16所示，可分为低场强区、中场强区和高场强区。电流在1 mA以下的区域为低场强区，电流在1 mA~3 kA的区域为中场强区，非线性系数α大大下降，为0.015~0.05，很接近理想值$\alpha=0$，即使在10 kA雷电流作用下，也仅为 0.1 左右。在中场强区，阀片具有很小的正温度系数，这有助于改善阀片并联运行的电流分布。在饱和区，由于电场强度较高，氧化锌晶粒的固有电阻逐渐起主要作用，使非线性变坏，所以氧化锌阀片在大电流时，伏安特性曲线明显上翘。

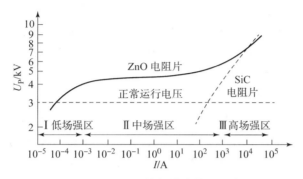

图 6-16 氧化锌阀片的伏安特性

氧化锌阀片的伏安特性与碳化硅阀片的伏安特性曲线相比较，两者在 10 kA 下的残压基本相同，但在正常运行的额定电压下，碳化硅阀片流过的电流达数百安，因而必须用间隙加以隔离；而氧化锌阀片流过的电流数量级只有 10^{-5} A，可以近似认为其续流为零，所以氧化锌避雷器可以不用串联放电间隙。

由于氧化锌阀片优异的非线性伏安特性，使氧化锌避雷器与碳化硅避雷器相比具有以下优点。

（1）氧化锌避雷器的保护性能好。虽然 10 kA 雷电流下残压目前仍与碳化硅避雷器基本相同，但碳化硅避雷器要等到电压升高到间隙的冲击放电电压后才可将电流泄放，而氧化锌避雷器由于无间隙，放电没有时延，只要电压一升高，氧化锌阀片就能开始吸收过电压能量，抑制过电压的发展，在过电压的全部过程中都流过电流，吸收过电压能量，限制过电压。由于没有间隙，氧化锌避雷器比碳化硅避雷器的伏秒特性曲线更加平坦，在陡波头冲击放电电压作用下，残压值升高也较小，使得氧化锌避雷器易与绝缘配合，增加安全裕度。换句话说，氧化锌避雷器可使电气设备的绝缘水平降低。由于超高压、特高压系统电压很高，设备的体积和造价在很大程度上取决于绝缘水平，所以氧化锌避雷器对于超高压、特高压系统来说，经济意义重大。

（2）氧化锌避雷器无续流。由于在正常工作电压下流过氧化锌阀片的电流极小，接近于绝缘体，所以可视为无续流。在雷击或操作过电压作用下，氧化锌避雷器因无续流只需吸收冲击过电压能量，而不需吸收续流能量，动作负载轻。所以氧化锌避雷器在经大电流长时间重复冲击后特性稳定，具有耐受多重雷击和重复发生操作过电压能力。

（3）氧化锌避雷器通流容量大。氧化锌阀片单位面积的通流能力为碳化硅电阻片的 4~5 倍，又没有工频续流引起串联间隙烧伤的制约。通流容量大的优点使得氧化锌避雷器完全可以用来限制操作过电压，也可以耐受一定持续时间的工频过电压。另外，由于氧化锌阀片的残压特性分散性小，电流分布较均匀，还可以通过并联阀片或并联整只避雷器的方法来提高避雷器的通流能力，制成特殊用途的重载避雷器，用于特高压系统、长电缆系统或大电容器组的过电压保护。

（4）氧化锌避雷器运行安全可靠。由于氧化锌避雷器制成了无间隙，解决了碳化硅避雷器因串联间隙所带来的污秽、内部气压变化使间隙放电电压不稳定等一系列问题，具有优越的陡波响应特性。此外，在伏安特性的非线性区，氧化锌阀片具有很小的正温度系数，氧化锌避雷器的保护特性几乎不受温度、气压、污秽等环境条件的影响，性能稳定。氧化锌避雷器的内部零件大大减少，降低了出现故障的概率，可靠性较高。

氧化锌避雷器具有体积小、质量轻、结构简单、元件通用性强、运行维护方便、使用寿命长、造价相对较低等优点，使得其在电力系统中的应用越来越广泛。由于它具有无续流的特性，所以还可制成直流避雷器或其他特殊用途的避雷器，适用于气体绝缘变电所（GIS）、地下电缆系统、高海拔地区、严重污秽地区等。

> **❈ 特别提示**
>
> 目前世界各国成功地把质量大大减小的硅橡胶伞套的 MOA 应用到输电线路上，以提高在雷电活动强烈、土壤电阻率很高、降低杆塔接地电阻有困难等地区的输电线路的耐雷水平。另外，还可以沿线安装硅橡胶伞套的 MOA 来高度限制操作过电压，以及限制紧凑型输电线路的相间操作过电压。

四、接地

1. 接地的概念及分类

接地就是指将电力系统中的电气装置、设施的某些导电部分，经接地线连接至接地极。接地极是指埋入地中并直接与大地接触的金属导体，兼作接地极使用并直接与大地接触的各种金属构件、钢筋混凝土建筑物的基础、金属管道和设备等，称为自然接地极。电气装置、设施的接地端子与接地极连接用的金属导电部分，称为接地线。接地极和接地线合称接地装置。

接地按用途可分为工作接地、保护接地、防雷接地和防静电接地四种。

电力系统电气装置中，为运行需要所设的接地，如中性点的直接接地，中性点经消弧线圈、电阻接地是工作接地，又称系统接地。

电气装置的金属外壳、配电装置的构架和线路杆塔等，由于绝缘损坏有可能带电，为防止其危及人身和设备的安全而设的接地，是保护接地，比如线路的杆塔。

为雷电保护装置（比如避雷针、避雷线、避雷器等）向大地泄放雷电流而设的接地，是防雷接地，也称为雷电保护接地。而为了防止静电对易燃油、天然气储罐、氢气储罐和管道等的危险作用而设的接地是防静电接地。

2. 接地电阻、接触电压和跨步电压

大地是个导电体，当大地中没有电流通过时，通常人们认为大地为零电位。大地具有一定的电阻率，如果有电流经过接地极注入，电流以电流场的形式向大地作半球形扩散，则大地就不再保持等电位，将沿大地产生电压降。在靠近接地极处，电流密度和电场强度最大，离电流注入点越远，地中电流密度和电场强度就越小。因此可以认为在相当远（20~40 m）处，地中电流密度已接近于零，电场强度也接近于零，该处的电位为零电位。接地装置电位分布曲线如图 6-17 所示。

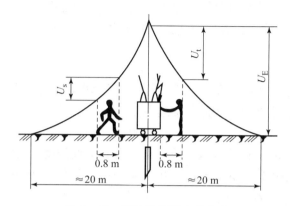

图 6-17 接地装置的电位分布
U_t—接触电压；U_s—跨步电压；U_E—工频电压

接地装置对地电位与通过接地极流入地中电流的比值称为接地电阻。根据流入的接地电流性质，工频电流作用时呈现的电阻称为工频接地电阻，用 R_e 表示。冲击电流作用时呈现的电阻称为冲击接地电阻，用 R_i 表示。无特殊说明时，则指的是工频接地电阻，因为测量接地电阻时使用的是工频电源。

人处于分布电位区域内时，可能有两种方式触及不同电位点而受到电压的作用。当人触及漏电外壳时，加于人手脚之间的电压，称为接触电压。通常将人在地面上离设备水平距离为 0.8 m 处与设备外壳、架构或墙壁离地面的垂直距离 1.8 m 处两点间的电位差，称为接触电位差，即接触电压 U_t。当人在分布电位区域内跨开一步，两脚间（水平距离 0.8 m）的电位差，称为跨步电位差，即跨步电压 U_s。当接地电流 i 为定值时，接地电阻越大，电压越高，此时地面上的接地物体也就具有了较高电位，有可能引起大的接触电位差和跨步电位差，也有可能引起其他带电部分间绝缘的闪络，从而危及人身安全和电气设备的绝缘，因此要力求降低接地电阻。

为了降低接地电阻，首先要充分利用自然接地极，如钢筋混凝土杆、铁塔基础、发电厂和变电所的构架基础等。大多数情况下，单纯依靠自然接地极是不能满足安全要求的，还需要增设人工接地装置。人工接地装置有水平敷设、垂直敷设以及两者的复合接地装置。水平敷设人工接地极可采用圆钢，垂直敷设可采用角钢、钢管，埋于地表面下。水平接地极多用扁钢，宽度一般为 20~40 mm，厚度不小于 4 mm，或者用直径不小于 6 mm 的圆钢。垂直接地极一般用角钢或钢管（长度一般为 2.5 m）。由于金属的电阻率远小于土壤的电阻率，所以接地极本身的电阻在接地电阻中可忽略不计。

在土壤电阻率较高的岩石地区，为了减小接地电阻，有时需要加大接地体的尺寸，主要是增加水平埋设的扁钢的长度，通常称这种接地极为伸长接地极。由于雷电流等值频率甚高，接地极自身的电感将会产生很大影响，此时接地极将表现出具有分布参数的传输线的阻抗特性，加之火花效应的出现，使伸长接地极的电流流通成为一个很复杂的过程。在简化的条件下，通过理论分析对这一问题做定性的描述，并结合试验以得到工程应用的依据。

通常，伸长接地极只是在 40~60 m 的范围内有效，超过这一范围接地电阻抗基本上不再变化。

同一接地装置的冲击接地电阻数值上不等同于工频接地电阻,通常把冲击接地电阻 R_i 与工频接地电阻 R_E 的比值,称为接地装置的冲击系数 α,即

$$\alpha = \frac{R_i}{R_E} \qquad (6-21)$$

冲击系数 α 一般小于 1;当采用伸长接地极时,α 可能因电感效应而大于 1。

单根接地极或杆塔接地装置的冲击接地电阻为:

$$R_i = \alpha R_E \qquad (6-22)$$

复合接地装置为了减少相邻接地极的屏蔽作用,垂直接地极的间距不应小于其长度的 2 倍,水平接地极的间距不宜小于 5 m。由 n 根等长水平放射形接地极组成的接地装置,其冲击接地电阻的计算式为:

$$R_i = \frac{R_{i \cdot h}}{n} \times \frac{1}{\eta_i} \qquad (6-23)$$

式中 $R_{i \cdot h}$——每根水平放射形接地极的冲击接地电阻,Ω;
η_i——冲击利用系数。

由水平接地极连接的 n 根垂直接地极组成的接地装置,其冲击接地电阻的计算式为:

$$R_i = \frac{R_{i \cdot v}/n \times R_{i \cdot h}}{R_{i \cdot v}/n + R_{i \cdot h}} \times \frac{1}{\eta_i} \qquad (6-24)$$

式中 $R_{i \cdot v}$——每根垂直接地极的冲击接地电阻,Ω。

自然接地极的冲击利用系数 η_i 在 0.4~0.7 之间,工频利用系数 $\eta \approx \eta_i/0.7$;n 根人工水平射线的 η_i 在 0.65~1.0 之间,由水平接地极连接的垂直接地极的 η_i 在 0.65~0.85 之间,工频利用系数 $\eta \approx \eta_i/0.9$。

3. 防雷接地及有关计算

电力系统中的工作接地、保护接地和防雷接地是很难完全分开的,发电厂、变电所中的接地网实际是集工作接地、保护接地和防雷接地为一体的良好接地装置。一般的做法是:除利用自然接地极以外,根据保护接地和工作接地要求敷设一个统一的接地网,然后再在避雷针和避雷器安装处增加 3~5 根集中接地极,以满足防雷接地的要求。按照工作接地要求,发电厂、变电所电气装置保护接地的接地电阻应满足:

$$R_E \leqslant \frac{2\,000}{I} \qquad (6-25)$$

式中 R_E——考虑到季节变化的最大接地电阻,Ω;
I——计算用的流经接地装置的入地短路电流,A。

当接地装置的接地电阻不符合式(6-25)的要求时,可通过技术经济比较增大接地电阻,但不得大于 5 Ω。

接地网以水平接地极为主,应埋于地表以下 0.6~0.8 m 处,以免受到机械损坏,并可减少冬季土壤表层冻结和夏季水分蒸发对接地电阻的影响。网内铺设水平均压带,做成如图 6-18 所示的人工接地网,或做成方孔接地网,接地网中两水平接地带之间电位差校核以后再予以调整,接地网的外缘应围绕设备区域连成闭合环形,角上圆弧形半径 $R = D/2$,入口处铺设成帽檐式均压相式均压带。

低压配电系统中,设备的外露可导电部分经各自的保护线接地,称为保护接地;设备

的外露可导电部分经公共的 PE 线或保护中性线（PEN 线）接地，称为保护接零。在同一低压配电系统中，不能有的采取保护接地，有的采取保护接零。TN 系统的电源中性点直接接地，电气设备的外露可导电部分与 PE 线或 PEN 线相连。TN – C 系统中所有设备的外露可导电部分均接 PEN 线。TN – S 系统中所有设备的外露可导电部分均接 PE 线。TNCS 系统中所有设备的外露可导电部分接 PEN 线或 PE 线。TT 系统中电气设备的外露可导电部分均经各自的 PE 线分别直接接地。TT 系统中电源系统的中性点不接地或经高阻抗（约 1 000 Ω）接地，系统中电气设备的外露可导电部分各自的 PEN 线分别直接接地。应尽量避免 PE 线和 PEN 线的断线事故，因此在 PE 线和 PEN 线上一般不允许装设开关或熔断器。

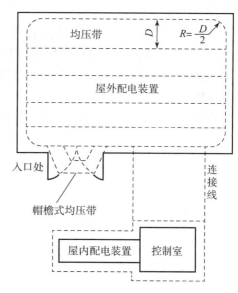

图 6 – 18　人工接地网

在 TN 系统中，为了避免 PE 线或 PEN 线断开时系统失去保护作用，除在电源中性点采用工作接地外，PE 线或 PEN 线还应在下列地方重复接地：在架空线路末端及沿线每隔 1 km 处；在电缆和架空线路引入车间或其他大型建筑物处。若没有采取重复接地，如图 6 – 19（a）所示，当发生 PE 线或 PEN 线断线，且在断线的后面又有设备发生一相碰壳时，接在断线后面的所有设备外壳上都将呈现接近于相电压的对地电压，这是很危险的。采取重复接地后，如图 6 – 19（b）所示，发生同样故障时，设备外壳的对地电压降低了，危险程度也大大降低了。

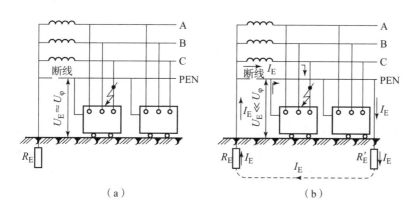

图 6 – 19　重复接地的作用说明
（a）无重复接地；（b）有重复接地

小结

避雷针作用是吸引雷电击于自身，并将雷电流迅速泄入大地，从而使被保护物体免遭直接雷击。避雷线，又称架空地线，简称地线，主要用于输电线路的保护，也可用来保护发电厂和变电所。

避雷器实质上是一种过电压限制器，常用类型有保护间隙、管式避雷器（又称排气式避雷器）、阀式避雷器和金属氧化物避雷器（常称氧化锌避雷器）4个种类。

防雷接地装置可以是单独的，也可以与变电所、发电厂的总接地网连成一体。防雷接地所泄放的电流是冲击大电流。

通过分析耐雷水平，增加团队协作能力。

第七章

电力系统防雷保护设计

学习目标

知识目标：掌握架空输电线路防雷保护方法，掌握变电所的防雷保护方法，掌握旋转电机的防雷保护方法。

能力目标：具备架空输电线路防雷保护设计的能力，具备变电所的防雷保护方法的能力，具备旋转电机的防雷保护设计的能力。

素质目标：具有敬业专注、踏实肯干、矢志创新和精益求精的工匠精神；具有良好的心理素质和敬业精神。

厉害了，我的国

6月30日，重大设备核心材料全部国产化的我国首个万吨级光伏制氢项目，库车绿氢示范项目顺利投产并产氢。新疆库车绿氢示范项目位于我国新疆阿克苏地区，项目将充分利用新疆丰富的太阳能资源，采用光伏发电直接制氢，并建设成一套完整的从生产、储存、传输、到使用的一体化绿氢炼化项目。库车绿氢示范项目的建成将为我国每年减少碳排放48.5万吨。

案例导入

电力系统的防雷保护包括了线路、变电所、发电厂等各个环节。由于输电线路长度大，地处旷野，往往又是地面上最为高耸的物体，因此极易遭受雷击。根据运行经验，电力系统中停电事故几乎有多半是由雷击线路造成的。同时，雷击线路时产生的自线路入侵变电站的雷电波也是威胁变电站设备绝缘的主要因素。因此应充分重视输电线路的防雷保护。

第一节 架空输电线路防雷保护设计

任务描述

在整个电力系统的防雷中，输电线路的防雷问题最为突出。这是因为输电线路绵延数千里、地处旷野，又往往是周边地面上最为高耸的物体，因此极易遭受雷击。本节将详细介绍输电线路的直击雷过电压和耐雷水平，以及输电线路防雷措施。

知识链接

一、输电线路的直击雷过电压和耐雷水平

1. 输电线路的直击雷过电压

输电线路防雷性能的优劣，工程中主要用耐雷水平和雷击跳闸率两个指标来衡量。所谓耐雷水平，是指雷击线路绝缘不发生闪络的最大雷电流幅值（单位为 kA）。

雷击线路附近地面时，在线路的导线上会产生感应雷过电压，由于雷击地面时雷击点的自然接地电阻较大，雷电流幅值 I 一般不超过 100 kA。实测证明，感应过电压一般不超过 300~400 kV，对 35 kV 及以下水泥杆线路会引起一定的闪络事故；对 110 kV 及以上的线路，由于绝缘水平较高，所以一般不会引起闪络事故。

感应雷过电压同时存在于三相导线，故相间不存在电位差，只能引起对地闪络，如果二相或三相同时对地闪络即形成相间闪络事故。

设避雷线和导线悬挂的对地平均高度分别为 h_g 和 h_c，若避雷线不接地，则根据式（7-1）可求得避雷线和导线上的感应过电压 U_{ig} 和 U_{ic}。其计算公式为：

$$U_{ig} = 25 \frac{Ih_g}{S}, \quad U_{ic} = 25 \frac{Ih_c}{S} \tag{7-1}$$

2. 输电线路的耐雷水平

我国 110 kV 及以上线路一般全线都装设避雷线，而 35 kV 及以下线路一般不装设避雷线，中性点直接接地系统有避雷线的线路遭受直击雷一般有以下 3 种情况（见图 7-1）：

① 雷击杆塔塔顶。
② 雷击避雷线档距中央。
③ 雷电绕过避雷线击于导线。

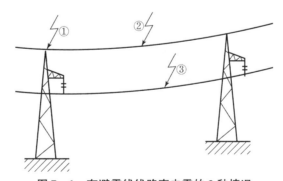

图 7-1 有避雷线线路直击雷的 3 种情况

1）雷击杆塔塔顶时的耐雷水平

运行经验表明，雷击杆塔的次数与避雷线的根数和经过地区的地形有关，雷击杆塔次数与雷击线路总次数的比值称为击杆率 g。

雷击塔顶前，雷电通道的负电荷在杆塔及架空地线上产生感应正电荷。当雷击塔顶

时，雷通道中的负电荷与杆塔及架空地线上的正感应电荷迅速中和形成雷电流，如图 7-2 (a) 所示。

对于一般高度（40 m 以下）的杆塔，在工程近似计算中采用图 7-2 (b) 的集中参数等值电路进行分析计算，考虑到雷击点的阻抗较低，故略去雷电通道波阻的影响。

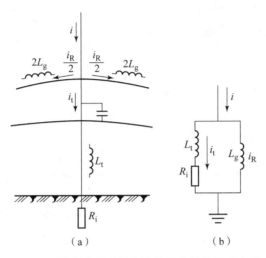

图 7-2 雷击塔顶时雷电流的分布及其等值电路
(a) 雷击塔顶时雷电流的分布；(b) 雷击塔顶时等值电路

2) 雷击避雷线档距中央时的耐雷水平

雷击避雷线档距中央时，雷击点会出现较大的过电压，如图 7-3 所示，根据彼德逊法则，雷击点 A 的电压为：

$$U_A = i \frac{Z_0 Z_g}{2Z_0 + Z_g} \tag{7-2}$$

式中 Z_g——避雷线的波阻抗。

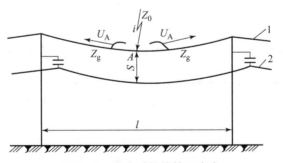

图 7-3 雷击避雷线档距中央
1—避雷线；2—导线

3) 雷电绕击于导线时的耐雷水平

装设避雷线的线路仍然有雷绕过避雷线而击于导线的可能性，虽然绕击的概率很小，但一旦出现此情况，则往往会引起线路绝缘子的闪络。雷电绕击线路的电气几何模型如图 7-4 所示。

3. 输电线路的雷击跳闸率

雷击输电线路引起的跳闸次数与线路可能受雷击的次数有密切的关系，而线路可能受雷击的次数与线路的等值受雷击宽度、每个雷暴日每平方千米地面的平均落雷次数、线路长度及线路所经过地区的雷电活动程度有关。

1）雷击杆塔时的跳闸率

每 100 km 有避雷线的线路每年（40 个雷暴日）落雷次数为 $N=0.28(b+4h_b)$ 次（h_b 为避雷线对地平均高度，b 为两根避雷线之间的距离）。若击杆率为 g，则每 100 km 线路每年雷击杆塔次数为 $0.28(b+4h_b)g$ 次，若雷击杆塔时的耐雷水平为 I_1，雷电流幅值超过 I_1 的概率为 P_1，建弧率为 η，则 100 km 线路每年雷击杆塔的跳闸次数 n_1 为：

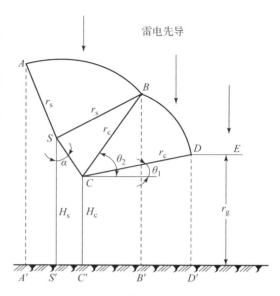

图 7-4 雷电绕击线路的电气几何模型

$$n_1 = 0.28(b+4h_b)g\eta P_1 \tag{7-3}$$

2）绕击跳闸率

设绕击率为 P_α，100 km 线路每年绕击次数为 $28(b+4h_b)P_\alpha$，绕击时的耐雷水平为 I_2，雷电流幅值超过 I_2 的概率为 P_2，建弧率为 η，则每 100 km 线路每年的绕击跳闸次数 n_2 为

$$n_2 = 0.28(b+4h_b)\eta P_\alpha P_2 \tag{7-4}$$

3）线路雷击跳闸率

如前所述，若避雷线与导线在档距中央处的空气间隙距离 S 满足 $S \geqslant 0.012l+1$，则雷击避雷线档距中央一般不会发生击穿事故，故其跳闸率可视为零。因此，线路雷击跳闸率为

$$n = n_1 + n_2 = 0.28(b+4h_b)\eta(gP_1+P_\alpha P_2) \ [次/(100\ km \cdot a)] \tag{7-5}$$

> **❖ 特别提示**
> 以上计算了有避雷线的输电线路的雷击跳闸率。对于无避雷线的输电线路，计算所应考虑的原则和过程与上述基本相同。

二、输电线路防雷措施

1. 架设避雷线

架设避雷线是高压和超高压输电线线路最基本的防雷措施，其主要目的是防止雷直击于导线，同时还有分流作用以减小经杆塔流入地电流，从而降低塔顶电位；通过对导线耦合作用可以减小线路绝缘承受的电压，对导线还有屏蔽作用，可以降低感应过电压。

为了提高避雷线对导线的屏蔽效果，减小绕击率，110 kV 及以上电压等级的输电线路都应全线架设避雷线。避雷线对边导线的保护角也应小一些，一般为 20°~30°。平原上的 220 kV 及 110 kV 线路可用单根避雷线，保护角为 25°；山区 220 kV 线路也要采用双避雷线，保护角在 20°以下；300~500 kV 及以上的超高压、特高压线路都架设双避雷线，保护角在 15°左右；35 kV 及以下的线路绝缘水平很低，全线架设避雷线依然有可能造成闪络，故一般不沿全线架设避雷线，可采用中性点经消弧线圈接地或不接地。

2. 加强线路绝缘

由于输电线路个别地段需采用大跨越高杆塔（如跨河杆塔），这就增加了杆塔落雷的机会。

高塔落雷时塔顶电位高，感应过电压大，而且受绕击的概率也较大。为降低线路跳闸率，可在高杆塔上增加绝缘子串片数，或者更换新型的绝缘子，加大跨越档导线与地线之间的距离，以加强线路绝缘。在 35 kV 及以下的线路可采用瓷横担等冲击闪络电压较高的绝缘子来降低雷击跳闸率。

3. 耦合地埋线

耦合地埋线可起两个作用，一是降低接地电阻，连续伸长接地线，即沿线路在地中埋设 1~2 根接地线，并可与下一基塔的杆塔接地装置相连，此时对工频接地电阻值不做要求。国内外的运行经验证明，它是降低高土壤电阻率地区杆塔接地电阻的有效措施之一。二是起一部分架空地线的作用，既有避雷线的分流作用，又有避雷线的耦合作用。根据运行经验，埋设耦合地埋线后，10 年中只发生一次雷击故障，显著提高了线路耐雷水平。

4. 采用不平衡绝缘方式

在现代高压及超高压线路上，同杆架设的双回路线路日益增多。不平衡绝缘的原则是使双回路的绝缘子串片数有差异，这样，雷击时绝缘子串片数少的回路先闪络，闪络后的导线相当于地线，增加了对另一回路导线的耦合作用，提高了线路的耐雷水平，使之不发生闪络，保障了另一回路的连续供电。

5. 采用消弧线圈接地方式

对于雷电活动强烈、接地电阻又难以降低的地区，可考虑采用中性点不接地或经消弧线圈接地的方式，这样可以使绝大多数雷击单相闪络接地故障被消弧线圈消除，不至于发展成持续工频电弧。而当雷击引起二相或三相闪络故障时，第一相闪络并不会造成跳闸，先闪络的导线相当于一个避雷线，增加了分流和对未闪络相的耦合作用，使未闪络相绝缘上的电压下降，从而提高了线路的耐雷水平，使雷击跳闸率大约可以降低 1/3。

6. 装设自动重合闸装置

由于线路绝缘具有自恢复性能，大多数雷击造成的冲击闪络在线路跳闸后能够通过自动重合装置再一次自行合闸来消除瞬间故障，因此安装自动重合闸装置对降低线路的雷击事故率效果较好。资料显示，我国 110 kV 及以上的高压线路重合闸成功率达 75%~95%，35 kV 及以下的线路为 50%~80%。

7. 安装线路避雷器

在线路雷电活动强烈或土壤电阻率很高、降低接地电阻比较困难的线段，采用在线路交叉处和在高杆塔上加装管型避雷器，或线路防雷用带串联间隙的复合外套 MOA（氧化锌避雷器），以提高线路的雷击跳闸事故。

8. 降低杆塔接地电阻

对于一般高度的杆塔，降低杆塔冲击接地电阻是提高线路耐雷水平、降低雷击跳闸率的有效措施。在土壤电阻率低的地区，应充分利用铁塔、钢筋混凝土杆的自然接地电阻。高土壤电阻率地区，可采用多根放射形接地体，或连续伸长接地体。在处理接地时使用降阻剂，也可取得较好的降阻效果。降阻剂使用后接地电阻随时间的推移而下降，并且由于其 pH 值一般在 7.6~8.5 之间，有的呈中性略偏碱，对接地体有钝化保护作用，故基本无腐蚀现象。

但是使用较长时间后，有迹象表明接地降阻剂对接地体产生了严重的腐蚀。故在采用这一方法时应关注长期的效果，特别是对接地体的腐蚀问题。

9. 架设耦合地线

在降低杆塔接地电阻有困难时，可采用架设耦合地线的措施，即在导线下方加设一条接地线。它具有分流作用，又加强了避雷线对导线的耦合，可使线路绝缘上的过电压降低。运行经验证明，耦合地线对降低线路的雷击跳闸率效果显著，可降低 50% 左右。

10. 预放电棒与负角保护针

预放电棒的作用机理是减小导、地线间距，增大耦合系数，降低杆塔分流系数，加大导线、绝缘子串对地电容，改善电压分布；负角保护针可看成是装在线路边导线外侧的避雷针，其目的是改善屏蔽，减小临界击距。预放电棒与负角保护针常一起装设。

 小结

通常采用耐雷水平和雷击跳闸率来表示一条线路的耐雷性能和所采用防雷措施的效果。输电线路常采用避雷线、降低杆塔接地电阻、加强线路绝缘等措施来进行防雷。可按雷击点的不同把线路的落雷分为三种情况：绕击导线、雷击档距中央的避雷线和雷击杆塔。

小组讨论，分组汇报，提供学生的团队意识和表达能力。

第二节　变电所的防雷保护设计

 任务描述

发电厂和变电所是电力系统的枢纽，设备相对集中，一旦发生雷害事故，往往导致发电机、变压器等重要电气设备的损坏，更换和修复困难，并造成大面积停电，严重影响国民经济和人民生活。因此，发电厂和变电所的防雷保护要求十分可靠。本节将具体介绍变电所防雷保护相关知识。

知识链接

1. 发电厂、变电所的直击雷保护

为了避免发电厂、变电所的电气设备及其他建筑物遭受直接雷击,需要装设避雷针或避雷线,使被保护物处于避雷针或避雷线的保护范围内,同时还要求,雷击避雷针或避雷线时,不应对被保护物发生反击。

当雷击独立避雷针时,如图 7-5 所示,雷电流经避雷针及其接地装置在避雷针 h 高度处和避雷针的接地装置上将出现高电位 U_A(kV) 和 U_G(kV)。即:

$$u_A = iR_i + L\frac{\mathrm{d}i}{\mathrm{d}t} \quad (7-6)$$

$$u_G = iR_i \quad (7-7)$$

式中 i——流过避雷针的雷电流,kA;
R_i——避雷针的冲击接地电阻,Ω;
L——避雷针的等值电感,μH;
$\dfrac{\mathrm{d}i}{\mathrm{d}t}$——雷电流的上升陡度,kA/μs。

取 i 为 100 kA,上升平均陡度,避雷针的单位电感为 1.3 μH/m,则得:

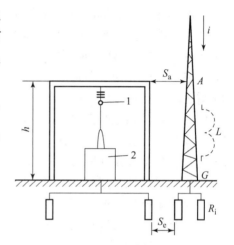

图 7-5 雷击独立避雷针
1—母线;2—变压器

$$u_A = 100R_i + 50h, \quad u_G = 100R_i \quad (7-8)$$

为了防止避雷针与被保护的配电构架或设备之间的空气间隙 S_a 被击穿而造成反击事故,必须要求 S_a 大于一定距离,取空气的平均耐压强度为 500 kV/m;为了防止避雷针接地装置和被保护设备接地装置之间在土壤中的间隙 S_e 被击穿,必须要求 S_e 大于一定距离,取土壤的平均耐电强度为 300 kV/m,S_a 和 S_e 应满足下式要求:

$$S_a \geqslant 0.2R_i + 0.1h \quad (7-9)$$

$$S_e > 0.3R_i \quad (7-10)$$

式中 S_a——空气中距高,m;
S_e——地中距离,m。
h——避雷针校验点的高度,m。

同理,采用避雷线防直击雷,对一端绝缘另一端接地的避雷线,其与配电装置带电部分、发电厂和变电所电气设备接地部分以及架构接地部分间的空气中距离,应符合下列要求:

$$S_a \geqslant 0.2R_i + 0.1(h + \Delta l) \quad (7-11)$$

式中 h——避雷线支柱的高度,m;
Δl——避雷线上校验的雷击点与接地支柱的距离,m。

对两端接地的避雷线,应满足:

$$S_a \geqslant \beta'[0.2R_i + 0.1(h + \Delta l)] \quad (7-12)$$

$$\beta' \approx \frac{l_2 + h}{l_2 + \Delta l + 2h} \qquad (7-13)$$

式中 β'——避雷线分流系数；

l_2——避雷线上校验的雷击点与另一端支柱间的距离，m；

对一端绝缘另一端接地的避雷线，按式（7-10）校验，对两端接地的避雷线应按下式按装：

$$S_e \geq 0.3\beta' R_i \qquad (7-14)$$

一般情况下，避雷针和避雷线的间隙距离 S_a 不宜小于 5 m，S_e 不宜小于 3 m。

35 kV 及以下的变电所，需要架设独立避雷针。对于 110 kV 及以上的变电所，由于此类电压等级配电装置的绝缘水平较高，可以将避雷针架设在配电装置的构架上。构架避雷针具有节约投资、便于布置等优点，但更应注意反击问题。在土壤电阻率不高的地区，雷击避雷针时在配电构架上出现的高电位不会造成反击事故，但在土壤电阻率大于 2 000 Ω·m 的地区，宜架设独立避雷针。变压器是变电所中最重要的装置，避雷针的构架还应就近埋设辅助集中接地装置，一般在变压器的门型构架上不允许装避雷针（线）。要求在其他装置避雷针的构架埋设辅助集中接地装置，且避雷针与主接地网的地下连接点至变压器接地线与主接地网的地下连接点，沿接地体的距离不得小于 15 m。

线路终端杆塔上的避雷线能否与变电所构架相连，也主要考虑是否发生反击。110 kV 及以上的配电装置可以将线路避雷线引至出线门型架上，但在土壤电阻率大于 1 000 Ω·m 的地区，应加设集中接地装置；对 35~60 kV 配电装置，一般不允许线路避雷线与出线门型架相连，只在土壤电阻率不大于 500 Ω·m 的地区允许，但同样需加设集中接地装置。

变电所采用避雷线防直击雷，所选避雷线要有足够的截面和机械强度，以免由于避雷线断线引起母线短路的严重故障，只要结构布置合理，设计参数选择正确，同样可以起到可靠的防雷效果。近年来国内外新建的 500 kV 变电所多有采用避雷线保护的趋势。

发电厂的主厂房、主控制室和配电装置室一般不装设直击雷保护装置，以免发生反击事故和引起继电保护误动作。

列车电站的电气设备装在金属车厢内，在一定程度上受到车厢的屏蔽作用，在少雷区或中雷区，可不设直击雷保护。但在多雷区，为防止反击，宜用避雷针或避雷线保护。

2. 侵入波过电压的防护

变电所中限制雷电侵入波过电压的主要措施是装设避雷器。如果三台避雷器分别直接连接在变压器的三个出线套管端部，只要避雷器的冲击放电电压和残压低于变压器的冲击绝缘水平，变压器就能得到可靠的保护。

但在实际中，变电所有许多电气设备需要防护，而电气设备总是分散布置在变电所内，常常要求尽可能减少避雷器的组数，又要保护全部电气设备的安全，加上布线上的原因，避雷器与电气设备之间总有一段长度不等的距离。

下面以保护变压器为例，来分析避雷器与被保护电气设备间的距离对其保护作用的影响。如图 7-6 所示，设侵入波是波头陡度为 a、波速为 v 的斜角波 $u(t) = at$，避雷器与变压器间的距离为 l，不考虑变压器的对地电容，点 T 的电压可用网格法求得，如图 7-7 所示。避雷器动作前看作开路，动作后看作短路，分析时不取统一的时间起点，而以各点开始出现电压时为各点的时间起点。行波从 F 点到达 T 点所需时间 $\tau = l/v$。

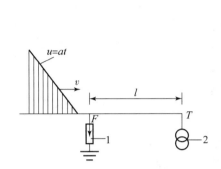
图 7-6 避雷器保护变压器的简单接线
1—避雷器；2—变压器

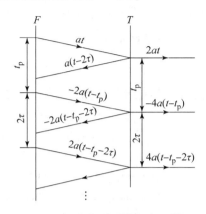
图 7-7 分析避雷器和变压器
上电压的行波网格图

首先分析 F 点电压。点 T 反射波尚未到达 F 点时，有：
$$u_F(t) = at \quad (t < 2\tau) \tag{7-15}$$
点 T 反射波到达 F 点后至避雷器动作前（假设避雷器的动作时间 $t_p > 2\tau$），有
$$u_F(t) = at + a(t - 2\tau) = 2a(t - \tau) \tag{7-16}$$
在避雷器动作瞬间，$u_F(t) = 2a(t_p - \tau)$，避雷器动作后，避雷器上的电压就是避雷器的残压 U_r，相当于在 F 点加上一个负电压波 $-2a(t - t_p)$，此时：
$$u_F(t) = 2a(t - \tau) - 2a(t - t_p) = 2a(t_p - \tau) = U_r \tag{7-17}$$
电压 $u_F(t)$ 的分析波形如图 7-8（a）所示。

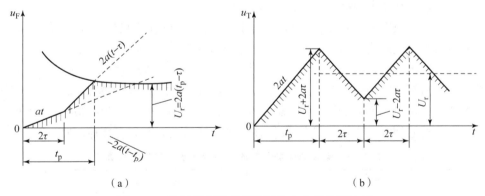

（a） （b）
图 7-8 避雷器保护变压器的各点电压分析波形
（a）避雷器上电压 $u_F(t)$；（b）变压器上电压 $u_T(t)$

然后分析 T 点电压。雷电侵入波到达变压器端点之后，$u_F(t) = 2at(t - t_p)$。在避雷器动作瞬间，即 $t = t_p$ 时，有
$$u_T(t) = 2at_p = 2a(t_p - \tau + \tau) = 2a(t_p - \tau) + 2a\tau = U_r + 2a\tau \tag{7-18}$$
当 $t_p < t < t_p + 2\tau$ 时，有
$$u_T(t) = 2at - 4a(t - t_p) = -2a(t - 2t_p) \tag{7-19}$$
当 $t = t_p + 2\tau$ 时，有

$$u_T(t) = 2a(t_p + 2\tau) - 4a(t_p + 2\tau - t_p) = 2a(t_p - 2\tau) = U_r - 2a\tau \quad (7-20)$$

电压 $u_T(t)$ 的分析波形如图 7-8（b）所示。

通过分析，得出变压器上所受最大电压 U_T 为：

$$U_T = U_r + 2a\tau = U_r + 2a\frac{l}{v} \quad (7-21)$$

无论变压器处于避雷器之前还是之后，上式的分析结果都是一样的。在实际情况下，由于变电所接线方式比较复杂，出线可能不止一路，再考虑变压器对地电容的作用、冲击电晕和避雷器电阻的衰减作用等，变电所的波过程将十分复杂。实测表明，雷电波侵入变电所时变压器上实际电压的典型波形如图 7-9 所示。它相当于在避雷器的残压上叠加一个衰减的振荡波。这种波形和全波波形相差较大，对变压器绝缘的作用与截波的作用较为接近。因此常以变压器绝缘承受截波的能力来说明在运行中该

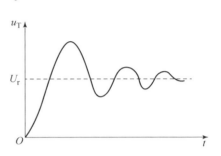

图 7-9 变压器上实际所受电压的典型波形

变压器承受雷电波的能力。变压器绝缘承受截波的能力称为多次截波耐压值 U_j。根据实际经验，对变压器而言，$U_j = 0.87 U_{j3}$（U_{j3} 为变压器三次截波冲击试验电压）。

取变压器的冲击耐压强度为 U_j，可求出避雷器与变压器的最大允许电气距离，即避雷器的保护距离 l_m 为：

$$l_m = \frac{U_j - U_r}{2\dfrac{a}{v}} = \frac{U_j - U_r}{2a'} \quad (7-22)$$

式中 a'——电压沿导线升高的空间陡度，kV/m。

高压变电所一般在每组母线上装设一组避雷器。金属氧化物避雷器和普通阀式避雷器与主变压器间的电气距离可分别参照表 7-1 和表 7-2 确定。

全线架设避雷线时进线长度取 2 km；进线长度在 1~2 km 时，电气距离按补插法确定。若电气距离超过表中的参考值，可在主变压器附近增设一组避雷器。表 7-1 中数据是在 110 kV、220 kV 金属氧化物避雷器标称放电电流下的残压分别取 260 kV、520 kV 时得到。其他电器的绝缘水平高于变压器，对其他电器的最大距离可相应增加 35%。

表 7-1 金属氧化物避雷器与主变压器间的电气距离　　　　　　　　　　m

系统标称电压/kV	进线长度/km	进线路数			
		1	2	3	≥4
110	1	55	85	105	115
	1.5	90	120	145	165
	2	125	170	205	230
220	2	125	195	235	265
330	2	90	140	170	190
注：本表也是用于电站碳化硅磁吹避雷器（FM）的情况。					

表 7-2　普通阀式避雷器至主变压器间的最大电气距离　　　　　　　　　　m

系统标称电压/kV	进线长度/km	进线路数			
		1	2	3	4
35	1	25	40	50	55
	1.5	40	55	65	75
	2	50	75	90	105
66	1	45	65	80	90
	1.5	60	85	105	115
	2	80	105	130	145
110	1	45	70	80	90
	1.5	70	95	115	130
	2	100	135	160	180
220	2	105	165	195	220

注：35 kV 也适用于有中联间隙金属氧化物避雷器的情况。

> ❈ **特别提示**
> 超高压、特高压变电所由于限制线路上操作过电压的要求，在变电所线路断路器的线路侧必然安装有金属氧化物避雷器，变压器回路也要求安装有金属氧化物避雷器，至于变电所母线上是否安装金属氧化物避雷器以及各避雷器与被保护设备的电气距离，则需要通过数字仿真计算予以确定。

3. 变电所的进线段保护

变电所的进线段保护是对雷电侵入波保护的一个重要辅助措施，就是在临近变电所 1~2 km 的一段线路上加强防护。进线段保护的作用在于限制流经避雷器的雷电流幅值和侵入波的陡度。35~110 kV 变电所的进线段保护接线如图 7-10 所示。

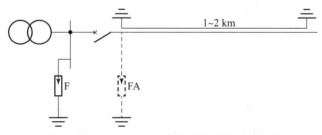

图 7-10　35~110 kV 变电所进线段保护接线

4. 变压器防雷保护的几个具体问题

1）变压器中性点防雷保护

当三相来波时，在变压器中性点的电位理论上会达到绕组首端电压的 2 倍，因此需要考虑变压器中性点的保护问题。

2) 三绕组变压器的防雷保护

高压侧有雷电过电压波时，通过绕组间的静电耦合和电磁耦合，低压侧也一定会出现过电压。因此，可在任一相低压绕组加装阀式避雷器，实施防雷保护。

3) 自耦变压器的防雷保护

自耦变压器除高、中压自耦绕组之外，还有三角形接线的低压非自耦绕组。高低压绕组运行而中压开路时，若有侵入波从高压端线路袭来，绕组中电位的起始与稳态分布以及最大电位包络线都和中性点接地的绕组相同。自耦变压器的防雷保护接线如图 7-11 所示。

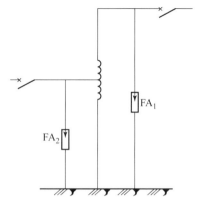

图 7-11 自耦变压器的防雷保护接线

小结

发电厂和变电所遭受雷害一般来自两方面：一是雷直击于发电厂、变电所；二是雷击输电线路后产生的雷电波沿该导线侵入发电厂、变电所。变电所中对直击雷的保护，一般采用避雷针或避雷线；限制雷电侵入波过电压的主要措施是装设避雷器。

小组讨论，分组汇报，提供学生的团队意识和表达能力。

第三节　旋转电机的防雷保护设计

任务描述

直接与架空线相连的旋转电机（包括发电机、大型电动机等）称为直配电机，在此情况下，因线路上的雷电波可以直接传入旋转电机绕组中，故其防雷保护显得特别突出。本节将详细介绍旋转电机防雷保护相关知识。

知识链接

一、旋转电机的防雷保护特点

（1）由于结构和工艺上的特点，在相同电压等级的电气设备中，旋转电机的绝缘水平是最低的。因为旋转电机不能像变压器等静止设备那样可以利用液体和固体的联合绝缘，而只能依靠固体介质绝缘。在制造过程中可能产生气隙和受到损伤，绝缘质量不均匀，容易发生局部电离等而使绝缘逐渐损坏。试验证明，电机主绝缘的冲击系数接近于 1。

（2）电机在运行中受到发热、机械振动、臭氧、潮湿等因素的作用使绝缘容易老化。

电机绝缘损坏的累积效应也比较强，特别在槽口部分电场极不均匀，在过电压作用下容易受伤，日积月累就可能使绝缘击穿。

（3）保护旋转电机用的磁吹避雷器（FCD型）的保护性能与电机绝缘水平的配合裕度很小。电机出厂冲击耐压值只比磁吹避雷器 3 kA 下的残压高 8%～10%，比氧化锌避雷器 3 kA 下的残压也仅高出 25%～30%；考虑到运行中电机冲击耐压强度的下降，裕度将更小。

（4）由于电机绕组的结构布置特点，其匝间电容很小，起不了改善冲击电压分布的作用，也不能像变压器那样可以采用电容环等改善措施；当冲击波作用时，可以把电机绕组看成是具有一定波阻和波速的导线，波沿导线前进一匝后，匝间所受电压正比于入侵波陡度 α。要使该电压低于电机绕组的匝间耐压，必须把来波陡度降低。试验结果表明，为了保护匝间绝缘，α 必须限制在 5 kV/μs 以下。

（5）电机绕组中性点一般是不接地的，三相进波时在直角波头情况下，中性点电压可达进波电压的 2 倍，因此，必须对中性点采取保护措施。试验证明，入侵波陡度降低时，中性点电压也随之减小，当入侵波陡度降至 2 kV/μs 以下时，中性点过电压不会超过进波电压，中性点也就不需另加保护了。

> ※ 特别提示
> 综上所述，旋转电机的防雷保护应同时考虑绕组的主绝缘、匝间绝缘和中性点绝缘的保护。

二、直配电机的防雷保护

直配线的电压等级都在 10 kV 以下，绝缘水平较低。雷击线路或邻近大地时产生的直击雷过电压波和感应雷过电压波，都可能沿线路入侵而危害直配电机的绝缘。直配电机的防雷保护，应根据电机的容量、该地区雷电活动强弱和供电可靠性要求来确定。直配电机的防雷保护设备主要有避雷器、电容器、电缆段保护等。利用这些设备可以限制流经避雷器的雷电流，使其小于 3 kA；可以限制入侵波陡度 α 和降低雷击线路时的直击雷过电压和雷击邻近线路附近物体时的感应雷过电压。下面分别叙述各种保护元件的作用原理。

1. 避雷器保护

避雷器保护加装于电机母线上，主要功能是降低入侵波幅值以保护电机的主绝缘。由于电机出厂时的冲击耐压仅稍高于相应电压等级的 FCD 型磁吹避雷器和氧化锌避雷器 3 kA 下的残压，所以还需配合进线段保护，以限制流经 FCD 型避雷器中的雷电流，使之不超过 3 kA。

2. 电容器保护

通常采用在电机母线上装设电容器的办法来限制入侵波陡度，以保护电机的匝间绝缘和中性点绝缘，如图 7-12（a）所示，电容器还可以降低电机母线上的感应雷过电压，若入侵波为幅值 U_0 的直角波，则电机母线上电压可按图 7-12（b）的等值电路计算，计算结果表明，每相电容为 0.25～0.5 μF 时，入侵波陡度不超过 3 kV/μs。

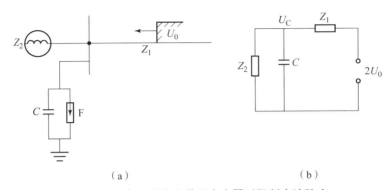

图 7-12 电机母线上装设电容器以限制来波陡度
(a) 原理接线；(b) 等值电路
Z_2—发电机波阻抗

3. 电缆段保护（进线段保护）

采用电缆与排气式避雷器联合作用的典型进线保护段，如图 7-13 所示，当入侵波到达 A 点后，排气式避雷器 FE_2 动作，电缆芯线与外皮短接，雷电流流过 FE_2 和接地电阻 R_1 所形成的电压 iR_1，同时作用在芯线和外皮上。

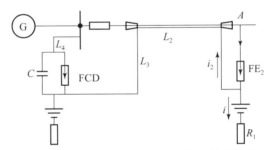

图 7-13 电缆与排气式避雷器联合作用的进线保护段

由于雷电流的等值频率很高，而且电缆外皮与芯线为同心圆柱体，其间的互感 M 就等于外皮的自感 L_2，因此当电缆外皮流过电流 i_2 时，芯线也会产生反电动势。此反电动势阻止沿芯线流向电机的电流，使绝大部分雷电流都从电缆外皮流走，其物理解释为，当电流在缆皮上流动时，缆芯上会感应出与缆皮电压相等但方向相反的电动势，阻止电流流进缆芯，这与导线中的集肤效应相似。

4. 电抗器保护

电抗器的作用是在雷电波入侵时抬高电缆首端冲击电压，从而使排气式避雷器容易放电。

三、直配电机的防雷保护接线

与架空线直接相连的旋转电机的防雷保护接线方式，可利用前面所讲述的保护措施，还要结合电机容量或重要性考虑决定。由于前述各防雷元件对电机的保护还不能认为完全可靠，考虑到 60 MW 以上电机的重要性，我国禁止采用直配方式。下面以单机容量为大容量（25~60 MW）的直配电机为例，介绍它们的防雷保护接线方式。

图 7-14 画出了大容量（25~60 MW）直配电机的防雷保护接线。使用排气式避雷

器,其中 L 是限制工频短路电流的电抗器。此时应加装一组配电型避雷器 F_1 以保护电抗器和电缆端部。F_1 的动作还可以进一步限制流过避雷器的电流。进线电缆段应直接埋设在土壤中,以充分利用其金属外皮的分流作用;FE_1 和 FE_2 的接地端应用钢绞线连接。钢绞线架设在导线下方,距导线应小于 3 m,但大于 2 m,并应与电缆首端的金属外皮在装设 FE_2 杆塔处连在一起接地,工频接地电阻 R 应小于 5 Ω。

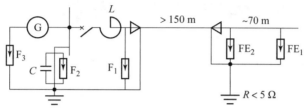

图 7-14 直配电机的防雷保护接线

在电机中性点引出情况下,需在中性点加装避雷器以保护中性点绝缘。考虑到可能存在单相接地故障(此时中性点电压升高至相电压)的同时又有雷电波入侵的情况,中性点避雷器灭弧电压的选择应高于相电压。若电机中性点不引出,则需将母线并联电容增大至每相 1.5~2.0 μF,以进一步降低入侵波陡度至 2 kV/μs 以下,使之不至于损坏中性点绝缘。

小结

旋转电机绝缘裕度低,需采取特殊措施防止雷电波危害;直配电机保护措施的原则仍然是:减小流过避雷器的雷电流幅值;减小入侵波的陡度。

避雷器应该采用电机专用避雷器;电容器保护用于降低雷电流的陡度;进线段电缆保护用于限制雷电流幅值;电抗器保护作用主要是保证排气式避雷器可靠动作;根据电机容量不同有不同的保护接线。

不同设备,采取的措施也不同,应当建立分类处理问题的观念。

第八章

内部过电压分析

学习目标

知识目标：了解内部过电压的概念，掌握空载线路分闸过电压，掌握空载线路合闸过电压，掌握切除空载变压器过电压，掌握断续电弧接地过电压。

能力目标：具有分析空载线路分闸过电压的能力，具有分析空载线路合闸过电压的能力，具有切除空载变压器过电压的能力。

素质目标：具有敬业专注、踏实肯干、矢志创新和精益求精的工匠精神；具有良好的心理素质和敬业精神；具有班组沟通协调能力；具有保电护电的真心、标准操作的细心、爱岗敬业的爱心。

厉害了，我的国

中国"海上大风车"并网发电，标志着我国在该领域已经达到了国际领先的水平。7月19日，我国16兆瓦超大容量海上风电机组在福建海上风电场成功并网发电。让中国电力事业再创新的辉煌。16兆瓦超大容量海上风电机组在不光是我国，也是目前全球最大容易的海上风电机组。按照测算，这台海上风电机每转动一圈，就能发电34.2千瓦时，每年可以发电超过6 600万千瓦时，可以解决我国3.6万户一年的生活用电。

案例导入

电力系统运行中，出现危及电气设备绝缘的电压称为过电压，即在电气线路或电气设备上出现超过正常工作要求的电压。过电压对电力系统的安全运行有极大危害，如雷击会造成人员伤亡。同样雷击会造成电力线路或电气设备绝缘击穿，不仅中断供电，甚至引起火灾。除此之外，由于电气设备运行操作不当引起的内部过电压同样会引起电气设备绝缘击穿损坏，造成电力系统极大破坏。那么，内部过电压是怎么产生的呢？哪些操作会引起内部过电压呢？

第一节　内部过电压概述

任务描述

在电力系统中,除雷电过电压以外,还经常出现另一类过电压——内部过电压,它产生的根源在电力系统内部,通常是因为系统内部电磁能量积累和转换而引起的。本节重点介绍内部过电压的概念及分类。

知识链接

随着输电距离的增长、输电电压的不断提高以及防雷保护技术的不断提高,在确定电力系统电气设备的绝缘水平时,内部过电压将起到越来越重要的作用。那么什么是内部过电压?由于电力系统某些内部的原因引起的过电压称为内部过电压。引起电力系统中出现内部过电压的主要原因有系统中断路器的操作、系统中故障以及系统中电感、电容在特定情况下的配合不当。

内部过电压是在电网额定电压的基础上产生的,故其幅值大体上随着电网额定电压的升高按比例增大。内部过电压的大小,以倍数 K 表示,倍数 K 是指内部过电压峰值与该处工频相电压峰值之比。过电压倍数与电网结构、系统容量及参数、中性点接地方式、断路器的性能、母线上的出线回路数以及电网运行接线、操作方式等因素有关。内部过电压具有统计规律,研究各种内部过电压出现概率及其幅值的分布,对于正确决定电力系统的绝缘水平有非常重要的意义。在一般情况下,内部过电压为 2.5~4 倍的系统最大运行相电压。

内部过电压主要包括操作过电压和暂时过电压两大类。若以其持续时间的长短来区分,一般持续时间在 0.1 s(5 个工频周波)以内的过电压称为操作过电压,持续时间长的过电压则称为暂时过电压。

操作过电压所指的操作并非狭义的开关倒闸操作,应该理解为"电网参数的突变",它可以因倒闸操作,也可以因发生故障而引起。操作过电压的持续时间一般较短,其幅值在很大程度上受中性点接地方式的影响。常见的操作过电压有:①空载线路分闸过电压;②空载线路合闸过电压;③切除空载变压器过电压;④电弧接地过电压等。

暂时过电压包括工频电压升高及谐振过电压。

工频电压升高虽然其幅值不大,但操作过电压是在它的基础上发展的,所以仍需加以限制和降低。系统中工频电压升高的原因有:①空载长线路的电容效应;②不对称短路;③发电机突然甩负荷。

> **❋特别提示**
> 一般而言,工频过电压对 220 kV 电压等级以下、线路不太长的系统的正常绝缘的电气设备是没有危险的,但对超高压、远距离传输系统绝缘水平的确定却起着决定性的作用。

谐振过电压是由于电力系统中存在大量储能元件（电容和电感），当系统中出现操作或发生故障时，它们就有可能形成各种不同的谐振回路，引起谐振过电压。谐振过电压的持续时间较长，现有的避雷器的通流能力和热容量有限，无法有效地限制这种过电压，只能采用一些辅助措施（例如装设阻尼电阻和补偿设备）加以抑制或在谐振出现后设法破坏谐振条件。在设计电力系统时，应考虑各种可能的接线方式和操作方式，力求避免形成不利的回路。

> ❈ **特别提示**
> 一般说来，谐振过电压的持续时间较操作过电压长得多，可能长期存在。谐振过电压不仅在超高压系统中发生，而且在一般的高压及低压系统中也普遍发生。

小结

内部过电压产生根源在电力系统内部，其大小由系统参数决定。系统参数变化原因多种多样，因此内部过电压幅值、振荡频率以及持续时间不尽相同，通常按产生原因不同可分为：

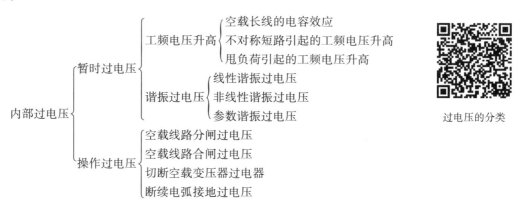

过电压的分类

我国电力系统的稳定性以及服务范围，位居世界第一，国家电网是我国电力技术的充分体现，通过介绍，提升学生的民族自豪感和文化自信。

第二节 空载线路分闸过电压

任务描述

本节重点介绍空载线路分闸过电压形成原理、影响因素及限制措施。

知识链接

切除空载线路（空载线路的分闸）是电网中最常见的操作之一，对于线路而言，正常或事故情况下，要将线路切除，一般总是先切负荷，再切电源，这种情况下，断开电源时即为空载操作。如线路两端都有电源，线路两端的开关分闸时间总是存在着一定的差异（一般为 0.01~0.05 s），所以无论是正常操作或事故操作，都有可能出现切除空载线路的情况。

> **❈ 特别提示**
> 运行经验表明，我国 35~220 kV 电网中，虽然绝缘水平选得较高，但也曾因为切除空载线路时的过电压而引起多次绝缘闪络或击穿的事故，产生这种过电压的根本原因是电弧重燃。大量统计表明，切空线过电压不仅幅值高，而且线路侧过电压持续时间可长达 0.5~1 个工期周期以上且作用在全部线路上。所以在确定 220 kV 及以下电网的绝缘水平时，主要以切除空载线路的过电压为计算依据。

对于空载线路来说，断开电源，哪来的过电压？主要原因是切空载线路时，通过开关的电流乃是线路的电容电流，通常只有几十安到几百安，比起短路电流要小得多，但是，能够切断巨大短路电流的开关却不一定能够不重燃地切断空载线路，这是因为开关分闸初期，恢复电压幅值较高，触头间的抗电强度耐受不住高幅值恢复电压的作用而引起电弧重燃的缘故。因此，不仅要求高压开关有足够的断流容量，而且要求它能够通过切空载线路的试验。

> **❈ 特别提示**
> 运行经验表明，断路器灭弧能力越差，电弧重燃概率越大，过电压幅值也越高。

一、重燃过程分析

可以采用 T 形集中参数等值电路来分析这个物理过程。空载线路是容性负载，如图 8-1 所示，L_T 为线路电感，C_T 为线路对地电容，L 为电源系统等值电感，为了方便计算，在分析中不考虑母线电容。

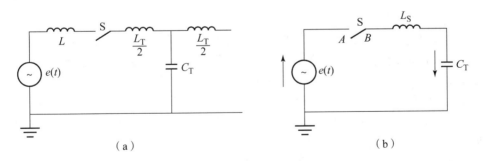

图 8-1 切空载线路时的等值电路
(a) 等值电路；(b) 简化后的等值电路

我们知道在开断过程中，开关触头间距离是不断变大的。整个过电压的发展过程如图 8-2 所示。

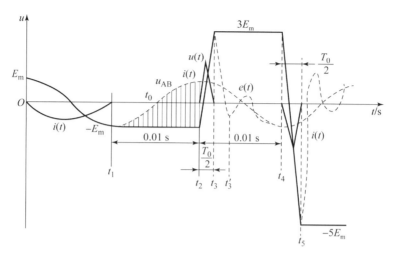

图 8-2 切空载线路过电压示意图

t_1—第一次断弧；t_2—第一次重燃；t_3—第二次断弧；t_4—第二次重燃；t_5—第三次断弧

假设开关在 $t=t_1$ 时刻动作，电容 C_T 上的电压就等于电源电压 $-E_m$。此时流过开关的工频电流为零，开关第一次断弧。此后 C_T 上的电荷存在而使线路一直保持电压 $-E_m$，即开关触头 B 点对地保持电位 $-E_m$。但触头 A 的电位随电源电动势 $e(t)$ 按余弦变化（图 8-2 中虚线）。于是触头间恢复电压 U_{AB} 为

$$U_{AB} = e(t) - (-E_m)$$

如果开关触头间去电离能力强，抗电强度恢复快，电弧就此熄灭，线路就断开，则不会产生过电压，但如开关性能不良，恢复电压 U_{AB} 比 AB 之间的抗电强度恢复得快，则有可能在触头间发生电弧重燃。

为研究最严重的情况，假定重燃发生在 U_{AB} 为最大时刻，此时 $e(t)=E_m$，$U_{AB}=2E_m$。电路被接通，电源电压 E_m 加在电感 L 和具有初始值 $-E_m$ 的电容 C_T 组成的振荡回路上，所以电弧重燃后将产生振荡过程，振荡过程中将产生过电压。振荡回路的固有频率 $f_0 = \dfrac{1}{2\pi\sqrt{LC_T}}$ 要比工频 50 Hz 大得多，因而 $T_0 = \dfrac{1}{f_0}$ 要比工频周期 0.02 s 小得多，线路上的过电压数值的计算式为：

$$过电压幅值 = 稳态值 + (稳态值 - 初始值) = E_m + [E_m - (-E_m)] = 3E_m$$

当线路上的电压振荡到最大值 $3E_m$ 时，瞬时开关中的高频振荡电流恰好为零，因此 t_3 时刻电弧又将熄灭，线路对地电压保持着 $3E_m$，而触头 A 侧的对地电压在 t_3 之后继续做余弦规律变化，触头间恢复电压越来越高，再经过半个工频周期将达到最大值 $4E_m$，如此时再发生重燃，则 C_T 上的初始值为 E_m，稳态值为 $-E_m$，故电弧重燃后的振荡过程中，C_T 上的过电压幅值为：

$$过电压幅值 = 稳态值 + (稳态值 - 初始值) = -E_m + (-E_m - 3E_m) = -5E_m$$

如果继续发生每隔半个工频周期就重燃一次和熄灭一次，过电压将按 $3E_m$、$-5E_m$、$7E_m$、…越来越高，直到触头间有足够的绝缘强度，电弧不再重燃为止。

二、影响过电压的主要因素

以上分析是理想化的最严重情况，实际上由于许多因素限制，过电压并不一定达到那

么高，而且由于电弧过程的随机性，使这种过电压具有强烈的统计性。

影响分闸过电压的主要因素有以下几种。

1. 断路器的灭弧性能

电弧的重燃和熄灭过程与断路器的灭弧性能直接相关，因而断路器的灭弧性能对这种过电压影响很大。电弧重燃时触头两端的电压越小，过电压越低；重燃的次数越少，过电压也越低。电弧的熄灭过程对过电压也有影响，如果重燃的电弧不是在高频电流首次过零时就立即熄灭，则由于高频分量的衰减将使熄弧后电容 C_T 上的残余电压降低，从而减少了再次重燃的可能性，也就减少了过电压。采用灭弧能力强的现代断路器，可以防止或减少电弧重燃的次数，因而可使分闸过电压大为降低。

2. 系统中性点的运行方式

中性点直接接地系统中各相独立，相间电容影响不大，情况和上面讨论的相同。但中性点不接地或经消弧线圈接地的系统中，如果三相不同期分闸（这种情况是非常多的），将在瞬间形成不对称电路，中性点电位发生偏移，相间电容将产生影响，使整个分闸过程变得复杂，过电压明显增高，一般较中性点接地系统过电压高出 20% 左右。

3. 母线上的出线数

母线上增加出线回路数相当于增加了母线电容，它可以降低线路上电压的初始值并吸收部分振荡能量，从而使重燃时过电压降低。

4. 线路的电晕损失及电磁式电压互感器

当发生过电压时，线路上将产生强的电晕，电量损耗将消耗过电压的能量，限制了过电压的升高。此外，线路侧接有电磁式电压互感器时，线路上的残余电荷将通过互感器泄放，将降低线路上的残余电荷，从而使重燃后的过电压降低。

三、过电压的限制措施

切除空载线路过电压是选择线路绝缘水平和确定电气设备试验电压的重要依据。因此限制这种过电压具有十分重要的意义，目前常采用如下措施。

1. 选用灭弧能力强的快速断路器

空载线路分闸过电压产生的根源是断路器中电弧的重燃，提高断路器的灭弧能力和限制触头间的恢复电压是消除或减少重燃次数的两个重要方面。断路器灭弧能力的提高主要通过采用新的灭弧介质、改善断路器的结构、提高触头的分离速度等措施来实现。空气断路器、SF_6 断路器的灭弧性能很强，开断空载线路时电弧的重燃次数很少，因此被广泛采用。

2. 加装并联电阻

通过断路器的并联电阻降低断路器触头间的恢复电压，避免电弧重燃，这也是限制这种过电压的一种有效措施。如图 8-3 所示，在断路器主触头 K_1 上并分闸电阻 R（1 000 ~ 3 000 Ω）和辅助触头 K_2 以实现线路的开断，线路分闸时，主触头 K_1 先断开，此时 K_2 仍闭合，由于 R 串在回路中，从而抑制回路中的振荡，而这时 K_1 触头两端间的恢复电压只是电阻 R 上的压降，其值较低，故 K_1 中不易发生电弧重燃，经 1.5 ~ 2 个工频周期，辅助触头 K_2 断开，由于串入电阻后，线路上的稳态电压降低，线路上残余电压较低，故触头 K_2 上的恢复电压不高，K_2 中也不易发生电弧重燃，即使 K_2 触头间发生重燃，由于电阻 R 的阻尼作用及对线路残余电荷的释放作用，过电压也会显著下降。

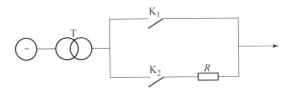

图 8-3　带并联电阻限制空载线路分闸过电压　　　切除空载线路过电压

> **❈特别提示**
> 在 220 kV 及以下的电网中，不带并联电阻的现代断路器也可将空载线路的分闸过电压降至线路的绝缘水平以下，故 220 kV 及以下的断路器不加装并联电阻，用于超高压电网的断路器才带有并联电阻。

 小结

产生切除空载线路过电压的根本原因是电弧重燃。切除空载线路过电压在 220 kV 及以下高压线路绝缘水平的选择中有重要的影响，采取措施消除或降低这种操作过电压有重大的技术、经济意义。主要措施如下：

（1）选用灭弧能力强的快速断路器；

（2）加装并联电阻。

分析是一种了解、一种判断，通过分析事物的发展，掌握事物的本质。

第三节　空载线路合闸过电压

 任务描述

本节介绍空载线路合闸过电压，通过对其物理过程的定性分析，掌握空载线路合闸过电压产生的原因、影响因素以及限制措施。

 知识链接

在电力系统中，空载线路合闸过电压也是常见的一种操作过电压。空载线路合闸有两种情况，即计划性合闸和自动重合闸。由于初始条件的差别，重合闸过电压是合闸过电压中较严重的情况。

近年来由于高压断路器灭弧性能的改善以及变压器铁芯材料的改进，降低了切除空载线路和切除空载变压器时的过电压，空载线路的合闸过电压问题就显得突出起来了，特别在超高压及特高压电网中，这种过电压成为确定电网绝缘水平的主要依据。

一、过电压产生的原因

计划性合闸和故障跳闸后的自动重合闸,由于合闸初始条件的不同,过电压大小是不同的。空载线路无论是计划性合闸还是自动重合闸,合闸之后要发生电路状态的改变,又由于电感、电容的存在,这种状态改变,即从一种稳态到另一种稳态的暂态过程表现为振荡型的过渡过程,而过电压就产生于这种振荡过程中。振荡过程中最大过电压幅值同样可用下面公式估算,即:

$$过电压幅值 = 稳态值 + (稳态值 - 初始值)$$

二、过电压产生的物理过程

1. 计划性合闸

在计划性合闸时,线路上不存在接地故障和残余电荷,线路上初始电压为零,合闸后,电源电压通过系统等值电感 L 对空载线路的等值电容 C_T 充电,若合闸瞬间电源电压刚好为零,则合闸后直接进入稳态而无暂态过程,若合闸时电源电压非零,则合闸后回路中将发生高频振荡过程,考虑过电压严重的情况,即在电源电压 $e(t)$ 为幅值 E_m(或 $-E_m$)时合闸,则合闸过电压幅值 = 稳态值 + (稳态值 - 初始值) = $2E_m$(或 $-2E_m$)。考虑回路中存在损耗,最严重的空载线路合闸过电压要比 $2E_m$(或 $-2E_m$)低。

2. 自动重合闸

自动重合闸是线路发生故障跳闸后,由自动装置控制而进行的合闸操作,这是中性点直接接地系统中经常遇到的一种操作。如图 8-4 所示,当其中一相接地后,断路器 K_2 先跳闸,然后断路器 K_1 再跳闸,在断路器 K_2 跳开后,流过断路器 K_1 中健全相的电流是线路电容电流,故当电流为零,电压达最大值时(两者相位差 90°),断路器 K_1 熄弧,但由于系统内存在单相接地,健全相的电压将为 $(1.3 \sim 1.4)E_m$,因此断路器 K_1 熄弧后,线路上残余电压也将为此值。在断路器 K_1 重合闸前,线路上的残余电荷将通过线路泄漏电阻入地,使线路残余电压有所下降,残余电压下降的速度与线路绝缘子污闪情况、气候条件有关,经一定时间间隔后,此时假定线路残余电压已经降低了 30%,即为 $0.7 \times (1.3 \sim 1.4)E_m = (0.91 \sim 0.98)E_m$。

考虑过电压最严重的情况,即重合闸时电源电压恰好与线路残余电压极性相反且为峰值 $-E_m$,则合闸时过渡过程中最大过电压为:

$$-E_m + [-E_m - (0.91 \sim 0.98)E_m] = (-2.91 \sim 2.98)E_m$$

图 8-4 自动重合闸示意图

在实际情况下,由于在重合闸时刻电源电压不一定恰好在峰值,也并不一定与线路残余电压极性相反,这时过电压的倍数还要低些。

> ❖ **特别提示**
> 若线路不采用三相重合闸,而是采用单相重合闸,则重合闸过电压与计划性合闸过电压相同,因重合闸的故障相上无残余电压。

三、过电压的影响因素

前面讨论的是最严重的合闸的情况,实际上无论是合闸还是自动重合闸,合闸相位均是随机的,不可能总是在最大值时刻合闸,它有一定的概率分布。实际上过电压的幅值会受到一系列因素的影响,其中最主要的影响因素如下。

空载线路合闸过电压

1. 合闸相位

由于断路器在合闸时有预击穿现象,即在机械上断路器触头未闭合前,触头间的电位差足够击穿介质,使触头在电气上先行接通。因而,较常见的合闸是接近最大电压时发生的。对油断路器的统计表明,合闸相位多半处在最大值附近的 ±30°范围之内。但对于快速的空气断路器与六氟化硫断路器,预击穿对合闸相位影响较小,合闸相位的统计分布较均匀,既有 0°时的合闸,也有 90°时的合闸。

2. 线路损耗

实际线路上的能量损耗主要来源于两方面:一方面是线路存在电阻;另一方面当过电压较高时,线路上将出现冲击电晕,而且过电压倍数越高,冲击电晕越强烈,电晕损失也越大。

显然,无论哪一种形式的能量损耗,能量损耗越大,对过电压的限制作用越显著。

3. 残余电荷

合闸过电压的大小与线路上残余电荷数值和极性有关。线路侧接有电磁式电压互感器时,可泄放残余电荷;线路若装设并联电抗器,对重合闸而言,当断路器开断后,线路电容和电抗器形成衰减的振荡回路,不但会影响残余电荷的幅值,而且会影响残余电荷的极性。

> ❖ **特别提示**
> 线路绝缘子存在着一定的泄漏电阻,使线路残余电荷泄放入地。据国外实测,110~220 kV 线路残余电压下降速度与线路绝缘子的表面状况、气候条件等因素有关,残余电压下降的范围为 10%~30%。

4. 断路器合闸的不同期

由于三相线路之间有耦合,先合相相当于在另外两相上产生残余电荷。这样,当未合相在其电源电压与感应电压反极性时进行合闸,则过电压自然就增大。

5. 电容效应

合闸空载长线时,由于电容效应使线路稳态电压增高,导致了合闸过电压增高。这也说明,在无限制措施时,操作过电压在线路末端总是高于首端的原因。

四、过电压的限制措施

限制空载线路合闸过电压的措施可以从两方面入手：一是降低线路的稳态电压分量，二是限制自由电压分量。具体可采取下列措施。

1. 降低工频电压升高

空载线路上的操作过电压是在工频稳态电压的基础上由振荡产生的。显然，降低工频电压升高会使操作过电压下降。目前超高压电网中采取的有效措施是装设并联电抗器和静止补偿装置（SVC），其主要作用是削弱电容效应。

2. 断路器触头并电阻

采用带并联电阻的断路器触点如图8-3所示，不过这时应先合 K_2（辅助触头），后合 K_1（主触头）。整个合闸过程的两个阶段对阻值的要求不同：在 K_2 合闸后的第一阶段，R 对振荡起阻尼作用，使过渡过程中的过电压最大值有所降低，R 越大，阻尼作用越大，过电压就越小，所以希望选用较大的阻值。经过 8~15 ms 后，开始合闸的第二阶段，K_1 闭合，将 R 短接，使线路直接与电源相连，完成合闸操作。在第二阶段，R 值越大，过电压越大，所以希望选用较小的阻值。在同时考虑两个阶段互相矛盾的要求后，可找出一个适中的阻值，以便同时照顾到这两方面的要求，这个阻值一般处于 400~1 000 Ω 的范围内，在此电阻下，可将合闸过电压限制到最低。

3. 消除线路上的残余电荷

在线路侧接电磁式电压互感器，可在几个工频周期内，将全部残余电荷通过互感器泄放掉。

4. 装设避雷器

在线路首端和末端装设磁吹避雷器或氧化锌避雷器，当出现较高的过电压时，避雷器应能可靠动作，将过电压限制在允许的范围内。

> **❈特别提示**
>
> 避雷器限制合闸过电压是具有一定范围的。模拟计算表明，通常磁吹避雷器限制合闸过电压的保护范围只有 100 km 左右，而氧化锌避雷器由于"动作"电压低，放电早，它的保护范围可达 200~300 km。如果采用氧化锌避雷器，就有可能将这种过电压倍数限制到 1.5~1.6 pu（标幺值），因而可不必再在断路器中安装合闸电阻。

小结

正常合闸时，最不利的情况是电源电压正好经过幅值 E_m 时合闸，此时沿线传播到末端的电压波 E_m 将在开路末端发生全反射，使电压增大为 $2E_m$。

如果是自动重合闸的情况，由于线路上有一定残余电荷和初始电压，重合闸时振荡将更加激烈。

在合闸过电压中，以三相重合闸的情况最为严重，其过电压理论幅值可达 $3E_m$。

深入事物内部，了解事物内部具体细节，可以加解决主要矛盾。

第四节　切除空载变压器过电压

任务描述

本节主要介绍切除空载变压器引起的过电压。通过对过电压物理过程的分析，掌握切除空载变压器引起过电压的原因、影响因素和限制措施。

知识链接

切除空载变压器也是电力系统中常见的一种操作。空载变压器在正常运行时表现为一励磁电感，因此切除空载变压器就是开断一个小容量电感负荷，这时会在变压器上和断路器上出现很高的过电压。

分析切除空载变压器过电压现象，完成分析报告。

一、截流现象分析

切除空载变压器以及切除电动机、电抗器时，有可能在被切除的电器上和开关上出现过电压。产生这种过电压的原因是开关突然截断了电感中的电流，即截流所致。通常在切断大于 100 A 的较大交流电流时，开关触头间的电弧是在工频电流自然过零熄灭，在这种情况下，设备电感中储存的磁场能为零，不会产生过电压。但在切除空载变压器中，由于励磁电流很小而开关中去电离作用又很强，故电流不为零时会发生强制熄弧的截流现象。这种截流现象在电流上升和下降的时刻都可能出现。这样电感中储存的磁场能量将全部转化为电场能，出现电压升高现象，这就是切除空载变压器引起过电压的实质。

为了具体说明这种过电压的发展过程，可利用图 8-5 的简化等值电路进行分析。图中，L_T 为变压器励磁电感，C_T 为变压器绕组及连接线的等值对地电容，L_S 为母线侧电源的等值电感，QF 为断路器。

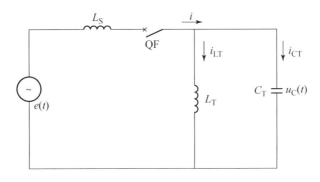

图 8-5　切除空载变压器等值电路图

> **❖ 特别提示**
>
> 理论上来说，变压器切除前，流过空载变压器的电流（空载电流）几乎就是流过励磁电感的电流。而且此空载电流仅为变压器额定电流的 0.5%～4%，断路器的灭弧能力是按切断大的电流（如短路电流）设计的，在切断大电流时，电弧过零熄灭，但能切断大的电流的断路器在切断小的空载励磁电流时，会使电弧不过零就熄灭，这种截断会使 L_T 中的磁场能量全变成截断后的 C_T 中的能量，从而产生这种过电压。

假如空载电流 $i = I_0$ 时发生截断（即由 I_0 突然降到零），此时电源电压为 U_0，则切断瞬间在电感和电容中所储存的能量分别为：

$$W_L = \frac{1}{2}L_T I_0^2$$

$$W_C = -\frac{1}{2}C_T U_0^2$$

此后即在 L_T、C_T 构成的振荡回路中发生电磁振荡，在某一瞬间，全部磁场能量均变为电场能量，这时电容上出现最大电压为 U_{Cmax}，则根据能量守恒有：

$$\frac{1}{2}C_T U_{Cmax}^2 = \frac{1}{2}L_T I_0^2 + \frac{1}{2}C_T U_0^2$$

可以算得

$$U_{Cmax} = \sqrt{\frac{L_T}{C_T}I_0^2 + U_0^2}$$

切除变压器
过电压分析

若忽略截流瞬间电容所储存的能量 $\frac{1}{2}C_T U_0^2$，则

$$U_{Cmax} = \sqrt{\frac{L_T}{C_T}I_0^2} = Z_T I_0$$

其中 Z_T 表示变压器的特性阻抗。由公式可知，截流瞬间电流值越大，变压器励磁电感越大，则磁场能量越大，寄生电容越小，使同样的磁场能量转变到电容上，于是可能产生很高的过电压。一般情况下，I_0 不大，只有几安到几十安，可是 Z_T 很大，可达几千欧，所以能产生很大的过电压。实际上过电压幅值没有理论分析的这么大，因为理论分析是在不带能量损耗下求得的。

二、影响因素

1. 断路器的性能

切除空载变压器过电压数值上与截流数值成正比，断路器断流性能越大，过电压数值越高。另外，断路器开断变压器时，由于断开的变压器侧有很高的过电压，而电源侧则是工频电源电压，因此当触头间分开的距离还不够大时，在较高的恢复电压作用下，可能产生电弧重燃，向电源侧泄漏能量，使过电压有所降低。

2. 变压器的特性阻抗

变压器的特性阻抗越大，则过电压越高。当电感中的磁场能量不变，电容 C_T 越小时，过电压也越高。

此外，变压器的相数、绕组接线方式、铁芯结构、中性点接地方式、断路器断口电容，以及与变压器相连的电缆线段、架空线段等，都会对切除空载变压器过电压产生影响。

三、限制措施

目前，限制切除空载变压器的主要措施是采用阀式避雷器。切除空载变压器过电压虽然幅值较高，但由于其持续时间短，能量小（要比阀式避雷器允许通过的能量小一个数量级），故可用阀式避雷器加以限制。

> ❖ **特别提示**
>
> 用来限制切除空载变压器过电压的避雷器应接在断路器的变压器侧，否则在切除空载变压器时将使变压器失去避雷器的保护。另外，这组避雷器在非雷雨季节也不能退出运行。如果变压器高低压侧电网中性点接地方式一致，那么可不在高压侧而只在低压侧装阀式避雷器，这就比较经济方便。如果高压侧中性点直接接地，而低压侧电网中性点不是直接接地的，则只在变压器低压侧装避雷器时，应装磁吹阀式避雷器或氧化锌避雷器。

小结

在切断 100 A 以上的交流电流时，开关触头间的电弧通常都是在工频电流自然过零时熄灭的；但当被切断的电流较小时，电弧往往提前熄灭，亦即电流会在过零之前就被强行切断（截流现象）。

影响切除空载变压器过电压的因素主要有断路器性能和变压器特性。

科学研究的重大进步是建立在对事物现象科学分析判断的基础上的。

第五节 断续电弧接地过电压

任务描述

本节重点介绍断续电弧接地过电压的发展过程、影响因素及限制措施。

知识链接

运行经验表明，电力系统中的大部分故障（60% 以上）是单相接地故障。在中性点不接地系统中发生单相接地故障时，经过故障点将流过数值不大的接地电容电流。这时故障相的对地电压变为零,而另外两相的对地电压升高到线电压。但系统三相电源电压仍维持对称,不影响用户继续供电。因此允许带故障运行一段时间(一般为 1.5~2 h),以便运行人员查明故障并进行处理,这就大大提高了供电可靠性。

中性点不接地系统中发生单相接地故障时,经过故障点的电容电流,在 6~10 kV 电网中超过 30 A,在 20~60 kV 电网中超过 10 A 时电弧就难以自动熄灭,又不会形成稳定持续的电弧,可能出现电弧的燃烧与熄灭的不稳定状态。这种间歇性的电弧将导致系统中电感电容回路的电磁振荡过程,产生遍及全电网的一种严重的操作过电压——断续电弧接地过电压,若不采取措施,可能危及设备绝缘。

> ❂ **特别提示**
>
> 断续电弧接地过电压出现在下列 3 种情况下后果比较严重:系统中有一些弱绝缘的电气设备、设备绝缘在运行中可能急剧下降、设备绝缘中有某些潜伏性故障。

一、断续电弧接地过电压的发展过程

这种过电压的发展过程和幅值大小都与熄弧时间有关。存在两种熄弧时间:电弧在过渡过程中的高频振荡电流过零时和电弧的熄灭发生在工频电流过零的时刻。

做如下简化:略去线间电容的影响;设各相导线的对地电容均相等,即 $C_1 = C_2 = C_3 = C$,就可得如图 8-6 所示的等值电路。

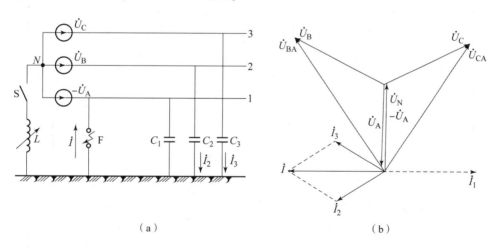

图 8-6 等值电路及相量图
(a) 电路;(b) 相量图

假定电弧的熄灭发生在工频电流过零的时刻,设接地故障发生于 A 相,而且是正当 $\dot{U}_A$ 经过幅值 U_φ 时发生,这样 A 相导线的电位立即变为零,中性点电位 $\dot{U}_N$ 由零升至相电压,即 $\dot{U}_N = -\dot{U}_A$,B、C 两相的对地电压都升高到线压 $\dot{U}_{BA}$、$\dot{U}_{CA}$。

如以 u_A、u_B、u_C 代表三相电源电压;以 u_1、u_2、u_3 代表三相导线的对地电压,即 C_1、C_2、C_3 上的电压,则通过分析可得如图 8-7 所示的过电压发展过程。

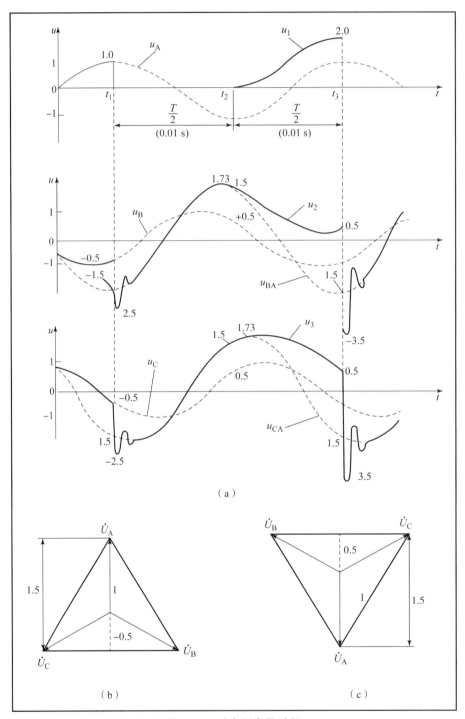

图 8-7 过电压发展过程
(a) 波形；(b)、(c) 相量图

按工频电流过零时熄弧的理论分析得出的结论是：
（1）非故障相上的最大过电压为 3.5 倍。
（2）故障相上的最大过电压为 2.0 倍。

【说明】

长期以来大量试验研究表明：故障点电弧在工频电流过零时和高频电流过零时熄灭都是可能的。

二、影响因素

（1）电弧的燃烧与熄灭会受到发弧部位的周围媒质和大气条件等的影响。电弧的燃烧与熄灭具有强烈的随机性质，直接影响过电压的发展过程，使过电压数值具有统计性。以上分析是在一定的假定条件下进行的，即第一次发弧及重燃均发生在故障相电压达到最大值的时刻，且熄弧发生在工频电流过零的时刻。大量实测表明，燃弧不一定发生在故障相电压达最大值的时刻，熄弧可能发生在工频电流过零的时刻，也发现在第一次或几次高频电流过零后熄弧的情况。

（2）系统参数中输电线路的相间电容及回路损耗对过电压有一定的影响。故障点燃弧后，非故障相的对地电容和与故障相间的相间电容并联在一起，由于燃弧前相间电容与相对地电容上的电压是不同的，因此在发弧后振荡过程之前，还会存在一个电荷重新分配的过程。其结果使健全相电压起始值增高，这就减少了与稳态值的差，从而降低了过电压。

在实际系统中，若为改善功率因素而装设三角形（或星形）连接的电容器组，则相当于加大了相间电容，一般不会产生严重的弧光接地过电压。

至于回路损耗，主要包括电源内阻抗、线路阻抗中的电阻损耗以及电弧本身的弧阻损耗，这些因素都使高频振荡很快衰减，从而使过电压降低。

综上所述，这种过电压的幅值并不太高，通常变压器和其他电气设备及线路的绝缘应能承受得住。但是这种过电压遍及全系统，且持续时间较长，对于绝缘较弱的设备威胁较大，必须予以重视。

三、限制措施

1. 采用中性点直接接地方式

若中性点接地，单相接地故障将在接地点产生很大的短路电流，断路器将跳闸，从而彻底消除电弧接地过电压。目前，110 kV 及以上电网大多采用中性点直接接地的运行方式。

2. 采用中性点经消弧线圈接地方式

采用中性点直接接地方式虽然能够解决断续电弧问题，但每次发生单相接地故障都会引起断路器频繁跳闸，严重影响供电的连续性。所以，我国 35 kV 及以下电压等级的配电网采用中性点经消弧线圈接地的运行方式。

消弧线圈是一个具有分段铁芯、电感可调的电抗器，其伏安特性不易饱和，如图 8-8 所示。

根据补偿度的不同，消弧线圈可以处于以下三种不同的运行状态。

（1）欠补偿：消弧线圈的电感电流不足以完全补偿电容电流，此时故障点流过的残流为容性电流。

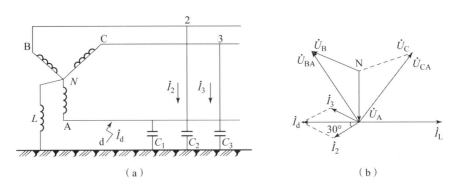

图 8-8 采用中性点经消弧线圈接地方式的电路及相量图
(a) 电路；(b) 相量图

（2）全补偿：消弧线圈的电感电流恰好完全补偿电容电流，此时流过故障点的残流为泄漏电流。

（3）过补偿：消弧线圈的电感电流不仅完全补偿电容电流且还有数量超出，此时流过故障点的残流为感性电流。

 知识拓展

通常消弧线圈采用过补偿 5%~10% 运行。之所以采用过补偿，是因为电网发展过程中可以逐渐发展成为欠补偿运行，不至于像欠补偿那样因为电网的发展而导致脱谐度过大，失去消弧作用。其次是若采用欠补偿，在运行中部分线路可能退出，则可能形成全补偿，产生较大的中性点偏移，有可能引起零序网络中产生严重的铁磁谐振过电压。中性点经消弧线圈接地后，在大多数情况下能够迅速地消除单相接地电弧而不破坏电网的正常运行，接地电弧不重燃，从而把单相电弧接地过电压限制到 2.5 倍以内。

 小结

一般来说，发生在大气中的开放性电弧往往要到工频电流过零时才能熄灭；而在强烈去电离的条件下，电弧往往在高频电流过零时就能熄灭。

电弧的燃烧和熄灭会受到发弧部位的周围媒质和大气条件等影响，具有很强的随机性质，因而它所引起的过电压值具有统计性质。

对付断续电弧接地过电压的防护措施有：采用中性点有效接地方式和采用中性点经消弧线圈接地方式。

具有保电护电的真心、标准操作的细心、爱岗敬业的爱心。

第六节　工频电压升高

任务描述

本节重点介绍电力系统中常见的三种形式引起的工频过电压。

知识链接

在正常或故障时，电力系统所出现的幅值超过最大工作相电压且频率为工频（50 Hz）的过电压称为工频过电压，也称工频电压升高，因为此类过电压表现为工频电压下的幅值升高。一般而言，工频过电压对 220 kV 电压等级以下、线路不太长的系统中正常绝缘的电气设备是没有危险的，但对超高压、远距离传输系统绝缘水平的确定却起着决定性的作用。工频过电压对电力系统运行的影响主要体现在以下 3 个方面。

（1）如果工频电压升高，那么在工频电压升高基础上产生的操作过电压幅值就会更大。

（2）工频电压升高的大小影响保护电器的工作条件和保护效果。例如，避雷器最大允许工作电压是由工频电压升高决定的，如要求避雷器最大允许工作电压较高，则其冲击放电电压和残压也将提高，相应地，被保护设备的绝缘强度也应随之提高。再如，断路器并联电阻因工频电压升高而使断路器操作时流过并联电阻的电流增大，并联电阻要求的热容量也随之增大，造成并联电阻的制作困难。

（3）工频电压升高持续时间长，对设备绝缘及其运行性能有重大影响。例如，油纸绝缘内部电离、污秽绝缘子闪络、铁芯过热、电晕及其干扰加剧等。

下面介绍几种常见的工频过电压。

1. 空载线路电容效应引起的工频过电压

在集中参数 L、C 串联电路中，如果容抗大于感抗，即 $\frac{1}{\omega C} > \omega L$，电路中将流过容性电流。电容上的电压等于电源电动势加上电容电流流过电感造成的电压升，这种电容上电压高于电源电动势的现象，称为电容效应。

一条空载长线可以看作由无数个串联的 L、C 回路构成，在工频电压作用下，线路的总容抗一般远大于导线的感抗，因此线路各点的电压均高于线路首端电压，而且越往线路末端电压越高。

2. 不对称短路引起的工频过电压

当在空载线路上出现单相或两相接地短路故障时，健全相上工频过电压不仅由长线的电容效应所致，还有由短路电流的零序分量引起的电压升高。由于一般两相接地的概率很小，而单相接地故障更为常见，幅值相对较高。因此系统通常以单相接地短路引起的工频过电压值作为确定避雷器额定电压、灭弧电压的依据，这里只讨论单相接地的情况。

对中性点绝缘的 3~10 kV 系统，单相接地时，健全相的工频过电压可达最高运行线电

压 U_m 的 1.1 倍。因此，在选择避雷器额定电压或灭弧电压时，应取大于或等于 110% U_m，称之为 110% 避雷器。

对中性点经消弧线圈接地的 35~60 kV 系统，单相接地时健全相上工频过电压接近线电压 U_m，因此，在选择避雷器额定电压或灭弧电压时，应取大于或等于 100% U_m，称之为 100% 避雷器。

对中性点直接接地的 110~220 kV 系统，健全相上电压升高小于或等于 $0.8U_m$，称之为 80% 避雷器。

3. 甩负荷引起的工频过电压

当系统满负荷运行时，输电线路传送功率最大，此时由于某种原因，断路器跳闸，电源突然甩负荷后，将在原动机与发电机内引起一系列机电暂态过程，它是造成线路工频过电压的又一原因。首先，甩负荷前的电感电流对发电机主磁通的去磁效应突然消失，而空载线路的电容电流对发电机主磁通起助磁作用，使暂态电动势上升，因此加剧了工频电压的升高。其次，发电机突然甩掉一部分有功负荷，使发电机转速增加，电源频率上升，加剧了线路的电容效应。

知识拓展

实际运行经验表明：在一般情况下，220 kV 及以下的电网中不需要采取特殊措施来限制工频电压升高；但在 330~500 kV 超高压电网中，应采用并联电抗器或静止补偿装置等措施，将工频电压升高限制到 1.3~1.4 倍相电压（幅值）以下。

小结

工频电压升高的倍数虽然不大，一般不会对电力系统的绝缘直接造成危害，但是它在绝缘裕度较小的超高压输电系统中仍受到很大的注意。电力系统中常见的几种工频电压升高为：

（1）空载长线电容效应引起的工频电压升高；

（2）不对称短路引起的工频电压升高；

（3）甩负荷引起的工频电压升高。

严格遵守法律法规、规章制度和操作规程。

第七节　谐振过电压

任务描述

本节重点介绍电力系统中三种类型谐振过电压的原理、过程及限制措施。

知识链接

电力系统中有许多电感、电容元件，如电力变压器、互感器、发电机、电抗器等电感元件；线路导线的对地与相间电容、补偿用的串联和并联电容器组、各种高压设备的等值电容。它们的组合可以构成一系列不同自振频率的振荡回路。当系统进行操作或发生故障时，某些振荡回路就有可能与外加电源发生谐振现象，导致系统中某些部分（或设备）出现过电压，这就是谐振过电压。

谐振是一种周期性或准周期性的运行状态，其特征是某一个或某几个谐波的幅值急剧上升。复杂的电感、电容电路可以有一系列的自振频率，而电源中也往往含有一系列的谐波，因此只要某部分电路的自振频率与电源的某一谐波频率相等（或接近）时，这部分电路就会出现谐振现象。谐振频率，也即谐振过电压的频率可以是工频 50 Hz，也可以是高于工频的高次频率，也可以是低于工频的分次频率。

在不同电压等级以及不同结构的电力系统中可以产生不同类型的谐振，按其性质可分为以下 3 类。

1. 线性谐振

线性谐振是电力系统中最简单的谐振形式。线性谐振电路中的参数是常数，不随电压或电流变化。这些电路元件主要是不带铁芯的电感元件（如线路电感和变压器漏感），励磁特性接近线性时的有铁芯电感（如消弧线圈，其铁芯中通常有气隙），以及系统中的电容元件（如线路对地与相间电容、设备等值电容、补偿电容等）。在正弦交流电源作用下，当系统自振频率与电源频率相等或接近时，就发生线性谐振。

> **❖ 特别提示**
>
> 在电力系统运行中，可能出现的线性谐振有空载长线路电容效应引起的谐振，中性点非有效接地系统中不对称接地故障时的谐振（系统零序电抗与正序电抗在特定配合下），消弧线圈全补偿时（如欠补偿的消弧线圈在遇某些情况（如电压扰动时会形成全补偿）的谐振以及某些传递过电压的谐振。

2. 非线性谐振

非线性谐振回路是由带铁芯的电感元件（如变压器、电压互感器）和系统的电容元件组成的。因铁芯电感元件的饱和现象，使回路的电感参数是非线性的，这种含有非线性电感元件的回路，在满足一定谐振条件时，会产生铁磁谐振，而且它具有与线性谐振完全不同的特点和性能。

下面介绍非线性谐振中常见的串联铁磁谐振。

电力系统运行时，由于系统断线、接地故障等原因，电力系统中带有铁芯的电感元件（如电磁式电压互感器、电抗器、变压器等）会因饱和引起电感电流或磁通的非线性变化，此时等值电感不再是常数，与电路中的线性电容构成的自振频率是可变的，在满足一定条件时，会发生分频、基频或倍频的宽范围的铁磁谐振，所以系统中发生铁磁谐振的机会是相当多的。

> **❖ 特别提示**
>
> 国内外运行经验表明，铁磁谐振是引发电力系统某些严重事故的直接原因，其特点是谐振带宽、振荡幅值高、伴随大电流和自保持，很难从运行中避开。

图 8-9 为最简单的串联铁磁谐振回路。假定正常运行时铁芯电感的感抗大于容抗,即

$$\omega L_0 > \frac{1}{\omega C}$$

式中,L_0 为铁芯电感未饱和时的电感值。

这是产生基波铁磁谐振的必要条件,只有满足该条件,才有可能在铁芯饱和之后,由于电感值下降而出现感抗等于容抗的谐振条件。

图 8-10 分别画出了电感上的电压 U_L 及电容上的电压 U_C 与电流 I 的关系。若忽略回路电阻 R,则回路电感和电容上的电压之和与电源电动势相平衡,即

$$\dot{E} = \dot{U}_L + \dot{U}_C$$

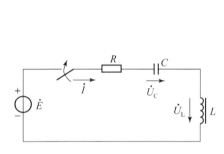

图 8-9 串联铁磁谐振回路

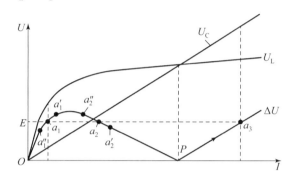

图 8-10 U_L、U_C 与 I 的关系

因 $\dot{U}_L$ 与 $\dot{U}_C$ 相位相反,故此平衡方程也可变为

$$E = \Delta U = |U_L - U_C|$$

在图 8-10 中也画出了 ΔU 曲线。由图可见,在一定电动势 E 作用下,回路可能有三个平衡点,即图中的 a_1、a_2、a_3 三点,这三个点虽然都满足电动势平衡务件,但不一定是稳定的。

不稳定的平衡点则不能成为实际的工作点。判断某一点是否稳定,可假定有一小扰动使回路状态离开平衡点,然后分析回路状态能否在小扰动以后回到原来的平衡点。若能,则说明该平衡点是稳定的;否则,说明该平衡点是不稳定的。例如 a_1 点,若回路中电流稍有增加,沿 ΔU 曲线偏离 a_1 点到 a_1' 点,则由于 $E \leq \Delta U$,使电流减小回到 a_1 点;相反,若扰动使回路电流稍有减小而下降至 a_1'' 点,则由于 $E > \Delta U$,使电流增加回到 a_1 点。因此 a_1 点是稳定的。用同样的方法分析 a_2、a_3 点,可发现 a_3 点也是稳定的,而 a_2 点是不稳定的。

在外加电动势 E 较小时,回路存在着两个可能的工作点 a_1、a_3。处于 a_1 点时,$U_L > U_C$,整个回路呈电感性,这时作用在电感和电容上的电压都不高,电流也不大,回路处于正常的非谐振状态;回路工作在 a_3 点时,$U_L < U_C$,回路呈电容性,此时不仅回路电流较大,而且在电感和电容上都会产生较大的过电压。此时,回路处于谐振状态。要使回路的工作点由 a_1 点跃变至 a_3 点,必须给回路足够强烈的冲击扰动(如电源突然合闸、发生故障或故障消除等),使电流幅值达到谐振所需的数量级,这种需要经过过渡过程来建立谐振的现象称为铁磁谐振的激发。跃变过程中回路电流由感性突然变为容性的现象称为相位反倾。

若外加电动势 E 较大，E 与 ΔU 的交点只有一个，即回路只有一个稳定的谐振工作点，这时不需要激发，回路就处于谐振状态，这种现象称为自激现象。

在发生铁磁谐振时，感抗和容抗相等的情况出现在谐振的激发过程中，这一状态并不能稳定存在，随着振荡的发展，回路将最终稳定在 a_3 点，故通常把 a_3 点称为谐振点。

如果考虑损耗电阻，则回路的总压降为

$$\Delta U' = \sqrt{(\Delta U)^2 + (IR)^2}$$

$\Delta U'$ 曲线如图 8-11 所示。由于 R 的存在，曲线 ΔU 往上抬高，使谐振时电感和电容上的过电压有所降低。当 R 增加到一定的数值时，回路只可能有一个稳定的非谐振工作点，从而消除了谐振的可能性。

以上分析了基波铁磁谐振的情况。实际中由于谐振回路的电感不是常数，回路没有固定的自振频率，除可能出现基波谐振外还可能出现其他频率的谐振现象。当谐振频率为工频的整数倍（如 3 倍、5 倍等）时，回路的谐振称为高次谐波谐振；同样的回路也可能出现谐振频率等于工频的分数倍的谐振，称为分次谐波谐振。

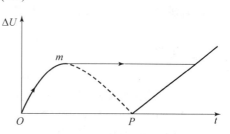

图 8-11 串联谐振跃变

与基波铁磁谐振的条件类似，产生第 K 次谐波谐振的条件为回路中的非线性电感的第 K 次谐波未饱和感抗大于第 K 次谐波容抗，即

$$K\omega L_0 > \frac{1}{K\omega C}$$

分析表明，在电源为工频时，产生谐波谐振的能量是通过电感的非线性因素从电源转化而来的。

谐振过电压

3. 参数谐振

参数谐振是指水轮发电机在正常的同步运行时，直轴同步电抗 X_d 与交轴同步电抗 X_q 周期性地变动，或同步发电机在异步运行时，其电抗将在 $X_s \sim X_g$ 之间周期性地变化，如果与发电机外电路的容抗 X 满足谐振条件，就有可能在电感参数周期性变化的振荡回路中，激发起谐振现象，称为参数谐振。

谐振是一种稳态现象，因此谐振过电压不仅会在操作或故障时的过渡过程中产生，而且还可能在过渡过程结束以后，较长时间内稳定存在，直到发生新的操作或故障，直到谐振条件受到破坏为止。所以一旦出现这种幅值较高且持续时间较长的谐振过电压，往往会造成严重后果。

> **❖ 特别提示**
>
> 运行经验表明，谐振过电压可在各电压等级的电网中产生，尤其是在 35 kV 及以下的电网中，由谐振过电压造成的事故较多，已成为一个普遍关注的问题。因此必须在设计和操作时事先进行必要的计算和安排，避免形成不利的谐振回路，或者采取一定的附加措施（如装设阻尼电阻等），以防止谐振的产生或降低谐振过电压的幅值，缩短其持续时间。

小结

谐振过电压可分为三种形式：线性谐振过电压、参数谐振过电压和铁磁谐振过电压，具有各种谐波谐振的可能性是铁磁谐振的一个重要特性。电力系统中的铁磁谐振过电压发生在非全相运行状态中。

具有敬业专注、踏实肯干、矢志创新和精益求精的工匠精神。

 习题

8-1 简述内部过电压的分类。

8-2 切除空载线路和切除空载变压器时为什么会产生过电压？断路器中电弧的重燃对这两种过电压有什么不同的影响？

8-3 空载线路合闸过电压产生的原因是什么？影响过电压的主要因素有哪些？

8-4 带并联电阻的断路器为什么可以限制空载线路分合闸过电压？它们对并联电阻的要求是否一致？

8-5 电弧接地过电压产生的原因是什么？消除这种过电压的途径是什么？

8-6 工频过电压是如何升高的？为什么超高压电网中特别重视工频电压升高问题？

8-7 铁磁谐振过电压是如何产生的？

第九章

电力系统绝缘配合

学习目标

知识目标：握绝缘配合的原则和方法，掌握绝缘配合的原则，掌握绝缘配合惯用法。

能力目标：能够分析中性点接地方式对绝缘水平；具有设计架空输电线路的绝缘配合能力，具有绝缘配合统计能力。

素质目标：通过架空线路防雷设计，培养学生协同合作，团队协作的团队意识。

厉害了，我的国

核安全是国家安全的重要组成部分，是核事业发展的生命线。党的二十大部署了积极稳妥推进碳达峰碳中和，并提出积极安全有序发展核电、强化核安全保障体系建设。

目前我国大陆地区共有 77 台核电机组，其中在运机组 55 台、在建机组 22 台，20 座民用核研究堆，21 座民用核燃料平台设施，总体保持了良好的安全记录。16.4 万枚在用的放射源和 26.7 万台射线装置安全受控，未发生国际核辐射事件二级以上事故，全国辐射环境质量总体良好。

我国核电机组长期保持安全稳定运行，核电机组建设稳步推进。2022 年以来，我国新核准核电机组 10 台，新投入商运核电机组 3 台，新开工核电机组 6 台。截至目前，我国在建核电机组 24 台，总装机容量 2 681 万千瓦，继续保持全球第一；商运核电机组 54 台，总装机容量 5 682 万千瓦，位列全球第三。

案例导入

电力系统中存在着许多绝缘配合方面的问题，比如说架空线路与变电所之间的绝缘配合、同杆架设的双回线路之间的绝缘配合、电气设备内绝缘与外绝缘的配合、各种外绝缘之间的配合、各种保护装置之间的绝缘配合、被保护绝缘与保护装置之间的绝缘配合等。随着电力系统过电压等级的提高，正确解决电力系统的绝缘配合问题变得越来越重要。它是电力系统中涉及面最广的综合性科学技术课题之一。电力系统绝缘配合的根本任务是正确处理过电压和绝缘这一对矛盾，以达到优质、安全、经济供电的目的。针对绝缘配合计算经济账时，应该全面考虑投资费用、运行维护费用和事故损失等三个方面，以求优化总的经济指标。

第一节　中性点接地方式对绝缘水平的影响

本节将从最大长期工作电压、雷电过电压和内部过电压三个方面分析中性点接地方式对绝缘水平的影响。

电力系统中性点接地方式是一个涉及面很广的综合性技术课题，它对电力系统的供电可靠性、过电压与绝缘配合、继电保护、通信干扰、系统稳定等方面都有很大的影响。通常将电力系统中性点接地方式分为非有效接地（不接地、经消弧线圈接地）和有效接地（直接接地、经小阻抗接地）两大类。这样的分类方法从过电压和绝缘配合的角度看也是特别合适，因为在这两类接地方式不同的电网中，过电压水平和绝缘水平都有很大的差别，下面从最大长期工作电压、雷电过电压和内部过电压3个方面来分析中性点接地方式对绝缘水平的影响。

1. 最大长期工作电压

在非有效接地系统中，由于单相接地故障时并不需要立即跳闸，而可以继续带故障运行一段时间，这时健全相上的工作电压升高到线电压，再考虑最大工作电压可比额定电压 U_N 高 10%~15%，可见其最大长期工作电压为 $(1.1 \sim 1.15) U_N$。

在有效接地系统中，最大长期工作电压仅为 $(1.1 \sim 1.15) \dfrac{U_N}{\sqrt{3}}$。

2. 雷电过电压

实际作用到绝缘上的雷电过电压幅值取决于阀式避雷器的保护水平。由于阀式避雷器的灭弧电压是按最大长期工作电压选定的，因而有效接地系统中所用避雷器的灭弧电压较低，相应火花间隙和阀片数较少，冲击放电电压和残压也较低，一般比同一电压等级、中性点为非有效接地系统中的避雷器低 20% 左右。

3. 内部过电压

在有效接地系统中，内部过电压是在相电压的基础上产生和发展的，而在非有效接地系统中，则有可能在线电压的基础上发生和发展，因而前者要比后者低 20%~30%。

综合以上因素，可知中性点有效接地系统的绝缘水平可比非有效接地系统低 20% 左右。但降低绝缘水平的经济效益大小与系统的电压等级有很大的关系：在 110 kV 及以上的系统中，绝缘费用在总建设费用中所占比重较大，因而采用有效接地方式以降低系统绝缘水平在经济上好处很大；在 66 kV 及以下的系统中，绝缘费用所占比重不大，降低绝缘水平在经济上的好处不明显，因而供电可靠性上升为首要考虑因素，所以一般均采用中性

视频二维码：

点非有效接地方式。但是，6~35 kV 配电网往往发展很快，采用电缆的比重也不断增加，且运行方式经常变化，给消弧线圈的调谐带来困难，并易引发多相短路。故近年来有些以电缆网络为主的 6~10 kV 大城市或大型企业配电网不再像过去那样一律采用中性点非有效接地的方式，有一部分改用了中性点经低值或中值电阻接地的方式，它们属于有效接地系统，发生单相接地故障时立即跳闸。

小结

非有效接地系统最大长期工作电压为 $(1.1~1.15)U_N$，有效接地系统最大长期工作电压为 $(1.1~1.15)U_N/\sqrt{3}$；阀式避雷器的灭弧电压按最大长期工作电压选定；有效接地系统内部过电压比非有效接地系统低 20%~30%。

科学研究的重大进步是建立在对事物现象科学分析判断的基础上的。

第二节 绝缘配合的原则

绝缘水平是由作用于绝缘上的最大工作电压、大气过电压及内部过电压三者中最严重的一种来决定的，进行绝缘配合时必须计及不同电压等级、系统结构等诸多因素的影响，具体情况灵活处理，本节重点介绍绝缘配合的原则。

绝缘配合是指根据电气设备在系统中可能承受的各种电压，并考虑过电压的限制措施和设备的绝缘性能后来确定电气设备的绝缘水平，以便把作用于电气设备上的各种电压（正常工作电压及过电压）所引起的绝缘损坏降低到经济上和运行上所能接受的水平。绝缘配合的最终目的就是确定电气设备的绝缘水平。所谓电气设备的绝缘水平是指设备可以承受（不发生闪络、击穿或其他损坏）的试验电压标准。考虑到设备在运行时要承受运行电压、工频过电压、雷电过电压及操作过电压的作用，对电气设备绝缘规定了以下几种试验：

（1）短时工频试验电压（1 min）；
（2）长时间工频试验；
（3）操作冲击试验电压；
（4）雷电冲击试验。

其中短时工频试验用来检验设备在工频运行电压和暂时过电压下的绝缘性能，若内绝缘的老化和外绝缘的污秽对工频运行电压及过电压下的性能有影响时，需做长时间工频试验。至于其他两种冲击试验则分别用来检验设备绝缘耐受冲击过电压的性能。

要做到符合绝缘配合总的原则，必须计及不同电压等级、系统结构等诸因素的影响，具体情况灵活处理。

在不同电压等级的系统中，正常运行条件下的工频电压不会超过系统的最高工作电压，这是绝缘配合的基本参数。然而，其他几种作用电压在绝缘配合中的作用则因系统电压等级的不同而不同，因此在高压及超高压系统中绝缘配合的具体原则不同，绝缘试验类型的选择亦有差别。

第一，对不同电压等级系统，其配合原则是不同的。

对 220 kV 以下的电网，电气设备的绝缘水平主要由雷电过电压决定。即以避雷器的保护水平为基础确定设备的绝缘水平，并保证输电线路具有一定的耐雷水平，由于这样决定的绝缘水平在正常情况下能耐受内部过电压的作用，因此一概不采用专门的限制内部过电压的措施。

对 330 kV 及以上的超高压绝缘配合中，操作过电压将起主导作用。因此，超高压系统中一般都采用专门的限制内部过电压的措施，如并联电抗器、带有并联电阻的断路器及氧化锌避雷器等。由于对限压措施的要求不同，绝缘配合的做法也不同。我国主要通过改进断路器的性能，将操作过电压限制到预定的水平，同时以避雷器作为操作过电压的后备保护。这样，设备的绝缘水平实际上是以雷电过电压下避雷器的保护特性为基础确定的。

处在污秽地区的电网的外绝缘水平应主要由系统最大运行电压决定。

在特高压电网中，电网的绝缘水平可能由工频过电压及长时间工作电压决定。

第二，在技术上要力求做到作用电压与绝缘强度的全伏秒特性配合。为此要求具有一定伏秒特性和伏安特性的避雷器能将过电压限制在设备绝缘耐受强度以下，这个要求是通过避雷器与设备绝缘强度的全伏秒特性配合来实现的。在绝缘配合中不考虑谐振过电压。

第三，为了兼顾设备造价、运行费用和停电损失等的综合经济效益，绝缘配合的原则需因不同的系统结构、不同的地区以及不同的发展阶段而有所不同。

第四，对于输电线路的绝缘水平，一般不需要考虑与变电所的绝缘配合。通常是以保证一定的耐雷水平为前提，基本上由工作电压和操作过电压决定。但是，在污秽地区或操作过电压被限制到较低数值的情况下，线路绝缘水平则主要由最大工作电压决定。

第五，应从运行可靠性的角度出发，选择合理的绝缘水平，以使各种作用电压下设备绝缘的等效安全系数都大致相同。

以上各原则只是分别反映除某一方面因素对绝缘配合的影响，在绝缘配合中必须综合考虑各种因素的影响，借鉴类似系统运行经验从经济、技术角度全面分析比较，才能确定合理的绝缘水平。

 小结

绝缘配合总原则是综合考虑系统中出现的各种作用电压、保护装置特性及设备的绝缘特性确定设备的绝缘水平，从而使设备绝缘故障率或停电事故率降低到在经济上和运行上可以接受的水平。

绝缘配合的概念及原则

深入事物内部，了解事物内部具体细节，可以加解决主要矛盾。

第三节　绝缘配合惯用法

任务描述

绝缘配合的方法有惯用法、统计法和简化统计合法等,由于对非自恢复绝缘进行绝缘放电概率的测定,费用很高,目前难于使用统计法,主要仍用惯用法。本节重点介绍绝缘配合的惯用法。

知识链接

到目前为止,惯用法仍是采用得最广泛的绝缘配合方法,除了在 330 kV 及以上的超高压线路绝缘的设计中采用统计法以外,其他情况下主要采用的仍均为惯用法。根据两级配合的原则,确定电气设备绝缘水平的基础是避雷器的保护水平,它就是避雷器上可能出现的最大电压,如果再考虑设备安装点与避雷器间的电气距离所引起的电压差值、绝缘老化所引起的电气强度下降、避雷器保护性能在运行中逐渐劣化、冲击电压下击穿电压的分散性、必要的安全裕度等因素,而在保护水平上再乘以一个配合系数,即可得出应有的绝缘水平。

由于 220 kV(其最大工作电压为 252 kV)及以下电压等级和 220 kV 以上电压等级电力系统在过电压保护措施、绝缘耐压试验项目、最大工作电压倍数、绝缘裕度取值等方面都存在差异,所以在做绝缘配合时,可分为以下两个电压范围(以系统的最大工作电压 U_m 来表示):

范围 I:$3.5 \text{ kV} \leqslant U_m \leqslant 252 \text{ kV}$;

范围 II:$U_m > 252 \text{ kV}$。

(一) 雷电过电压下的绝缘配合

电气设备在雷电过电压下的绝缘水平通常用它们的基本冲击绝缘水平(BIL)来表示:

$$BIL = K_1 U_{p(1)}$$

式中,$U_{P(1)}$ 为阀式避雷器在雷电过电压下的保护水平,可化简为标称雷电流下的避雷器的残压 U_r;K_1 为雷电过电压下的配合系数。

我国使用的经验公式为:$BIL = (1.25 \sim 1.4) U_r$,在电气设备与避雷器相距很近时 K_1 取 1.25,相距较远时取 1.4。

(二) 操作过电压下的绝缘配合

在按内部过电压做绝缘配合时,通常不考虑谐振过电压,因为在系统设计和选择运行方式时均应设法避免谐振过电压的出现;此外,也不单独考虑工频电压升高,而把它的影响包括在最大长期工作电压内,这样一来,就归结为操作过电压下的绝缘配合了。一般分

为以下两种情况:

对于范围 I 这一类变电所中的电气设备来说,其操作冲击绝缘水平(SIL)可按下式求得:

$$SIL = K_s K_0 U_\varphi$$

式中,K_s 为操作过电压下的配合系数,K_0 为操作过电压计算倍数,U_φ 为电源电压的幅值。

对于范围 II (EHV)这一类变电所的电气设备来说,其操作冲击绝缘水平(SIL)按下式计算:

$$SIL = K_s U_{p(s)}$$

式中,$U_{p(s)}$ 为操作冲击电流下残留电压值;K_s 为操作过电压下的配合系数,其值为

$$K_s = 1.15 \sim 1.25 < K_1$$

(三) 工频绝缘水平的确定

为了检验电气设备绝缘是否达到了以上所确定的 BIL(雷击绝缘水平)和 SIL(操作冲击绝缘水平),就需要进行雷电冲击和操作冲击耐压试验。它们对试验设备和测试技术提出了很高的要求。对于 330 kV 及以上的超高压电气设备来说,这样的试验是完全必需的,但对于 220 kV 及以下的高压电气设备来说,应该设法用比较简单的高压试验去等效地检验绝缘耐受雷电冲击电压和操作冲击电压的能力。对高压电气设备普遍施行的工频耐压试验实际上就包含着这方面的要求和作用。短时工频耐压试验所采用的试验电压值往往要比额定相电压高出数倍,它的目的和作用是代替雷电冲击和操作冲击耐压试验、等效地检验绝缘在这两类过电压下的电气强度。

图 9-1 所示为确定工频试验电压值的流程图。

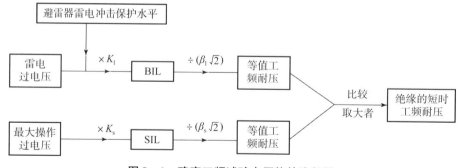

图 9-1 确定工频试验电压值的流程图

K_1,K_s—雷电与操作冲击配合系数;β_1,β_s—雷电与操作冲击系数

> **特别提示**
>
> 凡是合格通过工频耐压试验的设备绝缘在雷电和操作过电压作用下均能可靠地运行。为了更加可靠和直观,国际电工委员会(IEC)规定:
>
> 1. 对于 300 kV 以下的电气设备
>
> (1) 绝缘在工频工作电压、暂时过电压和操作过电压下的性能用短时(1 min)工频耐压试验来检验。
>
> (2) 绝缘在雷电过电压下的性能用雷电冲击耐压试验来检验。

2. 对于 300 kV 及以上的电气设备

（1）绝缘在操作过电压下的性能用操作冲击耐压试验来检验。

（2）绝缘在雷电过电压下的性能用雷电冲击耐压试验来检验。

（四）注意事项

当内绝缘的老化和外绝缘的污染对绝缘在工频工作电压和过电压下的性能有影响时，尚需做长时间工频高压试验。显然，由于试验的目的不同，长时间工频高压试验时所加的试验电压值和加压时间均与短时工频耐压试验不同。

按照上述绝缘惯用法的计算，结合我国的实际情况，并参考 IEC 推荐的绝缘配合标准，我国国家标准 GB 311.1—1983 对各种电压等级电气设备以耐压值表示的绝缘水平都有相应规定。

小结

电气设备在雷电过电压下的绝缘水平通常用它们的基本冲击绝缘水平（BIL）来表示：

$$BIL = K_1 U_{p(1)}$$

对于范围 I 这一类变电所中的电气设备来说，其操作冲击绝缘水平（SIL）可按下式求得：

$$SIL = K_s K_0 U_\varphi$$

对于范围 II（EHV）这一类变电所的电气设备来说，其操作冲击绝缘水平按下式计算：

$$SIL = K_s U_{p(s)}$$

短时工频耐压试验可等效地检验绝缘在雷电冲击和操作冲击这两类过电压下的电气强度。

当内绝缘的老化和外绝缘的污染对绝缘在工频工作电压和过电压下的性能有影响时，尚需做长时间工频高压试验。

分析是一种了解、一种判断，通过分析事物的发展，掌握事物的本质。

第四节　架空输电线路的绝缘配合

任务描述

线路上发生事故主要是绝缘子串的沿面放电和导线－杆塔、导线－导线间空气隙击穿，因此本节重点介绍绝缘子串的选择和空气间距的选择。

知识链接

一、绝缘子串的选择

线路绝缘子串应满足三方面的要求：
（1）在工作电压下不发生污闪。
（2）在操作过电压下不发生湿闪。
（3）具有足够的雷电冲击绝缘水平，能保证线路的耐雷水平与雷击跳闸率满足规定要求。

通常按下列顺序进行选择：
（1）根据机械负荷和环境条件选定所用悬式绝缘子的型号。
（2）按工作电压所要求的泄漏距离选择串片数。
（3）按操作过电压的要求计算应有的片数。
（4）按上面（1）、（2）所得片数中的较大者，校验该线路的耐雷水平与雷击跳闸率是否符合规定要求。

（一）按工作电压要求

为了防止绝缘子串在工作电压下发生污闪事故，绝缘子串应有足够的沿面爬电距离。多年来的运行经验证明，线路的闪络率［次/（100km·年）］与该线路的爬电比距 λ 密切相关，如果根据线路所在地区的污秽等级来选定 λ 值，就能保证必要的运行可靠性。

设每片绝缘子的几何爬电距离为 $l_0(\text{cm})$，即可按爬电比距的定义写出

$$\lambda = \frac{nk_e l_0}{U_m}$$

式中　n——绝缘子片数；
　　　U_m——系统最高工作（线）电压有效值；
　　　k_e——绝缘子爬电距离有效系数。

k_e 的值主要由各种绝缘子几何泄漏距离对提高污闪电压的有效性来确定，并以 XP-160 型普通绝缘子为基准，即取它们的 k_e 为 1。可见为了避免污闪事故，所需的绝缘子片数应为：

$$n \geqslant \frac{\lambda U_m}{k_e l_0}$$

（二）按操作过电压要求

绝缘子串在操作过电压的作用下，也不应发生湿闪。在没有完整的关于绝缘子串在操作波下的湿闪电压数据的情况下，只能近似地用绝缘子串的工频湿闪电压来代替。电网中操作过电压幅值的计算值为 $k_0 U_\varphi$，其中 k_0 为操作过电压倍数。

设此时应有的绝缘子片数为 n_2'，则由 n_2' 片组成的绝缘子串的工频湿闪电压幅值为

$$U_W = 1.1 k_0 U_\varphi$$

式中，1.1 为综合考虑各种影响因素和必要裕度的一个综合修正系数，只要知道各种类型绝缘子串的工频湿闪电压与其片数的关系，就可以利用式 $U_\mathrm{W} = 1.1 k_0 U_\varphi$ 求得相应的 n_2' 值。

再考虑需增加的零值绝缘子片数 n_0 后，最后得出的操作过电压所要求的片数为 $n_2 = n_2' + n_0$。我国规定预留的零值绝缘子片数见表 9-1。

表 9-1　零值绝缘子片数 n_0

额定电压/kV	35~220		330~500	
绝缘子串类型	悬垂串	耐张串	悬垂串	耐张串
n_0	1	2	2	3

（三）按雷电过电压要求

按上面所得的 n_1 和 n_2 中较大的片数，校验线路的耐雷水平和雷击跳闸率是否符合有关规程的规定。雷电过电压方面的要求在绝缘子片数选择中的作用一般不大，这是由于线路的耐雷性能取决于各种防雷措施的综合效果，影响因素很多。即使验算的结果表明不能满足线路耐雷性能方面的要求，一般也不再增加绝缘子片数，而是采用诸如降低杆塔接地电阻等其他措施来解决。

二、空气间距的选择

输电线路的绝缘水平不仅取决于绝缘子的片数，同时也取决于线路上各种空气间隙的极间距离——空气间距，而且后者对线路建设费用的影响远远超过前者。

输电线路上的空气间隙包括：

（1）导线对地面：在选择其空气间距时主要考虑地面车辆和行人等是否安全通过、地面电场强度及静电感应等问题。

（2）导线之间：应考虑相间过电压的作用、相邻导线在大风中因不同步摆动或舞动而相互靠近等问题。导线与塔身之间的距离也决定着导线之间的空气间距。

（3）导、地线之间：按雷击于档距中央避雷线上时不至于引起导、地线间气隙击穿这一条件来选定。

（4）导线与杆塔之间，这将是下面要探讨的重点内容。为了使绝缘子串和空气间隙的绝缘能力都得到充分的发挥，显然应使气隙的击穿电压与绝缘子串的闪络电压大致相等。但在具体实施时，会遇到风力使绝缘子串发生偏斜等不利因素。

就塔头空气间隙上可能出现的电压幅值来看，一般是雷电过电压最高，操作过电压次之，工频工作电压最低；但从电压作用时间来看，情况正好相反。由于工作电压长期作用在导线上，所以在计算它的风偏角时，应取该线路所在地区的最大设计风速 v_max。操作过电压持续时间较短，通常在计算其风偏角 θ_s 时，取计算风速等于 $0.5 v_\mathrm{max}$。雷电过电压持续时间最短，而且强风与雷击点同在一处出现的概率极小，因此通常取其计算风速等于 10~15 m/s。

三种情况下的净空气间距的确定方法如下。

1. 工作电压所要求的净间距 S_0

S_0 的工频击穿电压幅值为：

$$U_{50\sim} = K_1 U_\varphi$$

式中，K_1 为综合考虑工频电压升高、气象条件、必要的安全裕度等因素的空气间隙工频配合系数。

2. 操作过电压要求的净间距 S_s

要求 S_s 的正极性操作冲击波下的 50% 击穿电压为：

$$U_{50\%(s)} = K_2 U_s = K_2 K_0 U_\varphi$$

式中　U_s——计算用最大操作过电压；

　　　K_2——空气间隙操作配合系数，对范围 I 取 1.03，对范围 II 取 1.1。

在缺乏空气间隙 50% 操作冲击击穿电压的试验数据时，亦可采取先估算出等值的工频击穿电压 $U_{e(50\sim)}$，然后求取应有的空气间距 S_s 的办法。

由于长气隙在不利的操作冲击波形下的击穿电压显著低于其工频击穿电压，其折算系数 $\beta_s < 1$，如再计入分散性较大等不利因素，可取 $\beta_s = 0.82$，即

$$U_{e(50\sim)} = \frac{U_{50\%(s)}}{\beta_s}$$

3. 雷电过电压所要求的净间距 S_1

通常取 S_1 的 50% 雷电冲击电压 $U_{50\%(1)}$ 等于绝缘子串的 50% 雷电冲击闪络电压 U_{CFO} 的 85%，即

$$U_{50\%(1)} = 0.85 U_{CFO}$$

其目的是减少绝缘子串的沿面闪络，减少釉面受损的可能性。求得以上的净间距后，即可确定绝缘子串处于垂直状态时对杆塔应有的水平距离：

$$L_0 = S_0 + l\sin\theta_0$$
$$L_s = S_s + l\sin\theta_s$$
$$L_1 = S_1 + l\sin\theta_1$$

式中，l 为绝缘子串长度。

最后，选三者中最大的一个，就得出了导线与杆塔之间的水平距离 L，即

$$L = \max[L_0, L_s, L_1]$$

表 9-2 列出了各级电压线路所需的净间距值。当海拔高度超过 1 000 m 时，应按有关规定对净间距值进行校正；对于发电厂变电所，各个 S 值应再增加 10% 的裕度，以策安全。

表 9-2　各级电压线路所需的净间距值　　　　　cm

额定电压/kV	35	66	110	220	330	500
X-4,5 型绝缘子片数	3	5	7	13	19	28
S_0	10	20	25	55	90	130
S_s	25	50	70	145	195	270
S_1	45	65	100	190	260	370

小结

通常按下列顺序对绝缘子串进行选择：
（1）根据机械负荷和环境条件选定所用悬式绝缘子的型号；
（2）按工作电压所要求的泄漏距离选择串中片数；
（3）按操作过电压的要求计算应有的片数；
（4）按上面（1）、（2）所得片数中的较大者，校验该线路的耐雷水平与雷击跳闸率是否符合规定要求。

输电线路上的空气间隙包括：导线对地面，导线之间，导、地线之间，导线与杆塔之间。

我国电力系统的稳定性以及服务范围，位居世界第一，国家电网是我国电力技术的充分体现，通过介绍，提升学生的民族自豪感和文化自信。

第五节 绝缘配合统计法

 **任务描述**

根据过电压幅值及绝缘闪络电压的统计特性，可算出绝缘故障率。通过改变敏感的影响因素，可以使故障率达到被接受的程度，以合理地确定绝缘水平。本节重点介绍绝缘配合的统计法。

 知识链接

随着超高压输电技术的发展，降低绝缘水平的经济效益越来越显著。要求绝缘在过电压的作用下不发生闪络或击穿是要付出代价的，因而要和绝缘故障所带来的经济损失综合起来考虑，方能得出合理的结论。以综合经济指标来衡量，容许有一定的绝缘故障率反而较为合理。

在惯用法中，以绝缘的电气强度下限与过电压的上限做配合，还要留出足够大的安全裕度。实际上，过电压和绝缘的电气强度都是随机变量，无法严格地求出它们的上、下限，而且根据经验选定的安全裕度带有一定的随意性。这些做法从经济的视角去看，特别是对超高压、特高压输电系统来说，是不能容许的、不合理的。

从 20 世纪 60 年代起，国际上开始探索新的绝缘配合思路，并逐步形成"统计法"，IEC 于 20 世纪 70 年代初期对此做出正式推荐，目前一些国家已采用于超高压外绝缘的设计中。采用统计法做绝缘配合的前提是充分掌握作为随机变量的各种过电压和各种绝缘电气强度的统计特性（概率密度、分布函数等）。

设过电压幅值的概率密度函数为 $f(U)$，绝缘的击穿（或闪络）概率分布函数为 $P(U)$，且 $f(U)$ 与 $P(U)$ 互不相关，如图 9-2 所示。$f(U_0)dU$ 为过电压在 U_0 附近的 dU

范围内出现的概率，而 $P(U_0)$ 为在过电压 U_0 的作用下绝缘的击穿概率。由于它们是相互独立的，所以由概率积分的计算公式可写出出现这样高的过电压并使绝缘发生击穿的概率为

$$P(U_0)f(U_0)\mathrm{d}U = \mathrm{d}R$$

式中的 $\mathrm{d}R$ 称为微分故障率，即图 9-2 中有斜线阴影的那一小块面积。

我们在统计电力系统中的过电压时，一般只按绝对值的大小，而不分极性。根据定义可知过电压幅值的分布范围应为 $U_\varphi \sim \infty$（U_φ 为最大工作相电压幅值），因而绝缘故障率为：

$$R = \int_{U_\varphi}^{\infty} P(U)f(U)\mathrm{d}U$$

即图 9-2 中的阴影部分总面积。它就是该绝缘在过电压作用下被击穿而引起故障的概率。如果提高绝缘的电气强度，图 9-2 中的 $P(U)$ 曲线向右移动，阴影部分的面积缩小，绝缘故障率降低，但设备投资将增大。可见采用统计法，我们就能按需要对某些因素做调整，例如根据优化总经济指标的要求，在绝缘费用与事故损失之间进行协调，在满足预定的绝缘故障率的前提下，选择合理的绝缘水平。

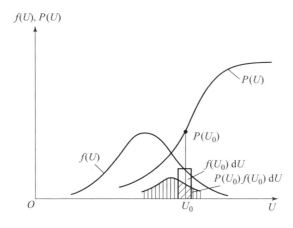

图 9-2 绝缘故障率的估算

利用统计法进行绝缘配合时，安全裕度不再是一个带有随意性的量值，而是一个与绝缘故障率相联系的变数。在过电压保持不变的情况下，如提高绝缘水平，其统计绝缘耐压和统计安全因数均相应增大、绝缘故障率减小。

简化统计法实质上是利用有关参数的概率统计特性，但沿用惯用法计算程序的一种混合型绝缘配合方法。把这种方法应用到概率特性为已知的自恢复绝缘上，就能计算出在不同的统计安全因数 K_s 下的绝缘故障率 R，这对于评估系统运行可靠性是重要的。要得出非自恢复绝缘击穿电压的概率分布是非常困难的，因为一件被试品只能提供一个数据，代价太大。所以，时至今日，在各种电压等级的非自恢复绝缘的绝缘配合中均采用惯用法；对降低绝缘水平的经济效益不很显著的 220 kV 及以下的自恢复绝缘亦均采用惯用法；只有对 330 kV 及以上的超高压自恢复绝缘，才有采用简化统计法进行绝缘配合的工程实例。

小结

采用统计法做绝缘配合的前提是充分掌握作为随机变量的各种过电压和各种绝缘电气强度的统计特性（概率密度、分布函数等）。

在实际工程中采用 IEC 推荐的简化统计法，简化统计法实质上是利用有关参数的概率统计特性，但沿用惯用法计算程序的一种混合型绝缘配合方法。

各种电压等级的非自恢复绝缘的绝缘配合中均采用惯用法。

不同设备，采取的措施也不同，应当建立分类处理问题的观念。

电力系统绝缘配合

 习题

9-1 简述绝缘配合的原则和基本方法。

9-2 220 kV 及以下的系统中电气设备的绝缘水平主要由哪种过电压决定？

9-3 短时工频试验电压是如何确定的？

9-4 试分析中性点运行方式对绝缘水平的影响。

9-5 试确定 220 kV 线路杆塔的空气间隙距离和每串绝缘子的片数，假定改线路在非污秽地区。

参 考 文 献

[1] 常美生. 高电压技术 [M]. 2版. 北京：中国电力出版社，2007.
[2] 赵智大. 高电压技术 [M]. 2版. 北京：中国电力出版社，2006.
[3] 周泽存. 高电压技术 [M]. 北京：水利水电出版社，1996.